Die Bewerbung zum Studium

Felix Petersen
Marcus Mery

Die Bewerbung zum Studium

Erfolgreich bewerben für Bachelor und Master

Felix Petersen / Marcus Mery
Die Bewerbung zum Studium
Erfolgreich bewerben für Bachelor
und Master

1. Auflage

Herausgeber: Ausbildungspark Verlag,
Gültekin & Mery GbR, Offenbach 2010.

Bildnachweis: Archiv des Verlages
Gestaltung: SB Design
Titelgestaltung: SB Design
Grafiken: bitpublishing + SB Design
Lektorat: Virginia Kretzer

Bibliografische Information der Deutschen
Bibliothek –
Die Deutsche Bibliothek verzeichnet diese
Publikation in der Deutschen Nationalbib-
liografie; detaillierte bibliografische Daten
sind im Internet über http://dnb.ddb.de
abrufbar.

Gedruckt auf chlorfrei gebleichtem Papier

© 2010 Ausbildungspark Verlag
Lübecker Straße 4, 63073 Offenbach
Printed in Germany

Satz: bitpublishing
Druck: Druckerei Sulzmann, Obertshausen

ISBN 978-3-941356-02-3

1311 - AP SBM1 - 0109

Inhalt

„Denken und Wissen sollten immer gleichen Schritt halten.
Das Wissen bleibt sonst tot und unfruchtbar."

Wilhelm von Humboldt

[1] Studium 2.0

Studieren – früher und heute

1.1 Humboldts Erbe

Wissen und Bildung sind Schlüsselthemen, die die Gemüter erhitzen. National wie international werden Bildungsprogramme verabschiedet, Wissenskooperationen geschlossen und eine Vielzahl von Politikern betont wieder und wieder, dass unsere Gesellschaft an der Bildung wachsen und genesen soll. Studentische Stimmen hört man in diesen Diskursen dagegen kaum, denn all die engagierten Bildungspolitiker sprechen nicht *mit* den Betroffenen, sondern lediglich *über* sie. Dabei sollten bei der Planung und Umsetzung einer Reform, die auf die langfristige Verbesserung der Studienbedingungen zielt, die Wünsche und Bedürfnisse der Studenten unbedingt berücksichtigt werden. Zu diesem Zweck muss zunächst die zentrale Frage gestellt und beantwortet werden: Was wollen die Studenten? Wollen sie in einer gerechten Gesellschaft leben, wollen sie auf einen Beruf vorbereitet werden, oder wollen sie einfach nur den geringstmöglichen Aufwand betreiben, um irgendwie an der Gesellschaft teilnehmen zu können? Was genau ein Student vom Studium erwartet, lässt sich nicht pauschal beantworten, sicher ist jedoch, dass viele Studenten das Studium in erster Linie als Berufsvorbereitung betrachten. Dazu galt lange Zeit das Diktum vom Studium als unbeschwerter Zeit voller Freiheiten, noch die aktuelle Eltern- und Lehrergeneration betont gern und oft: „Das Studium war die schönste Zeit meines Lebens!" Aber ist das heute immer noch so oder ist das Studium eher zu einer Vollzeitbeschäftigung geworden, die wenig Spielräume lässt? Viele angehende Studenten wissen nicht, wie das Studium abläuft; was sich mit der Einführung von Bachelor und Master verändert hat; wie man sich auf Studiengänge bewirbt; wie wichtig ein Auslandssemester wirklich ist etc.

Wenn in Deutschland über Bildung gesprochen wird, dann fällt zumeist der Name Wilhelm von Humboldt. Die meisten Menschen haben den Namen Humboldt zwar schon irgendwo gehört – schließlich gibt es die berühmte Berliner Humboldt-Universität, außerdem die Humboldtgesellschaft für Wissenschaft, Kunst und Bildung e. V. (gegründet in den 1960er Jahren im Andenken an die Brüder Humboldt und ihre Verdienste um die Wissenschaften) – doch nur wenige wissen, was genau dahintersteckt. Wilhelm, der ältere der Humboldtbrüder, wurde 1767 geboren, sein Bruder Alexander zwei Jahre später. Beide wuchsen in Berlin Tegel auf und gehörten der preußischen Oberschicht an. Der junge Wilhelm entschied sich für ein geisteswissen-schaftliches Studium (er studierte Recht, Philosophie, Philologie und Geschichte in Frankfurt/Oder und Göttingen), Alexander folgte dem Rat der Eltern und versuchte, sich für den Staatsdienst ausbilden zu lassen, fand jedoch schnell größeres Interesse an den Naturwissenschaften und ist heute vor allem als wichtiger Botaniker, Geologe und früher Amerikaforscher bekannt. Interessant ist für uns vor allem der ältere Hum-boldt, dessen Name oft im Zusammenhang mit Studienreformen, dem Bachelor oder Bologna auftaucht. Eigentlich hat Wilhelm von Humboldt vergleichsweise wenig mit der deutschen Bildung zu tun. Zwar spielen seine Ideen eine Rolle, man kann jedoch nicht davon sprechen, dass Humboldt der Urvater der deutschen Universität sei, denn

Universitäten gab es lange vor Humboldts Zeit. Die Möglichkeit zu studieren besteht im deutschsprachigen Raum seit dem Mittelalter: Die erste deutschsprachige Universität, die Karls-Universität im heute tschechischen Prag, wurde 1348 gegründet; siebzehn Jahre später hatte auch Wien eine Alma Mater; 1386 folgte die Universität Heidelberg und 1392 die Universität Erfurt. Die alten Universitäten waren in den Grundzügen private oder konfessionelle Einrichtungen und erst mit den weitreichenden Reformen des 18. und 19. Jahrhunderts verwandelte sich die deutsche Bildungslandschaft maß-geblich. Die nicht reformierte Universität war eine private, finanziell unabhängige Einrichtung, die den Status einer unabhängigen Kooperation trug. Diese

Wilhelm von Humboldt

Unabhängigkeit ging mitunter so weit, dass Universitäten bei Bedarf über die eigenen Angestellten richten durften.[1] An der Schnittstelle zwischen dem 18. und 19. Jahrhun-dert trat nun der deutsche Aufklärer Wilhelm von Humboldt als Reformer der deut-schen Bildungslandschaft auf. Humboldt war als (Bildungs-) Minister in der Sektion für Kultus und öffentlichen Unterricht verantwortlich für die Umstrukturierung des deut-schen Bildungssystems im Preußen des 19. Jahrhunderts. Humboldt hat sich mit ge-nau der Frage auseinandergesetzt, die auch heute Bildungsbeauftragte und Minister beschäftigt: Wie kann man in der akademischen Ausbildung junge Menschen zu mündigen Bürgern und Wissenschaftlern bilden? Im Vordergrund stand die humanis-tische Überzeugung, dass durch Bildung und Wissenschaft junge Menschen zu eben-diesen fähigen Individuen mit ausgeprägter Persönlichkeit werden können.

---

[1] Vgl. Paletschek, Sylvia (2007): *Zurück in die Zukunft? Universitätsreformen im 19. Jahrhundert*, in: Das Humboldt-Labor: Experimentieren mit den Grenzen der klassischen Universität, Freiburg: Albert-Ludwigs-Universität, S. 13.

Im 18. und 19. Jahrhundert fanden im deutschen Sprachraum – Deutschland im heutigen Sinn gab es damals noch nicht – in verschiedenen Gebieten Reformen im Bildungswesen statt. Die Ausbildungsstätten sollten den aufgeklärten und auf dem Weg in die Moderne befindlichen Gesellschaften entsprechen; Universitäten, die hier Vorbildcharakter hatten, waren die Reformuniversitäten in Halle und Göttingen. Die damaligen Reformen stellten, von unserem heutigen Standpunkt aus betrachtet, eine Form der Rationalisierung dar, die den Entwicklungen der damaligen Gesellschaft entsprach. Durch Technologie- und Industrieentwicklung veränderten sich die Gesellschaften in dieser Zeit rasant, auch die Bildung sollte dieser Entwicklung entsprechen. Sylvia Paletschek fasst die Veränderungen wie folgt zusammen: „Der Staat griff massiv in die autonome Selbstverwaltung der Universitäten ein, um Neuerungen durchsetzen zu können. Zu diesen gehörte die Einrichtung neuer, als »nützlich« erachteter Disziplinen wie Naturgeschichte, Staatswissenschaften und neuere Sprachen sowie die Errichtung erster, sehr bescheidener medizinischer Kliniken, ferner die Besetzung der Professuren ohne Rücksprache mit der Universität, die Einführung neuer Studienordnungen und die Rationalisierung des Lehrbetriebs."[2] Vor den Reformen waren Universitäten häufig Privateinrichtungen, die von religiösen Vertretern geleitet wurden und einer gewissen Konfession zugehörig waren. Entsprechend wurde Lehre und Forschung im Sinne dieser Konfession oder Organisation betrieben, konfessionell motivierte Klientelforschung oder -wissenschaft war daher üblich. Mit den Reformen wollte der preußische Staat bei der Gründung der Berliner Universität (der heutigen Humboldtuniversität) keine Kompromisse mehr eingehen. Hier sollte nun staatlich sichergestellt werden, dass die Freiheit der Forschung nicht durch Konfession, Glaube oder andere willkürliche Beweggründe eingeschränkt sei. Friedrich Wilhelm III., zu dieser Zeit preußischer König, soll von der Idee, mit den Reformen des preußischen Staates das Bildungswesen zu restrukturieren und in Berlin eine Universität zu schaffen, begeistert gewesen sein. „Das ist recht, das ist brav!", soll er angeblich gerufen haben. Und dass „der Staat (...) durch geistige Kräfte ersetzen (müsse), was er an physischen verloren hat".[3]

Die Humanisten (Humboldt, Fichte, Schleiermacher u. a.) betonten zu dieser Zeit, dass es sich beim Studium um eine ganzheitlich menschliche Ausbildung handele. Jungen Menschen sollte an der Universität ein moralisches und intellektuelles Leben vorgelebt werden. Ihnen sollte ein Ideal angeboten werden: Persönlichkeitsbildung durch die Wissenschaften. Von staatlicher Seite sind die damaligen Reformen mit der Absicht durchgeführt worden, in der Ausbildung einer Gesellschaft als Staat entscheidenden Einfluss auszuüben. Der Staat sah die Möglichkeit: (a) Einfluss auf die Wissenschaft zu nehmen und sich somit in einer entstehenden Wissenswelt zu positionieren; (b) für den Staatsdienst in einer sich rationalisierenden Gesellschaft, in der die Öko-

---

[2] Ebd., S. 12.
[3] Vgl.: *200 Jahre Humboldt-Uni - Die Mutter der modernen Universität*, Zeit online Geschichte.

nomie in den Vordergrund tritt, ein Kontingent von Fachkräften auszubilden; (c) in der Ausbildung junger Männer den Einfluss der Konfessionen und anderer gesellschaftlicher Gruppen zu schwächen. Im 19. Jahrhundert wurden nur an Philosophischen Fakultäten Bürger um des Wissens willen ausgebildet. Dort, wo Natur- und Geisteswissenschaften integriert gelehrt wurden (damals in Weimar und Jena), diente die Bildung nicht ausschließlich der Berufsausbildung bzw. -vorbereitung.

Fällt heute in Diskussionen der Name Wilhelm von Humboldt, wird dieser in der Regel angeführt, um die humanistische Überzeugung herauszustellen, mit der Humboldt die Bildung verstanden wissen wollte. In einer so genannten Denkschrift[4], also einem programmatischen Schriftstück, erläutert Humboldt, wie eine moderne Universität gestaltet sein solle. Der Denkschrift liegt die Überzeugung zu Grunde, dass die Universität ein Ort sei, an welchem die Wissenschaft im Vordergrund stehe. Der Unterschied zwischen Schule und Universität wird explizit betont: Laut Humboldt bildet die Schule auf der Grundlage feststehender Tatsachen. Schüler bekommen etwas gelehrt, das ihnen unbekannt ist. Die Universität hingegen ist daran beteiligt, eben dieses Wissen zu Stande zu bringen und zu akquirieren. Im Sinne der Gesellschaft soll es sein, dass an diesen höheren Anstalten die Bürger zu selbstdenkenden Individuen gebildet werden. An der Universität arbeiten Lehrer und Schüler im Namen der Wissenschaft, und sie sollen sich, so das Humboldtsche Ideal, ebenbürtiger sein als beispielsweise in der Schule. Interessant ist, dass Humboldt den Universitäten auf der einen Seite viel Autonomie einräumt und hervorhebt, dass diese Anstalten des freien Geistes nicht eingeschränkt werden dürften; auf der anderen Seite betont er jedoch die wichtige Rolle des Staates. Der Staat soll z.B. die Universitätslehrer auswählen, also die Professoren, um ein gewisses Maß der Objektivität zu gewährleisten. Wissenschaftler tendieren, da sie für die Wissenschaft leben, zur Einseitigkeit. Aus Eitelkeit oder Vorurteilen können viele dazu neigen, einen womöglich guten Lehrer als Konkurrenz zu sehen und abzulehnen. Daher muss der Staat hier als Kernakteur auftreten.

Humboldt ist als der große Umgestalter der Bildungs- und Wissenslandschaft im 19. Jahrhundert für uns wichtig, sein Bildungsideal dient uns auch heute noch als Vorbild. Bevor wir aber die Humboldtschen Ideen mit den aktuellen Reformen vergleichen, wollen wir uns zunächst näher mit dem Bologna-Prozess befassen. Die folgenden Abschnitte stellen Geschichte und Ziele des Bologna-Prozesses sowie die konkreten Auswirkungen für die Studenten dar.

---

[4] Humboldt, Wilhelm von (1810): *Über die innere und äußere Organisation der höheren wissenschaftlichen Anstalten in Berlin*, in: Demel, Walter/ Puschner, Uwe (Hg.): Von der Französischen Revolution bis zum Wiener Kongreß 1789-1815, Deutsche Geschichte: Quellen und Darstellung, 1995, Reclam, Stuttgart, S. 382-391.

1.2 Bologna und der europäische Bildungsraum[5]

Während der Feierlichkeiten zum neunhundertjährigen Jubiläum der Universität von Bologna, der ältesten europäischen Universität, unterzeichnete 1988 eine Vielzahl europäischer Hochschulrektoren die so genannte Magna Charta Universitatum[6]. Hier heißt es, dass insbesondere durch die Verbindung der europäischen Wissenschaftslandschaft die Struktur für exzellente Wissenschaft geschaffen werden könne. Es wird viel von der „Weiterentwicklung des Wissens" gesprochen, das durch den internationalen Austausch von Studenten und Wissenschaftlern und durch die Angleichung von Abschlüssen, Titeln, Prüfungen etc. erreicht werden soll.[7] Der Bologna-Prozess ist die politische Umsetzung dieser Erklärung, der Versuch, den Rahmen für ein einheitliches europäisches Hochschulwesen zu schaffen. Zehn Jahre später, 1998, unterzeichneten während der 800-Jahrfeier der Pariser Universität Sorbonne die Bildungsminister Deutschlands, Frankreichs, Italiens und Großbritanniens die so genannte Sorbonne-Erklärung.[8] Diese bildet den grundsätzlichen Rahmen für den Bologna-Prozess und die Hochschulreformen. In der Erklärung wird besonders betont, dass neben der wirtschaftlichen und sozialen die kulturelle und wissenschaftliche Integration Europas ein entscheidender Baustein für die Einheit der europäischen Union und die Zukunftsfähigkeit dieser Region sei. Die Erklärung bemängelt zudem, dass der Austausch zwischen Universitäten in Europa nicht adäquat organisiert sei; dass eine zu geringe Zahl von Studenten die Möglichkeit eines Auslandsaufenthaltes wahrnehmen könne, da wegen mangelnder Kompatibilität der verschiedenen Studiengänge die Anrechnung von erbrachten Leistungen nicht immer möglich sei. Es heißt explizit: „Sowohl vor als auch nach dem ersten Hochschulabschluss sollten Studenten dazu ermutigt werden, mindestens ein Semester an einer Universität im Ausland zu studieren."[9] 1999, ein Jahr nach Unterzeichnung der Sorbonne-Erklärung, wurde die Bologna-Erklärung[10] unterzeichnet. Die damals 29 Bildungsminister des europäischen Raums wollten unter dem Schlagwort „Europa des Wissens" die „Schaffung des europäischen Hochschulraumes als Schlüssel zur Förderung der Mobilität und arbeits-

---

[5] Die folgenden Länder sind an der Bologna-Kooperation beteiligt: Albanien, Andorra, Armenien, Aserbaidschan, Belgien, Bosnien-Herzegowina, Bulgarien, Dänemark, Deutschland, Estland, Finnland, Frankreich, Georgien, Griechenland, Großbritannien, Island, Irland, Italien, Kroatien, Lettland, Liechtenstein, Litauen, Luxemburg, Malta, Mazedonien, Moldawien, Montenegro, Niederlande, Norwegen, Österreich, Polen, Portugal, Rumänien, die Russische Föderation, Serbien, die Slowakische Republik, Slowenien, Spanien, Schweden, Schweiz, die Tschechische Republik, Türkei, Ungarn, Ukraine, Staat der Vatikanstadt und Zypern.

[6] Vgl. Magna Charta Universitatum – Magna Charta der Universitäten.

[7] Ebd.

[8] Die Sorbonne-Erklärung ist in deutscher Übersetzung zu finden auf der Seite der Hochschulrektorenkonferenz (HRK), vgl.:
[http://www.hrk.de/bologna/de/download/dateien/Sorbonne_Erklaerung.pdf]

[9] Ebd.

[10] Auf den Seiten des Bundesministeriums für Bildung und Forschung (BMBF) findet sich die Bologna-Erklärung in deutscher Übersetzung, vgl.: [http://www.bmbf.de/pub/bologna_deu.pdf].

marktbezogenen Qualifizierung seiner Bürger und der Entwicklung des europäischen Kontinents insgesamt"[11] politisch und institutionell realisieren. Seit der Unterzeichnung ist die Anzahl der Mitgliedsstaaten auf 46 gestiegen und 2010 sollten die Ziele der Reform eigentlich umgesetzt sein. D. h. seit 2010 sollten wir in einem europäischen Hochschulraum leben. Doch stellt sich die Frage, ob dies erreicht wurde. Um eine Antwort zu finden, scheint es sinnvoll, die Veränderungen genauer zu betrachten. Was hat sich verändert und wie sieht das moderne Studium aus?

1.3 Die neuen Studienprogramme – Bachelor und Master

Noch vor zehn Jahren studierte man in Deutschland entweder auf Diplom – in den Naturwissenschaften, der Psychologie oder der Soziologie –, auf Magister – wie in den meisten geisteswissenschaftlichen Fächern – oder auf Staatsexamen – in den Lehramtsstudiengängen sowie in den Fächern Jura und Medizin. Heute ist die Lage unübersichtlich. Bachelor und Master sind inzwischen eingeführt, aber auch die alten Studiengänge stehen teilweise noch zur Wahl. Einige Universitäten bieten eine Mischform, nämlich modularisierte Magister- und Diplomstudiengänge an. Viel hat sich verändert, aber der Reformprozess ist noch lange nicht abgeschlossen, sodass der Bologna-Prozess formal bis zum Jahr 2020 verlängert wurde. Die an der Hochschulreform beteiligten Länder werden in den kommenden Jahren weiterhin an der Umsetzung des europäischen Hochschulrahmens arbeiten müssen, denn zumindest in Deutschland kann bisher nicht die Rede davon sein, dass die durch den Bologna-Prozess festgelegten Ziele verwirklicht wurden.

Die Gewerkschaft Erziehung und Wissenschaft (GEW) bemängelt in einem Evaluationsbericht zur Umsetzung der Bologna-Richtlinien in Deutschland: „Bei der Umsetzung der Reformen wurde in Deutschland nicht ausreichend Rücksicht auf die soziale Dimension genommen (…), [d]urch Anwesenheitspflichten und enge Prüfungsrhythmen hat ferner eine Disziplinierung der Studierenden in die Hochschulen Einzug gehalten (…), [d]ie Frage der Berufsqualifizierung durch die neuen Studiengänge ist in vielen Fällen (…) ungeklärt."[12] Zudem wird festgestellt, dass die Mobilität der Studierenden nicht allein durch die Gleichbenennung von Studiengängen realisiert werden könne, da ein Auslandsstudium nur dann möglich sei, wenn der zeitliche Rahmen und die finanziellen Mittel dies zuließen. Professor Dr. Bernhard Kempen, Präsident des Deutschen Hochschulverbandes (DHV), geht mit seiner Kritik noch weiter und fordert: „Nur durch ein Sonderprogramm, das bis zum Sommersemester 2010 umzu-

---

[11] Ebd.
[12] Vgl. Banscherus/Gulbins/Himpele/Staack (2009): *Der Bologna-Prozess zwischen Anspruch und Wirklichkeit: Die europäischen Ziele und ihre Umsetzung in Deutschland* (Eine Expertise im Auftrag der Max-Traeger-Stiftung), Gewerkschaft Erziehung und Wissenschaft, Frankfurt am Main, S. 87f.

setzen ist, kann Abhilfe geschaffen werden. Durch weniger Prüfungen sollten anstelle des bisherigen Büffelns Freiräume und Selbstgestaltungsmöglichkeiten im Studium treten. Nach Fach- und Qualitätsgesichtspunkten muss ein Bachelorstudium das sechssemestrige Zwangskorsett sprengen dürfen. Um die studentischen Wünsche nach einer hochwertigen und wettbewerbsfähigen (Aus-)Bildung durch Wissenschaft Wirklichkeit werden zu lassen, muss der Master statt des Bachelors Regelabschluss werden. Dazu müssten Bund und Länder endlich die notwendige Finanz- und Personalausstattung für die ‚Bildungsrepublik' bereitstellen."[13] Anscheinend mangelt es an Geld, um die hoch gesteckten Ziele des Bologna-Prozesses zu realisieren. Einer Studie des BMBF zufolge sind bis dato nur die „Kernelemente" des Bologna-Prozesses umgesetzt.[14] Die Studie versucht die Studenten zu Wort kommen zu lassen und stellt deren Erfahrungen im reformierten Hochschulsystem statistisch dar. In diesen Zahlen spiegelt sich, was durch professionelle Einschätzungen von Akteuren wie der GEW formuliert wird: Ein Großteil der deutschen Bachelor-Studenten (82 %) stellt fest, dass ihr Studium festgelegt und durchgeplant ist,[15] nur 41 % bewerten die Umsetzung der Modularisierung als positiv, während 25 % diese als negativ empfinden.[16] Die Reform an sich wird grundsätzlich positiv bewertet, das zeigt auch die Tatsache, dass ca. 69 % der Bachelor-Studenten die Einführung des Kreditpunkte-Systems für richtig und wichtig halten;[17] jedoch wird auch hier die Umsetzung bemängelt.

Diese Feststellungen zeigen, dass eigentlich die Reform reformiert werden müsste. Bis heute ist nur eins sicher: Obwohl der durchschnittliche Studienbewerber einen qualifizierenden Schulabschluss vorlegen muss, qualifiziert dieser Schulabschluss nicht dazu, im Chaos der Studienreform durchzublicken. Wer ist Master und wer Bachelor und was sind Credit Points? Sie werden sich in der Planung Ihres Studiums ähnliche Fragen öfter gestellt haben, wir wollen uns diesen Fragen und ihrer Beantwortung im Folgenden zuwenden.

Bachelor und Master sind zwei Schlüsselbegriffe in der öffentlichen Debatte um Bildung und Bologna-Reformen. Es sind die Fachtermini für die heute an Hochschulen (Universitäten, Fachhochschulen und Berufsakademien) zu erwerbenden Abschlüsse. Der Bachelor, von engl. *junger Geselle,* ist der erste grundlegende oder berufsqualifizierende Studienabschluss. Der Master, von engl. *Meister,* wird als Abschluss einer zweiten, weiterführenden Hochschulausbildung vergeben. Vor Beginn der Bologna-Reform wurden in Deutschland dagegen vor allem einstufige Abschlüsse (Diplom, Magister und Staatsexamen) vergeben. Vorgabe der Bologna-Erklärung zur Schaffung

[13] Vgl. *Bologna 2.0 – Zur Reform der Reform*, Standpunkt von Bernhard Kempen (Präsident des DHV), auf: [http://www.euractiv.de/gesellschaft-und-bildung-000285/artikel/bologna-20--zur-reform-der-reform-002492].
[14] Vgl. *Bachelor-Studierende: Erfahrungen in Studium und Lehre – Eine Zwischenbilanz*, Bundesministerium für Bildung und Forschung (BMBF), 2009, S. 3.
[15] Vgl. *Ebd.*, S. 30.
[16] Ebd.
[17] Ebd., S. 33.

eines europäischen Hochschulrahmens ist jedoch die Einführung eines konsekutiven
– d.h. aufeinander folgenden – zweistufigen Studiensystems in allen Teilnehmerlän-
dern. Dies entspricht grundsätzlich dem angloamerikanischen System: Das Studium
setzt sich zusammen aus *undergraduate* und *graduate* studies; also einem grundsätzlichen und einem höheren Studium. Wenn heute vielerorts über Bologna, den Bachelor
und das neue deutsche Bildungswesen geschimpft wird, sollte eins klar sein: Nicht der
Bologna-Prozess und dessen Fürsprecher sind verantwortlich für die chaotisch-
unübersichtliche deutsche Bildungslandschaft. Die Rahmenbedingungen für die Änderungen finden sich in den Richtlinien zur Schaffung eines europäischen Bildungs-
raums, doch umgesetzt werden die Reformen lokal. In Deutschland, wo die Bildung
der Hoheit der Bundesländer untersteht, wird auf Grundlage eines bundeslandweiten
Hochschulrahmens – der wiederum auf den Bologna-Entscheidungen basiert – in den
Universitäten umstrukturiert. Die Bundesländer, die Kultusministerkonferenz und die
einzelnen Universitäten sind somit verantwortlich für die Qualität des angebotenen
Bildungsprogramms. In der Bologna-Erklärung wird der Rahmen für das Reformstudi-
um sehr offen definiert, den Ländern ist damit ein großer Spielraum gegeben, die
neuen Studienprogramme offen und innovativ zu gestalten. Dies geschieht allem Anschein nach nicht deutschlandweit in gleicher Weise, denn während einige Universitäten sehr fortschrittliche, ausgereifte Studiengänge anbieten, herrscht an anderen Universitäten durch die Einführung von Hybrid- und Übergangsstudiengängen ein
unüberschaubares Durcheinander. Dabei ist die Vorgabe, die dem europäischen Bildungsraum zu Grunde liegt, nachvollziehbar und umsetzbar. Grundlegend sollen die
höheren Bildungssysteme im europäischen Bildungsraum einer drei-zyklischen Gliederung folgen:

(a) Formale Voraussetzung für das Erreichen der ersten Stufe – den Bachelor – sind

    180-240 Kreditpunkte. Studenten, die dies erreichen wollen, müssen in der Lage sein,

    in ihrem Berufsfeld Kenntnis und Wissen nachzuweisen, das auf dieser fachlichen Aus-

    bildung beruht; sie müssen dieses Wissen fachlich und professionell einzusetzen wis-

    sen; sie müssen in der Lage sein, für das Fach relevante Daten auswerten zu können; sie

    müssen qualifiziert sein, Informationen und Ergebnisse kommunizieren zu können; sie

    sollten Fähigkeiten entwickelt haben, die Zugang zu einem weiterführenden Studium

    erlauben.[18]

---

[18] Vgl. The framework of qualifications for the European Higher Education Area, zu finden unter:
    [http://www.ond.vlaanderen.be/hogeronderwijs/bologna/documents/QF-EHEA-May2005.pdf], S. 1.

(b) Formale Voraussetzung für das Erreichen der zweiten Stufe – den Master – sind 90-120 Kreditpunkte. Studenten, die dies erreichen wollen, müssen in der Lage sein, im Studienfach Kenntnisse und Wissen aufzuweisen, das über die im ersten Zyklus vermittelten Kenntnisse hinausgeht; sie müssen in der Lage sein, mit diesen Kenntnissen und der eigenen Kreativität/Originalität Forschungsfragen entwickeln und beantworten zu können; sie sollten fachübergreifend mit den erworbenen Kenntnissen Problemgegenstände nachvollziehen und bearbeiten können; auf dieser Grundlage sollen auch Bewertungen und Einschätzungen vollzogen werden können, wobei hier sowohl die Kenntnisse als auch soziale und ethische Vorstellungen der Studenten eine Rolle spielen; sie müssen qualifiziert sein, Informationen und Ergebnisse kommunizieren zu können; sie sollten Fähigkeiten entwickelt haben, die zu einem autonomen Selbststudium qualifizieren.[19]

(c) Für den dritten Zyklus – also die Promotion (Doktorarbeit) – ist sehr allgemein definiert, welche Voraussetzungen erfüllt sein sollten. Hier heißt es, dass diesen Abschluss diejenigen erwerben können: die demonstrieren, dass sie ein systematisches Verständnis des Studienfaches sowie methodische und forschungsrelevante Kenntnisse ausgebildet haben; die in der Lage sind, wissenschaftlich qualifiziert Forschungsprojekte durchzuführen; die mit den eigenen Forschungsprojekten neue Erkenntnisse gewinnen und somit zu einem Wissenszuwachs beitragen; die zu kritischer und komplexer Analyse und Bewertung von Sachzusammenhängen und Ideen in der Lage sind; die mit der wissenschaftlichen Gemeinschaft und nicht-wissenschaftlichen Kreisen gleichermaßen über das eigene Forschungsfeld kommunizieren können; von denen erwartet werden kann, dass sie sowohl in berufs- als auch in wissenschaftsbezogenen Kontexten die Wissenschaft voranzubringen in der Lage sind.[20]

---

[19] Vgl. Ebd., S. 2.
[20] Ebd.

1.4 Das ABC des Bologna-Studiums

In den Programmschriften zur Reform treten einige Begriffe auf, die dem angehenden Studenten womöglich unbekannt sind. Oder wüssten Sie ohne Vorinformation, was »Kreditpunkte« sind und wie Sie Ihren »workload« errechnen? Mit der Bologna-Reform hat sich das deutsche Studiensystem grundlegend verändert, für einen Abschluss müssen heute andere Leistungen erbracht werden als noch bei den eigenen Eltern oder den älteren Geschwistern. Die Grundlage für das reformierte Studium bilden die Kreditpunkte. Sie sollen internationale Vergleichbarkeit ermöglichen, indem sie jeder Studienleistung eine gewisse Punktzahl zuordnen. Wie der vorangehenden Auflistung zum gestuften Studiensystem zu entnehmen ist, setzt ein Studienabschluss das Erreichen einer gewissen Zahl von Kreditpunkten voraus. Für den Bachelor müssen 180-240 Punkte, für den Master

Fachübergreifend studieren an der Ruhr-Universität Bochum

An der Ruhr-Universität wurden schon zum WS 2001/2002 gestufte Studiengänge in fast allen Fachbereichen eingeführt. Mittlerweile sind einige Studienprogramme schon mehrfach überarbeitet und angeglichen. Die BA-MA Ausbildung und der Bologna-Prozess werden an dieser Uni sehr ernst genommen. Mit dem Optionalbereich gibt es für diejenigen, die in Bochum einen BA oder MA Doppelabschluss machen wollen, einen dritten Fachbereich, aus dem die Studenten fachübergreifend frei Veranstaltungen wählen können. So ist sichergestellt, dass Studenten die im Bologna-Prozess als wichtig definierten soft-skills (d.h. Zusatzfähigkeiten) erwerben können. Kritiker des gestuften Studiums bemängeln häufig, dass der Magisterstudent noch in der Lage war frei zu studieren, sich umzuschauen, über den Tellerrand zu blicken, was im gestuften Studium nicht möglich sei. Das Bochumer-Modell bietet hier eine angemessene Alternative.

Weitere Informationen unter: www.rub.de

90-120 Punkte erreicht werden. Grundlage für die Punktevergabe ist das ECTS, das European Credit Transfer System. Ein Punkt wird immer dann vergeben, wenn eine bestimmte Arbeitsleistung erbracht ist, d.h. das Lernergebnis entscheidet hier.

Und wie genau wird im europäischen Rahmen ein Lernergebnis definiert? Den Grundsätzen zum ECTS kann man entnehmen, dass als Lernergebnis genau das verstanden wird, „(...) was die Lernenden nach dem erfolgreichen Abschluss eines Lernprozesses wissen, verstehen bzw. können sollten (...)."[21] Der entscheidende Faktor ist in diesem Zusammenhang der Arbeitsaufwand (workload). Der Arbeitsaufwand wird durch das ECTS festgelegt als: „die Zeit (...), die Lernende typischerweise für sämtliche Lernaktivitäten (beispielsweise Vorlesungen, Seminare, Projekte, praktische Arbeit, Selbststudium und Prüfungen) aufwenden müssen, um die erwarteten Lernergebnisse zu erzielen."[22] Voraussetzung für dieses System der Punktevergabe ist die Annahme, dass ein Jahr Vollzeitstudium aus ca. 1500-1880 Stunden Vollzeitlernen besteht. Für jedes akademische Jahr werden 60 ECTS Kreditpunkte veranschlagt, was bedeutet, dass ein Kreditpunkt mit 25-30 Arbeitsstunden erzielt wird. Zudem gibt es bei den Prüfungen einschneidende Veränderungen. Anders als in den alten Studienprogrammen müssen Studenten studienbegleitend Prüfungen im Semesterrhythmus ablegen. Vor Einführung der neuen Studiengänge waren für den Abschluss und den Notendurchschnitt die Zwischen- und vor allem Abschlussprüfungen meist allein ausschlaggebend. Im gestuften Studienmodell sind die Abschlussprüfungen ebenfalls wichtig, jedoch fließen die während des Studiums erbrachten Leistungen mit in die Abschlussnote ein.

Mit dem Reformprozess soll wissenschaftliche Internationalität bzw. die Möglichkeit,

---

International studieren an der Europa-Universität Viadrina, Frankfurt/Oder

Die Viadrina ist die erste brandenburgische Universität, hier studierten zu Beginn auch die Humboldt-Brüder. 1811 wurde die Uni geschlossen, die neu gegründete Berliner Universität warf einen zu großen Schatten. 1991, also kurz nach dem Fall der Mauer, wurde die Universität neu gegründet: als internationale Europa-Universität Viadrina. Es besteht eine Kooperation mit der Adam-Mickiewicz-Universität in Poznan (Polen), aus dieser Kooperation geht auch das am polnischen Ufer der Oder in Slubice gelegene Collegium Pollonicum hervor. Eine Einrichtung, die sich als wissenschaftliche Begegnungsstätte im Herzen Europas definiert. Die Viadrina ist sehr international: 24 % der knapp 6200 im Jahr 2009 eingeschriebenen Studenten kamen z.B. aus dem Ausland. Zudem bestehen Kooperationen mit über 200 ausländischen Hochschulen und nationale Vergleichsstatistiken zeigen, dass diese Angebote von Studenten auch angenommen werden. Im Vergleich mit anderen Einrichtungen entsendet die Viadrina jährlich eine an der gesamten Studentenzahl gemessen große Gruppe von Studenten an ausländische Hochschulen.

Weitere Informationen unter:
www.euv-frankfurt-o.de

---

[21] Vgl. *ECTS Grundsätze*, zu finden unter: [http://ec.europa.eu/education/lifelong-learning-policy/doc/ects/key_de.pdf].
[22] Vgl. Ebd.

europaweit zu studieren, realisiert werden. Dies ist nur möglich, wenn europaweit zwischen den Studiengängen Vergleichbarkeit besteht. Für diese Vergleichbarkeit bilden die Kreditpunkte das grundlegende Gerüst. Das entscheidende Dokument, mit dem die Universitäten europaweit überprüfen können, ob z.B. die deutsche Bewerberin um einen MA-Studienplatz für Molekularbiologie im Grundstudium Vergleichbares gelernt hat wie der tschechische Bewerber, ist das Diploma Supplement. Dieses Dokument, das dem Abschlusszeugnis beigefügt wird, listet alle im Studium absolvierten Veranstaltungen (inklusive der erbrachten Prüfungen) auf. Damit kann nachvollzogen werden, welche Leistungen zur Erlangung eines Abschlusses qualifizieren. Studenten sollen mit diesem Dokument Probleme bei der Bewerbung an einer anderen Universität, für ein weiterführendes Studienprogramm etc. reduzieren können. Für die einen ist das Ergebnis dieser Neuerung eine Transparenz, die das Studium inhaltlich und strukturell nachvollziehbar macht, andere sehen in genau dieser Innovation ein Problem. Es ist die Rede vom gläsernen Studenten, vom erzwungenen Fachrahmen, von fehlender Wahlmöglichkeit oder vom genormten und ökonomisierten Studium. An der Diskussion um ein Dokument wie das Diploma Supplement zeigt sich exemplarisch, dass die größte Bildungsreform der deutschen Nachkriegsgeschichte nicht von allen Seiten befürwortet wird. Wir wollen der Kritik an der Bildungsreform ebenfalls Raum bieten, um die Probleme, die mit einer so umfassenden Veränderung einhergehen, kurz darzustellen.

1.5 Bologna, Umsetzungsprobleme und Kritik

Die durch den Bologna-Prozess initiierten Reformen führen für fast alle Mitgliedsstaaten zur Abkehr von einem etablierten Hochschulsystem. Und wo etwas Altes überflüssig bzw. durch etwas Neues ersetzt wird, da treten Ressentiments gegenüber dem unbekannten Neuen, dem Reformierten, auf. In Deutschland stellen die Reformen die weitest reichenden Veränderungen im Bildungssektor in der Nachkriegsgeschichte dar. Die gegenwärtige Studentenschaft ist eine Generation, die durch Aktivitäten wie den Bildungsstreik 2009 den Unmut am Bildungssystem scharf äußert, mit Kritik nicht spart und Verbesserungen einfordert. Eine generelle Verweigerungshaltung der Studenten gegenüber Neuerungen ist jedoch nicht der Grund für die Proteste. Denn die Generation, die bereits vor über 40 Jahren für eine emanzipierte und individuell definierte Bildung protestierte, nämlich die 68er, nimmt heute die damals erkämpften Reformen zurück und führt ein verschultes Grundstudium ein. Die Kritik der Studenten zielt ausdrücklich nicht auf die europäische Entscheidung zur Herstellung eines gemeinsamen Hochschulrahmens. Die Probleme, die im Bildungsstreik thematisiert, und die Forderungen, die gestellt werden – Abkehr vom Bachelor, Ende von Verschulung des Studiums, Möglichkeit individueller Schwerpunktsetzung im Studium oder tatsächliche Umsetzung der Mobilität zwischen den Hochschulen[23] –, beziehen sich vielmehr auf die Umsetzung der Bologna-Reformen, nicht auf die Reform an sich. Die Politik sieht in der Kritik und im Bildungsstreik jedoch einzig die Ablehnung von Bologna. Aber ist dies wirklich der Fall? Lehnen die Studenten Bologna ab, oder gibt es tatsächlich Probleme mit dem reformierten Studium?

Grundsätzlich sind die Studenten Bologna gegenüber positiv eingestellt, die inhaltliche Qualität der neuen Studiengänge wird von 72 % der Bachelor-Studenten als gut bewertet, den Aufbau und die Durchführung des Studiums sehen noch 60 % als positiv an, bei der Beratung und Betreuung durch die Lehrenden sind nur knapp 50 % der Studenten wirklich zufrieden.[24] Mit Blick auf die Studienbedingungen offenbart sich dann die traurige Realität des reformierten Studiums, denn nur 57 % der Bachelor-Studierenden bewerten diese als zufrieden stellend.[25] Demnach sind in verschiedenen Dimensionen des reformierten Studiums bis zu 50 % der Studierenden unzufrieden oder bemängeln die Studienstrukturen. Und diese Kritik ist nur zu verständlich, wenn Grundlage des reformierten Studiums die Annahme ist, Studenten würden ein Studium als Vollzeitbeschäftigung stemmen. Dies ist jedoch bei weitem nicht der Normalfall, denn die Bachelor-Zwischenbilanz zeigt: jeder zweite BA-Student geht während des Semesters einer Erwerbstätigkeit nach, zwei Drittel der Bachelor-Studenten finanziert durch diese Arbeit die eigene Ausbildung und ein Drittel der Studenten gibt sogar an, dass ohne die Erwerbstätigkeit das Studium nicht zu finanzieren wäre.[26] Offensichtlich sind viele Studenten gar nicht in der Lage, das Studium als Vollzeitbeschäftigung zu praktizieren, da die Arbeit erst die finanziellen Grundlagen schafft, die das Studium ermöglichen.

Sind die Studenten heute einfach nur faul oder wirklich überfordert? Einer aktuellen Studie ist zu entnehmen, dass „20 Prozent der Studienabbrecher [denken] den Anforderungen nicht gerecht zu werden, elf Prozent nicht bestandene Prüfungen als Abbruchursache [nennen] und 19 Prozent ihren Studienabbruch mit finanziellen Engpässen oder zunehmenden Schwierigkeiten begründen, ihre Erwerbstätigkeit mit den Studienverpflichtungen in Einklang zu bringen".[27] Diese Kritik richtet sich demnach gegen die schlechte Finanzlage der deutschen Studenten, nicht gegen die Reform an sich. Und die mangelnde Finanzierung ist tatsächlich ein großes Versäumnis des Reformprogramms. Vielerorts bezahlen Studenten heute für ihr Studium, im Zuge der Reformierung sind in fast allen Bundesländern Studiengebühren eingeführt worden. Trotzdem sind die Hochschulen chronisch unterfinanziert und das Betreuungsver-

---

[23] Vgl. den Internetauftritt des bundesweiten Bündnisses Bildungsstreik, unter: [http://www.bildungsstreik.net/aufruf/forderungen-der-studierenden/].
[24] Vgl. *Bachelor-Studierende: Erfahrungen in Studium und Lehre – Eine Zwischenbilanz*, S. 68.
[25] Ebd., S. 69.
[26] Ebd., S. 37.
[27] Vgl. Forschung und Lehre, Heft 2/2010.

hältnis von Lehrenden und Studierenden ist nach wie vor katastrophal. Mit der Exzellenzinitiative wird einigen Universitäten die Möglichkeit geboten, sich für zusätzliche
staatliche Zuwendungen zu bewerben, so soll die Unterfinanzierung abgewendet und
die Möglichkeit für exzellente Forschung und Wissenschaft realisiert werden. Auch
hier ist die Umsetzung allerdings zweifelhaft. Insbesondere Universitäten in den wirtschaftlich besser gestellten Regionen Bayerns und Baden-Württembergs sind mit Ext-
razuschlägen und dem Titel Exzellenzuniversität bedacht worden. So erhalten die U-
niversitäten, die ohnehin schon wirtschaftlich abgesichert sind, höhere finanzielle
Zuwendungen. Universitäten aus wirtschaftlich schlechter gestellten Regionen dagegen werden übergangen.

Nach der zweiten Runde der Exzellenzinitiative gibt es jetzt vier Eliteuniversitäten in
Baden-Württemberg (Freiburg, Heidelberg, Karlsruhe, Konstanz), zwei Eliteuniversitäten in Bayern (TU und LMU München) und jeweils eine Exzellenzschmiede in Berlin
(FU), Nordrhein-Westfalen (RHTW Aachen) und Niedersachsen (Göttingen). Auf die
Bevölkerung umgerechnet stellt sich die Situation folgendermaßen dar: NRW hat mit
einer Einwohnerzahl von fast 18 Mio. eine einzige Eliteuniversität, in Berlin kommen
auf eine dieser sonderfinanzierten Einrichtungen nur knapp 4 Mio. Einwohner. Baden-
Württemberg ist der eindeutige Gewinner dieser Initiative, knapp 11 Mio. Einwohner
leben im Umkreis von vier Exzellenzeinrichtungen. Hessen, Bremen, Hamburg und die
neuen Bundesländer sind bei der Vergabe leer ausgegangen. Dieser simple Vergleich
zeigt die Verteilungs- und Gerechtigkeitsprobleme, die mit der Bildungsreform aufge-
treten sind. Es scheint, dass an der Bildungsreform gespart wurde, denn Deutschland
ist nach wie vor „Schlusslicht der Industriestaaten bei der Bildungsfinanzierung".[28] Seit
1995 sind beispielsweise 660 Professuren in den Geisteswissenschaften gestrichen
worden. Julian Nida-Rümelin, ehemaliger Kulturstaatsminister und Professor für Philosophie, argumentiert: „[W]egen der chronischen Unterfinanzierung [ist] die Betreu-
ungsrelation sehr ungünstig (…). Jetzt soll sich dies verbessern, ein vernünftiges Ziel,
doch lässt es sich nur mit zusätzlichem Personal und zusätzlichen Räumen verwirklichen."[29] Nida-Rümelins Kritik verdeutlicht, dass zusätzliches Personal und zusätzliche
Räumlichkeiten nur zu realisieren sind, wenn die Finanzierung der Reform reformiert
würde. Es fehlt an Geld und so kommt auf Studenten in Deutschland häufig eine doppelte Belastung mit Studium und Arbeit zu. Was in der deutschen Politik anscheinend
nicht verstanden wird, ist die simple Tatsache, dass ohne zusätzliches Geld die Qualität der deutschen Bildung nicht verbessert werden kann. Aber die Unterfinanzierung
ist nicht das einzige Problem. Ein grundsätzliches Problem ist, dass Kritik am Bildungssystem selten produktiv geäußert wird. Die einen trauern dem geliebten Diplomabschluss nach, andere fordern die Rücknahme der gesamten Reform, wieder andere

---

[28] Vgl. Barth, Thomas (2009): *Humboldt in Bologna? Professoren-Protest gegen 10 Jahre "Bologna-
Prozess"*, in: Telepolis, 16/19 Juni 2009, S. 1.
[29] Thurau, Martin: *Der Bachelor-Bankrott – Interview mit Julian Nida-Rümelin*, in: Süddeutsche Zeitung,
2.10.2008.

prophezeien das Abdriften der deutschen Forschungsgemeinschaft in die Bedeu-
tungslosigkeit. In einigen Fällen geht die unproduktive Kritik so weit, dass Professoren
aus Protest von Lehrstühlen zurücktreten, statt sich aktiv an der Umgestaltung des
Bildungssystems zu beteiligen.[30] Nur selten wird versucht, den durch die Mitgliedsstaaten bewusst offen gestalteten Rahmen zur Integration einer europäischen Wissenschaft so anzulegen, dass die Betroffenen – die Studenten und im akademischen
Betrieb Angestellten – profitieren.

Ein kurzer Rückblick auf Humboldt zeigt, dass die Verantwortlichen im Laufe des Re-
formprozesses das Humboldtsche Bildungsideal aus den Augen verloren haben. Der
Aufklärer müsste bemängeln, dass aus der Universität eine höhere Schule zu werden
und die Ungleichheit von Lehrenden und Lernenden in diesem Prozess zu wachsen
droht. Vor allem würde er darauf hinweisen, dass ohne den Staat als vermittelnden
und verantwortlichen Akteur keine Reform möglich sei. Gescheitert ist bisher nicht die
Bologna-Reform an sich, die mit Humboldts Ideen durchaus vereinbar ist, sondern
einzig die Umsetzung. Viel hat sich verändert in den vergangenen Jahren und viel
bleibt zu tun. Die Bildungsreform ist auch im Jahr 2010 nicht abgeschlossen und es
gibt Raum für Verbesserung. Für die kommende Reformphase bis 2020 muss gehofft
werden, dass fundamentale Verbesserungen erreicht werden, wobei Deutschland
dafür den ersten Platz in der Liste der Industrienationen, die wenig in Bildung investieren, aufgeben müsste.

Wer jetzt studieren möchte, der muss sich allerdings im aktuellen Chaos der Stu-
dien(un)möglichkeiten zurechtfinden; muss wissen, wie man sich an der Universität,
Fachhochschule oder Berufsakademie bewirbt; sollte in der Lage sein, das Studium zu
finanzieren; muss sich auskennen mit Praktika und Auslandsstudium; sollte wissen, wo
Stipendien für welche Bildungsangebote zu finden sind. Kurzum: Wer ein Studium
aufnehmen möchte, der muss sich auskennen. Mit den folgenden Kapiteln soll eine
Hilfestellung geleistet werden auf dem Weg zum erfolgreichen Studium.

---

[30] Im Januar 2010 erklärte der Mainzer Theologieprofessor Prof. Dr. Marius Reiser in einem in der FAZ
veröffentlichten Artikel, warum ihn die Bologna-Reform dazu motiviert habe, von seinem Lehrstuhl
zurückzutreten Vgl. Reiser, Marius: *Warum ich meinen Lehrstuhl räume*, in FAZ Online, 20.01.2009.

Bologna | Linksammlung

Bologna-Seite des Bildungsministeriums (BMBF):

[http://www.bmbf.de/de/3336.php]

Bologna-Seite der EU-Kommission:

[http://ec.europa.eu/education/higher-education/doc1290_en.html]

Internetauftritt des deutschen Bildungsstreiks:

[http://www.bildungsstreik.net]

Die Zeitschrift *Forschung und Lehre* mit aktuellen Debatten zur deutschen Bildungslandschaft:

[http://www.forschung-und-lehre.de/wordpress/]

Internetauftritt der Gewerkschaft Erziehung und Wissenschaft (GEW):

[http://www.gew.de/Startseite.html]

[2] Studienfachwahl

2.1 Von der Schule in die Hochschule – Zahlen, Daten und Fakten

Manch einer weiß seit dem sechsten Lebensjahr, dass er Supertankerkapitän, Zahnarzt oder Schauspieler werden will. Andere sind vollkommen überfordert und wissen nach Beendigung der Schule nicht, was sie mit der Zukunft anfangen sollen. Will man studieren, muss, bevor es mit dem Studium losgehen kann, die Entscheidung für ein Studienfach fallen. Es gilt sich selbst zu prüfen und für sich persönlich zu beantworten, ob man Architekt, Arzt, Archäologe oder Antiquar werden möchte. Vor Beginn der weiterführenden Ausbildung erdrücken offene Fragen und andere Ungereimtheiten manche angehenden Studenten. Dem unentschlossenen Studierwilligen stellen sich die Fragen: Wie soll ich herausfinden, was das richtige Studium ist, wenn ich es nicht ausprobiert habe? Und woher soll ich wissen, ob ich der oder die Richtige für ein Studium bin?

Unterhält man sich mit den Eltern oder Großeltern, so kann man erfahren, nach welchen Kriterien früher die Ausbildung gewählt wurde. Denjenigen, die in einem Familienbetrieb aufwuchsen, war die Entscheidung zumeist abgenommen. Es stand in der Regel nicht zur Debatte, ob der Familienbetrieb weitergeführt werden müsse. In anderen Fällen wurden Entscheidungen durch äußere Einflüsse bestimmt: Man absolvierte die Ausbildung, die im Heimatort angeboten wurde; man lernte in einem Bereich, der wirtschaftlich sicher war („Junge, zum Friseur gehen die Leute auch noch in 100 Jahren, das ist eine sichere Arbeit!"); man hielt mit der eigenen Ausbildung die Familientradition hoch und machte, was die Vorfahren schon seit Jahrzehnten machten. Ein Studium war zu jener Zeit ein Luxus, nur die wenigsten Jugendlichen waren in der Lage zu studieren. 1840 belief sich die Anzahl der deutschen Studenten auf ca. 12.000, vierzig Jahre später war diese auf 21.900 angestiegen.[31] Im Jahr 1930/31 erreichte die Zahl der Studenten knapp 100.000[32], 1980 überstieg die sie erstmals die Millionengrenze und verdoppelte sich in der Folgezeit: Im Wintersemester 2007/2008

---

[31] Vgl. Ringer, Fritz (2004): *Die Zulassung zur Universität*, in: Rüegg, Walter (Hg.): Die Geschichte der Universität in Europa: Vom 19. Jahrhundert zum Zweiten Weltkrieg 1800-1945, Bd. 3, 2004, C.H. Beck, München, S. 202.

[32] Ebd.

waren in Deutschland knapp 2 Mio. Studenten immatrikuliert.[33] Was früher als Luxus galt, ist heute normal, wer die Möglichkeiten hat, strebt ein Studium an. Selbstverständlich gibt es auch heute Jugendliche, die nach der Schulausbildung in die Fußstapfen der Eltern treten und einen Familienbetrieb weiterführen. Darüber hinaus ist eine relativ hohe Zahl von Auszubildenden in Fachberufen zu verzeichnen: So haben sich 2006 345.000 Studenten an Universitäten und Fachhochschulen neu eingeschrieben, im selben Jahr haben 581.000 Jugendliche einen Ausbildungsvertrag unterzeichnet.[34] Studium und Ausbildung halten sich grob die Waage, wem es mehr liegt zu studieren, sollte diesen Weg einschlagen, wer gern praktisch arbeiten möchte, sollte eine Ausbildung ins Auge fassen. Stichworte wie Selbstverwirklichung, Eigenverantwortlichkeit und Entscheidungsstärke spielen in unserer Gesellschaft eine entscheidende Rolle. Diese Kriterien erfüllen sich dem einen eher im Studium, dem anderen dagegen in der Ausbildung. Nur muss man sich für etwas entscheiden. Das fällt nicht immer leicht, wenn man die freie Wahl hat. Mit der größeren Freiheit und den vielen Entscheidungsmöglichkeiten stellt sich bei einer Vielzahl Jugendlicher Ratlosigkeit ein. Denn je größer die Auswahl desto schwieriger die Entscheidung. Es ist wie im Restaurant: Ist die Speisekarte klein und übersichtlich, kann man sich in der Regel schnell für ein Gericht entschließen. Gibt es eine 20-seitige Speisekarte, fällt die Entscheidung schwer. Man hat die Qual der Wahl. Natürlich gibt es Leute, die zu jeder Zeit wissen, was sie wollen; an diese Gruppe wollen wir uns mit dem vorliegenden Kapitel jedoch nicht wenden.

Die Schlüsselfrage des Unentschlossenen ist: Wie kann ich, wenn ich mich für das Studieren entscheide, das für mich persönlich angemessene Studienfach finden? Der 10. Studierendensurvey, herausgegeben vom Bundesministerium für Bildung und Forschung (BmBf), verrät, was generell zum Studium motiviert.[35] Hier erfahren wir, dass 51 % der Universitätsstudenten vor Beginn des Studiums wissen, dass sie studieren werden. An der Fachhochschule ist dies bei knapp 34 % der Studenten gegeben. Auch die Abiturnote ist wichtig in der Entscheidungsfindung, denn drei von vier Studenten mit einem Abschluss besser als 1,5 wussten schon vor Ende der Schullaufbahn, dass sie ein Studium aufnehmen werden.[36] D.h., wer gute Noten hat, weiß, dass er studieren will. Doch beantworten die guten Noten nicht die Studienfachwahl. Dagegen spielt die fachliche Orientierung, die in der Schule mit den Leistungsfächern gewählt wird, eine entscheidende Rolle. Denn „Studierende an Universitäten mit beiden Leis-

[33] Vgl. Statistiken des Statistischen Bundesamtes Deutschland zu den aktuellen Studentenzahlen in Deutschland, auf:
[http://www.destatis.de/jetspeed/portal/cms/Sites/destatis/Internet/DE/Content/Statistiken/Zeitreihen/LangeReihen/Bildung/Content100/lrbil01a,templateId=renderPrint.psml].
[34] Vgl. Datenreport 2008: *Ein Sozialbericht für die Bundesrepublik Deutschland*, Bundeszentrale für politische Bildung, 2008, S. 59f.
[35] Vgl. *Studiensituation und studentische Orientierungen – 10. Studierendensurvey an Universitäten und Fachhochschulen*, 2008.
[36] Ebd., S. 24.

tungskursen im sprachlich-literarischen Aufgabenfeld haben zur Hälfte ein Fach der Kultur- und Sprachwissenschaften gewählt (51 %), kaum jedoch der Natur- oder der Ingenieurwissenschaften (nur 6 % bzw. 4 %); eher tendieren sie noch zu den Sozialwissenschaften (18 %). Wurden zwei naturwissenschaftliche Leistungskurse belegt, überwiegt ein Studium der Naturwissenschaften (40 %) oder der Ingenieurwissenschaften (26 %) (...)."[37] Die erste Schlussfolgerung ist demnach, dass Studenten bei der Fachwahl auf den in der Schule erworbenen Kenntnissen aufbauen und diese vertiefen wollen. Zudem stellen die Autoren des Studierendensurveys drei Hauptkategorien heraus, die die Fachwahl zu beeinflussen scheinen: ideelle, materielle und berufsbezogene Kriterien (vgl. Tabelle: Motive der Studienfachwahl). Es fällt auf, dass jeder dritte Student betont, bei der Fachwahl sei die materielle Sicherheit wichtiger als der feste Berufswunsch: 36 % geben die Aussicht auf einen sicheren Arbeitsplatz an, wohingegen für nur 29 % ein fester Berufswunsch Motivation ist.[38] So spielt der sichere Arbeitsplatz eine Rolle. Im Survey wird festgestellt, dass die unsichere Situation an den Arbeitsmärkten wohl ausschlaggebend für die stärkere Orientierung der Studenten an diesem Kriterium sei.[39] Grundsätzlich sind die Studenten bei der Fachwahl jedoch vor allem durch ideelle Gründe motiviert: für 71 % der Studenten ist das eigene Fachinteresse entscheidend bei der Fachwahl, mit 58 % ist die zweitwichtigste Motivation die eigene Begabung.[40] Die Schlussfolgerung aus dem statistischen Vergleich ist, dass in Deutschland ein verhältnismäßig hoher Anteil von Studenten das Studienfach mit Sicht auf die persönlichen Fähigkeiten und Interessen wählt. Grundsätzlich scheinen Studenten zu wissen, welche Kriterien bei der Wahl des eigenen Studienfachs eine Rolle spielen. Nichtsdestotrotz ist es sinnvoll, sich mit dem Thema zu beschäftigen, um angehende Studenten bei der Wahl des Studienfachs zu unterstützen und die Entscheidungsfindung zu erleichtern.

---

[37] Ebd., S. 31.
[38] Ebd., S. 33.
[39] Ebd., S. 33.
[40] Ebd., S. 32.

Motive der Studienfachwahl (1995-2007)[41]

Motive der Fachwahl	1995	2001	2004	2007
ideell, spezielles Fachwissen	69	68	70	71
ideell, eigene Begabung	52	55	57	58
berufsbezogen, berufl. Möglichkeiten	49	51	49	49
berufsbezogen, fester Berufswunsch	31	30	29	29
materiell, sicherer Arbeitsplatz	26	26	30	36
materiell, Einkommenschancen	18	22	22	24
materiell, Führungsposition	16	18	17	17

2.2 Stärken, Schwächen, Fähigkeiten – Die kritische Selbstbewertung

Geht es daran ein Studienfach zu wählen, ist die Bestandsaufnahme der persönlichen Interessen, Fähigkeiten und Kenntnisse ein sinnvoller erster Schritt. Dies scheint umso wichtiger, da fast 60 % (58 %) der Studenten die eigene Begabung als entscheidend für die Fachwahl anführt. Der folgende Vorschlag kann als Musterstrategie zur Studienfachwahl genutzt werden.

Wollen Sie ein Studienfach nach nachvollziehbaren Kriterien auswählen und nicht aus dem Bauch heraus entscheiden, so geht es darum, sich selbst kritisch zu beurteilen und zu versuchen, die eigenen Kenntnisse, Fähigkeiten, Stärken und Schwächen herauszuarbeiten. Eine Hilfe kann darin bestehen, eine Liste aufzustellen oder in der Findungsphase so etwas wie ein Tagebuch zu führen. Hierin können Sie immer dann einen Eintrag vornehmen, wenn Sie sich einer Stärke oder Schwäche bewusst werden. Damit Ihr Vorgehen nicht in ein unüberschaubares Chaos ausufert, sollten Sie darauf verzichten, eine mehrere hundert Punkte umfassende »Stärken-Schwächen-Fähigkeiten-Liste« aufzustellen. Beschränken Sie sich, nachdem Sie eingehend über die eigenen (Un-)Fähigkeiten gegrübelt haben, auf fünf Stärken und fünf Schwächen. Es gilt nicht nur die Schulkarriere oder die absolvierten Praktika zu berücksichtigen, denn Schulnoten und Praktikumserfahrungen genügen als Auswahlkriterien nicht. Jede Stärke oder Schwäche, die Sie in der Phase der Selbstreflexion erkennen, hat ihre Berechtigung. Um diesen Selbstfindungsprozess zu erleichtern, hilft es, sich an Fragen zu orientieren. Für die Bestimmung der persönlichen Fähigkeiten können einfache

[41] Ebd., S. 33.

Fragen der folgenden Art sinnvoll sein:

Schritt 1 | Fragen zur Selbsteinschätzung

1. Was kann ich gut, was kann ich nicht?
2. Was macht mir Spaß, was bereitet mir Probleme?

2.3 Stärken, Schwächen, Fähigkeiten – Die Fremdbewertung

Im nächsten Schritt sollten Sie versuchen die Meinung anderer einzubeziehen. Die Selbsteinschätzung sollte für die Studienwahl ausschlaggebend sein. Doch kann es sinnvoll sein, die persönliche Einschätzung durch Fremdurteile zu ergänzen. Das eigene Urteil bestätigt oder infrage gestellt zu sehen, kann zu einer exakteren Selbsteinschätzung führen. Bitten Sie Eltern, Freunde, Partner, Lehrer und andere Bezugspersonen mit einer Beurteilung auszuhelfen. Es genügt auch hier, fünf Stärken und fünf Schwächen von jeder Bezugsperson zu notieren. Fragen Sie bei unverständlichen Beurteilungen nach und lassen Sie sich die Einschätzung genau erklären. Da Ihnen die Fremdbeurteilung als Ergänzung zum eigenen Urteil dienen soll, müssen Sie alles verstehen. Nur so können Sie Selbsteinschätzung und Fremdurteile vergleichen. Auch hier ist es sinnvoll einfache Fragen anzuwenden.

Schritt 2 | Fragen zur Fremdeinschätzung

1. Was kann sie/er, was kann sie/er nicht?
2. Was macht ihr/ihm Spaß, was bereitet ihm/ihr Probleme?

2.4 Zukunftsvorstellungen: Was mir wichtig ist!

Die vorangegangenen Schritte dienen der Bestimmung Ihrer Fähigkeiten. Bevor Sie nun Erkundigungen über Studienorte einholen und sich für ein Studienfach entscheiden, sollten Sie versuchen, Ihre Zukunftsvorstellungen – zumindest skizzenhaft – zu entwickeln. Es kann nicht Ziel dieses Vorhaben sein, vor Beginn des Studiums festzulegen, wann Sie Kinder zu bekommen gedenken und wie Ihre Familienplanung mit einem Studium oder einer Erwerbstätigkeit zu verbinden sei. Doch ist es empfehlenswert, eine grobe Idee von der Zukunft zu haben. Es geht nicht darum, Professoren, Eltern, Lehrer oder andere zu erstaunen, sondern die wichtigen Entscheidungen sicherer treffen zu können. Es empfiehlt sich auch in diesem Zusammenhang, mit Fragestellungen zu arbeiten. Sie können (A) offene Fragen wählen, oder (B) geschlossene Fragen, die aus Oppositionspaaren aufgestellt sind. Im ersten Fall müssen Sie auf die Fragen Antworten finden, im zweiten Fall geht es um die Bestimmung von Prioritäten durch Streichung von für Sie Unwichtigem.

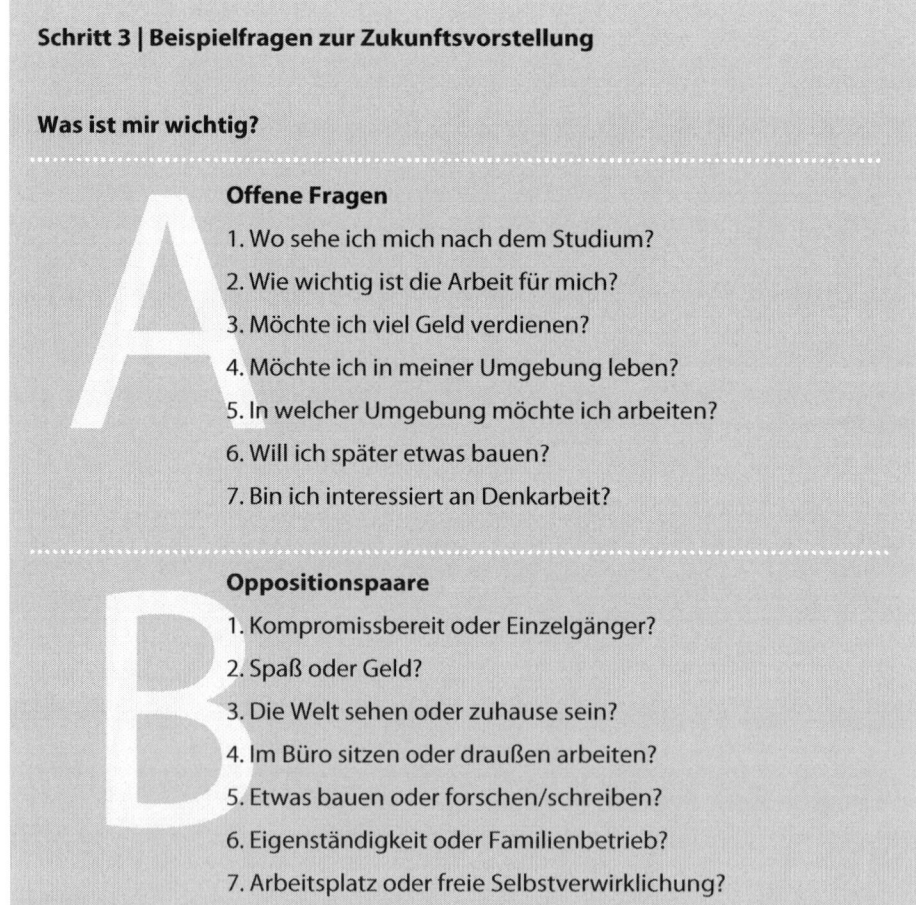

Schritt 3 | Beispielfragen zur Zukunftsvorstellung

Was ist mir wichtig?

Offene Fragen

1. Wo sehe ich mich nach dem Studium?
2. Wie wichtig ist die Arbeit für mich?
3. Möchte ich viel Geld verdienen?
4. Möchte ich in meiner Umgebung leben?
5. In welcher Umgebung möchte ich arbeiten?
6. Will ich später etwas bauen?
7. Bin ich interessiert an Denkarbeit?

Oppositionspaare

1. Kompromissbereit oder Einzelgänger?
2. Spaß oder Geld?
3. Die Welt sehen oder zuhause sein?
4. Im Büro sitzen oder draußen arbeiten?
5. Etwas bauen oder forschen/schreiben?
6. Eigenständigkeit oder Familienbetrieb?
7. Arbeitsplatz oder freie Selbstverwirklichung?

Haben Sie diesen dreistufigen Selbsttest durchgeführt, kann Ihnen dies in der Wahl des Studienbereichs helfen (Naturwissenschaften, Geisteswissenschaften, Ingenieurwissenschaften, Soziales etc.). Das beantwortet noch nicht die Frage, an welcher Universität oder Fachhochschule (in welcher Stadt, in welchem Studiengang etc.) Sie sich einschreiben. Doch ist ein erster Schritt getan.

2.5 Die Qual der Wahl: Medizin, Jura, Soziologie oder Physik?

Führt man sich als angehender Student die eigenen Stärken und Schwächen vor Augen, ist das ein erster Schritt. Er hilft als Orientierung, beantwortet aber nicht die finale Frage nach der Studiengangwahl. Warum dann dieser Mummenschanz um die Stärken und Schwächen? Die Idee dieser Strategie ist es, die Entscheidungsfindung zu erleichtern. Es geht darum, die Fähigkeiten und Interessen mit den zur Wahl stehenden Studienangeboten abzugleichen. Um dies tun zu können, ist es notwendig, etwas über Ihre Fähigkeiten zu wissen. Wer ein Problem mit der Mathematik hat, sollte nicht unbedingt Physik, Ingenieurwissenschaften oder Statistik studieren; wem das Schreiben schwerfällt, muss sich nicht durch ein geisteswissenschaftliches Studium quälen; wer schlecht auswendig lernen kann, sollte ein Jurastudium vermeiden; wer kein Blut sehen kann, ist mit einem Medizinstudium falsch beraten, und wer ungern mit anderen arbeitet und lieber allein ist, sollte nicht im sozialen Bereich studieren. Ihre (Un-)Fähigkeiten sind mit Bezug auf das Studium wichtig, denn hier sollen Kenntnisse vertieft, Fähigkeiten ausgebaut und zusätzliche Qualitäten ausgebildet werden. Mithilfe der „Stärken-Schwächen-Analyse" lässt sich bei der Betrachtung der einzelnen Studienfächer leichter bestimmen, was man nicht will und worin eine Studienmöglichkeit besteht. Somit ist man für die weiterführende Recherche im Internet, den vom Arbeitsamt herausgegebenen Studienführern und anderen Quellen gerüstet.

2.6 Uni, Fachhochschule oder Berufsakademie?

Um ein Studium aufzunehmen, ist nicht nur ein Studienfach, sondern ebenso ein Studienort zu wählen. Diese Wahl bezieht sich nicht nur auf die Stadt, in der man studieren möchte; sondern ebenso auf die Einrichtung, in der man das Studium aufnehmen möchte. Wie kann diese Entscheidung getroffen werden? Ist das richtige Kriterium die Stadt, die Qualität der Universität, die Entfernung zu Freunden und Familie, oder ist die FH der einzig richtige Ort für das Studium? Fragen über Fragen! Es gibt auch in diesem Zusammenhang eine Vielzahl von Möglichkeiten, die die Entscheidungsfindung erschweren. Ein wichtiger Parameter für den Erfolg Ihres Studiums ist Ihr Wohlbefinden. Dass Sie sich wohl fühlen, ist grundlegend für ein erfolgreiches Studium.

Wenn Sie eine Entscheidung bezüglich des Studienfachs getroffen haben, können Sie beispielsweise eine Gruppe von für Sie interessanten Hochschulen auswählen und diese besuchen. Es bietet sich an, Fachhochschulen und Universitäten zu besuchen und zu vergleichen, wenn Ihr Wahlfach an beiden Einrichtungen angeboten wird. Wer in einem medizinischen Fach (Pharmazie, Human-, Tier- und Zahnmedizin) ein Studium aufnehmen möchte, muss vor der Bewerbung wissen, an welchen Hochschulen er sich das Studium vorstellen kann; denn Bewerber in diesen Fächern müssen bei der Bewerbung Wahlstudienorte angeben.[42]

Die übrigen Studienbewerber können den Studienort selbst wählen, wenn sie die Zulassungsvoraussetzungen für ein Studienfach erfüllen. Ein guter Tipp ist der folgende: Sie sollten eine Liste aufstellen mit den Universitäten, Fachhochschulen und Akademien, an denen Sie sich ein Studium grundsätzlich vorstellen könnten. Bewerben Sie sich an diesen Einrichtungen und warten Sie ab, welche Hochschulen Sie akzeptieren. Haben Sie sich beispielsweise an der Universität Köln beworben und wollen hier unbedingt studieren, werden jedoch mit der Bewerbung abgelehnt, wird die Enttäuschung noch größer durch die Vorfreude auf den Studienort. Daher ist es sinnvoll, zuerst pragmatisch abzuwarten, was möglich ist: Daraufhin können Sie die Universitäten besuchen und bewerten, an denen Sie akzeptiert wurden. Auf dieser Grundlage können Sie dann Ihre Entscheidung treffen. Vor der Entscheidung ist es durchaus sinnvoll, sich verschiedene Hochschulen anzuschauen: Einem liegt eine kleine Universität in einer kleinen Stadt, ein anderer fühlt sich möglicherweise in einer Massenuniversität wohler und ein Dritter ist eher der Typ für die Fachhochschule. Entscheidende Komponenten sind z.B. die Räumlichkeiten, die Ausstattung der Hochschule, die Anzahl der Studenten, der Campus, die Ausstattung der Bibliotheken.

Damit Sie besser nachvollziehen können, wie die Strategie zur Studienfachwahl in der Praxis funktionieren kann, möchten wir Ihnen ein Beispiel geben.

Fallbeispiel | Studienfachwahl

Thomas ist 18 Jahre alt, in zwei Monaten stehen die Abiturprüfungen an und Thomas ist sich sicher: Er will direkt nach der Schule mit dem Studium beginnen. Thomas` älterer Bruder Andreas hat nach der Schule den Zivildienst absolviert und dann mit dem Jurastudium begonnen. Seine Schwester Anna ist nach der Schule ein Jahr durch Australien gereist und hat gearbeitet, bevor sie sich für Biologie einschrieb. Thomas möchte möglichst schnell selbstständig werden und sein eigenes Ding machen. Da er ausgemustert wurde, muss er weder Wehr- noch Zivildienst antreten. Die Abiturprüfungen finden Ende April statt und von einem Freund hat er erfahren, dass an einigen Hochschulen schon im Juli die Bewerbungsfrist für ein Studium endet.

---

[42] Wie Sie im folgenden Kapitel sehen werden, ist in den bundesweit zulassungsbeschränkten Studiengängen Pharmazie, Human-, Tier- und Zahnmedizin die Studienortswahl entscheidend (vgl. Kapitel [4], Abschnitt 4.3.1).

Dass er studieren will, weiß er. Nur was er studieren soll, ist ihm unklar. In der Schule hat er die Leistungskurse Geschichte und Biologie gewählt, er kombinierte also mit seinen Leistungskursen – um im Hochschuldeutsch zu sprechen –eine Natur- mit einer Geisteswissenschaft. Aber Geschichte oder Bio, ist das auch das Richtige fürs Studium?

Schritt 1| Kritische Selbstbewertung

In einem Buch zur Vorbereitung auf das Studium hat Thomas gelesen, es sei sinnvoll, sich der eigenen Schwächen und Stärken bewusst zu werden. Aber worin bestehen Thomas` Stärken und Schwächen? Er nimmt sich vor, in den nächsten Tagen eine Liste zu führen, auf der die aus seiner Perspektive wichtigen Stärken und Schwächen vermerkt werden. Als Anleitung dienen ihm zwei Fragen, die er in dem Buch gefunden hat: Was kann ich gut / was kann ich nicht? Was macht mir Spaß / was bereitet mir Probleme? Nach einer Woche stehen auf der Liste 35 Stärken und 23 Schwächen. Das ist eine Menge und schlauer ist Thomas noch immer nicht! Um einen besseren Durchblick zu bekommen, versucht er die Begriffe thematisch zu ordnen. In dem Buch zur Vorbereitung auf das Studium war die Rede von fünf Stärken und fünf Schwächen. Thomas muss sich entsprechend auf ausschlaggebende Stärken und Schwächen begrenzen. Da er seit einigen Jahren für die Schülerzeitung schreibt und ein Praktikum bei der Lokalzeitung in Schneckentröpp absolviert hat, besteht die erste notierte Stärke in seiner Schreibkompetenz. In diesem Praktikum hat er erfahren, dass er ein Organisationstalent ist; was ihm zumindest der Chefredakteur begeistert gesagt hat. Thomas hat in der Redaktion Organisationsaufgaben bewältigt und sich sehr gut eingegliedert. So ist das Organisationstalent die zweite Stärke. In der Schule hat er zudem vor einem Jahr an einem Debattierwettbewerb teilgenommen und den ersten Platz belegt. Dass er Diskutieren kann, sagen auch die Lehrer und Mitschüler. Als dritte Stärke notiert er sich die Kommunikationsfähigkeit. Dann erinnert er sich, dass unter fast jeder Klausur, die er bei Herrn Müller, dem Geschichtslehrer, geschrieben hat, vermerkt war: „Sie sind in der Lage, komplexe Sachverhalte darzustellen." Diese Fähigkeit notiert er sich als vierte Stärke. Als fünfte und letzte Stärke vermerkt Thomas die Eigenständigkeit, denn im Vergleich mit vielen Mitschülern ist er sehr souverän und kann eine ganze Menge ohne Hilfe bewältigen.

Und die Schwächen? Schwächen herauszuarbeiten, fällt Thomas wesentlich schwerer! Eine Schwäche, die der Schreibkompetenz diametral gegenüber steht, ist sein Problem mit der Mathematik. Zwar hat Thomas in diesem Fach am Ende eine 2 erreicht, doch war das Erreichen dieser Note mit großem Aufwand und viel Mühe verbunden. Eine zweite Schwäche besteht in dem Problem, nur schwer festgelegte und nicht nachvollziehbare Regeln und Autoritäten akzeptieren zu können; es hat ihn häufig gestört, dass Lehrer am „längeren Hebel sitzen" und ihren Willen auch ohne triftige Argumente durchsetzen. Eine Schwäche, die ihm Freunde häufig zuschreiben, ist Arroganz. Auch wenn Thomas sich bemüht, nicht arrogant zu wirken, haben viele Leute das Gefühl, dass er mit seinem Verhalten zeigen will, dass er der Beste, Schlaueste etc. ist. Dieses Gefühl entsteht bei anderen wohl auch, weil Thomas eine weitere Schwäche hat: er ist extrem ungeduldig. Wenn jemand nicht folgen kann oder etwas nicht versteht, reagiert Thomas häufig ungehalten, was zu dem Bild des arroganten Besserwissers beiträgt. Und die letzte Schwäche, die Thomas auf der Liste notiert, ist die

Lustlosigkeit, die er entwickelt, wenn er sich für eine Sache überhaupt nicht interessiert.

Schritt 2 | Fremdbewertung

Auch seine Eltern hat er gebeten, eine Liste mit fünf Stärken und Schwächen aufzustellen, damit er die eigene Einschätzung mit einer Fremdbeurteilung vergleichen kann. Auf der Liste der Eltern stehen die folgenden Stärken: Kommunikationsfähigkeit, Witz, Eigenständigkeit, Selbstbewusstsein und Hilfsbereitschaft. Als Schwächen haben sie notiert: Ungeduld, Arroganz, Besserwisserei, Autoritätsproblem und Probleme, mit Geld umzugehen.

Schritt 3 | Was ist mir wichtig?

Als letzten Schritt erstellt Thomas eine Liste, um seine Interessen einzugrenzen. Im Buch hat er von der Technik der Oppositionspaare gelesen, Begriffspaare, bei denen es gilt, sich für eine Alternative zu entscheiden. An diesen Paaren hat er sich orientiert und weitere Begriffspaare gebildet. Die Liste sieht nach der Bearbeitung wie folgt aus (die durchgestrichenen Begriffe stehen für die Thomas weniger bedeutenden Dinge): ~~Geld~~ oder Spaß? Familie oder ~~Arbeit~~? Die Welt sehen oder ~~zuhause sein~~? ~~Im Büro sitzen~~ oder draußen arbeiten? ~~Konkrete Dinge schaffen/bauen~~ oder forschen/schreiben? Etwas Eigenes machen oder ~~den Familienbetrieb weiterführen~~?

Schritt 4| Wie lässt sich nun anhand der geleisteten Arbeit vorgehen?

Die Schwächen, die er und seine Eltern aufgelistet haben, helfen dabei zu entscheiden, was Thomas nicht studieren sollte. Besonders wichtig erscheint, dass Thomas sich für sein Studium interessiert, da er sonst lustlos und ungeduldig werden könnte. Studienfächer wie Textilwissenschaften, Musik oder Logistik können direkt ausgeschlossen werden, denn an diesen Fächern hätte Thomas wenig Freude. Da er sich seines Matheproblems bewusst ist, will er im Studium Mathematik so weit wie möglich vermeiden. Somit kann er Studienfächer wie Mathematik, Physik, Statistik, Maschinenbau und Psychologie ausschließen. Thomas Ungeduld und Autoritätsproblem sprechen dafür, kein Fach zu wählen, das übermäßig verschult ist und in dem es Pflichtveranstaltungen wie Laborpraktika gibt. Auch wenn Thomas Biologie als einen Leistungskurs gewählt hat, entscheidet er sich gegen ein Biologiestudium. Auch mithilfe seiner Schwester Anna, die Biologie studiert, entscheidet er sich dagegen.

Nach einer ersten Bestandsaufnahme ist Thomas sicher, dass er keine Naturwissenschaft studieren möchte. Das Jura nicht in Betracht kommt, hat Thomas im Gespräch mit seinem Bruder, einem Jurastudenten, festgestellt. Der Bruder wird wohl die Kanzlei des Vaters übernehmen. Daran stört sich Thomas nicht, denn er hat Interesse daran, etwas Eigenes aufzubauen. Etwas, womit sich kein anderes Familienmitglied beschäftigt hat. Die Tatsache, dass ihm Geld wenig bedeutet, motiviert Thomas zudem, das Studienfach zu wählen, das ihn wirklich interessiert. Für Thomas spielen ideelle Gründe eine entscheidende Rolle bei der Studienfachwahl. Da er sich eher dafür interessiert, zu forschen und zu schreiben, als etwas zu bauen oder zu konstruieren, spricht dies zusätzlich gegen die ingenieurwissenschaftlichen Studiengänge. Auch Architektur kommt nicht in Betracht, da er die Arbeit seiner Mutter kennt, die Architektin ist, und er sich wenig dafür begeistern kann.

Die festgestellten Stärken helfen Thomas Aussagen darüber zu treffen, was er studieren möchte. Seine Eltern haben als eine Stärke notiert, dass er hilfsbereit sei. Aber im sozialen Bereich zu studieren oder zu arbeiten, kann sich Thomas nicht vorstellen. So bleiben die Geisteswissenschaften als Auswahl. Thomas ist sich auf dieser Stufe sicher, dass er eine Geisteswissenschaft studieren möchte. Die Stärken Kommunikationsfähigkeit, Schreibkompetenz, Organisationstalent und die Tatsache, dass er gut komplexe Sachverhalte darstellen kann, unterstützen diese Entscheidung. Thomas wird keine Probleme mit dem eher unstrukturierten geisteswissenschaftlichen Studium haben, da er sich gut organisieren kann und eigenständig ist.

Thomas weiß allerdings, dass Geisteswissenschaft nicht gleich Geisteswissenschaft ist, denn zwischen den Fächern Literaturwissenschaft, Politologie, Archäologie, Kunstgeschichte und Philosophie bestehen gravierende Unterschiede. Auch wenn Thomas gern liest und schreibt, kann er sich schlecht vorstellen, Literatur zu studieren. Im Fach Deutsch war er in der Schule immer gut, aber sich mit diesem Gegenstand für den Rest seines Lebens zu beschäftigen, kann er sich nicht vorstellen. Kunst und Archäologie interessieren ihn, aber er besucht lieber ein Museum und betrachtet Kunstwerke, als dass er sie fachlich untersuchen möchte. Um sich nicht voreilig festzulegen, entscheidet sich Thomas für drei Fachbereiche, in denen er sich bewerben und weiter informieren will: Geschichtswissenschaften, Sozialwissenschaften und Journalistik/Medienwissenschaften. Für letztere hat er sich entschieden, da er mit dem Praktikum bei der Zeitung zufrieden war und er seitdem regelmäßig schreibt. Manchmal hat ihm der Betreuer aus der Redaktion einen Termin zukommen lassen und Thomas konnte einen Artikel verfassen. Sozialwissenschaften hat er in die Auswahl genommen, da viele der Redakteure bei der Zeitung nicht Journalistik oder Medienwissenschaften studiert haben, sondern VWL, Politologie, Soziologie oder Philosophie. Dieser Fachbereich scheint für verschiedene Berufe eine angemessene Ausbildung darzustellen. Die Geschichtswissenschaften zieht er in Betracht, da ihn Geschichte in der Schule außerordentlich interessiert hat und seine Leistungen durchweg sehr gut sind. Darüber hinaus scheint ihm diese Ausbildung viele Berufsoptionen zu eröffnen und Thomas muss sich nicht direkt nach der Schule für einen Beruf entscheiden.

Nach der Bereichseingrenzung der Studiengänge, liegt der nächste Schritt darin, den Studienort zu bestimmen. Doch entscheidet sich Thomas, die Wahl noch aufzuschieben. Er will sich an verschiedenen Universitäten bewerben und abwarten, wo er angenommen wird. Wenn er die Annahmebestätigungen oder -ablehnungen erhalten hat, will er sich die Unis anschauen, die ihm zugesagt haben. Er möchte mit den Studienberatern sprechen; evtl. auch einen Termin mit Professoren vereinbaren und erst nach gründlicher Überlegung entscheiden.

Das Ergebnis von Thomas Entscheidungsfindung sieht wie folgt aus: Thomas wird sich für die Fächer Geschichte, Journalistik/Medienwissenschaften und Soziologie bewerben. Er will abwarten, wo er angenommen wird, die Universitäten und Städte besichtigen, um eine endgültige Entscheidung zu treffen.

Erfahrungsbericht BA Biologie:
(Jonas, 23 Jahre, Ruhr-Universität Bochum)

Die Idee, ein Biologiestudium aufzunehmen, entstand bei mir aus dem großen Interesse für die Mechanismen und Wirkungen der lebenden Systeme. Eine andere Naturwissenschaft wäre für mich nie infrage gekommen, da die Arbeit mit unbelebter Materie, in meinen Augen, zu sehr auf theoretischen Sitzungen beruht. Zudem beinhaltet die Biologie sowohl wichtige Aspekte der Chemie, als auch der Physik. Diesen Fakt sollte jeder angehende Biologiestudent berücksichtigen, da in der heutigen Biologie keine Arbeit mehr möglich ist, ohne alle Naturwissenschaften mit einzubeziehen.

Die Zulassung für mein Studium wurde in einem NC Verfahren abgewickelt, ich musste mich nur mit dem Abizeugnis bewerben. Da ich über ein relativ gutes Abitur verfüge und zudem 2 Wartesemester gesammelt hatte, wurde ich im ersten Schritt zugelassen. Der Studienbeginn verlief bei mir reibungslos, wobei die Orientierung an einer Universität in den Anfangstagen natürlich immer etwas schwierig ist. Da man als Schüler gewohnt ist, einen Lehrer als Ansprechpartner vorzufinden, musste ich mich nun erst daran gewöhnen, viele Situationen alleine zu meistern. Jedoch wird zu Betreuungszwecken an der Ruhr-Universität Bochum ein Tutorenprogramm angeboten, man kann also Ansprechpartner finden, wenn man unsicher oder ratlos ist. Dieses Tutorenprogramm begleitet ebenso die Kurse der ersten Semester. Hier werden Vorlesungs- und Übungsinhalte besprochen. Mir hat die regelmäßige Teilnahme geholfen, da man nicht immer die Zeit findet, alles nachzulesen. In der Biologie sind die Themen zudem oft so komplex, dass man sie in größeren Gruppen besser erörtern und verstehen kann. Die Übungen begleiten die Vorlesungen praktisch, hier werden z.B. Ratten seziert. Diese Übungen machen das Studium zu etwas Besonderem. Die Theorie der Organismen ist manchmal etwas trocken, aber die Theorie an der Praxis zu verstehen, ist sehr spannend. Die Übungen werden von verschiedenen Lehrstühlen geleitet, der Professor ist in der Regel anwesend, so dass man auch das Gespräch suchen kann. Später werden praktische Übungen in Botanik, Chemie, Physik, Biophysik und Biochemie, Tierphysiologie und Pflanzenphysiologie absolviert, die ebenso lehrreich sein können.

Im Rückblick muss ich sagen, dass die Entscheidung zum Biologiestudium für mich die richtige war. Ich werde gefordert und lerne sehr viel. Zudem gibt es noch viele Forschungsbereiche, die großes Potenzial haben, so dass man auch in Zukunft keine Langeweile zu befürchten hat und mit großer Wahrscheinlichkeit einen Job findet.

Erfahrungsbericht BA Verkehrswirtschaft
(Tatjana, 24 Jahre, Technische Universität Dresden)

Sicherlich bin ich eine der untypischen Studentinnen. Dies mag an meinem familiären Hintergrund und an meiner spontanen Idee zu studieren liegen.

Beginnen wir mal mit meinem Abitur. Als nicht sehr strebsame Schülerin erlangte ich 2006 die Allgemeine Hochschulreife an einem Wirtschaftsgymnasium. Der Schritt, auf das Gymnasium zu gehen, war in keiner Weise geplant, niemand in meiner Familie ist in Besitz der Allgemeinen Hochschulreife und somit wurde das nie von mir verlangt. Durch die Eindrücke meine Vaters war mir klar, dass die Zeiten des „kleinen Handwerkerbetriebes" vorbei sind und ich mich anderweitig orientieren sollte. Mein Interesse an der Wirtschaft wurde durch die Selbstständigkeit in meiner Familie geweckt und ich entschied mich nach der Realschule für das Wirtschaftsgymnasium. Meine Familie unterstützte mich tatkräftig. Als ich aber in den letzten Zügen meines Abiturs lag und mich um jede nur erdenkliche kaufmännische Ausbildung bewarb, stellte ich mit Erschrecken fest, dass es mir ging wie tausend anderen Jugendlichen. Es hagelte Absagen. Als ich mich schon damit „abfand", nun doch ein Studium beginnen zu müssen, klingelte mein Telefon. Kühne & Nagel, ein international tätiges Logistik- und Gütertransportunternehmen war am anderen Ende der Leitung. Sie luden mich gleich am nächsten Tag auf ein Assessment Center ein. Ich hatte damals total vergessen, dass ich mich da beworben habe und bei der Bewerbungsflut wusste ich nicht mehr, wer die Firma ist, als was ich mich beworben hatte etc. Durch meine Unwissenheit sagte ich kühl, ich müsse mir das noch überlegen. Als ich im Internet nach Kühne & Nagel suchte, um mich über die Firma und den Job zu informieren, entschied ich mich doch, zu dem Gespräch zu gehen und sagte zu. Ich schaffte alle Hürden und K&N stellte mich als Auszubildende zur Kauffrau für Speditions- und Logistikdienstleistungen ein. Ich hatte zuvor kein großes Interesse an der Logistik gefunden. Es war der reine Zufall, der mich nun dem Thema näher bringen sollte. Doch ich stellte fest, dass es genau das war, nach dem ich auf dem Ausbildungsmarkt gesucht hatte. Ich habe meine Ausbildung mit voller Leidenschaft absolviert. Ich wollte in diesem Geschäft bleiben. Ich wollte höher.

Zu Beginn meiner Ausbildung war ich noch davon überzeugt, dass ich mich nur fleißig genug anstellen müsste, um die Karriereleiter auch ohne Studium hochzuklettern. Doch trotz Bestnoten, Teilnahmen an Ausbildungsprojekten und Engagement neben der Ausbildung, zeigte mein Verhalten bei meiner Personalabteilung wenig Wirkung. Ich sollte, wie alle meine Kollegen, dank der Wirtschaftskrise keine Möglichkeit einer Übernahme bekommen. Ich war natürlich sehr enttäuscht und fing an, über Alternativen und Fortbildungen nachzudenken. Nach ewiger Recherche fand ich an der TU Dresden, was ich suchte, ein Bachelorstudium der Verkehrswirtschaft (Wirtschaftswissenschaften mit Schwerpunkt im Verkehr, Logistik und Transport).

Da ich, wie schon erwähnt, kein sehr gutes Abitur erwarb, war ich glücklich, als die Mitarbeiterin der Studienberatung der TU Dresden mir mitteilte, dass der Studiengang noch sehr unbekannt ist und die TU in der Regel jeden nimmt, der sich bewirbt. Es gab daher weder einen NC noch andere Hürden. Ich bewarb mich direkt an der Universität. Der Platz war mir sicher, nun musste ich nur noch meine Ausbildung zu Ende bringen. Da diese aber bereits im Dezember beendet war und der Studienbeginn erst zum nächsten Wintersemester möglich war, entschied ich mich für einen Auslandsaufenthalt, um die Zeit zu überbrücken. Dies wollte ich schon seit der 11. Klasse machen, scheiterte aber an finanziellen und zeitlichen Mitteln. Nun war die Zeit gekommen. Da ich keine Unterstützung der Personalabteilung in meiner Niederlassung bekam, nahm ich mir das Telefon und E-Mail-Register von Kühne & Nagel in die Hand und markierte mir die Länder, die mich für einen Auslandsaufenthalt ansprachen. Ganz simpel schickte ich eine E-Mail mit meiner Bewerbung an den jeweiligen Chef der Niederlassung, mit der Frage, ob sie nicht eine Praktikantin benötigten. So ergatterte ich ein sehr interessantes und bezahltes Praktikum in der Luftfracht bei Kühne & Nagel Hongkong. Pünktlich zum Studienbeginn zog ich von Hongkong nach Dresden.

Ich bin sehr froh, mich doch für das Studium entschieden zu haben, auch wenn ich es als ganz und gar nicht einfach empfinde. Ich merke sehr, dass mir persönlich die Praxis fehlt. Durch gute Reputation in Hongkong bekomme ich nun auch Praktikumsplätze in anderen Ländern, mit denen ich mir meinen theoretischen Alltag mit etwas Praxis versüßen kann. In zwei Monaten geht es nach Toronto.

Ich kann jedem empfehlen, dass er genau das machen sollte, was er möchte, und nicht, was andere von einem erwarten. Sonst wäre ich nun sicher Friseuse.

[3] Studienabschlüsse

Mit Inkrafttreten der Bologna-Reform hat sich die deutsche Hochschullandschaft gewandelt, reformierte Studienabschlüsse heißen nun Bachelor und Master und auch
die Studienstrukturen haben sich verändert. Das zentrale Interesse, das sich hinter
dieser Reform verbirgt, ist die Schaffung eines vergleichbaren europäischen Hochschulrahmens. Obschon die Umstellung auf Bachelor und Master bis 2010 hätte umgesetzt werden sollen, bieten die Hochschulen noch immer eine Vielzahl von Abschlüssen an: Es gibt den Bachelor und den Master, das Staatsexamen für Juristen und
Mediziner, den Master of Education für die Lehramtsausbildung, noch unveränderte
bzw. wenig reformierte Magister- und Diplomstudiengänge und an einigen Hochschulen sind so genannte Hybridabschlüsse eingeführt worden, modularisierte Magis-
ter- und Diplomstudiengänge. Einheitlich ist das deutsche Hochschulsystem bis dato
keinesfalls, da jedoch der Bologna-Vertrag europaweit bis 2020 verlängert wurde, ist
damit zu rechnen, dass sich bis zu diesem Zeitpunkt Einheitlichkeit, Vergleichbarkeit,
Transparenz und Nachvollziehbarkeit der Studienstrukturen verbessern werden. Man
kann nicht davon sprechen, dass an den Hochschulen absolutes Chaos herrsche. Für
gewöhnlich erläutern die einzelnen Hochschulen in der Beschreibung ihrer Studiengänge die Struktur und geben z.B. an, in welchem Umfang Sie Leistungen zu erbringen haben, um den Abschluss zu erwerben. Auch wenn Sie die Informationsangebote
der Hochschulen in Anspruch nehmen, was unbedingt zu empfehlen ist, möchten wir
Ihnen einen Überblick über die Studienabschlüsse geben. Im Folgenden wird allgemein der Aufbau des Bachelor, Master und Master of Education sowie des Diplom-,
Magister- und Staatsexamen-Studiengangs vorgestellt und die charakteristischen Eigenschaften der einzelnen Abschlüsse besprochen. So können Sie sich einen ersten
Überblick zu den in Deutschland zu erwerbenden Studienabschlüssen verschaffen.

3.1 Die neuen Studienabschlüsse: Bachelor, Master und Master of Education

3.1.1 Der Bachelor

Den Bachelor (von engl. junger Geselle) konnte man ursprünglich als ersten grund-sätzlichen Studienabschluss an Hochschulen im angelsächsischen Raum (USA, Groß-britannien, Neuseeland, Australien u.a.) erwerben. Seit Inkrafttreten der Hochschulre-form ist er auch in Deutschland der erste grundlegende Studienabschluss.

Der Bachelor wird als berufsqualifizierender Abschluss bezeichnet, da mit diesem all-gemeinen und praxisnahen Studienabschluss die Qualifikation für einen Beruf erwor-ben werden soll. Darin besteht zumindest die Hoffnung und mancherorts eventuell auch das Verständnis, mit dem die Hochschulen ihre Studiengänge bewerten und bewerben. Die deutsche Wirtschaft hingegen hat den Bachelor bis dato nicht eindeu-tig als berufsqualifizierenden Studienabschluss anerkannt. Teilweise scheint die feh-lende Anerkennung darin begründet zu liegen, dass Bachelorabschlüsse eben keine angemessene Berufsqualifikation bieten. Dies lässt sich an den folgenden Beispielen illustrieren: Das Verwaltungsgericht Hamburg hat 2005 in einem Verfahren festge-stellt, dass der Bachelorabschluss Jura (Rechtswissenschaften) der privaten Hochschu-le Bucerius Law School nicht ausreichend für einen juristischen Beruf qualifiziere.[43] Im gleichen Jahr wurde vom Deutschen Lehrerverband, dem Allgemeinen Fakultätentag, dem Mathematisch-Naturwissenschaftlichen Fakultätentag, dem Philosophischen Fakultätentag und dem Deutschen Hochschulverband einstimmig befunden, dass auch die Lehrerausbildung nicht allein durch den Bachelorabschluss sichergestellt werden könne. Diesem Beschluss zufolge kann nur der Master of Education den alten Abschluss Staatsexamen in der Ausbildung von Lehrern ersetzen.[44] Wollten wir dar-über spekulieren, warum sich die Wirtschaft vor den neuen Abschlüssen sperrt, ließe sich argumentieren, dass ein Bachelorstudium, anders als ein Diplom- oder Master-studium, zu wenig Raum und Möglichkeit böte, Themen zu vertiefen. Die Studien-strukturen sind eng gefasst, die Studenten werden nur oberflächlich ausgebildet. Häufig gibt es eng gestrickte Musterstudienverläufe, die von der jüngeren Studieren-denschaft als Fahrplan betrachtet werden, und auf der Jagd nach Credit-Points viele Studenten ermüden. In diesem Zusammenhang wird vom Bachelorkorsett gespro-chen: Studenten fühlen sich vom modularisierten Studium eingeengt und überfor-dert. Diesbezüglich herrscht Nachbesserungsbedarf in vielen Studiengängen.

Einen Bachelorabschluss kann man in der Regel als Ein-Fach-Studium oder als Zwei-

---

[43] Vgl. Friedmann, Jan / Leffers, Jochen: *Bachelor qualifiziert nicht für den Beruf*, in: Spiegel Online, 08.11.2005.
[44] Vgl. die Presseerklärung des Allgemeinen Fakultätentages zum Master of Education.

Fach-Studium erlangen: Im Ein-Fach-Bachelor studieren Sie in einem fachlich spezifi-
zierten Bereich (Architektur, Maschinenbau, Chemie etc.), häufig ersetzt der Bachelor
in diesen Fächern das Diplom. Im Bachelorstudium mit Doppelabschluss sind entweder zwei Fächer gleichwertig oder aber ein Haupt- und ein Nebenfach zu belegen,
ähnlich den alten Magisterstudiengängen. Welcher Abschluss sinnvoller ist, hängt von
Ihren Ansprüchen, den Studienangeboten, der Studienordnung und anderen Faktoren ab.

Um das Bachelorstudium abschließen zu können, müssen Sie, je nach Studiengang,
180-240 Kreditpunkte erwerben. Die Regelstudienzeit ist auf mindestens 6 Semester
angelegt, jedoch gibt es auch Bachelorstudiengänge, die 7 bzw. 8 Semester als Regelstudienzeit vorgeben.

In den verschiedenen Fächern können folgende Bachelorgrade erworben werden:

¬ **Bachelor of Arts, B.A.** (Geistes-, Sozial- und Wirtschaftswissenschaften)

¬ **Bachelor of Science, B.Sc.** bzw. **BS**
   (Natur-, ggf. Wirtschafts- und Ingenieurwissenschaften)

¬ **Bachelor of Engineering, B.Eng.** (Ingenieurwissenschaften)

¬ **Bachelor of Law, LL.B** (Jura)

Grundsätzlich ist mit dem Bachelorabschluss keine anschließende Promotion möglich,
hierfür bedarf es der höheren Qualifikation des Masterabschlusses. An einigen Hochschulen besteht jedoch die Möglichkeit, wenn ein Professor Ihre besondere Eignung
feststellt und Sie als Doktorvater betreuen möchte, einen Antrag auf die vorzeitige
Promotion zu stellen.

Vor- und Nachteile des Bachelorstudiums

Da die Bachelorstudiengänge auf eine verhältnismäßig kurze Studienzeit angelegt
sind (3-4 Jahre), bieten die Studienstrukturen zumeist nur die Möglichkeit, die verschiedenen Fachbereiche allgemein kennen zu lernen und nach 6-8 Semestern einen allgemeinen Studienabschluss zu erwerben. In den Magister- und Diplomstudiengängen hat man nach dieser Studienzeit nur das Zwischenzeugnis oder
Vordiplom in der Hand, aber keinesfalls einen anerkannten ersten Studienabschluss. Im Anschluss an das Bachelorstudium bietet sich mit dem Master die Möglichkeit, Studienakzente zu setzen: Sie können dann z.B. eine der Fachrichtungen
vertiefen, die Sie im Bachelorstudium grundlegend kennen gelernt haben.

Durch die Umstellung auf Bachelor und Master ist ein europäischer Bildungsraum
entstanden, was eine ungeheure Verbesserung der Studienflexibilität darstellt. Ein
Auslandssemester ist in nahezu allen Studiengängen möglich, Leistungen, die Sie

an ausländischen Hochschulen erbringen, erkennen die meisten deutschen Hochschulen im Rahmen des Bachelorabschlusses an. Es ist sogar möglich, das gesamte Studium im europäischen Ausland zu absolvieren. Sie könnten beispielsweise einen Bachelorstudiengang in Frankreich studieren, einen Auslandsaufenthalt in England einschieben und einen Master in Deutschland anschließen. Hierfür müssen natürlich spezielle Auflagen erfüllt werden. Grundsätzlich ist der Versuch begrüßenswert, über vergleichbare Studienabschlüsse den Austausch und Erwerb von Wissen in einem europäischen Rahmen zu vernetzen.

Leider hat der gerichtlich geklärte Fall der Bucerius Law School gezeigt, dass z.B. im Fach Jura/Rechtswissenschaften ein Bachelor für eine Tätigkeit im juristischen Berufsfeld nicht angemessen qualifiziert. Es zeigt sich, dass der als berufsqualifizierender Abschluss gedachte Bachelor generell auf dem Arbeitsmarkt schlecht angenommen wird. Es besteht ein Generalverdacht, wonach Bewerber im Vergleich mit Diplom- und Magisterabsolventen zumeist viel jünger sind, weniger lange studiert haben und so womöglich weniger gut qualifiziert sind. Für die Zukunft könnte dies bedeuten, dass Bachelorabsolventen vorwiegend für weniger gut bezahlte Arbeiten eingestellt werden, wohingegen Personen mit einem Master-, Diplom-, Magister- oder anderem Studienabschluss die besser bezahlten Positionen erhalten. Einen finanziellen Vorteil kann ein Bachelorabschluss dennoch haben. Wollen Sie einen Master anschließen und müssen neben dem Studium arbeiten, erhalten Sie in vielen Studentenjobs einen höheren Stundenlohn.

Ein entscheidendes Problem des Bachelorkonzeptes wird seit geraumer Zeit im Bildungsstreik thematisiert: Beim Bachelor handle es sich um ein verschultes Studium, das kaum Freiraum lasse. Die Kritik lautet, dass im Bachelorkorsett kein Spielraum bleibe, sich an der Hochschule, am Institut und im Studium an sich umzuschauen; dass die Studienstruktur kein eigenverantwortlich lernendes Studieren erlaube, sondern der Habitus des Schulunterrichts in den Hochschulen Einzug erhalten habe. Diese ernst zu nehmende Kritik sollte von den Hochschulen in die Planung zukünftiger Reformen und die Struktur der reformierten Studiengänge einbezogen werden.

3.1.2 Der Master

Der Master (von engl. Meister) ist im angelsächsischen Raum der weiterführende vertiefende Abschnitt der Hochschulausbildung. Auch in Deutschland gilt seit der Reform der Master als zweiter Abschnitt der akademischen Ausbildung. Dieser Abschluss ist formal dem Diplom oder Magister gleichwertig. Zur Aufnahme eines Masterstudiums ist immer ein erster, grundlegender Studienabschluss die allgemeine Zugangsvoraussetzung. Sie müssen mindestens einen Bachelorabschluss nachweisen, aber auch mit einem Diplom- oder Magisterabschluss können Sie ein Masterstudium anschließen. Problematisch an den weiterführenden Masterstudiengängen ist die Tatsache, dass in der Regel nicht ausreichend Plätze zur Verfügung stehen. Vielerorts bestehen die Zugangsvoraussetzungen zum Master in einem ersten Studienabschluss mit einer Abschlussnote im oberen 2er Bereich. Darüber hinaus wird über Fremdsprachenkenntnisse, eine schriftliche Bewerbung, die Vorlage der Bachelorabschlussarbeit oder ein Auswahlgespräch ermittelt, ob Sie für diesen Studiengang infrage kommen. Kritiker der Studienreform reklamieren, dass ein Studiensystem, welches nicht über die strukturellen Kapazitäten verfügt, alle potenziellen Studenten aufzunehmen, ungerecht sei. Gegebenenfalls wird es in den kommenden Jahren dahingehend Veränderungen geben, dass ausreichend Masterstudienplätze angeboten werden. Solange dies nicht der Fall ist, wird die Bewerbung um einen Masterstudiengang zum harten Konkurrenzkampf. Sie sollten sich darauf sowie auf die Tatsache einstellen, dass Sie bei der Bewerbung zum Masterstudium höchstwahrscheinlich ein Zulassungsverfahren erwartet, das verschiedene, im weiteren Verlauf des Buches vorgestellte Auswahlverfahren kombiniert. Das vorliegende Buch bietet für Sie also die ideale Vorbereitung in der Studienplatzbewerbung bis zum Masterstudium.

Grundsätzlich studieren Sie einen Masterstudiengang im Ein-Fach- oder Zwei-Fach-Modus. Zurzeit überwiegt das Ein-Fach-Masterstudium, da dieser Abschluss eher eine weitergehende wissenschaftliche Spezialisierung gewährleisten kann. Zudem werden zwei Typen von Masterstudiengängen unterschieden: konsekutive und nicht-konsekutive bzw. weiterbildende Masterstudiengänge.

In konsekutiven, also weiterführenden Studiengängen baut der Master auf ein Bachelorstudium auf. Das Studienfach wird vertieft oder erweitert, man spezialisiert sich fachlich. Zum Beispiel kann man sich als Politikwissenschaftler auf öffentliche Politik und Verwaltung (engl. Public Policy) spezialisieren oder sich als Biologe der Neurobiologie oder der Botanik zuwenden, Maschinenbauer können sich auf einen Masterstudiengang in Fahrzeugbau bewerben etc. Die Möglichkeiten der Spezialisierung sind vielschichtig und die Studienwahl kann individuell nach dem Studienangebot bestimmt werden.

Um ein Studium in einem nicht-konsekutiven weiterbildenden Masterstudiengang aufzunehmen, müssen Sie kein fachliches Vorwissen mitbringen; ein erster Studienabschluss ist dennoch Zugangsvoraussetzung. Zudem müssen Sie in der Regel über mindestens ein Jahr Berufserfahrung verfügen. Die weiterbildenden Masterstudiengänge sollen eine Brücke zwischen Theorie und Praxis schlagen, Studenten in diesen Studiengängen sollen durch das Studienangebot die praktischen beruflichen Fähigkeiten vertiefen und ausbauen.

Ein großer Vorteil der Trennung in Bachelor- und Masterstudium liegt darin, dass Studenten sowohl fachlich als auch in Bezug auf die Orientierung im Studium mit Aufnahme eines Masterstudiums eine Feinjustierung der eigenen Ausbildung vornehmen können. Denn im Masterstudium können Sie zwischen solchen Studiengängen wählen, die Ihnen Forschungs- oder Anwendungsorientierung bieten. Alle Masterstudiengänge verbindet die Abschlussarbeit, die wie im Diplom- oder Magisterstudium auch das Masterstudium beschließt.

Zur Erlangung des Mastergrades sind 90-120 Kreditpunkt zu erbringen, die Regelstudienzeit beträgt 2-4 Semester.

In den verschiedenen Fächern können folgende Mastergrade erworben werden:

¬ **Master of Arts, M.A.** (Geistes-, Sozial- und Wirtschaftswissenschaften)

¬ **Master of Science, M.Sc.** bzw. **MS**
 (Natur-, ggf. Wirtschafts- und Ingenieurwissenschaften)

¬ **Master of Engineering, M.Eng.** (Ingenieurwissenschaften)

¬ **Master of Law, LL.M** (Jura)

3.1.3 Zusatz: Master of Education

Die Interessenvertretungen der Lehrer und der Deutsche Hochschulverband haben beschlossen, dass auch die Lehrerausbildung nicht angemessen durch den Bachelorabschluss sichergestellt werden und nur ein Master of Education den alten Abschluss Staatsexamen in der Ausbildung von in Deutschland tätigen Lehrern ersetzen kann.[45] Wer also Lehrer werden will, muss ein Masterstudium anschließen, bevor es ins Referendariat geht. Die Lehramtsausbildung gliedert sich in reformierten Studiengängen in drei Stufen: Im Bacherlorstudium werden die Fächer studiert, die Sie später an der Schule unterrichten werden, beispielsweise Mathematik und Geschichte. Sie absolvieren also ein Bachelor-Doppelstudium in diesen Fächern (1). Nach dem Abschluss müssen Sie sich auf ein Masterstudium bewerben, in diesem Master of Education werden dann die Fächer vertieft. Hauptsächlich erwerben Sie jedoch das pädagogische Wissen, das Sie als Lehrer benötigen: Sie studieren Erziehungswissenschaften und Fachdidaktik. Im Masterstudium müssen gleichzeitig Schulpraktika absolviert werden, in welchen Sie erste praktische Erfahrungen sammeln sollen (2). Nach Abschluss des Masterstudiums folgt das Referendariat als praktische Lehrzeit im Schuldienst (3). Anspruch dieser neuartigen Lehrerausbildung ist es, Theorie und Praxis besser zu harmonisieren und kompetentere Lehrer auszubilden. Nur wer diese drei Phasen erfolgreich durchlaufen hat, kann im Schuldienst als anerkannter Lehrer tätig werden.

---

[45] Vgl. Ebd.

Mit dem Masterabschluss erwerben Sie in Deutschland die Möglichkeit, ein Promotionsverfahren anzustreben, der Master qualifiziert für die wissenschaftliche Weiterbildung.

Vor- und Nachteile des Masterstudiums

Mit dem Masterstudium werden Sie sich fachlich spezialisieren, das ist ein eindeutiger Vorteil. Sie wählen entweder den Weg Ihren Bachelorstudiengang zu vertiefen, spezialisieren sich in einem konsekutiven Master, vertiefen Berufs- und Studienerfahrung in einem weiterbildenden Masterstudium oder Sie streben eine Tätigkeit im Schuldienst an und werden Master of Education. Die jeweils spezielle Fachqualifikation ist in Ihrem Studienabschlussdokument abzulesen, was möglicherweise auf einem sich weiter spezialisierenden Arbeitsmarkt einen Vorteil darstellen kann. Dies ist zumindest die Hoffnung.

Ein weiterer Vorteil ist in der Gliederung des Studiums in zwei Phasen (Bacherlor und Master) angelegt: Sie haben nach dem ersten Abschluss die Möglichkeit, einen Hochschulwechsel zu vollziehen. Entdecken Sie z.B. einen interessanten Studiengang an einer anderen Hochschule oder stellen fest, dass die eigene Hochschule nicht die Erwartungen erfüllt, dann haben Sie zum Masterstudium die Möglichkeit, den Studienort zu wechseln. Das birgt viele Vorteile, da Sie mit dem im Bachelor erworbenen Wissen beurteilen können, wo die eigenen Vorstellungen bestmöglich zu realisieren sind. Grundsätzlich steht auch einem Masterstudium im Ausland nichts im Wege. Um ein Studium im Ausland aufnehmen zu können, müssen Sie die Auflagen der betreffenden Hochschule erfüllen und ggf. hohe Studiengebühren bezahlen (USA, Kanada und GBR z.B.). Die Möglichkeit besteht dennoch und die Strukturen, die heute den Wissenschafts- und Studienaustausch koordinieren, haben sich enorm verbessert.

So wie die Struktur des Bachelorstudiums eine Ökonomisierung der akademischen Ausbildung bedingt, endet auch im Masterstudium nicht die Jagd nach Credit-Points. Auch hier besteht die Modularisierung. Dennoch ist es möglich, sowohl im Bachelor- wie auch im Masterstudium, einfach nur Student zu sein. Natürlich setzt dies voraus, dass Sie in der Lage sind, das Studium zu organisieren. Und mit ein wenig Engagement können Sie sich daran beteiligen, die Studienstrukturen zu verändern. Suchen Sie den Kontakt zu den Lehrenden und sprechen Sie Probleme an, denn an Hochschulen können diese Probleme häufig wenig formal und demokratisch gelöst werden.

Erfahrungsbericht Master of Education Geographie / Sozialwissenschaft (Malte, 27 Jahre, Ruhr-Universität Bochum)

Ich studiere seit dem Wintersemester 2009 im Master of Education die Fächer Sozialwissenschaft und Geographie an der Ruhr-Universität Bochum. Zuvor habe ich dort meinen Bachelor in den Fächern Politikwissenschaft und Geographie erworben.

Das Lehramtsstudium ist heute, nach der Bologna-Reform, anders aufgebaut: Der fachliche Schwerpunkt liegt in der Bachelorphase, didaktische und pädagogische Kenntnisse werden in der Masterphase erworben. Der Master of Education setzt sich zu ca. 75 % aus den pädagogisch-didaktischen Veranstaltungen zusammen, nur 25 % der Veranstaltungen sind fachwissenschaftlich.

Zulassungsvoraussetzung für den Master of Education ist ein sechswöchiges Schulpraktikum mit einem begleitenden Seminar. Dieses kann, wie in meinem Fall, jedoch auch in den ersten beiden Semestern im Masterstudiengang nachgeholt werden. Man wird dann rückwirkend zugelassen. Des Weiteren müssen Bewerber den Bachelorabschluss in mindestens zwei Schulfächern erworben haben. Hat man beispielsweise seinen Bachelor in Soziologie, Volkswirtschaftslehre oder Politikwissenschaft absolviert, müssen die fehlenden Module in der Masterphase nachstudiert werden. So muss ich Module aus den Bereichen Volkswirtschaftslehre und Soziologie nachholen.

Ich habe mich für den Master of Education entschieden, da ich mir von dem Abschluss eine gute berufliche Perspektive verspreche. Es war nie mein ausdrückliches berufliches Ziel, später einmal Lehrer zu werden, auch wenn ich mir diesen Beruf sehr gut vorstellen kann. Wenn ich mein Studium beendet habe, werde ich jedoch nicht in das Referendariat wechseln, sondern versuchen, an der Universität zu promovieren. Ich denke, dass die Chancen auf einen Promotionsplatz auch mit einem Master of Education sehr gut sind, da die Vergabe in der Regel über Noten und persönliche Beziehungen erfolgt. Ob ich langfristig an der Universität bleiben möchte, kann ich zum jetzigen Zeitpunkt noch nicht sagen. Derzeit sind die Chancen, als Geisteswissenschaftler über die Promotion hinaus an einer deutschen Universität beschäftigt zu werden, nur sehr gering.

Ich denke, dass ich mit meinem Studiengang eine sehr gute Wahl getroffen habe, da der Abschluss mir zu jedem Zeitpunkt ermöglicht, in den Schuldienst zu wechseln. Darüber hinaus ist ein fundiertes Wissen über methodische und didaktische Konzepte auch für eine universitäre Laufbahn von großem Nutzen, denn die Arbeit an der Universität besteht zu einem großen Teil aus Lehrtätigkeiten.

3.2 Die alten Studienabschlüsse: Diplom, Magister und Staatsexamen

3.2.1 Das Diplom

Das Diplom wurde als Studienabschluss am 11. Oktober 1899 durch einen Erlass des preußischen Königs an den Technischen Hochschulen als akademischer Grad für das Ingenieursstudium eingeführt. Sowohl in der DDR als auch in der BRD war das Diplom nach dem 2. Weltkrieg der akademische Grad, den man in nahezu allen Studienfächern erwerben konnte. Einzig die Geisteswissenschaften stellten eine Ausnahme dar, hier war der Magister der hauptsächliche Studienabschluss. Das Diplomstudium gliedert sich in der Regel in zwei Phasen, das Grund- und Hauptstudium. Das Vordiplom erwirbt man mit einer Prüfung nach dem Grundstudium (4-6 Semester), nach dem Hauptstudium (4-6 Semester) ist als Studienabschluss die Diplomprüfung abzulegen, die in der Regel mit dem Verfassen (theoretischer oder praktischer Art, je nach Studieninhalt) einer Diplomarbeit einhergeht. Anerkannt sind nur die Diplomabschlüsse, die an staatlich anerkannten Einrichtungen vergeben werden. Informieren Sie sich vor der Bewerbung auf einen Diplomstudiengang, ob der Abschluss staatlich anerkannt ist. Denn private Bildungseinrichtungen bieten ggf. Diplomabschlüsse an, für die dies nicht gilt. Ein Studium bietet in diesem Fall eine minderwertige, nicht anerkannte Qualifikation.

Mit Inkrafttreten der Bologna-Reform sind heute fast alle Diplom- in Bachelor- und Masterstudiengänge umgewandelt. Einige Hochschulen wehren sich jedoch dagegen umzustellen, hier kann auch heute noch ein Diplomabschluss erworben werden. Vor allem Technische Hochschulen argumentieren, dass mit dem Diplom ein Markenzeichen der deutschen akademischen Ausbildung verloren ginge, das insbesondere im Ausland als Qualitätsstandard betrachtet wird.

An einigen Hochschulen gibt es modularisierte Diplomstudiengänge, d.h. Studiengänge, die akkreditiert und anerkannt werden, da Sie eine Studienstruktur in Modulen vorgeben, die der gestuften Bachelor- und Masterausbildung gleicht. Der Studienabschluss besteht dann in einem Diplom. Zur Erlangung des Diploms müssen Module abgeschlossen werden, die Vergleichbarkeit mit einem Bachelor- und Masterstudium bieten. Der Unterschied besteht einzig im erworbenen Titel, denn grundsätzlich erfüllen die modularisierten Studiengänge die Richtlinien der Bologna-Reform. So ist anzunehmen, dass diese Studiengänge eine ernst zu nehmende Alternative zum Bachelor und Master darstellen. Ob Sie einen modularisierten Diplomstudiengang dem Bachelor- und Masterstudium vorziehen sollten, kann nicht kategorisch empfohlen werden. Das hängt vielmehr vom Studiengang und der Studienstruktur ab.

Um einen Diplomabschluss zu erwerben, müssen Sie Zwischen- und Abschlussprüfung bestehen, zudem ist in der Regel eine Diplomarbeit einzureichen. Die Regelstudienzeit beträgt, abhängig vom Studienschwerpunkt, 6-12 Semester.

Mit dem Diplomabschluss kann eine Promotion angestrebt werden.

Vor- und Nachteile des Diplomstudiums

Das Diplomstudium sei eine wissenschaftliche Ausbildung im Sinne des Erfinders, argumentieren die Gegner des reformierten Studiums. In Deutschland heißt das im Sinne Wilhelm von Humboldts. Danach ist das Studium eine Ausbildung, die sich von der schulischen Ausbildung durch die Teilnahme am wissenschaftlichen Lehr- und Lernprozess unterscheidet. Ob Bachelor- und Masterstudenten keine gute wissenschaftliche Ausbildung genießen, ist nicht geklärt, und es ist zweifelhaft, ob sich das je feststellen lässt. Entscheidend im Studium ist nicht alleine die Struktur, sondern vor allem die Qualität der Lehre sowie die Motivation der Lehrenden und der Studenten. Tatsächlich ist es in den alten Studienstrukturen (v.a. Diplom und Magister) möglich gewesen, sich umzuschauen und gewiss haben sich der Leistungs- und Zeitdruck in den vergangenen Jahren verschärft. Die Schlussfolgerung, dass die neuen Abschlüsse per se als schlecht zu beurteilen sind, ist jedoch falsch, denn die Abschlüsse stellen nicht das Problem dar. Die Einstellung der Hochschulen hat sich in diesem Zusammenhang verändert, vielerorts wird verlangt, dass die Studenten schnell studieren und den Zeitplan einhalten. Dies gilt ebenso, wenn Sie einen Diplomstudiengang studieren wollen. Vor- und Nachteile sind nicht durch Studiengang oder Abschluss bedingt, sondern durch die Einstellung und Umsetzung der Hochschulen.

Kritiker argumentieren darüber hinaus, dass in den Diplomstudiengängen viele faule Langzeitstudenten jahrelang auf Kosten des Staates überwintern würden. Dies kann ebenso wenig als begründet gelten, denn nicht der Abschluss motiviert zu diesem Verhalten, sondern die Undiszipliniertheit der betreffenden Langzeitstudenten.

Ein Vorteil des Diplomstudiums gegenüber dem Bachelor besteht in der größeren Chance auf einen Arbeitsplatz. Dieser Zustand wird sich mit Sicherheit ändern, da zukünftig eine deutliche Mehrheit mit Bachelor- und Masterabschlüssen die Hochschulen verlassen wird.

Manche Schwächen der Diplomstudiengänge sind mit der Studienreform verbessert worden: In den alten Diplomstudiengängen war es schwieriger ein Auslandssemester zu absolvieren, da eine Vielzahl der im Ausland erbrachten Leistungen an der Heimathochschule nicht angerechnet wurden. Die fehlende Vergleichbarkeit der Studienleistungen wurde in der Regel als entscheidendes Problem angeführt. Ob das mit modularisierten Studiengängen anders sein wird, muss die Zukunft zeigen. Im Bachelor- und Masterstudium ist dies offensichtlich kein Problem.

3.2.2 Der Magister

Vor der Bologna-Reform stellte der Magister für die Geisteswissenschaften dar, was der Diplomabschluss für die ingenieurwissenschaftlichen Studiengänge bedeutete: den absoluten Standard an deutschen Hochschulen. Grundsätzlich unterscheidet sich das Magisterstudium von den Diplomstudiengängen und den reformierten Studiengängen vor allem durch die Breite, die die wissenschaftliche Ausbildung umfasst. In der Regel wird im Magister in einem Haupt- und zwei Nebenfächern oder in zwei Hauptfächern studiert. Kombinationsmöglichkeiten sind beispielweise: Hauptfach Politik mit den Nebenfächern Philosophie und Soziologie; Hauptfächer Geschichte und Geographie; Hauptfächer Romanistik und VWL; Hauptfach Kunstgeschichte mit den Nebenfächern Archäologie und Geschichte, u.v.m. Die Kombination von zwei Hauptfächern wird heute in den Geistes-, Sozial- und Wirtschaftswissenschaften häufig auch in den reformierten Studiengängen übernommen (z.B. Doppelbachelor an der Ruhr-Universität Bochum), dies gilt ebenso für die Kombination von Haupt- und Nebenfächern (z.B. Bachelor an der Goethe Universität Frankfurt).

Nach Implementierung der Bologna-Reform wird der Magister zumeist durch die Bachelor- und Masterausbildung ersetzt. Einige Hochschulen kritisieren die Trennung des Studiums durch das zweistufige Verfahren in Bachelor und Master. Diese Hochschulen versuchen, die Richtlinien der Bologna-Vorgaben alternativ umzusetzen. Vergleichbarkeit, Transparenz und Qualität sollen stattdessen durch modularisierte Magisterstudiengänge garantiert werden. Modularisierte Magisterstudiengänge sind akkreditiert und anerkannt, da sie eine Studienstruktur in Modulen vorgeben, die der gestuften Bachelor- und Masterausbildung gleicht. Im Studium erwerben Sie Credit Points in thematisch gegliederten Modulen; nach dem Grundstudium (4-6 Semester) folgt eine Zwischen-, nach dem Hauptstudium (4-6 Semester) eine Abschlussprüfung. Und in der Regel ist eine schriftliche Abschlussarbeit zu verfassen. Der Unterschied besteht vor allem im akademischen Titel, den Sie erwerben, da die modularisierten Studiengänge grundsätzlich die Richtlinien der Bologna-Reform erfüllen. So könnten diese Studiengänge eine ernst zu nehmende Alternative zum Bachelor und Master darstellen. In einigen Fächern wie z.B. Philosophie oder Geschichte könnte sich eine an den alten Studiengängen orientierte Struktur gar als effektiver erweisen. Für diese Fächer ist es vorteilhaft, den Studenten größere Freiräume in der Studiengestaltung zu bieten, um wissenschaftliche Expertise zu entwickeln.

Eine Empfehlung für modularisierte Diplom- und Magisterstudiengänge kann nicht kategorisch gegeben werden. Es hängt viel vom einzelnen Studiengang und der Studienstruktur ab.

Um den Magisterabschluss zu erwerben, müssen Sie eine Zwischen- und eine Abschlussprüfung ablegen, zudem muss die Magisterarbeit verfasst werden. Die Regelstudienzeit beträgt 9-12 Semester.

Der Magister qualifiziert für die anschließende Promotion.

Vor- und Nachteile des Magisterstudiums

Kritiker des Bachelor- und Masterstudiums beschwören den Magister als die einzig wahre akademische Ausbildung, die in den Geisteswissenschaften dem Humboldtschen Ideal gerecht werden könne. Sie argumentieren, dass sich Studenten in diesen Studienstrukturen wissenschaftlich frei entwickeln könnten, sie ohne Druck die verschiedensten Fachbereiche kennen lernen, dadurch bestimmter und definitiver einen eigenen Schwerpunkt setzen und fachliche Expertise entwickeln können. Diese Kritik hat das Bachelorstudium zum Opponenten, da die kurze Studienzeit nicht ausreiche, die genannten Ideale zu verwirklichen. Kombinieren Sie aber Bachelor- und Masterstudium, so haben Sie sowohl Freiräume als auch weitergehende Studieninhalte, um die notwendige Expertise auszubilden. Niemand kann kategorisch belegen, dass das Bachelor- und Masterstudium an sich der Entwicklung einer fachlichen und wissenschaftlichen Expertise im Weg stünde. Dies hängt zuletzt von den einzelnen Studenten selbst und den Lehrenden ab und darüber hinaus von dem Wissenschafts- und Studienverständnis, das eine Hochschule vertritt.

Ein klarer Vorteil dieses Studienabschlusses liegt analog zum Diplom darin, dass Magisterabsolventen im Vergleich mit Bachelorstudenten bessere Chancen auf einen Arbeitsplatz haben. Allerdings kann der Masterabschluss diesen Nachteil revidieren, denn er bietet in etwa die gleichen Berufsaussichten.

In Magisterstudiengängen war es selten möglich, im Auslandsstudium erworbene Leistungen anerkennen zu lassen, da die Vergleichbarkeit der Studieninhalte zwischen deutschen und ausländischen Hochschulen nicht bestand. Inwiefern dies für modularisierte Magisterstudiengänge zutrifft, sollten Sie an der Hochschule erfragen, wenn Sie ein derartiges Studium anstreben. Zudem wird am Magisterstudium bemängelt, dass die Studienstruktur zum Langzeitstudium einlade. Diese Kritik dreht den Befürwortern das Wort im Munde um: Hier wird die Freiheit des Magisterstudiums kritisiert, dort wird sie als das zentrale Effizienzkriterium angeführt. Die Wahrheit scheint im Zwischenbereich dieser Interpretationen zu liegen.

3.2.3 Das Staatsexamen oder die Staatsprüfung

Das Staatsexamen war in den medizinischen, den juristischen und den Lehramtsstudiengängen lange Zeit der einzige Studienabschluss, der zu staatlich zertifizierten Tätigkeiten (Arzt, Lehrer, Richter) qualifizierte. Wie der Name vermuten lässt, erfolgt eine staatliche Prüfung. Zum Abschluss des Studiums ist eine erste theoretische Prüfung vorgesehen. Nach dem Studienabschluss folgt in der Regel eine praktische Ausbildungszeit, die dann mit dem zweiten Staatsexamen beschlossen wird. Das Medizinstudium verläuft auch heute noch nach dieser Struktur. In der Ausbildung von Lehrern sind Lehramtsstudiengänge durch den Master of Education ersetzt worden (vgl. oben). Auch im Fach Jura/Rechtswissenschaften hat sich die Ausbildung geändert, wer nach dem Wintersemester 2003/2004 ein Jurastudium aufgenommen hat, der sollte eigentlich die erste und zweite juristische Prüfung ablegen. Jedoch studiert man an den meisten Universitäten Jura/Rechtswissenschaft weiterhin auf Staatsexamen. In diesem Zusammenhang ist in den kommenden Jahren ein Wandel zu erwarten, da zunehmend eine wesentlich praktischere Ausbildung von Juristen gefordert wird.[46] Die Neuausrichtung des Jurastudiums an der Praxis der Rechtswissenschaften wäre durch eine Studienreform möglich, es bleibt allerdings abzuwarten, ob und wann eine derartige Reform durchgesetzt wird.

Um das erste Staatsexamen zu erreichen, muss das Studium in schriftlichen und mündlichen Prüfungen theoretisch abgeschlossen werden; um den Grad des zweiten Staatsexamens zu erlangen, müssen eine praktische Lernphase und eine zweite Prüfung absolviert werden. Regelstudienzeit: in der Medizin 10-12 Semester, in den Rechtswissenschaften 9-10 Semester und im Lehramt 6-9 Semester.

Vor- und Nachteile des Staatsexamens

Durch die staatliche Prüfung wird in für die Gesellschaft fundamentalen Bereichen – Gesundheitswesen, Gerichtsbarkeit, Bildung – sichergestellt, dass die Ausgebildeten einem staatlich festgelegten Standard entsprechen. Dies ist ein klarer Vorteil des Staatsexamens. Auch wenn das Staatsexamen als Studienabschluss in der Auflösung begriffen ist, wird sich durch die aktuelle Studienreform nichts daran ändern, dass in den genannten Bereichen in der akademischen Ausbildung weiterhin staatlich kontrollierte Qualitätsstandards erfüllt werden müssen.

Kritik ist zu ungenau, auch im Staatsexamen hat man mit der Praxis zu tun. Zudem kann man nicht sagen, dass nur mit den staatlich kontrollierten Qualitätsstandards Qualität zu erreichen ist – genau das kann durch Theorielastigkeit nicht gegeben

---

[46] Vgl. beispielsweise die Initiative zur Reform der Juristenausbildung, auf: [http://www.reform-der-juristenausbildung.de/].

sein. Zudem sind alle Studienabschlüsse staatlich zertifiziert, so auch Bachelor und Master – oder?

Nimmt man die Kritiker des Staatsexamens ernst, so muss man glauben, dass die Struktur der Studiengänge mit dem Abschluss Staatsexamen eine stark theorisierte Ausbildung zur Folge hat. In der Rechtswissenschaft ist die Kritik groß und in den medizinischen Fächern sind bereits praxisorientierte Reformen des Studiums umgesetzt worden: Sowohl an der Humboldt Universität zu Berlin, als auch an der Ruhr-Universität Bochum und der Universität Witten-Herdecke wird ein Reformstudiengang Humanmedizin angeboten. Die Erfolge der reformierten Studiengänge zeigen, dass das Studium mit dem Abschluss Staatsexamen durch die Theorielastigkeit Nachteile bringen kann, da die staatlich aufgestellten Kriterien scheinbar derartig in die Studienstruktur integriert sind, dass banale Theorie den Studienalltag beherrscht. Medizin-, Pharmazie- oder Jurastudenten verbringen einen Großteil des Studiums mit Büchern und dem Auswendiglernen, in den Reformstudiengängen wird angestrebt, den Erwerb theoretischer Kenntnisse stärker mit praktischen Tätigkeiten und der frühen Integration in Arbeitsprozesse zu verknüpfen.

[4] Die Bewerbung zum Studium

4.1 Nicht nur die Fachwahl ist entscheidend: Der Zugang zur Hochschule

Die erste Hürde bei der Entscheidung und Vorbereitung auf das Studium ist die Studienfachwahl. Ihre Fähigkeiten, Stärken und Kenntnisse sind für Sie persönlich – also subjektiv – ausschlaggebende Faktoren für die Frage, welches Fach Sie studieren wollen. Und diese Stärken können als Maßstab für die Wahl des Studienfachs verstanden werden. Für die Universitäten und Fachhochschulen sind diese Kriterien allerdings nur zweitrangig. Leider fehlen vielen Hochschulen die Kapazitäten, ein Bewerbungsverfahren durchzuführen, in dem allen Bewerbern die Möglichkeit gegeben wird, sich persönlich vorzustellen, von den Stärken und Fähigkeiten zu überzeugen und somit an einem Verfahren teilzunehmen, in dem streng nach Qualifikation und Eignung bei der Vergabe von Studienplätzen entschieden wird. Die Komplexität der Bildungslandschaft und die Bewerberzahlen sind zu hoch, als dass ein derartiges Verfahren finanziell und organisatorisch tragbar wäre. Daher gibt es an den Hochschulen vereinfachte Verfahren, um festzustellen, ob Bewerber für die Zulassung zu einem Studium geeignet sind.

4.1.1 Die Hochschulzugangsberechtigung

Für alle Studienbewerber gilt als allgemeine Voraussetzung für die Aufnahme des Studiums, dass eine Hochschulzugangsberechtigung vorliegt, d. h. dass Sie über einen Schulabschluss verfügen, der zum Hochschulstudium qualifiziert. Zur Aufnahme eines Universitätsstudiums qualifiziert in der Regel das Abitur: Wer das Abi hat, ist grundsätzlich berechtigt zu studieren. Das bedeutet nicht, dass ein Studienplatz sicher ist, sondern, dass prinzipiell die fachliche Eignung für ein Studium besteht. Zum Studium an der Fachhochschule qualifiziert das Fachabitur (fachgebundenes Abitur), für ein Studium an einer Universität qualifiziert dieser Abschluss nicht. Zudem sind auch Absolventen einer fachlichen Ausbildung zum Studium zugelassen. Hat man die Prüfung der IHK zum Handwerks- oder Industriemeister bestanden, so ist man zum fachgebundenen Fachhochschul- oder Bachelorstudium geeignet. Diese Zugangsberechtigung erhält man auch ohne Meistertitel, wenn man eine (mindestens) zweijährige Ausbildung absolviert hat, drei Jahre Berufserfahrung sammeln konnte und einen

Eignungstest besteht.[47] Auf den ersten Blick scheint das Studium schon vor Beginn eine komplizierte Angelegenheit zu sein. Bei genauerem Hinsehen werden Sie jedoch feststellen, dass alles viel einfacher ist, als es scheint. Den Informationsdiensten, -angeboten und -materialien der Hochschulen können Sie die Zugangsvoraussetzungen entnehmen. Der Vergleich mit Ihren Qualifikationen zeigt, ob Sie die Studieneignung besitzen und es den Versuch lohnt, die Bewerbung auf einen Studienplatz in Angriff zu nehmen. Wenn Sie unsicher sind und nicht abwägen können, ob Sie die Zugangsvoraussetzungen erfüllen, dann sollten Sie sich direkt an die Hochschule wenden und mit einem der Studienberater sprechen. Hier wird man Ihnen mit Sicherheit helfen und die Fragen nach Zugangsvoraussetzungen, Bewerbungsverfahren etc. beantworten können.

4.1.2 Die Zulassungsvoraussetzung

Allgemeine Voraussetzung für ein Studium an der Universität oder Fachhochschule ist die Hochschul- bzw. Fachhochschulreife oder ein äquivalenter Ausbildungsgrad. Jedoch bleibt diese Voraussetzung meist nicht die einzige Hürde auf dem Weg zum Studium. Grundsätzlich können Studiengänge nach der folgenden Einteilung klassifiziert werden: Es gibt Studiengänge, die frei zugänglich sind (a), Studiengänge, die bundesweit zulassungsbeschränkt sind (b) und Studiengänge, die örtlich zulassungsbeschränkt sind (c). Für erstere qualifiziert die einfache Hochschulzugangsberechtigung (Abitur, Fachabitur, Meisterprüfung etc.), für letztere eine ortsabhängige Zugangsbeschränkung und für die bundesweit zulassungsbeschränkte Studiengänge gibt es bundesweite Aufnahmebedingungen. Dies gilt für Studiengänge an staatlichen Hochschulen. An privaten Einrichtungen kann man in der Regel studieren, wenn man es sich finanziell erlauben kann. Aber auch hier werden vermehrt Auswahlverfahren eingesetzt.

Eine Zulassungsbeschränkung wird für einen Studiengang erlassen, wenn die Zahl der Interessenten höher ist als die Zahl der zu vergebenden Studienplätze. Auch wenn das Grundgesetz formuliert, jeder Bürger habe ein Recht auf Bildung[48], so ist es bei großer Nachfrage um Studienplätze zulässig, dass Universitäten eine Zulassungsgren-

---

[47] Im Jahr 2005 hat die Kultusministerkonferenz (KMK) einen Beschluss verabschiedet, der die Hochschulzugangsberechtigung von beruflich qualifizierten Bewerbern regelt. Im Grundsatz kann festgehalten werden, dass diejenigen zum Studium zugelassen werden, die: eine Meisterprüfung abgelegt haben (1); eine zweijährige Ausbildung absolviert, drei Jahre Berufserfahrung gesammelt und einen Eignungstest bestanden haben (2). Für genauere Informationen vergleiche: *Hochschulzugang für beruflich qualifizierte Bewerber ohne schulische Hochschulzugangsberechtigung*, Beschluss der Kultusministerkonferenz vom 06.03.2009.

[48] Ein Recht auf Bildung wird im Grundgesetz nicht explizit formuliert, das Bundesverfassungsgericht führt in einem Urteil zur Zulassungsbeschränkung von Studienplätzen den Artikel 3 zur Berufs- und Ausbildungsfreiheit als für diesen Bereich entscheidende rechtliche Grundlage an; vgl. Numerus-Clausus-Urteil.

ze festlegen. Diese von Kritikern als verfassungswidrig bezeichnete Zulassungsbeschränkung ist 1972 durch den Bundesgerichtshof bestätigt worden und somit
rechtskräftig. Formal treten die Zulassungsbeschränkungen vorwiegend in Form eines
Notendurchschnitts auf. Um aufgenommen zu werden, darf der Schulabschluss nicht
schlechter als der als Zulassungsbeschränkung bestimmte Notenschnitt sein. Für die
bundesweit zulassungsbeschränkten Studiengänge gibt es einen bundesweiten
Durchschnitt, für die ortsabhängigen Beschränkungen wird an den Universitäten ermittelt, welcher Notendurchschnitt zum Studium qualifiziert. Darüber hinaus gibt es
Studiengänge, in denen die Zulassungsqualifikation nicht allein über den Notendurchschnitt, sondern über die besondere Eignung festgestellt wird. Um hier ein Studium aufzunehmen, muss nachgewiesen werden, dass man für die Ausbildung besonders geeignet ist. Dies ist z.B. der Fall in den künstlerischen Fächern (z. B. Musik,
Kunst, Schauspiel) und in den Fächern Sport und Journalistik. Zudem werden Auswahlverfahren auch vermehrt bei der Vergabe von begehrten Bachelor- und Master-
studienplätzen angewendet.

4.1.3 Der Numerus Clausus (NC)[49]

Studienplätze, die begehrt sind, werden meist mit einer Zulassungsbeschränkung
belegt. In diesem Fall ist die Zahl der Interessenten nicht mit den strukturellen Voraussetzungen an den Hochschulen überein zu bringen: Die Zahl der Bewerber übersteigt
die Anzahl der Studienplätze. In den meisten Fällen werden als Zulassungsvoraussetzung (NC) Durchschnittsnote und Wartezeit angegeben. Da um diese Zugangsvoraussetzung viele Mythen entstanden sind und nur wenige wissen, was es mit dem NC
wirklich auf sich hat, soll dieser Gegenstand erläutert werden. Zuerst gilt es mit dem
Vorurteil aufzuräumen, dass die Wartezeit für einen Studienplatz und der Notendurchschnitt des (Fach-)Abiturs zusammenhingen: Dies ist definitiv nicht der Fall. Die
Annahme, dass sich mit jedem Wartesemester die Durchschnittsnote um 0,1 Punkte
verbessert, ist weit verbreitet, aber falsch. Faktisch ist es so, dass unter anderem die
Abiturdurchschnittsnote und die Wartezeit als Kriterien zur Vergabe von Studienplätzen geführt werden.

Übersetzt bedeutet Numerus Clausus (NC) „geschlossene Anzahl". Der Begriff bezieht
sich nicht auf den Notendurchschnitt, der zum Studium qualifiziert, sondern auf die
Zahl derer, die zum Studium eines zulassungsbeschränkten Studiengangs qualifiziert
sind und zugelassen werden. Der Numerus Clausus wird sowohl bundesweit – für die
in ganz Deutschland beschränkten Studiengänge – als auch örtlich angewendet. Der
NC ist keine statische Messeinheit, so wird nicht vor Bewerbungsbeginn willkürlich ein

---

[49] Das Verfahren für bundesweit zulassungsbeschränkte Studiengänge wird in einem gesonderten
Paragraphen behandelt, in diesem Rahmen werden wir auf den NC zurückkommen. Hier soll nur
geklärt werden, wie Universitäten vorgehen, wenn ein Fach örtlich zulassungsbeschränkt ist.

bestimmter Notendurchschnitt oder eine gewisse Zahl von Wartesemestern als Zulassungsbeschränkung für das neue Semester festgelegt, sondern eine dynamische. Die
Aussage, die eine Universität mit der Einführung eines NC trifft, ist die folgende: Die
Studienplatzkapazität ist in diesem Fach beschränkt, erfahrungsgemäß[50] ist die Zahl
der Bewerber höher als die Zahl der zu vergebenden Plätze.

Und wie wird der NC errechnet? Wie wird festgestellt, wem zum neuen Semester einer
der begehrten Studienplätze zugesprochen wird? In der Regel bestimmen die Hochschulen über die Aufnahme, sie wählen aus, wer zum Studium geeignet ist. Und hier
spielt nicht nur der Notendurchschnitt eine Rolle. Neben der Durchschnittsnote ist
auch die Wartezeit relevant für die beschränkte Anzahl der Studienplätze. Nehmen wir
das folgende Beispiel: An einer Universität gibt es einen sehr beliebten Studiengang
mit beschränkter Aufnahmekapazität. In diesem Studiengang stehen nicht mehr als
100 Studienplätze zur Verfügung, der Zugang ist also beschränkt. Auf die 100 freien
Studienplätze bewerben sich nun 400 Interessenten, d.h. die Hochschule ist dazu angehalten, die wenigen Studienplätze an die Bewerber zu vergeben, die am geeignets-
ten sind.

Grundsätzlich wenden alle Universitäten das gleiche Verfahren an.[51] Demnach werden 20 % der Studienplätze an die Bewerber mit den besten Abiturdurchschnittsnoten vergeben, 20 % an die Bewerber mit der längsten Wartezeit und 60 % der Studienplätze nach einem hochschulinternen Auswahlverfahren. Alle eingehenden
Bewerbungen werden nach diesen drei Kriterien auf separaten Listen sortiert; einen
Studienplatz bekommen diejenigen, die auf den jeweiligen Listen die oberen Plätze
belegen. Für unser Beispiel bedeutet das konkret: Die ersten 20 Plätze werden an die
Bewerber vergeben, die im Vergleich über den besten Abiturdurchschnitt verfügen;
20 weitere Plätze werden vergeben an Bewerber, die über die längste Wartezeit verfügen. Die Wartezeit wird in Semestern ausgedrückt als die Zeit, die zwischen Ende
der Schulzeit und Bewerbung auf einen Studienplatz liegt. Haben Sie z.B. nach dem
Abitur erst den Zivildienst oder ein Freiwilliges Soziales Jahr absolviert (Zeitaufwand
ca. 1 Jahr), dann werden Ihnen zwei Wartesemester gutgeschrieben. Hätten Sie nach
dem Abitur eine dreijährige Ausbildung absolviert, wären es schon 6 Wartesemester.
Das zeigt, dass nicht nur die Bewerber mit den besten Noten einen Platz bekommen.
Die 60 verbliebenen Plätze werden nun in einem hochschulinternen Verfahren vergeben. Genau genommen sind auch die ersten vierzig Plätze hochschulintern vergeben
worden, jedoch wurden in diesem Zusammenhang die Kriterien nicht durch die
Hochschule festgelegt. In dem internen Auswahlverfahren können die Hochschulen
eigene Kriterien gewichten, nach denen ein Studienplatz vergeben wird. Hierbei fol-

[50] Erfahrungsgemäß bedeutet hier aus der Erfahrung der vergangenen Bewerbungsverfahren (Anm. d.
Verf.).
[51] Der Rahmen für dieses Verfahren wurde 2003 im Zuge der Bologna-Reform durch die Kultusministerkonferenz (KMK) neu festgelegt. Vgl.: *Eckpunkte für die Neuordnung der Hochschulzulassung*, Beschluss der Kultusministerkonferenz vom 06.03.2003.

gen alle Hochschulen einem durch die Kultusministerkonferenz bundesweit definierten Rahmen. Diese Vorgaben können durch die Bundesländer ausgestaltet werden, hierbei stehen zwei Modelle zur Auswahl, auf die jedoch nicht näher eingegangen werden soll.[52] Das Land NRW hat z.B. mit Bezug auf den Beschluss der KMK im Hochschulrahmengesetz festgelegt, wie hochschulinterne Auswahlverfahren gestaltet werden müssen.[53] Im Paragraph 2 des Auswahlverfahrensgesetzes (AuswVfG) heißt es:

(1) Die jeweilige Hochschule vergibt die Studienplätze gemäß § 32 Abs. 3 Nummer 3 Hochschulrahmengesetz (Auswahlverfahren der Hochschulen) a) nach dem Grad der Qualifikation nach § 27 Hochschulrahmengesetz, b) nach den gewichteten Einzelnoten der Qualifikation nach § 27 Hochschulrahmengesetz, die über die fachspezifische Eignung Auskunft geben, c) nach dem Ergebnis eines fachspezifischen Studierfähigkeitstests, d) nach der Art einer Berufsausbildung, Berufstätigkeit oder ehrenamtlichen Tätigkeit, e) nach dem Ergebnis eines von der Hochschule durchzuführenden Gesprächs mit den Bewerberinnen und Bewerbern, das Aufschluss über die Motivation der Bewerberin oder des Bewerbers und über die Identifikation mit dem gewählten Studium und dem angestrebten Beruf geben sowie zur Vermeidung von Fehlvorstellungen über die Anforderungen des Studiums dienen soll, f) aufgrund einer Verbindung von Maßstäben nach den Buchstaben a bis e.[54]

Das hat zur Folge, dass in Nordrhein-Westfalen die Hochschulen 60 % der Bewerber auf zulassungsbeschränkte Studiengänge eigenständig auswählen können. Die Kriterien für die Auswahl sind sehr frei definiert. Für einen beschränkt zulassungsfreien Studiengang kann entweder der Notendurchschnitt als Maßstab genommen werden oder das Abschneiden der Studenten in einem Studierfähigkeitstest. Ebenso kann als Zugangsvoraussetzung ein mündliches Auswahlgespräch oder ein Test angeboten werden, oder aber die Gewichtung bestimmter Noten ist mitentscheidend. So ist dies z.B. der Fall an der Ruhr-Universität Bochum in Fächern der Romanischen Philologie (Romanische Philologie Allgemein, Romanische Philologie (Französisch), Romanische Philologie (Italienisch), Romanische Philologie (Spanisch)) und in der Linguistik. In der Romanischen Philologie wird die entscheidende Note aus dem allgemeinen Durchschnitt der Hochschulzugangsberechtigung (51 %) und gewissen Einzelnoten (49 %)

---

[52] Für diejenigen, die Interesse an einer noch exakteren Aufschlüsselung haben, empfehlen wir den Beschluss der Kultusministerkonferenz zur Hochschulzulassung auf der angegebenen Homepage herunterzuladen und selbstständig zu studieren.
[53] Vgl. das Hochschulrahmengesetz für NRW.
[54] Vgl. die Broschüre zum Hochschulrecht in NRW.

ermittelt.[55] Im Studiengang Romanistik mit dem Schwerpunkt Französisch bedeutet dies: Die gewichteten Einzelnoten, die eingerechnet werden, sind die Schulfächer Deutsch, Französisch und Englisch. Deutsch wird mit einer 60 %-igen Gewichtung eingerechnet, Französisch mit einer 30 %-igen und Englisch mit einer Gewichtung von 10 %. Das bedeutet, dass diese mehr als doppelt zählen. Haben Sie beispielsweise einen Abiturschnitt von 2.8, und in den Klassen 12.1-13.2 die Kurse Französisch, Deutsch und Englisch belegt und gute Noten erzielt, würde sich das positiv auf Ihren Notendurchschnitt auswirken. Nehmen wir an, Sie haben in Deutsch eine 2 bekommen, in Französisch eine 2 und in Englisch sogar eine 1, dann würde Ihr neuer Notendurchschnitt wie folgt errechnet:

51 % (2.8) + 49 % (60 %=2; 30 %=2; 10 %=1) =

51 % (2.8) + 49 % (90 %=2; 10 %=1) =

51 % (2.8) + 49 % (1.9) = 100 % (2.359)

Ergebnis: NC = 2.35

(abgerundet 2.3; aufgerundet 2.4)

Nach den gewichteten Einzelnoten hätten sich Ihre Chancen auf den Studienplatz verbessert, da Sie auf zwei Listen im mittleren bis oberen Bereich geführt würden. Im Vergleich der Abiturdurchschnittsnoten würden Sie mit dem Schnitt von 2,8 wahrscheinlich im Mittelfeld liegen. Nach den gewichteten Einzelnoten werden Sie mit 2,4 schon höher eingestuft. Nehmen wir zum Vergleich die Zahlen der Ruhr-Universität Bochum aus dem Wintersemester 2009.[56] Im Fach Romanische Philologie (Französisch) wurden in diesem Wintersemester alle Bewerber mit einem Abiturdurchschnitt bis 1,8 angenommen; zudem sind alle Bewerber aufgenommen worden, die mindestens 3 Wartesemester nachweisen konnten. Darüber hinaus sind im hochschulinternen Auswahlverfahren alle Bewerber mit einem Notendurchschnitt von 3,3 nach gewichteten Noten zum Studium zugelassen worden. Als Abiturient ohne Wartesemester, mit einem Notendurchschnitt von 2,8 und einem gewichteten Notendurchschnitt von 2,4 hätten Sie im Wintersemester 2009 im Fach Romanische Philologie (Französisch) einen Zulassungsbescheid erhalten.

Im Folgenden wird beschrieben, wie die Einschreibung sowohl in zulassungsfreien (4.2), als auch in bundesweit (4.3) und örtlich aufnahmebegrenzten Studiengängen (4.4) funktioniert.

---

[55] Vgl. Satzung über die Ausgestaltung des Zulassungsverfahrens zu den BA-Studiengängen sowie Rechtswissenschaft Staatsexamen an der Ruhr-Universität Bochum, in: *Amtliche Bekanntmachungen der Ruhr-Universität Bochum*, Nr. 783, 07.05.2009.
[56] Vgl. den Webauftritt der Ruhr-Universität Bochum [http://www.ruhr-uni-bochum.de/zsb/nc-werte.htm].

4.2 Die einfache Immatrikulation: Zulassungsfreie Studiengänge

Die deutsche Hochschullandschaft hat sich über die vergangenen Jahre definitiv verändert. Die Studentenzahlen nehmen jährlich zu, nach der Bologna-Reform können Sie nun in einer erneuerten deutschen Bildungslandschaft studieren, und es gibt eine Vielzahl neuer Studienfächer. Für den Teil der angehenden Studenten mit gutem Abitur bedeutet dies, dass die Wahl eines Studienfaches noch schwerer fällt, denn wer sich ein Studienfach frei aussuchen kann, hat die Qual der Wahl. Andere betrifft dies nicht, wer einen verhältnismäßig schlechten Abiturschnitt hat, kann nicht frei wählen, was er studieren will. All diejenigen mit schlechter Abiturdurchschnittsnote können sich nur einen zulassungsfreien Studiengang aussuchen. [57] Eventuell kann eine entsprechende Anzahl an Wartesemestern oder in manchen Fächern ein spezieller Eignungstest Abhilfe schaffen. Mit ein bisschen Glück findet man auch unter den freien Studiengängen genau das Fach, für das man sich interessiert. Nur muss man in der Regel leichte Abstriche machen und z.B. in Kauf nehmen, das Fach der Wahl nicht in München, Berlin oder Hamburg zu studieren, sondern in Saarbrücken, Bamberg oder Augsburg. Der Nachteil der zulassungsfreien Studiengänge besteht darin, dass man evtl. Einschränkungen in der Wahl der Universität oder des Faches hinnehmen muss.

In den zulassungsfreien Studiengängen kann man sich einfach immatrikulieren, wenn man ein entsprechendes Studium aufnehmen möchte. Und wie genau funktioniert die Immatrikulation?

4.2.1 Die Einschreibung

Mit der Immatrikulation (Einschreibung) wird man an der Hochschule aufgenommen. Für die zulassungsfreien Studiengänge müssen Sie in der Regel keine aufwendige Bewerbung verfassen, sondern es reicht, sich mit der Hochschulzugangsberechtigung (dem Abitur- oder Fachabiturzeugnis) an der Hochschule einzufinden und sich einzuschreiben. Die Einschreibung findet für alle Studiengänge, auch für die zulassungsbeschränkten, in einem festgelegten Zeitraum statt und jeder, der ein Studium aufnehmen will, muss sich einschreiben. In der Regel gibt es für die Einschreibung verantwortliche Institutionen: An der einen Hochschule geht man zur Einschreibung ins Studierendensekretariat, an einer anderen ins Immatrikulationsbüro. In der Regel wird von der Hochschule ein Zeitraum festgelegt, in dem die Einschreibung möglich ist; meist handelt es sich um die Monate vor Beginn eines Semesters. In diesem Zeitraum müssen die angehenden Studenten an der Universität erscheinen, die für die Einschreibung notwendigen Unterlagen vorlegen und ein Immatrikulationsformular

---

[57] Zulassungsfrei ist ein Studiengang, wenn ausreichend Studienplätze an der Universität vorhanden sind (Anm. d. Verf.).

ausfüllen. Damit ist die Einschreibung vollzogen. Welche Unterlagen zur Aufnahme eines Studiums verlangt werden, hängt von der jeweiligen Hochschule ab, genaueres ist über die Internetauftritte der Unis und FHs oder direkt über das Immatrikulationsbüro zu erfahren. Prinzipiell müssen zur Einschreibung in zulassungsfreien Studiengängen die folgenden Dokumente vorgelegt werden: die Hochschulzugangsberechtigung (z. B. Abiturzeugnis), ein ausgefülltes Immatrikulationsformular, der Nachweis über die Krankenversicherung, der Personalausweis/Reisepass zur Identifikation und – dies wird nicht von allen Hochschulen verlangt – ein Beleg über die Zahlung des Semesterbeitrags. Optional können Sie auch aufgefordert werden, einen Lebenslauf, die Geburtsurkunde oder Passbilder vorzulegen. Da bezüglich der einzureichenden Unterlagen Änderungen an der Tagesordnung sind, sollten Sie sich vor der Einschreibung eingehend informieren, was von der Hochschule verlangt wird. Zudem ist es sinnvoll sich zu informieren, ob für Ihren Nachnamen ein bestimmter Tag zur Einschreibung festgelegt wurde. Insbesondere an großen Universitäten werden die Einschreibezeiten alphabetisch organisiert: Nachnamen auf den Anfangsbuchstaben A müssen am Tag X zur Einschreibung erscheinen, Nachnamen auf den Anfangsbuchstaben B können sich am Tag Y immatrikulieren etc. Informieren Sie sich in diesem Zusammenhang genau und fragen Sie bei Unsicherheiten direkt im Immatrikulationsbüro nach. Viel mehr gibt es zur einfachen Einschreibung in zulassungsfreien Studiengängen nicht zu sagen. Abschließend finden Sie zu diesem Thema eine Liste, auf der die wichtigen Dokumente und Fragen, die Sie sich vor der Einschreibung stellen, noch einmal zusammengefasst sind.

1. Dokumente, die zur Einschreibung mitgeführt werden müssen:

▶ Hochschulzugangsberechtigung (Abiturzeugnis, Fachabiturzeugnis)
▶ Krankenversicherungsnachweis
  (nicht die Versichertenkarte! Fragen Sie bei Ihrer Kasse nach)
▶ Personalausweis oder Reisepass
  (dient der Identifikation)

2. Dokumente, die bei der Einschreibung optional verlangt werden können:

▶ Beleg über die Bezahlung des Semesterbeitrags
▶ Lebenslauf
▶ Geburtsurkunde

3. Was es herauszufinden gilt:

▶ An welchem Tag muss ich zur Einschreibung erscheinen?
▶ Welche Dokumente muss ich zur Einschreibung vorlegen?
▶ Wann muss ich den Semesterbeitrag (die Studiengebühren) zahlen
  (vor oder nach Einschreibung)?

FAQ

Wo kann ich herausfinden, welche Studiengänge zulassungsfrei (-beschränkt) sind?

Grundsätzlich können Sie derartige Informationen über die Webauftritte der Hochschulen herausfinden. Nutzen Sie entweder die Suchfunktionen der Homepage; eine andere Möglichkeit ist direkt auf den Seiten des Immatrikulationsbüros oder des Studiensekretariats zu suchen. Zudem können Sie auch auf den Webauftritten der einzelnen Institute einer Universität recherchieren, das heißt direkt in dem Fachbereich, für den Sie sich interessieren. Der direkteste Weg ist, die Studienberater für den Fachbereich zu kontaktieren. Fragen kostet schließlich nichts.

4.3 Bundesweit zulassungsbeschränkte Studiengänge

Bundesweite Zulassungsbeschränkungen betreffen zurzeit nur medizinische Studiengänge. Hierbei handelt es sich um die Studiengänge Humanmedizin, Tiermedizin, Zahnmedizin und Pharmazie. Diese Studiengänge sind sehr begehrt, in der Regel stehen deutschlandweit für die Anzahl der Bewerber nicht ausreichend Studienplätze zur Verfügung. Bis 2009 unterlag auch das Psychologiestudium noch einem NC, durch die

Umstellung auf Bachelor und Master fällt dieses Fach ab dem Jahr 2010 nicht mehr unter eine bundesweite Zulassungsbeschränkung. Nur Bewerber für die genannten medizinischen Fächer sind gezwungen, an einem bundesweiten Zulassungsverfahren teilzunehmen. Die Studienplätze werden hier zu 40 % von der Stiftung für Hochschulzulassung (heute hochschulstart.de, früher ZVS) vergeben. Hier muss also Ihre Bewerbung eingehen. Zudem dürfen die Hochschulen heute nach einem internen Auswahlverfahren 60 % der Studienplätze selbst vergeben. Das bedeutet für diejenigen, die in bundesweit zulassungsbeschränkten Fächern ein Studium aufnehmen wollen, viel vorzubereiten. Jedoch muss für das Auswahlverfahren der Hochschule (AdH) nicht an jeder Universität eine gesonderte Bewerbung abgegeben werden, für dieses Verfahren kommen diejenigen infrage, die nicht über die Vorabquote, die Abiturbestenquote oder die Wartezeit einen Studienplatz zugesprochen bekommen. Auch dieser Teil des Verfahrens wird von der hochschulstart.de koordiniert. Zwar müssen an einigen Universitäten zusätzliche Unterlagen eingereicht werden, eine vollständige Bewerbung ist jedoch nicht notwendig. Im Folgenden wird detailliert beschrieben, wie die Bewerbung in einem der genannten Fächer abläuft.

4.3.1 Das zentrale Bewerbungsverfahren

Die Zentralstelle für die Vergabe von Studienplätzen, kurz ZVS, war in Deutschland verantwortlich für die Zuteilung von Studienplätzen in den medizinischen Fächern. Seit Mai 2010 tritt diese Organisation als Stiftung unter dem Namen hochschulstart.de auf und vergibt 40 % der Studienplätze in den bundesweit zulassungsbeschränkten Studiengängen Humanmedizin, Tiermedizin, Zahnmedizin und Pharmazie.[58] Das Angebot an Studienplätzen in den medizinischen Fächern ist in der Bundesrepublik Deutschland, wie auch in anderen Ländern, traditionell knapp. In den 1960er Jahren schuf die damalige Westdeutsche Rektorenkonferenz daher die Zentrale Registrierstelle. Durch diese Institution wurden die Studienplätze in den medizinischen Fächern vergeben. Jedoch wichen die Zulassungskriterien von Bundesland zu Bundesland stark ab, die Klagen von Studenten häuften sich in den späten 60er Jahren und schlussendlich sah sich das Bundesverfassungsgericht (BVG) 1972 genötigt, ein Urteil zu fällen, dass wir heute als Geburtsurkunde der ZVS lesen können: Das so genannte Numerus-Clausus-Urteil.[59] Mit diesem Urteil stellte das BVG fest, dass absolute Zulassungsbeschränkungen „am Rande des verfassungsmäßig Hinnehmbaren" sind. Diese Entscheidung wurde auf Grundlage der Artikel 3, 12 und 20 des Grundgesetzes getroffen. Da alle „Deutschen (…) das Recht [haben], Beruf, Arbeitsplatz und Ausbil-

---

[58] Die Stiftung für Hochschulzulassung koordiniert die Bewerbungsverfahren für 100 % der bundesweit zulassungsbeschränkten Studiengänge und wählt selbst 40 % der Studenten in diesen Studiengängen aus (Anm. d. Verf.).
[59] Vgl. das Numerus-Clausus-Urteil.

dungsstätte frei zu wählen" (Art. 12, Abs. 1), da in Deutschland alle „Menschen (…) vor dem Gesetz gleich [sind]" (Art. 3, Abs. 1) und „[d]ie Bundesrepublik Deutschland (…) ein demokratischer und sozialer Bundesstaat [ist]" (Art. 20, Abs. 1), haben all diejenigen, die über die notwendige Zugangsberechtigung verfügen, ein Recht auf die Zulassung zum Studium. Mit dem Urteil wurde jedoch nicht die Zulassungsbeschränkung an sich aufgehoben, das Verfahren wurde nur bundesweit angeglichen. Die Forderung des Bundesverfassungsgerichtes bestand in der Schaffung einer zentralen, bundesweiten Stelle zur Vergabe der zulassungsbeschränkten Fächer, die nach einheitlichen Kriterien operierte. Im Urteilsspruch heißt es: „Im einzelnen ist ein absoluter numerus clausus für Studienanfänger nach dem Stand der bisherigen Erfahrungen nur verfassungsmäßig, wenn er:

> (1.) in den Grenzen des unbedingt Erforderlichen unter erschöpfender Nutzung der vorhandenen, mit öffentlichen Mitteln geschaffenen Ausbildungskapazitäten angeordnet wird (…) und wenn (2.) Auswahl und Verteilung nach sachgerechten Kriterien mit einer Chance für jeden an sich hochschulreifen Bewerber und unter möglichster Berücksichtigung der individuellen Wahl des Ausbildungsortes erfolgen (…). [60]

Das BVG sah die Notwendigkeit der Zulassungsbeschränkung in den medizinischen Fächern, wollte mit dem Urteil aber sicherstellen, dass ein Zulassungsverfahren nur dann angewendet wird, wenn die Kapazitäten nachweislich nicht ausreichen.

Wer ein medizinisches Fach in Deutschland studieren will, kommt nicht an der zentral koordinierten Bewerbung vorbei. Grundsätzlich vergibt diese Organisation die Plätze seit 2005 nach einem einheitlichen Verfahren: In einem ersten Schritt werden wenige Plätze nach Vorabquoten vergeben (ca. 10 - 13 %), anschließend sind 20 % der freien Studienplätze für die Abiturbesten offen, 20 % der Plätze für die Bewerber mit den meisten Wartesemestern und 60 % der Plätze werden abschließend im hochschulinternen Auswahlverfahren unter denjenigen vergeben, die in den ersten Schritten keinen Studienplatz zugesprochen bekommen haben. Natürlich bekommen nicht alle Bewerber einen Studienplatz.

Die Bewerbung

Im Folgenden finden Sie Screenshots der Original Bewerbung der Stiftung für Hochschulzulassung.[61] Sie können verfolgen, welche Schritte Sie einhalten müssen beim Ausfüllen des Online-Bewerbungsformulars für bundesweit zulassungsbeschränkte Studiengänge in den medizinischen Fächern.

---

[60] Vgl. in der Urteilsverkündung Abschnitt C (I.3).
[61] Mit freundlicher Erlaubnis von Hochschul-Start.de sind wir in der Lage, die Bewerbung für die bundesweit zulassungsbeschränkten medizinischen Fächer mit Screenshots simulieren zu können. Hier möchten wir uns für diese Unterstützung bedanken.

hochschul START.de

Das Studienportal für Ihre erfolgreiche Bewerbung

Bewerber **Wiederbewerber** **Zweitstudienbewerber** **ausländische Bewerber**

AntOn
hochschul START

Start | Bewerbung | Antrag online

Antrag Online

AntOn, der Antrag Online, bereitet die für Sie wichtigen Informationen durch eine geschickte Abfolge seiner Fragen auf und hilft bei der Eingabe Ihrer Daten.

Beachten Sie bitte die Hinweise zur Antragstellung.

Studienangebote im bundesweiten Auswahlverfahren

Wählen Sie den entsprechenden Studiengang aus und Sie gelangen zur Eingangsseite von AntOn.

- Medizin
- Pharmazie
- Tiermedizin
- Zahnmedizin

Studienangebot

Regeln

Auswahlgrenzen

Termine

Bewerbung

Antrag online

Hinweise

DaISy

Was kann DaISy?

Unterlagen

FAQ

Presse

Service-Download

Links

HOCHSCHUL KOMPASS

Studien- & Berufswahl
www.studienwahl.de

Studienfach eingeben: Go

Studienangebote im Service-Verfahren

Für Studienangebote des Service-Verfahrens können Sie eine Wunschliste (Merkliste) mit maximal 12 Studienangeboten im Portal von studienwahl.de zusammenstellen.

Möchten Sie den Service von studienwahl.de nicht nutzen, gelangen Sie über den Link unten auf der Seite direkt zu AntOn.

Über die unten aufgeführten Studiengänge gelangen Sie zu studienwahl.de. Haben Sie Ihre Merkliste zusammengestellt, gelangen Sie von dort zu AntOn und können die weiteren Daten Ihres Zulassungsantrages angeben.

So stellen Sie Ihre Studienwünsche zusammen >>>

Universitäten

- Architektur
- Betriebswirtschaftslehre
- Psychologie
- Rechtswissenschaft

Fachhochschulen/Hochschulen

- Architektur
- Bauingenieurwesen
- Bionik
- Informatik
- Journalismus/Public Relations
- Kommunikationsinformatik
- Maschinenbau
- Medieninformatik

- Wirtschaft:
  - Betriebswirtschaft/-slehre
  - Business Administration
  - Handelsmanagement
  - International Management
  - Internationale Betriebswirtschaft und Außenwirtschaft
  - Kommunikations- und Multimediamanagement
  - Steuerlehre

Eingangsseite

AntOn, der Antrag Online, bereitet durch eine geschickte Abfolge seiner Fragen die für Sie wichtigen Informationen auf und hilft bei der Eingabe Ihrer Daten. Ergeben sich trotzdem Fragen, finden Sie unter Hilfe Antworten und Hilfen zum Ausfüllen Ihres Antrages. Sollten Sie in einer Abfragemaske einmal nicht mehr weiter kommen, können Sie über "Zusammenfassung" die Maske verlassen.

Vor dem Start der Antragstellung
Bitte informieren Sie sich zuerst über die <u>Regeln der Studienplatzvergabe</u> .

Beachten Sie die unterschiedlichen Regelungen für das bundesweite Verfahren an Universitäten und das Service-Verfahren.

Bewerber für Studienangebote an Fachhochschulen beachten bitte folgende <u>Hinweise</u>.

<u>Ausländische Studienbewerber</u> beachten bitte die besonderen Hinweise für eine Bewerbung .

Die Antragstellung starten

Wählen Sie **Log-in**, falls Sie bereits registriert sind. Sie starten AntOn mit Ihrem von Ihnen festgelegten Nutzernamen und Passwort.

Haben Sie noch keiner Zugang bzw. Ihre Nutzerdaten sind nicht mehr greifbar oder Ihre letzte Bewerbung lag vor dem Wintersemester 2009/10, können Sie unter **Registrierung** einen neuen Zugang erstellen.

Sobald Sie die Eingabemaske von AntOn verlassen, wird der aktuelle Stand Ihrer Bewerbung gespeichert und Sie können Ihren Antrag zu einem späteren Zeitpunkt fortsetzen.

Ihre Studienwünsche werden in einer Merkliste zusammengefasst.. Eine in AntOn schon vorhandene Merkliste wird ergänzt bzw. ersetzt, falls der Studiengang bereits vorhanden ist.

Merklisten von '"nochschulstart.de" oder "Hochschulen" enthalten keine Studienorte. Ihre Wunschorte geben Sie während der Antragstellung ein.

Sind in der Merkliste Studienorte angegeben, gelangen Sie über den Studiengang zu den Auswahlkriterien des entsprechenden Studienangebots.

Merkliste von : ZVS

Registrierung

Log-in

Medizin

Registrierung

Wenn Sie noch nicht bei hochschulstart.de registriert sind, so suchen Sie sich bitte einen Nutzernamen und ein Passwort aus und geben Sie eine gültige E-Mail-Adresse an.

Beachten Sie bitte folgende Regeln

- Der Nutzername muss 6 bis 16 Zeichen lang sein und das erste Zeichen des Nutzernamens muss ein Buchstabe sein.
- Im Nutzernamen dürfen nur Buchstaben(ohne Umlaute und ohne ß), Ziffern, Bindestrich und Unterstrich enthalten sein.
- Der Nutzername darf nicht gleich dem Adressteil vor dem @ in der E-Mail-Adresse sein.
- Das Passwort muss 6 bis 16 Zeichen lang sein, es muss mindestens eine Ziffer enthalten und darf nicht identisch mit dem Nutzernamen sein.
- Bitte zweimal das gleiche Passwort eingeben.
- Die E-Mail-Adresse muss den üblichen Konventionen entsprechen.

Merken Sie sich bitte Ihren Nutzernamen. Sie brauchen ihn für eine eventuelle Druckwiederholung oder eine Wiederbewerbung im nächsten Semester!

Sollten Sie Ihre Zugangsdaten vergessen gibt es keine Möglichkeit mehr Ihre gespeicherten Daten einzusehen oder zu bearbeiten.

Nutzername

Passwort

Passwort wiederholen

E-Mail-Adresse

Bitte unbedingt ausfüllen, sonst ist Ihre Registrierung unwirksam.

Bitte geben Sie eine für sich relevante Frage und eine Antwort ein. Falls Sie ihr Passwort vergessen sollten, können Sie sich damit Ihr Passwort wieder anzeigen lassen !

Bitte beachten Sie:
1. Die Frage muss aus mindestens fünf Zeichen bestehen.
2. Die Antwort muss aus mindestens sechs Zeichen bestehen und das erste sowie das letzte Zeichen darf kein Sonderzeichen und kein Leerzeichen sein.

Ihre Frage

Ihre Artwort

Registrieren

Hier finden Sie Angaben zu Ihrer Bewerbung/Ihren Bewerbungen

Zusammenfassung

Nutzerdaten ändern

Merkliste

Verfügbare Anträge

Bescheide

Logoff

Falls Sie noch keinen Antrag gestellt haben, können Sie über die Funktion „Antrag stellen" die Antragstellung beginnen.

Bitte beachten Sie:

Sie können maximal jeweils einen Antrag im bundesweiten Verfahren an Universitäten für die Studiengänge Medizin, Pharmazie, Tiermedizin (kein Angebot zum Sommersemester) sowie Zahnmedizin und einen Antrag für das Service-Verfahren stellen.

Wenn Sie eine bereits angelegte Merkliste aus der Übersicht entfernen wollen, können Sie das mit Hilfe der Funktion „löschen".

Folgende Merkliste(n) sind gespeichert :

Medizin löschen Antrag stellen

Sollte hier für Sie noch kein Kontrollblatt zur Verfügung stehen, dann ist Ihr Zulassungsantrag leider bisher noch nicht von hochschulstart.de geprüft und erfasst worden. Sobald die Bearbeitung Ihres Antrages abgeschlossen ist, wird Ihnen das Kontrollblatt bereitgestellt und Sie können es hier aufrufen.

Für Sie liegt aktuell kein Kontrollblatt vor.

Studiengangwunsch : Medizin

 Ich bin **nicht** im beantragten Studiengang eingeschrieben.

Ich **bin bereits im beantragten Studiengang eingeschrieben** und möchte den **Studienort** wechseln.

Ich **bin bereits im beantragten Studiengang auf einem Teilstudienplatz eingeschrieben.**

Ich **bin bereits im beantragten Studiengang aufgrund einer einstweiligen gerichtlichen Anordnung eingeschrieben.**

Achtung! Zweitstudienbewerber und Überwechsler tragen ihre Ortswünsche nur in der Wartezeitquote ein!

Drei Auswahlquoten

20% der Studienplätze in den zulassungsbeschränkten bundesweiten Studienfächern gehen an die Abi-Besten, weitere 20% werden nach Wartezeit vergeben und bei 60% ihrer Plätze können die Hochschulen im Rahmen des Auswahlverfahrens die Abiturnote durch zusätzliche Auswahlkriterien ergänzen.
Bei einer Bewerbung um einen Studienplatz in einem zulassungsbeschränkten bundesweiten Studiengang können Sie selbstverständlich an allen drei Quoten teilnehmen.

Die einzelnen Auswahlquoten werden in der Reihenfolge Abiturbeste, Wartezeit und Auswahlverfahren der Hochschulen abgearbeitet. Wer in einer vorrangigen Quote (z.B. der Abiturbesten) ausgewählt und zugelassen wurde, nimmt an der Auswahl in den übrigen Quoten (Wartezeit, Auswahlverfahren der Hochschulen) **nicht** mehr teil. Diese Regel ist besonders wichtig für Bewerber/innen mit einer sehr guten Durchschnittsnote, die sich für eine bestimmte Hochschule entschieden haben und weitere Hochschulen nennen möchten, sich aber noch eine Option für das Auswahlverfahren der Hochschulen offen halten möchten. Beachten Sie bitte folgende Hinweise

AntOn verlassen

Nutzerverwaltung

Studiengang

Studienorte

Persönliches 1

Persönliches 2

Zusammenfassung

Fehler/Hinweise

Daten übermitteln

Antragsformular

Ende

Die Abiturbestenquote

Nur 20 % der Plätze werden in der Quote der Abiturbesten vergeben. Durch den geringen Anteil stehen für diese Quote nur wenige Studienplätze zur Verfügung. Der weitaus größere Teil der Studienplätze wird erst mit dem Auswahlverfahren der Hochschulen vergeben. Bei einem Anteil von 60 % ist für viele erst in dieser Quote eine Zulassung möglich.

Anhand der Auswahlgrenzen vergangener Vergabeverfahren können Sie ungefähr abschätzen, ob Sie Zulassungschancen in der Abiturbestenquote besitzen. Beachten Sie in den Auswahlgrenzen im besonderen die Unterscheidung von Landes-Quote und Hochschul-NC. Informationen zu den Auswahlgrenzen finden Sie hier.

An der Auswahl der Abiturbesten nehmen Sie teil, wenn Sie für diese Quote mindestens einen bis maximal sechs Studienortswünsche nennen. Wenn Sie in der Quote der Abiturbesten ausgewählt werden, können Sie nur an einem der genannten Studienorte zugelassen werden. Die Zuweisung des Platzes an einem nicht genannten Ort ist nicht vorgesehen. Einzelheiten zur Auswahl und Verteilung der Abiturbesten finden Sie hier.

.

Entscheiden Sie jetzt, ob Sie an der Auswahl der Abiturbesten teilnehmen möchten.

Ich möchte an der Auswahl der Abiturbesten teilnehmen:

⊙ ja
○ nein

Sollten Sie in der Abiturbestenquote einen Studienplatz erhalten, nehmen Sie an dem Auswahlverfahren der Hochschulen und der Wartezeitquote nicht mehr teil.

Abbrechen   OK

AntOn verlassen

Nutzerverwaltung

Studiengang

Studienorte

Persönliches 1

Persönliches 2

Zusammenfassung

Fehler/Hinweise

Daten übermitteln

Antragsformular

Ende

Studiengangwunsch : Medizin

- Ich bin **nicht** im beantragten Studiengang eingeschrieben.
- Ich bin **bereits im beantragten Studiengang eingeschrieben** und möchte den **Studienort** wechseln.
- Ich bin **bereits im beantragten Studiengang auf einem Teilstudienplatz eingeschrieben.**
- Ich bin **bereits im beantragten Studiengang aufgrund einer einstweiligen gerichtlichen Anordnung eingeschrieben.**

Info zur Quote 'Auswahl der Abiturbesten'

Ich möchte an der Quote **'Auswahl der Abiturbesten'** teilnehmen:
- ja
- nein

Auswahl in der **Abiturbestenquote**

Studienortwunsch **1**: Charite-Univ.Medizin Berlin

Studienortwunsch **2**: Universität Frankfurt/Main

Studienortwunsch **3**: Ruhr-Universität Bochum

Studienortwunsch **4**: Universität München

Studienortwunsch **5**:

Studienortwunsch **6**:

Sollten Sie in der Abiturbestenquote einen Studienplatz erhalten, nehmen Sie an dem Auswahlverfahren der Hochschulen und der Wartezeitquote nicht mehr teil.

Abbrechen   OK

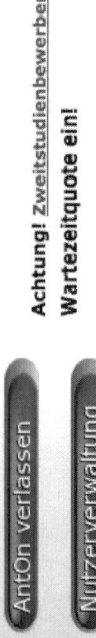

Achtung! Zweitstudienbewerber und Überwechsler tragen ihre Ortswünsche nur in der Wartezeitquote ein!

Wartezeitquote

Im Auswahlverfahren nach der Wartezeit beachten Sie bitte folgende Besonderheiten:

Zur Beteiligung an dieser Auswahlquote nennen Sie bitte ebenfalls mindestens einen bis maximal sechs Studienortswünsche. Nur in der Wartequote können Sie darüber hinaus erklären, dass Sie auch mit der Zuweisung an weitere (nicht genannte) Studienorte einverstanden sind. Einzelheiten zur Auswahl und Verteilung in der Wartequote finden Sie hier.

Anhand der Auswahlgrenzen vergangener Vergabeverfahren können Sie ungefähr abschätzen, ob Sie Zulassungschancen in der Wartequote besitzen. Nähere Informationen finden Sie hier.

Bewerber/innen, die nach der Wartezeit bisher keine Auswahlchancen haben, sollten sich evtl. trotzdem an der Auswahl nach der Wartezeit beteiligen und mit allen Studienorten einverstanden sein, da über diese Quote auch die Verlosung der Teilstudienplätze vorgenommen wird. Nähere Informationen zu den Teilstudienplätzen finden Sie hier.

Zweitstudienbewerber und Überwechsler tragen hier ihre Studienwünsche ein.

Ich möchte an der Auswahl nach Wartezeit teilnehmen:

◉ ja
○ nein

AntOn verlassen

Nutzerverwaltung

Studiengang

Studienorte

Persönliches 1

Persönliches 2

Zusammenfassung

Fehler/Hinweise

Daten übermitteln

Antragsformular

Ende

? Info zur Quote 'Auswahl nach Wartezeit'

Ich möchte an der Quote **Auswahl nach Wartezeit** teilnehmen:
◉ ja
○ nein

? Quote **'Auswahl nach Wartezeit'**

Studienortwunsch **1:** Charité-Univ.Medizin Berlin

Studienortwunsch **2:** Universität Frankfurt/Main

Studienortwunsch **3:** Ruhr-Universität Bochum

Studienortwunsch **4:** Universität München

Studienortwunsch **5:**

Studienortwunsch **6:**

? Wenn hochschulstart.de meine genannten Ortswünsche **für die Auswahl in der Wartezeitquote** nicht erfüllen kann, möchte ich eine
◉ Zulassung auch an anderen Studienorten
○ Zulassung **nur** an den genannten Studienorten;
falls das nicht möglich ist, erhalte ich keine Zulassung.

Sollten Sie in der Wartezeitquote einen Studienplatz erhalten, nehmen Sie am Auswahlverfahren der Hochschulen nicht mehr teil.

Abbrechen   OK

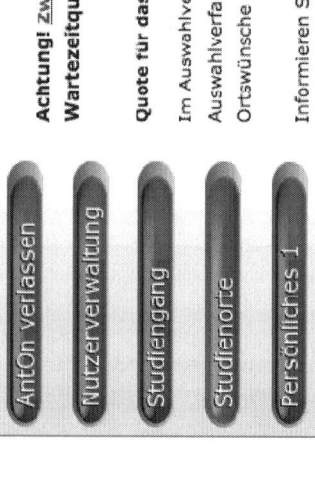

Achtung! Zweitstudienbewerber und Überwechsler tragen ihre Ortswünsche nur in der **Wartezeitquote ein!**

Quote für das Auswahlverfahren der Hochschulen

Im Auswahlverfahren der Hochschulen werden 60 % der Studienplätze vergeben. Sie nehmen nur am Auswahlverfahren der Hochschulen teil, die Sie in Ihrem Antrag ausdrücklich nennen. Maximal sind sechs Ortswünsche möglich. Weitere allgemeine Hinweise zum Auswahlverfahren der Hochschulen finden Sie hier.

Informieren Sie sich bitte über die Auswahlkriterien der Hochschulen, bevor Sie die Reihenfolge Ihrer Ortswünsche festlegen. Ein Teil der Hochschulen begrenzt die Zahl der Teilnehmer am Auswahlverfahren durch eine sogenannte „Vorauswahl". Wählen Sie bitte nur Studienortswünsche, deren Vorauswahlkriterien Sie erfüllen. Einzelheiten zu den Vorauswahl- und den Auswahlkriterien der Hochschulen finden Sie hier.

Ihre Zulassungschancen im Auswahlverfahren lassen sich im Voraus nur begrenzt abschätzen. hochschulstart.de kann die Auswahlgrenzen vergangener Verfahren nur in den Fällen darstellen, in denen im Auswahlverfahren der Hochschulen ausschließlich nach der Durchschnittsnote entschieden wurde. Eine entsprechende Übersicht finden Sie hier.

Entscheiden Sie jetzt, ob Sie am Auswahlverfahren der Hochschulen teilnehmen möchten.

Ich möchte am Auswahlverfahren der Hochschulen teilnehmen

○ ja
○ nein

Abbrechen   OK

AntOn verlassen

Nutzerverwaltung

Studiengang

Studienorte

Persönliches 1

Persönliches 2

Zusammenfassung

Fehler/Hinweise

Daten übermitteln

Antragsformular

Ende

Info zur Quote 'Auswahlverfahren der Hochschulen'

Ich möchte an der Quote 'Auswahlverfahren der Hochschulen' teilnehmen:

○ ja
○ nein

Auswahlverfahren der Hochschulen

Studienortwunsch **1:** Charité-Univ. Medizin Berlin

Studienortwunsch **2:** Universität Frankfurt/Main

Studienortwunsch **3:** Ruhr-Universität Bochum

Studienortwunsch **4:** Universität München

Studienortwunsch **5:**

Studienortwunsch **6:**

Abbrechen   OK

externer Link zur Änderung der Merkliste:

Studier- & Berufswahl
www.studienwahl.de

AntOn verlassen

Nutzerverwaltung

Studiengang

Studienorte

Persönliches 1

Persönliches 2

Zusammenfassung

Fehler/Hinweise

Daten übermitteln

Antragsformular

Ende

Wir benötigen nun einige persönliche Daten von Ihnen. Füllen Sie bitte die mit * gekennzeichneten Felder (Pflichtangaben) in jedem Fall aus.

Beachten Sie bitte, dass aus datentechnischen Gründen einige Feldlängen sehr begrenzt sind (Feld für den Vornamen : 12 Zeichen, Feld für die Straße : 30 Zeichen). Kürzen Sie zu lange Namen sinnvoll ab.

AntOn verlassen
Nutzerverwaltung
Studiengang
Studienorte
Persönliches 1
Persönliches 2
Zusammenfassung
Fehler/Hinweise
Daten übermitteln
Antragsformular
Ende

Familienname* /   Mustermann
Vorname*   Maximilian
ggf. Geburtsname
Geburtsdatum* /   19.03.1991   /   Frankfurt am Main
Geburtsort*
Geschlecht*   männlich
Name des Vermieters   (nur bei Untermiete!)
Straße und Hausnummer*   Lübecker Straße 4
Postleitzahl* / Ort*   63073   Offenbach
Ausländischer Staat
Hauptwohnung : PLZ* / Kreis*   63073   Hessen – Offenbach am Main St
Schwerbehinderung*   ☐ Ich bin zu mindestens 50% schwerbehindert.
Meldebescheinigung*   Die o.g. Fallkonstellationen treffen nicht zu oder schwerbehindert
Telefon(Vorw.-Ruf) /   069   - 40564973   /
E-Mail   maxmuster@ausbildungspark.com

hochschulstart.de benötigt Ihre E-Mail-Adresse, da wichtige Informationen nur per E-Mail von hochschulstart.de versandt werden.

Staatsangehörigkeit*   Deutschland
Früheres Studium*
● Ich habe noch nie in Deutschland studiert.
○ Ich habe schon in Deutschland studiert, aber noch keinen Abschluss

Semester/Jahr der ersten Studienaufnahme (WS=Wintersemester, SS=Sommersemester)
○ Ich habe bereits ein Studium in Deutschland abgeschlossen.

Abbrechen   OK

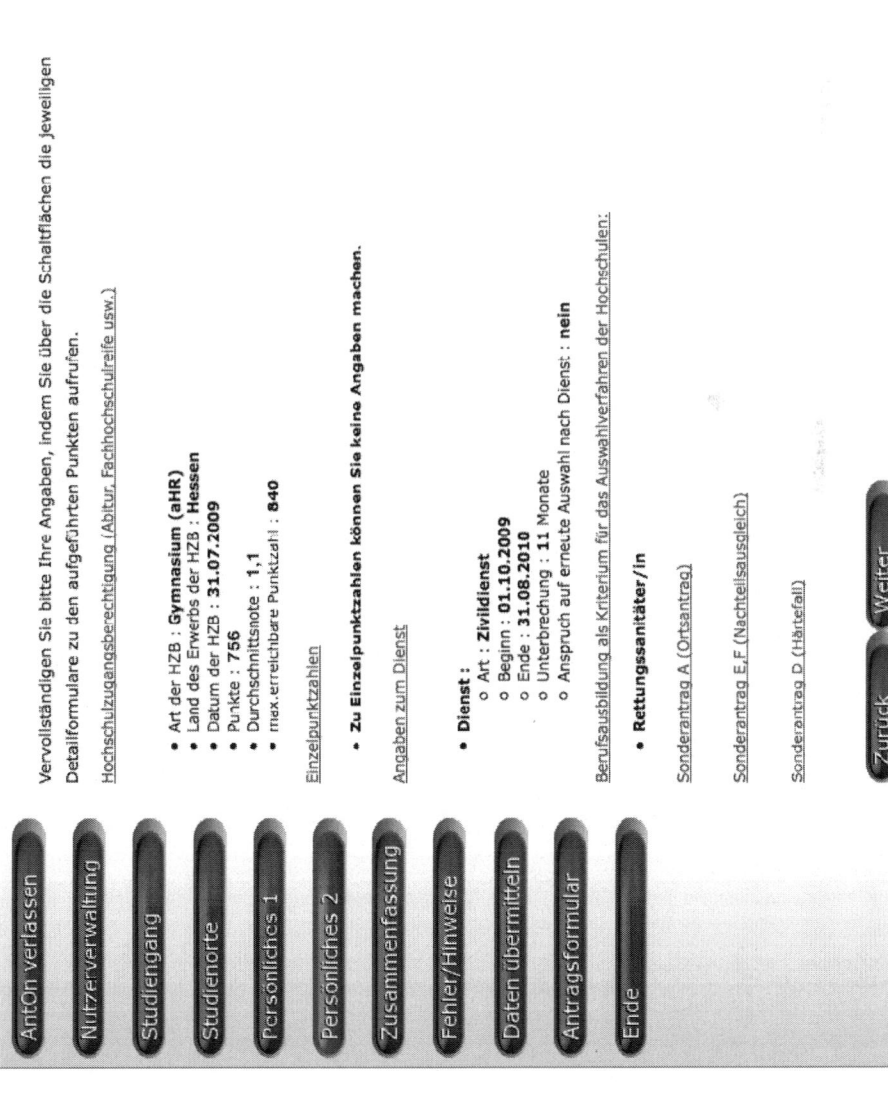

Vervollständigen Sie bitte Ihre Angaben, indem Sie über die Schaltflächen die jeweiligen Detailformulare zu den aufgeführten Punkten aufrufen.

Hochschulzugangsberechtigung (Abitur, Fachhochschulreife usw.)

- Art der HZB : **Gymnasium (aHR)**
- Land des Erwerbs der HZB : **Hessen**
- Datum der HZB : **31.07.2009**
- Punkte : **756**
- Durchschnittsnote : **1,1**
- max.erreichbare Punktzahl : **840**

Einzelpunktzahlen

- **Zu Einzelpunktzahlen können Sie keine Angaben machen.**

Angaben zum Dienst

- **Dienst :**
  - Art : **Zivildienst**
  - Beginn : **01.10.2009**
  - Ende : **31.08.2010**
  - Unterbrechung : **11 Monate**
  - Anspruch auf erneute Auswahl nach Diens: : **nein**

Berufsausbildung als Kriterium für das Auswahlverfahren der Hochschulen:

- **Rettungssanitäter/in**

Sonderantrag A (Ortsantrag)

Sonderantrag E,F (Nachteilsausgleich)

Sonderantrag D (Härtefall)

AntOn verlassen
Nutzerverwaltung
Studiengang
Studienorte
Persönliches 1
Persönliches 2
Zusammenfassung
Fehler/Hinweise
Daten übermitteln
Antragsformular
Ende

Zurück   Weiter

Überprüfen Sie hier bitte die **Vollständigkeit und Richtigkeit** Ihrer Angaben.

Zusammenfassung ihrer persönlichen Daten: ändern

Familienname : **Mustermann**	Vorname : **Maximilian**
Geburtsname :	Untermiete :
Straße / Nr. : **Lübecker Straße 4**	Staat :
Postleitzahl : **63073**	Ort : **Offenbach**

Geburtsdatum / -ort : **19.03.1991 / Frankfurt am Main**　Geschlecht : **1 männlich**

Kreiskennzahl / PLZ d. Hauptwohnung : **06413 Offenbach am Main St / 63073**　Meldebescheinigung : **3 - Die anderen Fallkonstellationen treffen nicht zu oder schwerbehindert.**

Ihre Staatsangehörigkeit: **000 Deutschland**　Sie haben **keine Schwerbehinderung.**

e-mail : **maxmuster@ausbildungspark.com**　Telefon (Vorwahl / Rufnummer) : **069 / 40564973**

Ist Ihre E-Mail-Adresse korrekt?

Studiengang : **01:033 Medizin** ändern

Aktuelle Immatrikulation: **nicht im beantragten Studiengang eingeschrieben.** ändern

　Hier finden Sie Hinweise zur Wahl der Studienorte. Bitte beachten Sie, dass Sie an der Auswahl der Abiturbesten und am Auswahlverfahren der Hochschulen nur teilnehmen können, wenn Sie Studienorte für diese Auswahlquoten nennen.

AntOn verlassen

Nutzerverwaltung

Studiengang

Studienorte

Persönliches 1

Persönliches 2

Zusammenfassung

Fehler/Hinweise

Daten übermitteln

Antragsformular

Ende

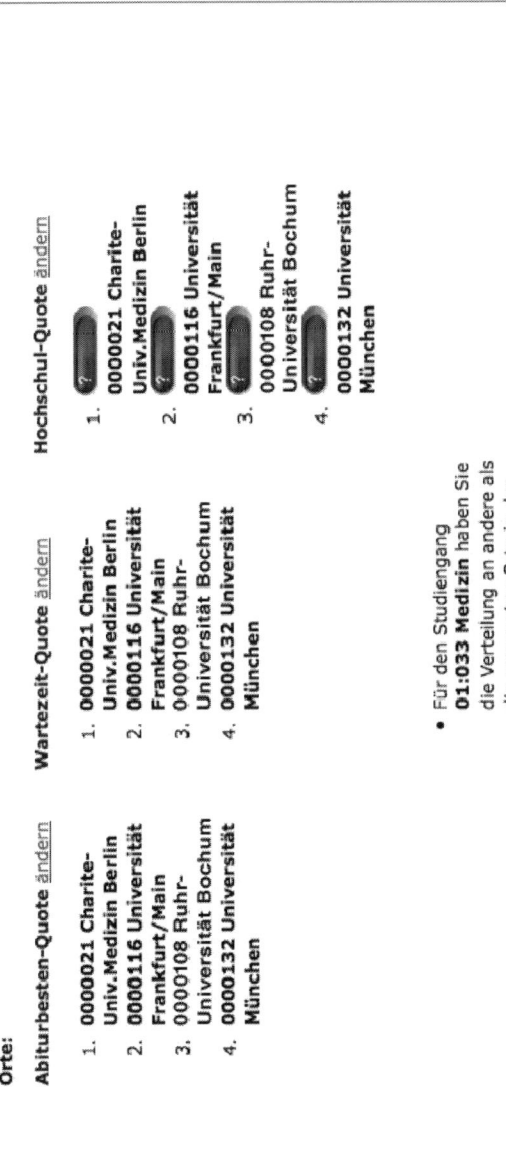

Orte:

Abiturbesten-Quote ändern

1. **0000021 Charite- Univ.Medizin Berlin**
2. **0000116 Universität Frankfurt/Main**
3. **0000108 Ruhr- Universität Bochum**
4. **0000132 Universität München**

Wartezeit-Quote ändern

1. **0000021 Charite- Univ.Medizin Berlin**
2. **0000116 Universität Frankfurt/Main**
3. **0000108 Ruhr- Universität Bochum**
4. **0000132 Universität München**

Hochschul-Quote ändern

1. **0000021 Charite- Univ.Medizin Berlin**
2. **0000116 Universität Frankfurt/Main**
3. **0000108 Ruhr- Universität Bochum**
4. **0000132 Universität München**

- Für den Studiengang **01:033 Medizin** haben Sie die Verteilung an andere als die genannten Orte in der Wartezeitquote **nicht ausgeschlossen** ändern

Sie haben keine Einzelpunktwerte angegeben ändern

Ihre Hochschulzugangsberechtigung : ändern

- Art : **03 Gymnasium (aHR)**
- Land : **06 Hessen**
- Datum : **31.07.2009**
- Punkte : **756**
- Durchschnittsnote : **1,1**
- max.erreichbare Punktzahl : **840**

Früheres Studium :

Früheres Studium :

- Sie haben **noch nie studiert.** ändern

Sie haben **einen Dienst** geleistet.

Dienst : Details

- Art : **2 Zivildienst**
- Beginn : **01.10.2009**
- Ende : **31.08.2010**
- Unterbrechung : **11** Monate
- Anspruch auf erneute Auswahl nach Dienst : **nein**

Sie haben eine Berufsausbildung abgeschlossen, die für das Auswahlverfahren der Hochschulen relevant
ist: **Rettungssanitäter/in** ändern

Sonderanträge :

- **Ortsantrag nicht gestellt.** ändern
- **Härteantrag nicht gestellt.** ändern
- **Antrag auf Nachteilsausgleich nicht gestellt.** ändern

Weiter

AntOn verlassen
Nutzerverwaltung
Studiengang
Studienorte
Persönliches 1
Persönliches 2
Zusammenfassung
Fehler/Hinweise
Daten übermitteln
Antragsformular
Ende

Angaben zu Einzelkriterien (Kursarten/Punkte)

Bitte beachten Sie die Erläuterungen!

☐ Ich kann keine Angaben zu Einzelfächern machen

	1. Halbjahr Kursart / Punkte	2. Halbjahr Kursart / Punkte	3. Halbjahr Kursart / Punkte	4. Halbjahr Kursart / Punkte	Abschlussprüfung Prüfungsfach / Pkte. schriftl. / mündl.
Deutsch	Grundkurs 13	Grundkurs 14	Grundkurs 15	Grundkurs 14	Ja 14
Mathe	Grundkurs 13	Grundkurs 14	Grundkurs 14	Grundkurs 14	Ja 14
Englisch	Leistungskurs 14	Leistungskurs 14	Leistungskurs 15	Leistungskurs 14	Ja 14
Physik	Grundkurs 14	Grundkurs 13	nicht belegt	nicht belegt	Nein
Chemie	Grundkurs 14	Grundkurs 14	nicht belegt	nicht belegt	Nein
Bio	Leistungskurs 15	Leistungskurs 15	Leistungskurs 14	Leistungskurs 15	Ja 15
Altgriechisch	nicht belegt	nicht belegt	nicht belegt	nicht belegt	Nein
Latein	Grundkurs 12	Grundkurs 11	Grundkurs 13	Grundkurs 13	Nein

• Sie müssen für alle Fächer die Angaben zur Kursart machen (ggf. 'nicht belegt' auswählen).
• Vervollständigen Sie bitte die Angaben zur Abschlussprüfung.

Abbrechen   OK

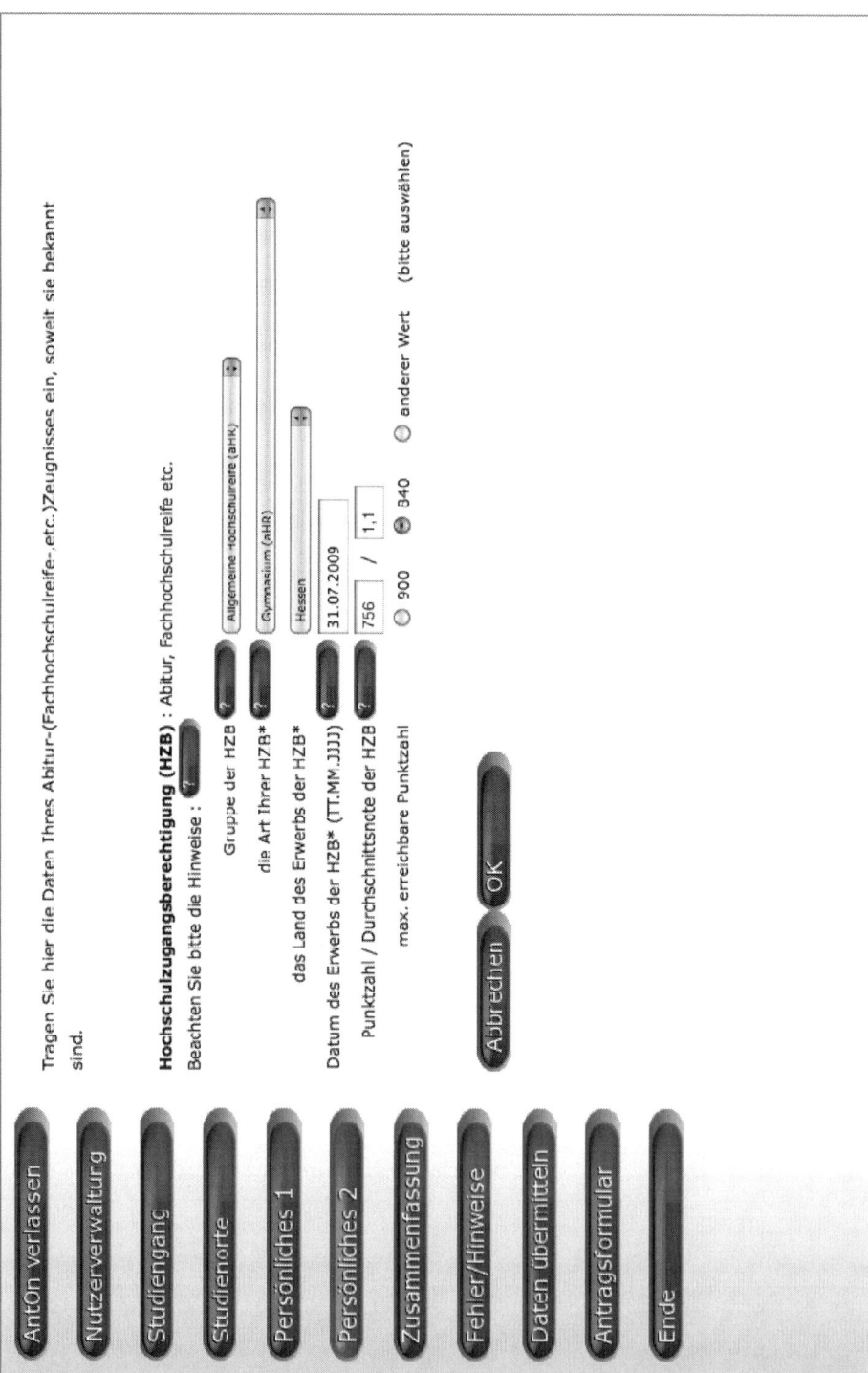

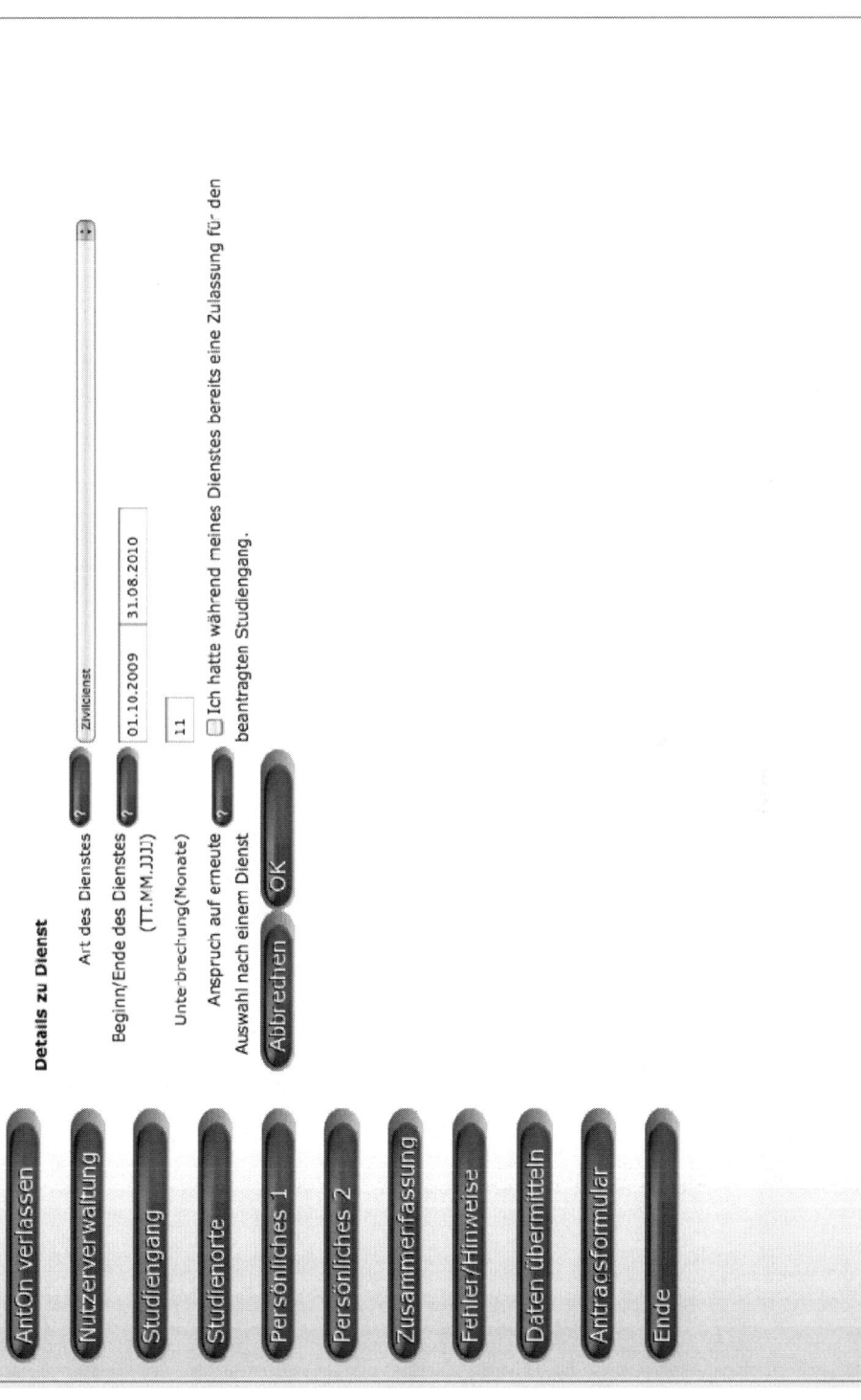

Einzelkriterium Test für medizinische Studiengänge

Geben Sie die Testnote an:

| 2008 | Jahr des Testes

94　erreichter Prozentrangwert (Gesamtwert, 0-100)

13| erreichtes Notenäquivalent (Gesamtwert: Eingabe ohne Punkt oder Komma, 10-40)

Es müssen beide Werte (oder kein Wert) angegeben werden.
Beachten Sie die vorgegebenen Wertebereiche!

Bewerber, die am Test für medizinische Studiengänge teilgenommen haben, senden bitte unaufgefordert eine Kopie des Testergebnisses mit Angabe der Registriernummer des Antrages bis zum 15.07.2010 an hochschulstart.de.
Darüberhinaus müssen Bewerber, die an der Universität Freiburg studieren möchten, das Testergebnis dort zusätzlich zusammen mit weiteren Unterlagen (Einzelheiten unter www.hochschulstart.de) bis zum 15.07.2010 direkt einreichen.

Abbrechen　OK

Hier können Sie ihre Daten übermitteln.

Sie können Ihre Daten jetzt übermitteln.

Beachten Sie, dass danach kein Zugriff auf die Daten mehr möglich ist.
An diesem Antrag können Sie nach der Übermittlung der Daten keine Änderungen mehr vornehmen. Änderungen sind erst wieder mit dem elektronischen Kontrollblatt möglich.

 Daten übermitteln

Übersicht

• für **Maximilian Mustermann**

Erforderliche Unterlagen:

1. Eine Kopie der Dienstzeitbescheinigung des Bundesamtes für Zivildienst
2. Nachweis des Testergebnisses.
3. Eine Kopie Ihrer Hochschulzugangsberechtigung (Abiturzeugnis, Fachhochschulreife)

Die Liste der erforderlichen Unterlagen wird zusammen mit Ihrem Antragsformular ausgedruckt.

Sie haben Ihre Daten für das gewählte Verfahren übermittelt.

Bundesweites Verfahren : AntOn-ID 0340000000

Ihr Antrag wurde erfolgreich übermittelt und Sie erhalten eine Bestätigungsmail an die von Ihnen angegebene E-Mail-Adresse.

Sollten Sie innerhalb der nächsten 5 Minuten keine Mail von hochschulstart.de erhalten, war unter Umständen Ihre im Antrag eingetragene E-Mail-Adresse nicht korrekt. Überprüfen Sie auch Ihren SPAM-Ordner.

Falls Sie keine Mail erhalten sollten, tragen Sie bitte Ihre E-Mail-Adresse noch einmal handschriftlich unten auf dem ausgedruckten Antragsformular en. Eine korrekte E-Mail-Anschrift ist deshalb wichtig, weil für Sie wichtige Informationen zu Ihrem Zulassungsantrag direkt an diese verschickt werden.

Weiter

Übersicht

* für **Maximilian Mustermann**
* AntOn-ID:**0340000000**
* zuständige Sachbearbeitung (hochschulstart.de) :
  Tel: 0180 3 987111-001.
  0,09 EUR/Min. aus dem Festnetz.
  Abweichende Preise für Mobilfunkteilnehmer: max. 0,42 EUR/Min.
* Sie haben Daten für einen Antrag im bundesweiten Verfahren übermittelt.

Erforderliche Unterlagen:

1. Eine Kopie der Dienstzeitbescheinigung des Bundesamtes für Zivildienst
2. Nachweis des Testergebnisses.
3. Eine Kopie Ihrer Hochschulzugangsberechtigung (Abiturzeugnis, Fachhochschulreife)

Die Liste der erforderlichen Unterlagen wird zusammen mit Ihrem Antragsformular ausgedruckt.

Zulassungsantrag

1. von 3 Seiten

AntOn-ID: 034000000

Bitte zurücksenden an
hochschulstart.de
44128 Dortmund

Nur von hochschulstart.de auszufüllen

Antrag auf Zuweisung eines
Studienplatzes im 1. Fachsemester zum
Wintersemester 2010/11
Alte Registriernummer

Gruppe

03

AntOn-ID : 034000000

EK

Angaben zur Person

Familienname

Mustermann

Vorname

Maximilian

Geburtsname

Untermiete

Straße, Hausnummer

Lübecker Straße 4

Staat

Postleitzahl

63073

Ort

Offenbach

Geburtsdatum	Geburtsort	Geschlecht	Kreiskennzahl	PLZ d. Hauptwchn.	Meldeb.
19.03.1991	Frankfurt am Main	1	06413	63073	3

E-Mail-Adresse	Staatsangeh.	Schwerb.	Telefon Vorwahl / Anschluss
maxmuster@ausbildungspark.com	000		069/40564973

Hochschulzugangsberechtigung

Art	Land	Datum	Punkte	DN	max. Punktzahl
03	06	31.07.2009	756	1,1	840

Frühere Immatrikulation

Abg. Studi	Jahr / Sem.	Semester immatrikuliert
1		

Dienst

Art	Beginn	Ende	Unterbrechung	Anspruch auf erneute Auswahl nach einem Dienst
2	01.10.2009	31.08.2010	11	

Berufsausbildung

Berufsausb.	Beginn	Ende	Unterbrechung	Kennziffer

Sonderanträge

Ortsantrag A	Härtefallantrag D	SpiSpo NRW	Antrag auf Nachteilsausgleich E	F

Mit meiner Unterschrift versichere ich die Richtigkeit meiner im Antrag gemachten Angaben wahrheitsgemäß.

Ort, Datum

Unterschrift

NUR von hochschulstart.de auszufüllen!

ZOANK	ZOFA1	E1	ZOFA2	E2	ZOFA3	E3	STBR	KONTU	STHZB

MANG1	MANG2	MANG3	MANG4	MANG5	INSON	UGHZB	MAIL	ÄH2

BVZUL	ORT	LOEDI	LOEBE	SMSAN	BEIPK	AdH-SONAB	SekNote	TypSekN

WERA1	WERNO	WERA2	WERWZ	STGAL	BONI	RV-SON	ABV-SON

HZ Bearbeiter

HZ Eingabe, PL und KB

Abschluss

| 01

Teilnahme an der Auswahl in der Abiturbestenquote gewünscht

| ja

Fach

| 033 Medizin

Ort 1	1. Studienort
Charite-Univ.Medizin Berlin	0000021

Aktuelle Immatrikulation

| 0

Ort 2	2. Studienort
Universität Frankfurt/Main	0000011

Ort 3	3. Studienort
Ruhr-Universität Bochum	0000108

Ort 4	4. Studienort
Universität München	0000013

Ort 5	5. Studienort

Ort 6	6. Studienort

Teilnahme an der Auswahl in der Wartezeitquote gewünscht

| ja

Ort 1	1. Studienort
Charite-Univ.Medizin Berlin	0000021

Ort 2	2. Studienort
Universität Frankfurt/Main	0000011

Ort 3	3. Studienort
Ruhr-Universität Bochum	0000108

Ort 4	4. Studienort
Universität München	0000013

Ort 5	5. Studienort

Ort 6	6. Studienort

ggf. auch mit einer Zulassung an anderen Studienorten einverstanden

| ja

Teilnahme am Auswahlverfahren der Hochschulen gewünscht

| ja

Ort 1	1. Studienort
Charite-Univ.Medizin Berlin	0000021

Ort 2	2. Studienort
Universität Frankfurt/Main	0000011

Ort 3	3. Studienort
Ruhr-Universität Bochum	0000108

Ort 4	4. Studienort
Universität München	0000013

Ort 5	5. Studienort

Ort 6	6. Studienort

AntOn-ID: 034000000

Familienname

Mustermann

Vorname

Maximilian

Geburtsdatum

19.03.1991

AntOn-ID

034000000

Zu Einzelfächern können keine Angaben gemacht werden.

Test für medizinische Studiengänge
Jahr des Testes : 2008
erreichter Prozentrangwert : 94
erreichtes Notenäquivalent : 1,3

Nur für Ihre Unterlagen
(Bitte nicht an hochschulstart.de senden)

Mustermann, Maximilian   AntOn-ID : 034000000
Nutzername : MaxMuster   Kontakt : 0180 3 987111-001
Passwort (bitte ergänzen) :   (0.09 EUR/min. aus dem Festnetz, abweichende Preise für
EMail-Adresse : maxmuster@ausbildungspark.com   Mobilfunkteilnehmer: max. 0,42 EUR/Min.)

Senden Sie bitte folgende Unterlagen an: hochschulstart.de, 44128 Dortmund

1. unterschriebenes Antragsformular

2. Eine Kopie der Dienstzeitbescheinigung des Bundesamtes für Zivildienst

3. Nachweis des Testergebnisses.

4. Eine Kopie Ihrer Hochschulzugangsberechtigung (Abiturzeugnis, Fachhochschulreife)

Bitte beachten Sie, dass Kopien nur in amtlich beglaubigter Form berücksichtigt werden können.

Unterschreiben Sie bitte Ihren Zulassungsantrag.

Ohne Unterschrift kann Ihr Antrag nicht am Auswahlverfahren teilnehmen!

Beachten Sie die für Sie geltenden Fristen.

siehe auch www.hochschulstart.de/index.php?id=termine

Möchten Sie über den postalischen Eingang Ihrer Antragsunterlagen bei hochschulstart.de schnell informiert
werden, legen Sie dem Antrag bitte eine an Sie selbst adressierte und frankierte Postkarte bei.
Die Postkarte wird nach Eingang Ihrer Unterlagen an Sie zurückgesandt.

Sobald Ihr Antrag von hochschulstart.de bearbeitet wurde, erhalten Sie eine E-Mail.

Danach haben Sie Gelegenheit, mit Hilfe Ihrer Zugangsdaten (Nutzername, Passwort) im Internet unter www.
hochschulstart.de/Bewerbung/DaiSy Ihre bei hochschulstart.de gespeicherten Daten einzusehen
(elektronisches Kontrollblatt) und - wenn erforderlich - innerhalb der vorgesehenen Fristen zu berichtigen und
zu ergänzen. Überprüfen Sie unbedingt das elektronische Kontrollblatt auf Fehlerhinweise und korrekte
Datenwiedergabe.
Nähere Hinweise finden Sie unter www.hochschulstart.de/index.php?id=daisy.

Falls Sie keine entsprechende Mail erhalten sollten, rufen Sie Ihre gespeicherten Daten bitte mit Hilfe Ihrer
Zugangsdaten selbständig auf. Ihre Daten stehen im Regelfall eine Woche nach Übersendung der Unterlagen
zur Einsicht bereit.
Bei stärkerem Antragseingang kann sich dies verzögern. Bitte bewahren Sie Ihre Zugangsdaten (Nutzername
und Passwort) sicher auf, damit Sie auch zu einem späteren Zeitpunkt Zugang zu den bei hochschulstart.de
gespeicherten Daten haben.

Erläuterungen zu den Datenfeldern und Eintragungen auf dem ausgedruckten Antragsformular, sowie Hinweise
zur Form der beizufügenden Nachweise finden Sie unter: www.hochschulstart.de/index.php?id=500

Schritt 1 | Die Vorabquote

Vor Beginn des eigentlichen Auswahlverfahrens lässt die Stiftung einige besondere Bewerber zu. Hierbei handelt es sich um Ausländer, Härtefälle, Zweitstudienbewerber, Sanitätsoffiziere der Bundeswehr und Bewerber mit besonderer Hochschulzugangsberechtigung.[62] Zudem werden auch diejenigen zugelassen, die in einem bereits vergangenen Bewerbungsverfahren die Zulassung erhalten haben, aufgrund eines abgeleisteten Dienstes (Zivil- und Wehrdienst, Freiwilliges Soziales Jahr) den Studienplatz jedoch nicht annehmen konnten. Im Folgenden wird am Bewerbungsverfahren für Zweitstudienbewerber beispielhaft erläutert, wie die Studienplatzvergabe im Verfahren mit Vorabquote verläuft.

Zweitstudienbewerber werden in eine Liste aufgenommen, über die jedoch nur knapp 3 % aller Studienplätze vergeben werden, die Wahrscheinlichkeit einer Zulassung ist daher gering. Übersteigt die Zahl der Bewerber die Anzahl der freien Studienplätze nicht, werden alle Bewerber auf ein Zweitstudium zugelassen. Ist dies nicht der Fall, greift der folgende Paragraph:

> Reicht in einem Studiengang die Zahl der Studienplätze in dieser Quote nicht zur Zulassung aller Bewerber aus, wird (...) die Rangfolge durch eine Messzahl bestimmt, die nach dem Ergebnis der Abschlussprüfung des Erststudiums und dem Grad der Bedeutung der Gründe für das Zweitstudium gebildet wird.[63]

Die Abschlussnote des ersten Studiums und die Bedeutung der Gründe für das zweite Studium spielen bei der Ermittlung der Messzahl eine entscheidende Rolle. Für die jeweiligen Noten und Gründe werden Punkte vergeben, durch Addition wird so ein Numerus Clausus für Zweitstudienbewerber ermittelt. Die Punktevergabe für die Noten und Gründe gestaltet sich wie folgt: Haben Sie Ihr Erststudium sehr gut bzw. ausgezeichnet bestanden, bekommen Sie 4 Punkte; für einen guten Abschluss 3 Punkte; für einen befriedigenden Abschluss 2 Punkte; für einen ausreichenden Abschluss 1 Punkt. Sind die Gründe für Ihre Bewerbung beruflich zwingend, dann gehören Sie der Fallgruppe 1[64] zu und es werden Ihnen 9 Punkte gutgeschrieben; bewerben Sie sich aus wissenschaftlichen Gründen[65], werden Sie in die Fallgruppe 2 eingeteilt, und Sie

---

[62] Nach der Vorabquote werden folgende Bewerber gesondert behandelt: Ausländer, Härtefälle, Zweitstudienbewerber, Sanitätsoffiziere der Bundeswehr und Bewerber mit einer besonderen Hochschulzugangsberechtigung, Vgl. Verordnung über die zentrale Vergabe von Studienplätzen durch die Stiftung für Hochschulzulassung (VergabeVO Stiftung), Stand WS 2010/2011.

[63] Vgl. Hierzu: Richtlinien für Entscheidungen über Anträge von Bewerberinnen und Bewerbern für ein Zweitstudium nach § 17 Vergabeverordnung der Stiftung für Hochschulzulassung, in: Merkblatt Zweitstudium, S. 8-10.

[64] Berufliche Gründe sind zwingend, wenn Sie einen Beruf anstreben, den Sie nur ausüben können, wenn Sie zwei Studiengänge abschließen. Ebd., S. 8.

[65] *Wissenschaftliche* Gründe liegen vor, wenn Sie eine wissenschaftliche Tätigkeit anstreben und auf Grundlage der bereits erworbenen Kenntnisse eine zusätzliche Qualifikation erwerben wollen. Vgl.: Ebd. S. 8-9.

bekommen, je nach Wichtigkeit der Gründe, 7, 9 oder 11 Punkte gutgeschrieben. Erfolgt Ihre Bewerbung aus besonderen beruflichen Gründen[66], gehören Sie der Fallgruppe 3 an, Sie erhalten 7 Punkte; sind es nur sonstige berufliche Gründe, die Sie geltend machen, fallen Sie in die Gruppe 4 und erhalten auch nur 4 Punkte; für sonstige Gründe werden Sie in die Fallgruppe 5 eingeteilt und erhalten 1 Punkt.

Darüber hinaus ist es möglich, bis zu 2 Punkte zusätzlich zu erhalten, wenn: „[D]as Zweitstudium angestrebt [wird], um nach einer Familienphase die Wiedereingliederung oder den Neueinstieg in das Berufsleben vorzubereiten (...)."[67] Wollen Sie in diesem Verfahren die wissenschaftlichen Gründe geltend machen, sind Sie dazu angehalten, bei der Hochschule Ihrer ersten Wahl ein Gutachten zu erbitten. Auf Grundlage dieses Gutachtens werden Sie dann bewertet und Sie bekommen Punkte zugewiesen. Geben Sie berufliche Gründe als Ursache für das Zweitstudium an, werden die Punkte von der Stiftung für Hochschulzulassung vergeben. Die Punkte, die Sie für die Abschlussnote des Erststudiums und die Gründe zum Zweitstudium erhalten haben, werden zusammengerechnet; ist Ihre Punktzahl vergleichsweise hoch, werden Sie den Studienplatz für ein Zweitstudium erhalten.

Schritt 2 | Die Abiturbestenquote

Da sich auf die wenigen Studienplätze in den medizinischen Fächern verhältnismäßig viele Interessenten bewerben, wollen die Hochschulen sicherstellen, dass unter diesen Bewerbern die Besten ausgewählt werden. Mit dem angewendeten Verfahren kann dies allerdings nur teilweise sichergestellt werden, denn ein besonders gutes Abitur mit den Leistungskursen Deutsch und Kunst qualifiziert nicht automatisch zu einem Medizinstudium. Da die Vergabe der Studienplätze nach Abiturdurchschnitt jedoch ein zeitsparendes und ökonomisch sinnvolles Verfahren ist, wird es zumindest auf 20 % der freien Studienplätze angewendet. Maßgebliche Einheit für die Abiturbestenquote ist die Durchschnittsnote. Die jeweilige Landesliste wird angeführt von den Abiturienten, die einen Schnitt von 1,0 haben, am Ende der Liste finden sich die 4,0er Absolventen. Dieses Ranking wird in Landeslisten aufgeschlüsselt, d.h. dass in diesem Verfahren nur Bewerber aus dem gleichen Bundesland verglichen werden. Denn die Bedingungen, die zum Erwerb des Abiturs führen, weichen von Bundesland zu Bundesland teils stark ab.

Bewerber, die einen identischen Abiturdurchschnitt haben, werden nach den Kriterien Wartezeit, abgeleisteter Dienst (Zivil- oder Wehrdienst, freies soziales Jahr) und Losverfahren weiter geordnet. Haben Sie einen Abiturschnitt von 2,2, den Zivildienst geleistet und somit auch zwei Wartesemester, dann stehen Sie in der Liste vor denje-

---

[66] Sie können *besondere berufliche Gründe* für das Zweitstudium geltend machen, wenn sich durch diesen zweiten Abschluss die „berufliche Situation" erheblich verbessern würde. Vgl.: Ebd. S. 9.
[67] Vgl. Merkblatt Zweitstudium, S. 2.

nigen Abiturienten mit einem Schnitt von 2,2, die weniger als zwei Wartesemester nachweisen können und keinen Dienst abgeleistet haben. Vor Ihnen stehen all diejenigen, die einen besseren Abiturdurchschnitt oder mehr als zwei Wartesemester haben. Bewerben Sie sich direkt nach der Schule auf einen Studienplatz, ohne den Dienst absolviert zu haben und damit ohne Wartesemester, dann bekommen Sie im Vergleich mit Konkurrenten, die den gleichen Abiturdurchschnitt und keine Wartesemester haben, den Listenplatz im Losverfahren zugewiesen. Hier treten Sie gegen alle Bewerber aus Ihrem Bundesland an, die keine Wartesemester nachweisen können und keinen Dienst abgeleistet haben. Nach diesem ersten Schritt liegen 16 Landeslisten vor (für die 16 Bundesländer), diese Listen zeigen die Rangfolge der Bewerber in den jeweiligen Ländern an. Auf den ersten Auswahlschritt folgt ein zweiter, in diesem zweiten Schritt werden nun die ersten 20 % der Studienplätze vergeben.

Der entscheidende Faktor für die Vergabe der Studienplätze ist in diesem zweiten Schritt der Ortswunsch, den Sie in der Bewerbung angeben müssen. Sie haben die Möglichkeit, sechs Ortswünsche zu äußern, und es ist äußerst sinnvoll, sich taktisch zu überlegen, wo man das Studium aufnehmen möchte. Denn diejenigen, die nur beliebte Studienorte angeben, können auch mit einem erstklassigen Abitur Probleme haben: Und zwar dann, wenn viele Bewerber für diesen Studienort ebenfalls über sehr gute Abiturnoten verfügen. Reichen die Studienplätze an einem Studienort nicht aus, müssen nach dem Abiturdurchschnitt wieder die Besten ausgewählt werden. Die Bewerber mit gleicher Durchschnittsnote werden dann nach der Gesamtpunktzahl der Hochschulzugangsberechtigung, den Sozialkriterien[68] und dem Losverfahren gerankt. Wenn Sie in diesem Schritt an dem Studienort Ihrer ersten Wahl keine Zulassung erhalten, wird Ihre zweite (dritte, vierte, fünfte, sechste) Wahl geprüft. Hier werden Sie jedoch erst für einen Studienplatz infrage kommen, nachdem die Studienplätze an diejenigen vergeben sind, die diesen Ort als erste Wahl angegeben haben. Wie Sie dieser Rechnung entnehmen können, verändern sich Ihre Chancen auf einen Studienplatz mit dem Rang, den Sie einem Studienort beimessen. Daher sollten Sie in der Bewerbung nur Universitäten angeben, an denen Sie auch wirklich studieren wollen. Wenn Sie an der Universität der ersten Wahl nicht angenommen werden, dann jedoch an einer der nachrangigen Hochschulen eine Zulassung erhalten, müssen Sie diesen Platz annehmen. Bekommen Sie im ersten Verfahren (Abiturdurchschnitt) einen Studienplatz zugesprochen – unabhängig, ob erste oder zweite Wahl – und treten diesen Platz nicht an, dann verfällt Ihre Zulassung und Sie können nicht mehr am Auswahlverfahren nach Wartezeit und dem Auswahlverfahren der Hochschule teilnehmen.

---

[68] Nach den Sozialkriterien werden „schwerbehinderte Menschen; Personen, die ihre Wohnung/Hauptwohnung mit dem Ehegatten/Kind haben und an der nächstgelegenen Hochschule des eigenen Landes studieren wollen; Personen mit besonders zwingenden Bindungen an den Hauptwunschort; Personen, die bei ihren Eltern/Pflegeeltern gemeldet sind und an der dem Wohnort nächstgelegenen Hochschule im selben Land studieren wollen" anderen Bewerbern gegenüber bevorzugt behandelt, Vgl. *Merkblatt Zweitstudium*, S. 3

Wenn Sie über eine gewisse Anzahl von Wartesemestern verfügen und sich die Option auf die Teilnahme am hochschulinternen Auswahlverfahren offen halten möchten, dann sollten Sie nur Hochschulen angeben, an denen Sie wirklich studieren wollen.

Abiturbestenquote Wintersemester 2009/10

Bundesland	Medizin	Pharmazie	Tiermedizin	Zahnmedizin
Baden-Württemberg	1,0	1,3	1,3	1,3
Bayern	1,1	1,4	1,4	1,3
Berlin	1,2	1,7	1,5	1,6
Brandenburg	1,1	1,4	1,2	1,2
Bremen	1,1	2,1	1,1	1,4
Hamburg	1,2	1,6	1,5	1,6
Hessen	1,1	1,3	1,4	1,4
Meckl.-Vorpommern	1,1	1,3	1,3	1,4
Niedersachsen	1,2	1,5	1,5	1,6
Nordrh.-Westfalen	1,1	1,5	1,4	1,4
Rheinland-Pfalz	1,2	1,5	1,4	1,5
Saarland	1,0	1,2	1,2	1,2
Sachsen	1,1	1,4	1,4	1,4
Sachsen-Anhalt	1,1	1,3	1,3	1,5
Schleswig-Holstein	1,2	1,6	1,5	1,4
Thüringen	1,0	1,0	1,3	1,2

Schritt 3 | Die Wartezeitquote

Eine weitere Zugangsvoraussetzung für die Studienplatzvergabe ist die Wartezeit, nach diesem Kriterium werden 20 % der Studienplätze in den medizinischen Fächern vergeben. Grundsätzlich ist die Wartezeit die Zeit, die zwischen Erwerb der Hochschulzugangsberechtigung und Aufnahme des Studiums liegt. Sobald Sie an einer Hochschule eingeschrieben sind – auch für den Fall, dass Sie nur studieren, um weiter das Kindergeld zu bekommen oder günstig krankenversichert zu sein –, wird Ihnen kein Wartesemester gutgeschrieben. Im Parkstudium kann also keine Wartezeit gesammelt werden. Berechnet wird die Wartezeit in Halbjahren (Universitätssemestern), daher spricht man auch von Wartesemestern. Bewerben Sie sich direkt nach der Schule, so haben Sie kein Wartesemester erworben. Nach dem Zivil- oder Wehrdienst haben Sie schon 1-2 Wartesemester. Haben Sie vor dem Studium eine Ausbildung absolviert, so können Sie 4 (zweijährige Ausbildung) bzw. 6 (dreijährige Ausbildung) Wartesemester vorweisen. Je höher die Wartezeit ist, desto wahrscheinlicher wird Ihre Zulassung zum Studium.

Bewerber für die Wartezeitquote werden auf einer bundesweiten Liste gerankt, angeführt wird diese Liste von den Interessenten mit den meisten Wartesemestern. Bewerber mit gleicher Wartezeit werden in erster Instanz nach der Abiturdurchschnittsnote sortiert; wenn es danach weiter gleichwertige Kandidaten gibt, wird ein abgeleisteter Dienst angerechnet und in letzter Instanz muss das Los entscheiden. Nach diesem ersten Schritt ist allerdings nur ermittelt, wer über die Wartezeitquote zum Studium zugelassen wird. Damit sind die Bewerber noch nicht auf die Universitäten verteilt. Für diesen nächsten Schritt ist wieder der Ortswunsch entscheidend, den Sie in Ihrer Bewerbung angeben. Die Stiftung für Hochschulzulassung wird versuchen, möglichst alle Bewerber an die Studienorte der ersten Wahl zu vermitteln, was nicht immer möglich ist. Bei der Vergabe nach Wartezeit werden Zulassungen in dieser Reihenfolge erteilt:

Zuerst werden Schwerbehinderte an den gewünschten Ort verteilt. Danach Bewerber, die verheiratet sind oder ein eigenes Kind zu versorgen haben und an der dem Wohnort nächstgelegenen Hochschule desselben Bundeslandes studieren wollen. Als dritte Gruppe werden Bewerber berücksichtigt, die in einem Sonderantrag besonders zwingende Bindungen an ihren Hauptwunschort nachgewiesen haben. Die vierte Gruppe bilden Bewerber, die bei ihren Eltern/Pflegeeltern gemeldet sind und an der dem Wohnort nächstgelegenen Hochschule desselben Bundeslandes studieren wollen. Bewerber, für die die Kriterien 1 bis 4 nicht zutreffen, haben die geringste Bindung zum gewünschten Studienort und können deshalb nur als Letzte berücksichtigt werden.[69]

Die Stiftung für Hochschulzulassung wird grundsätzlich darum bemüht sein, alle Bewerber an die in der Bewerbung bevorzugten Hochschulen zu vermitteln. Stehen an diesem Ort nicht ausreichend Plätze zur Verfügung, wird geprüft, ob eine Zulassung an einem anderen Wahlort möglich ist. Sind Sie als Bewerber an keine der von Ihnen genannten Hochschulen zu vermitteln, wird die Stiftung Ihnen einen Studienplatz an einer nicht genannten Universität anbieten. Dies ist allerdings nur möglich, wenn Sie es wünschen und dies in der Antragstellung angeben. Wenn die Zulassungsbescheide im Auswahlverfahren nach der Wartezeitquote versendet sind, ist dieses Verfahren geschlossen: Es gibt kein Nachrückverfahren. Wird Ihnen ein Studienplatz an einem der nachgeordneten Wahlorte zugewiesen, müssen Sie diesen Platz annehmen. An-

---

[69] Vgl. die Angaben zu den Sozialkriterien im Merkblatt Zweitstudium, S. 3.

dernfalls scheiden Sie aus dem Auswahlverfahren aus. Auch hier ist entscheidend, dass Sie sich vor der Bewerbung überlegen, ob die Hochschulen, die Sie in der Bewerbung angeben, für Sie potenzielle Studienorte sind.

Wartezeitquote Wintersemester 2009/10

Studiengang	Wartezeit zur Zulassung nötig	Abiturnote bei gleicher Wartezeit
Medizin	10 Wartesemester (5 Jahre)	2,2
Pharmazie	2 Wartesemester (1 Jahr)	1,7
Tiermedizin	10 Wartesemester (5 Jahre)	2,4
Zahnmedizin	10 Wartesemester (5 Jahre)	3,2

Schritt 4 | Das Hochschulinterne Auswahlverfahren (AdH)

Das Auswahlverfahren der Hochschulen (Adh) ist zur Verbesserung der Studierendenauswahl eingeführt worden. In den medizinischen Fächern wird nach diesem Prinzip über die Hälfte der Studenten (60 %) von den Hochschulen ausgewählt. Kandidaten, die für dieses Verfahren infrage kommen, sind in den Auswahlschritten I. (Vorabquote), II. (Abiturbestenquote) und III. (Wartezeitquote) nicht für einen Studienplatz zugelassen worden. Nur diese Bewerber werden nun an den (max. sechs) Universitäten, die Sie in Ihrer Bewerbung als Wahlorte angegeben haben, zum AdH zugelassen. Um am AdH teilnehmen zu können, müssen Sie keine Extrabewerbungen bei den Universitäten einreichen. Hochschulstart.de übermittelt Ihre Daten an die von Ihnen bestimmten Hochschulen. An einigen Universitäten müssen die Unterlagen allerdings zusätzlich zu der Bewerbung bei Hochschulstart.de eingereicht werden. Erkundigen Sie sich vor Beginn des Bewerbungsverfahrens. Mit der Übermittlung der Daten nehmen Sie jedoch nicht automatisch am Auswahlverfahren teil. Auch hier wird in den meisten Fällen eine Vorauswahl getroffen, bevor es an die eigentliche Verteilung der Studienplätze geht. In der Regel werden zur Vorauswahl einfache Kriterien angewendet: Abiturdurchschnitt und Ortspräferenz sind die gängigen Parameter für die Vorauswahl; aber auch eine Kombination dieser Kriterien kann zutreffen. Haben Sie beispielsweise die Universität als erste oder zweite Wahl angegeben, dann werden Sie hier die Vorauswahl eher überstehen. Steht diese Hochschule an dritter oder vierter Stelle, werden Sie an der Vorauswahl scheitern.[70]

Nach Abschluss der Vorauswahl findet das eigentliche hochschulinterne Auswahlverfahren statt. In diesem Verfahren ist die Durchschnittsnote wieder die maßgebliche

---

[70] Vgl. Webauftritt der Uni Freiburg: [http://www.studium.uni-freiburg.de/studienbewerbung/bls/studienbewerbung_de/bewerbung_zvs/].

Einheit, kann jedoch durch verschiedene andere Kriterien ergänzt werden. Infrage kommen als zusätzliche Kriterien: Einzelnoten des Abschlusszeugnisses (für medizinische Fächer sind das i. d. R. Schulnoten in naturwissenschaftlichen Fächern); das Ergebnis eines speziellen Studierfähigkeitstests (Test für medizinische Studiengänge, TMS); das Ergebnis eines Auswahlgesprächs; die Art der Vorbildung und Erfahrung im Fachbereich (Ausbildung als Krankenschwester oder medizinisch-technischer Assistent, Praktika absolviert etc.); eine Kombination der genannten Kriterien. Je nach Gewichtung werden an den Hochschulen Ranglisten erstellt. Sind Bewerber ihrer Qualifikation nach gleichwertig einzustufen, werden ein abgeleisteter Dienst (Zivil- oder Wehrdienst, freies soziales Jahr) oder das Losverfahren herangezogen, um den Rang bestimmen zu können. In einem ersten Schritt wird ermittelt, ob der Bewerber an der Hochschule erster Wahl die Zulassung erhalten kann. Im Anschluss wird an allen weiteren Hochschulen, die vom Bewerber ausgewählt wurden und wo dieser die Vorauswahl überstanden hat, die Möglichkeit der Zulassung geprüft. Im Optimalfall erhalten Sie eine Zulassung für die Hochschule, die Sie ausgewählt haben und die in Ihrem Ranking die höchste Position einnimmt.

Nach Abschluss der ersten und zweiten Stufe im hochschulinternen Auswahlverfahren wird im Anschluss ein Großteil der Bewerber die Zulassung erhalten. Alle anderen Bewerber müssen auf die dritte Stufe des Verfahrens hoffen. Diese beginnt in der Regel Mitte April, wenn alle Ranglisten vollständig vorliegen und absehbar ist, wer einen Studienplatz nicht angenommen hat, wo also noch Studienplätze zu vergeben sind. Über zwei Nachrückverfahren werden in letzter Instanz die nicht angetretenen Studienplätze vergeben.

Der folgenden Liste können Sie entnehmen, wie der zeitliche Ablauf des zentralen Verfahrens zur Studienplatzvergabe in den bundesweit zulassungsbeschränkten Studiengängen strukturiert ist.

Bewerbung zum Wintersemester
Stichtag für das Einreichen der Bewerbung bei Hochschulstart.de ist der 31. Mai (wenn Abiturzeugnis vor 16. Januar desselben Jahres) bzw. der 15. Juli (wenn Abiturzeugnis zwischen 16. Januar und 15. Juli desselben Jahres) 24.00 Uhr. Hierbei handelt es sich nur um den online auszufüllenden Antrag. Die zusätzlichen Unterlagen können bis zum 15. Juni (Stichtag 31. Mai) bzw. 31. Juli (Stichtag 15. Juli) eingesendet werden.

Bewerbung zum Sommersemester
Stichtag für das Einreichen der Bewerbung bei der Hochschulstart.de ist der 30. November (wenn Abiturzeugnis vor 16. Juli desselben Jahres) bzw. der 15. Januar (wenn Abiturzeugnis zwischen 16. Juli des Vorjahres und 15. Januar desselben Jahres). Hierbei handelt es

sich nur um den online auszufüllenden Antrag. Die zusätzlichen Unterlagen können bis zum 15. Dezember (Stichtag 30. November) bzw. 31. Januar (Stichtag 15. Januar) einge-sendet werden.

Erkundigen Sie sich zudem an den Hochschulen, die Sie in Erwägung ziehen, welche zu-sätzlichen Unterlagen für das AdH eingereicht werden müssen. In der Regel sind die Unter-lagen zeitgleich mit der Bewerbung bei der Stiftung für Hochschulzulassung einzureichen.

4.4 Die Bewerbung an der Universität: örtlich zulassungsbeschränkte Studiengänge

Einzig für die medizinischen Fächer gibt es in Deutschland einen bundesweiten Nu-merus Clausus, was allerdings nicht bedeutet, dass alle übrigen Studiengänge zulas-sungsfrei wären. Eine Vielzahl von Studiengängen ist gegenwärtig mit einem örtli-chen NC belegt, weil die Anzahl der zur Verfügung stehenden Studienplätze geringer als die der Studieninteressenten ist. In vielen Fächern, insbesondere an beliebten Uni-versitäten und in großen Städten, sind Zulassungsbeschränkungen für einen Großteil der Studiengänge die Regel. Da in den vergangenen Jahren die Zahl der Studenten zugenommen hat, die Universitäten jedoch nicht über größere Budgets verfügen, werden in einigen Studiengängen die Plätze knapp: Die Folge sind utopisch hohe NCs, auch in Exotenfächern wie beispielsweise Kunstgeschichte. Hier droht das Studi-um zu einer elitären Ausbildung zu werden, die nur diejenigen mit den besten Schul-abschlüssen wahrnehmen können. Ohne eine bessere Finanzierung der Hochschulen ist kein Zuwachs an Studienplätzen absehbar. Die Leidtragenden der latenten Unter-finanzierung von Bildungseinrichtungen sind neben den Bewerbern ohne Studien-platz auch die Studenten und die Angestellten der Universitäten.

Wenn das Interesse an einem Studienfach überdurchschnittlich hoch ist, werden sel-ten die Studienplätze ausgebaut. Stattdessen wird ein Numerus Clausus eingeführt. Neben den bundesweit zulassungsbeschränkten Studiengängen gibt es ebenso die örtlich zulassungsbeschränkten Studienfächer. Hier wird der NC universitätsintern aufgestellt. Weiß eine Universität, dass ein Studiengang so beliebt ist, dass dem nicht genug Plätze gegenüberstehen, wird auf dieser Grundlage ein NC eingeführt. Alle Bewerber auf einen Studiengang mit NC müssen eine Bewerbung einreichen, mit der sie am Auswahlverfahren der Hochschule (AdH) teilnehmen. Einige Universitäten nehmen den Notendurchschnitt der Hochschulzugangsberechtigung als Maßstab (a), andere Hochschulen erwarten zusätzlich zur Hochschulzugangsberechtigung eine schriftliche Bewerbung mit Anschreiben, Motivationsschreiben und Lebenslauf (b). Darüber hinaus werden sowohl Studierfähigkeitstests (c), Auswahlgespräche (d) als auch Bewerbungen mit Arbeitsproben oder einem anderweitigen Nachweis der Studierfähigkeit (e) für örtlich zulassungsbeschränkte Studiengänge verlangt.

4.5Obwohl die örtlichen Zulassungsbeschränkungen und Bewerbungsanforderungen im einzelnen stark voneinander abweichen, werden wir dennoch mit dem folgenden Paragraphen versuchen, dieser Thematik gerecht zu werden. Nacheinander sollen die verschiedenen Möglichkeiten der örtlichen Zulassungsbeschränkung ausführlich besprochen und analysiert werden; zudem finden Sie auf den folgenden Seiten Anschauungsmaterial und Beispiele für eine erfolgreiche Bewerbung.

4.4.1 Bewerbung im AdH mit Zulassungsbeschränkung: Der Notendurchschnitt und Wartesemester

Da viele Hochschulen über Strukturprobleme klagen, unterfinanziert und zudem ungenügend mit Personal ausgestattet sind, müssen Problemlösungen häufig pragmatisch und einfach umsetzbar sein. Das trifft auch auf die Bewerbungsverfahren in zulassungsbeschränkten Studiengängen zu. Bewerben sich auf einen Studiengang sehr viele Interessenten, muss es ein Auswahlverfahren geben. Die bestmögliche Entscheidungsvariante ist die fachspezifische Auswahl: Danach werden Architekturstudenten aufgrund von Vorkenntnissen ausgewählt, ebenso wie Journalistik-, Biologie- oder Lehramtsstudenten. Damit könnte, so das Argument der Kritiker des am Abiturdurchschnitt orientierten Zulassungsverfahrens, sichergestellt werden, dass die angehenden Studenten die fachlich beste Wahl sind. Zudem wäre mit einem auf die Fähigkeiten ausgerichteten Auswahlverfahren die Möglichkeit gegeben, die Abbrecherquote zu reduzieren. Da ein Großteil der Studenten nach Fähigkeit und Motivation für das Studium ausgesucht worden wäre, hätte man vor allem interessierte Studenten, die eher ihr Studium zu Ende bringen. In der aktuellen Praxis ist ein derartig kompliziertes Verfahren jedoch zu aufwändig. Die Universitäten wählen Studenten im Normalfall nach dem Notendurchschnitt aus, auch wenn die Hochschulen das Auswahlverfahren selbst gestalten können. Der Abiturdurchschnitt kann als Kriterium relativ willkürlich sein, denn ein gutes Abitur bedeutet nicht, dass fachlich die notwendigen Fähigkeiten und Kenntnisse vorliegen, um z.B. ein Maschinenbaustudium sehr gut zu absolvieren. Dennoch lernt man in der Schule wichtige Grundlagen und Techniken, die auch im Studium relevant sind. In der Schulausbildung erwerben Sie grundlegende Kenntnisse, Ihre Noten spiegeln die Leistungsfähigkeit und den Kenntnisstand in grundlegenden Bereichen wieder, in Referaten oder Facharbeiten sind Sie angehalten, das Präsentieren und Schreiben zu üben etc. Die Schule stellt die Grundlage für die akademische Ausbildung dar, deswegen kann auch der Schulabschluss als Referenz für die Studierfähigkeit herangezogen werden. An einigen Universitäten setzt sich gegenwärtig durch, dass neben dem Notendurchschnitt weitere schulspezifische Kriterien in die Auswahlverfahren einfließen. In diesen Fällen werden bei der Auswahl neben dem Notendurchschnitt fachbezogen relevante Einzelnoten des Abiturs besonders gewichtet.[71]

Werden Sie nach der Motivation ausgewählt, die Sie in einem Auswahlgespräch, Bewerbungsschreiben oder Studierfähigkeitstest zum Ausdruck bringen, so sind Ihr Verhalten und Ihre Fähigkeiten direkt ausschlaggebend für die Studierfähigkeit und die Zulassung. Die Auswahlverfahren, die nach der Note des Hochschulreifezeugnisses zulassen, können Sie hingegen nur indirekt beeinflussen, indem Sie sich in Ihrer Schullaufbahn Mühe geben und versuchen, ein möglichst gutes Abitur hinzulegen. Es mag banal klingen, dennoch birgt diese Aussage einen wahren Kern: Wenn Sie sich Mühe geben, einen guten Schulabschluss zu erreichen, dann sind Ihre Chancen auf einen Studienplatz hoch. Sie zeigen damit Leistungsbereitschaft – eine Fähigkeit, die Sie für ein Studium qualifiziert, in dem Sie ebenfalls um gute Leistungen bemüht sein sollten.

Da das einfache Verfahren anhand eines NC für eine Vielzahl der örtlich zulassungsbeschränkten Studiengänge angewendet wird, wollen wir uns diesem Thema hier widmen.

Bewerbung in drei Schritten

Die Bewerbung für einen örtlich zulassungsbeschränkten Studiengang ist vergleichsweise einfach, für dieses Verfahren ist keine aufwändige Aufbereitung der Bewerbungsunterlagen notwendig. An den meisten Hochschulen wird, um an dem Auswahlverfahren teilnehmen zu können, einzig verlangt, dass Sie einen korrekt gestellten Antrag und die notwendigen zusätzlichen Unterlagen einreichen. Generell beschränken sich die zusätzlichen Unterlagen auf eine Kopie der Hochschulzugangsberechtigung. Da Sie nicht viel falsch machen können, sind Fehler in diesem Verfahren umso schwerwiegender und ärgerlicher. Unterläuft Ihnen beispielsweise beim Ausfüllen Ihres Antrags ein minimaler Fehler – Sie tragen z.B. ein, dass Sie sich für das zweite Semester bewerben, obwohl Sie sich für das erste einschreiben wollen –, kann die Hochschule aufgrund dieses Fehlers den Antrag für ungültig erklären und ablehnen. Um einen derart ärgerlichen Fauxpas zu vermeiden, ist es beim Ausfüllen des Antrags wichtig, genau vorzugehen und sicherzustellen, dass alle Angaben korrekt sind.

Schritt 1 | Die Vorbereitung

Bevor Sie sich bewerben, muss die Hochschule feststehen, an der Sie das Studium aufnehmen möchten. Hier können Sie nach verschiedenen Kriterien entscheiden: Eventuell ist Ihnen die Stadt wichtiger als der Ruf der Hochschule, oder Sie wollen in

---

[71] Vgl. hierzu weiter oben den Unterparagraphen *Der Numerus Clausus*.

der Region bleiben, in der Sie aufgewachsen sind. Sie sollten bei Ihrer Entscheidungs-findung bedenken, dass am Ende nicht Ihr Interesse für eine Hochschule, eine Region oder ein Institut entscheidet: Bei der Auswahl in diesem Verfahren zählt einzig der Notendurchschnitt. Es wird nur Ihr Abitur als Maßstab für die Eignung zum Studium herangezogen. Das bedeutet, dass Sie nur dort studieren können, wo Sie die verlang-ten Zulassungsvoraussetzungen erfüllen. Um das Verfahren dennoch erfolgreich zu meistern und die Bewerbung um den Studienplatz möglichst effizient zu gestalten, haben Sie die Möglichkeit, das Verfahren minimal zu beeinflussen. Den Numerus Clau-sus können Sie zwar nicht vollständig umgehen, Ihre Chance besteht allerdings darin, den Ort und den Zeitpunkt der Bewerbung sinnvoll auszuwählen.

Mit dem Erwerb der Hochschulzugangsberechtigung erhalten Sie den Noten- und Punktedurchschnitt Ihres Abiturs. Dieser Durchschnitt ist entscheidend für die Aus-wahl der Studienbewerber. Eventuell ist Ihnen bei der Recherche bereits aufgefallen, dass Universitäten in der Regel für jedes Fach die Zulassungsbeschränkung aus den Vorjahren (bzw. vergangenen Semestern) auf den Internetseiten angeben. Diesen Numerus Clausus sollten Sie als Erfahrungswert in Ihrer Entscheidungsfindung mit einbeziehen. Möglicherweise wird der NC zum Zeitpunkt Ihrer Bewerbung höher oder niedriger liegen als im Vorjahr. Sie können sich demnach nicht hundertprozentig auf die Angaben verlassen, doch stellen die Zahlen eine grundsätzliche Orientierung dar. Vergleichen Sie Ihren Abiturdurchschnitt mit dem Vorjahres NC, so können Sie fest-stellen, ob Sie im Vorjahr die Zulassung erhalten hätten. Wenn im Vorjahr bzw. im vo-rigen Semester die Zulassung möglich gewesen wäre und Ihr Notendurchschnitt e-ventuell sogar wesentlich besser als der vorgegebene NC war, haben Sie an der Hochschule gute Chancen auf eine Zulassung. Weichen Ihr Notendurchschnitt und der Numerus Clausus zu weit voneinander ab, ist eine Zulassung eher unwahrschein-lich. Wenn Ihnen daran gelegen ist, Ablehnungen zu vermeiden, sollten Sie die Be-werbung an dieser Universität oder Fachhochschule überdenken. So ersparen Sie sich die Enttäuschung, die mit jeder Ablehnung wächst.

Neben dem Ort ist für die erfolgreiche Bewerbung an der Hochschule auch der Zeit-punkt entscheidend. Es gibt ein Schlupfloch, das die Wahrscheinlichkeit der Zulas-sung erhöht. Denn es macht einen entscheidenden Unterschied, ob Sie sich zum Win-ter- oder zum Sommersemester bewerben. Man kann sich nicht auf alle Studiengänge zu beiden Semestern bewerben, einige Programme beginnen ausschließlich zum Wintersemester, andere nur im Sommer. Und das können Sie nutzen. Erfahrungsge-mäß bewerben sich zum Sommersemester weniger Studenten und die Wahrschein-lichkeit der Zulassung ist zu diesem Zeitpunkt höher. Wenn Sie ein durchschnittliches bis schlechtes Abitur haben, sind Ihre Chancen auf die Zulassung zum Sommersemes-ter besser, da die Konkurrenz kleiner ist.

Wenn Sie sich für Studiengang und Hochschule entschieden haben, steht der Bewerbung nichts mehr im Wege. Nun müssen Sie die Bewerbungsunterlagen fristgerecht und formal korrekt einreichen und abwarten, ob Sie die Zulassung erhalten oder nicht.

Dementsprechend sollten Sie genau recherchieren: welche Unterlagen für die Bewerbung benötigt werden (Antrag auf Einschreibung, Kopie der Hochschulzugangsberechtigung); wie die Unterlagen eingereicht werden müssen (postalisch oder online); welche Bewerbungsfristen gelten (von wann bis wann?); und bei welcher Einrichtung der Hochschule Sie die Unterlagen einreichen müssen. Wenn Sie im Internet nicht eindeutig erfahren können, wie das Bewerbungsverfahren verläuft, dann sollten Sie direkt bei der Hochschule nachfragen und sich dort umfassend informieren. Sowohl die Studienberater für den Studiengang Ihrer Wahl als auch die mit der Zulassung und Einschreibung betrauten Einrichtungen (z.B. Immatrikulationsbüro, Studiensekretariat) können Ihnen detailliert Auskunft über die Anforderungen zur Zulassung, die einzureichenden Dokumente und die zu beachtenden Fristen geben.

Schritt 2 | Die Antragstellung

Bevor Anträge ausgefüllt oder Dokumente gesammelt werden, sollten Sie sich vergewissern, wie genau das Verfahren an den von Ihnen bevorzugten Institutionen aufgebaut ist. Im zweiten Schritt geht es nun darum, die notwendigen Anträge auszufüllen und die zusätzlichen Dokumente vorzubereiten. Generell wird in allen Auswahlverfahren von den Bewerbern verlangt, einen Antrag auf Zulassung zu stellen. Der Antrag auf Zulassung ist nur ein Antrag, am Auswahlverfahren teilzunehmen, weder die Zulassung noch die Einschreibung werden mit dem Stellen dieses Antrags vollzogen.

Im digitalen Zeitalter stellen auch die Universitäten ihre Bewerbungsverfahren um, an den meisten Hochschulen muss heute kein Papierantrag mehr ausgedruckt und abgeschickt werden, stattdessen gibt es Onlineanträge. In diese elektronischen Formulare müssen Sie alle wichtigen Daten eintragen. Die Hochschulen können die Bewerbungen online abrufen und diese einfach verwalten und bearbeiten.

Grundsätzlich können zwei Formen des Antrags auf Zulassung zum Studium unterschieden werden: der traditionelle und der moderne Antrag. Letzterer ist ein Onlineantrag, in den alle wichtigen Informationen eingetragen werden können, zusätzliche Dokumente (Personalausweis und Abiturzeugnis) müssen in diesem Fall erst bei der Einschreibung vorgelegt werden. Im traditionellen Verfahren können Sie zusätzlich dazu aufgefordert werden, einen Antrag online auszufüllen. Hochschulen, die diese Form des Antrags bevorzugen, wollen zum Antrag gemeinhin eine beglaubigte Kopie der Hochschulzugangsberechtigung vorliegen haben. Wie Sie die Formulare auszufüllen haben, soll hier nicht erläutert werden, denn generell sind die Anträge nachvollziehbar, nur aufmerksames Lesen ist wichtig. Wenn Sie Verständnisprobleme haben, sollten Sie nicht davor zurückschrecken, an der Hochschule nachzufragen. Fragen kostet nichts und die Angestellten der Hochschulen können in der Regel Verständnisprobleme schnell und unkompliziert beheben.

Benötigen Sie eine beglaubigte Kopie des Abiturzeugnisses für die Bewerbung, dann wenden Sie sich an öffentliche Ämter. Diese sind berechtigt, Ihre Unterlagen zu beglaubigen. Im schlimmsten Fall müssen Sie eine kleine Gebühr für die Beglaubigung zahlen. Wenn Sie den Antrag ausgefüllt haben und die notwendigen Zusatzdokumente vorliegen, dann können Sie die Bewerbung abschicken. Auch hier noch einmal der Hinweis: Beachten Sie die Fristen! Wenn eine Bewerbung wenige Minuten nach Ablauf der Frist eintrifft, werden Sie nicht am Auswahlverfahren teilnehmen!

Schritt 3 | Abwarten und Tee trinken

Nachdem Sie den Antrag eingereicht haben, kommt nun die wirklich anstrengende Phase: das Warten. Bis Ihre Zulassung bzw. Ablehnung feststeht, erhalten Sie von der Hochschule keine Benachrichtigung. Werden Sie direkt im ersten Schritt ausgewählt, dann erhalten Sie zügig einen Zulassungsbescheid. Das ist der direkte Weg ins zulassungsbeschränkte Studium. Die Studienplätze, die nach Ende der Einschreibefrist nicht besetzt sind, werden im Nachrückverfahren an die Bewerber vergeben, die in der ersten Runde knapp an der Zulassung gescheitert sind. Es besteht also eine zweite Chance und, wenn Sie Glück haben, auch eine Dritte: das zweite Nachrückverfahren. Erhalten Sie die Zulassung im Nachrückverfahren, bleibt Ihnen nicht viel Zeit zu überlegen. Die Bescheide, die an Nachrücker versendet werden, erreichen die Bewerber meist unmittelbar vor Beginn des Semesters. Hier gilt es, flexibel zu bleiben. Das Nachrückverfahren ist die letzte Chance, eine Zulassung für den Wunschstudienplatz zu erhalten.

Erfahrungsbericht Rechtswissenschaft/Jura
(Elika, 23 Jahre, Universität Mannheim)

Ich bin Studentin der Rechtswissenschaft im 7. Semester. Vor mehr als drei Jahren, kurz nach meinem Abitur, wusste ich nicht, dass ich mich für dieses Studium entscheiden werde.

Phase 1: Nachdenken. Über sich, seine Ziele und Vorstellungen

Da ich nicht wusste, welchen Weg ich nach dem abgelegten Abitur gehen sollte, habe ich erst einmal darüber nachgedacht, was mich interessiert und was ich will. Ich kam schnell zu dem Entschluss, dass ich mich für die Fachrichtung der Wirtschaftswissenschaften entscheiden will. Jedoch wo anfangen? Damals erhielten wir von der Schule ein dickes, grünes Buch, in dem wahrscheinlich alle Studiengänge, die man sich vorstellen kann, aufgeführt und beschrieben wurden. Ich habe konsequent und realistisch ausgesiebt. Was stehen blieb, waren Jura und BWL. Recht schnell habe ich mich gegen ein BWL-Studium entschieden, sodass lediglich ein Studium der Rechtswissenschaft in Frage kam.

Phase 2: Informationen einholen

Jura also. Sicher war ich mir mit meiner Entscheidung nicht, also habe ich mich zunächst informiert. Das lief größtenteils über das Internet. Hauptsächlich habe ich Informationen spezifisch für die Universität Mannheim eingeholt. Ich informierte mich über die Fristen und anderen Formalia sowie über die Anforderungen, die an einen Jurastudenten gestellt werden. Leider hatte ich keine Informationen dazu, wie das Studium selbst ablaufen wird und wie es inhaltlich gegliedert, gestaltet und aufgebaut ist. Solche Informationen musste ich mir über verschiedene Wege zusammensuchen (z.B. Vorlesungsverzeichnisse durchschauen), um annähernd eine Vorstellung zu erhalten. Mir wurde aber sofort klar, dass die Juristische Fakultät der Universität Mannheim stark wirtschaftswissenschaftlich ausgerichtet ist. Also habe ich mich entschieden, mich an der Universität Mannheim zu bewerben und abzuwarten. Bevor ich den eigentlichen Bewerbungsprozess in Gang setzte, informierte ich mich zudem über Möglichkeiten eines „Beifachstudiums" (ich wollte damals gerne eine Sprache zusätzlich studieren). Um Informationen hierfür einzuholen, habe ich eine auf der Homepage genannte zuständige Person per E-Mail kontaktiert.

Phase 3: Bewerbungsprozess

Da ich mich nur an der Universität Mannheim und nur für Jura bewarb, war mein Bewerbungsprozess sehr überschaubar. Dennoch hatte ich im Vorfeld Angst, irgendetwas zu vergessen oder falsch zu machen. Es stellte sich heraus, dass diese Ängste unbegründet waren, denn die Homepage der Universität liefert umfassende Informationen zum Bewerbungsprozess, auch die zuständigen Ansprechpersonen waren überaus freundlich und hilfsbereit. Zum Zeitpunkt meiner Bewerbung gab es für die Zulassung an der Universität Mannheim keinen offiziellen Numerus Clausus oder ähnliche subjektive Zulassungsvoraussetzungen. Die Universität behielt die gesamte Entscheidungsmacht für sich, sodass es nach außen nicht ersichtlich war, nach welchen Kriterien die Bewerber tatsächlich beurteilt und ausgewählt wurden.

Damals rief ich die Bewerbungsunterlagen (Fragebögen, Bewerbungsformulare etc.) im Internet ab, druckte sie aus und hätte sie unterschrieben mit meinen Zeugnissen abschicken können. Da ich zum Zeitpunkt der Bewerbung ohnehin in Mannheim wohnte, entschloss ich mich, meine Bewerbung persönlich im Studienbüro abzugeben. Eine von der Universität erstellte Checkliste half mir, nichts für die Bewerbung Notwendiges zu vergessen. Alles lief einwandfrei.

Anfang August erhielt ich meine Zusage. Und im September ging es schon los mit dem Studium.

Erfahrungsbericht Journalistik (Christian, 30 Jahre, TU Dortmund)

Dass ich Journalist werden wollte, stand für mich bereits vor dem Abitur fest. Wie ich diesen Berufswunsch umsetzen sollte, wusste ich dagegen nicht, und dies herauszufinden hat mehrere Jahre ge-
dauert. Nach meinem Abitur und dem Zivildienst habe ich mich zuerst an der Universität Hamburg
für Biochemie im Hauptfach und Journalistik im Nebenfach beworben, da ich von befreundeten
Journalisten den Ratschlag bekommen hatte, ein „normales" Studium zu absolvieren und mir meine
journalistische Erfahrung über freie Mitarbeit zu erarbeiten. Durch meinen familiären Hintergrund
hatte ich zu diesem Zeitpunkt ein großes Interesse an medizinischen Themen und entschied mich
daher für ein Studium der Biochemie. Allerdings wollte ich auch zu diesem Zeitpunkt nicht ganz auf
eine theoretische journalistische Ausbildung verzichten und ging daher an die Hamburger Universität, da es dort möglich war, Journalismus im Nebenfach zu studieren, und das Hamburger Institut
für Biochemie zu einem der besten in Deutschland zählt.

Allerdings bemerkte ich nach Beginn des Studiums schnell, dass eine Kombination der beiden Fächer nur theoretisch möglich war. Da der Arbeitsaufwand für das Biochemiestudium enorm hoch
war, blieb mir weder Zeit für die Journalistikvorlesungen noch für die sehr wichtige freie Mitarbeit
bei einem journalistischen Medium. Aus diesem Grund brach ich das Studium bereits im zweiten
Semester ab, um mich nach Alternativen umzusehen. Nach einer längeren Recherche fiel meine
Wahl auf das Institut für Journalistik der TU Dortmund. Dies geschah aus mehreren Gründen: Erstens
besitzt das Institut einen sehr guten Ruf in der Medienwelt, zweitens wird bei keiner anderen universitären Journalistikausbildung so viel Wert auf die praktische Ausbildung gelegt und drittens –
und dies war mit Abstand der wichtigste Grund – ermöglicht das Institut jedem Studenten ein einjähriges Volontärspraktikum.

4.5.1 Die Zulassung erfolgt nicht, wie in anderen kreativen Studiengängen, über eine Arbeitsmappe
oder Auswahlgespräche, sondern nur über den NC. In der Regel bewerben sich viele Interessenten,
der NC lag zu dieser Zeit bei einem Notendurchschnitt von 1,0 bis 1,4. Die zweite Zulassungsvoraussetzung ist ein mehrwöchiges Praktikum bei einem journalistischen Medium. Ich habe mein Pflichtpraktikum bei einer Lokalzeitung absolviert und anschließend, da ich durch meinen Studienwechsel
noch Zeit hatte, ein weiteres Praktikum bei einem Lokalradio angeschlossen. Glücklicherweise wurde ich durch mein gutes Abitur über einen Nachrückplatz zugelassen. Im Nachhinein habe ich festgestellt, dass mich die Praktika weit besser auf das Studium vorbereitet haben als die Schule. Aus
diesem Grund erachte ich das Pflichtpraktikum als die sinnvollere Zugangshürde, da vielen Studien-
anfängern nicht klar ist, wie die Arbeit eines Journalisten wirklich aussieht. Das Praktikum bereitet in
dieser Hinsicht vor. Der deutsche Journalist Robert Lembke formulierte einmal sehr treffend: „Journalisten sind Menschen, die in einem anderen Beruf mit weniger Arbeit mehr Geld verdient hätten."
Lembkes Aussage trifft heute mehr als jemals zuvor zu. Journalist ist ein wunderbarer Beruf, aber
man muss mehr als hundertprozentig davon überzeugt sein, denn er stellt hohe Anforderungen.

4.4.2 Bewerbung im AdH mit Zulassungsbeschränkung:
Die schriftliche Bewerbung

Die Bologna-Reform hat an einigen Universitäten dazu geführt, dass Auswahlverfahren überarbeitet und verbessert wurden. Obschon vielerorts Studenten nach dem Kriterium Abiturdurchschnitt ausgewählt werden, etabliert sich mehr und mehr die schriftliche Bewerbung – z.B. mit Anschreiben und Motivationsschreiben – als effektives Auswahlkriterium. Hochschulen, die ein schriftliches Bewerbungsverfahren nutzen, vertrauen darauf, dass sich der größere Verwaltungsaufwand, der mit den komplexeren Bewerbungen definitiv entsteht, durch die Auswahl der besser qualifizierten Bewerber lohnt. Die Befürworter der schriftlichen Bewerbung zum Studium argumentieren zumeist, dass beispielsweise in einem Motivationsschreiben abzulesen sei, inwiefern Studierfähigkeit besteht. In diesem Zusammenhang droht immer die Gefahr, dass sich auch ein sehr gutes Motivationsschreiben nicht bewährt, denn hinter großen Worten kann sich inhaltliche und fachliche Inkompetenz verbergen. Daher verlassen sich die wenigsten Hochschulen auf die schriftliche Bewerbung allein, Motivations- und Bewerbungsschreiben sind nur zusätzliche Zulassungskriterien. Nehmen Sie an einem Zulassungsverfahren dieser Art teil, so müssen Sie wissen, dass auch hier der Abiturdurchschnitt bzw. in einem Masterstudiengang die Note des ersten Studienabschlusses eine Rolle spielt. Eine gute schriftliche Bewerbung allein reicht nicht aus. Doch kann das Bewerbungsschreiben den Ausschlag geben, wenn Sie die weiteren Rahmenbedingungen erfüllen. Wenn Sie in einem schriftlichen Beitrag in der Lage sind, das persönliche Interesse am Fach und die für das Studium notwendigen Kapazitäten zu kommunizieren, haben Sie gute Chancen auf die Zulassung. Es kann passieren, dass ein wenig gutes Abitur oder ein mittelmäßiger erster Studienabschluss durch eine sehr gute schriftliche Bewerbung kompensiert werden. Das bietet sowohl den Hochschulen als auch den Studenten Vorteile: Erstere müssen sich nicht allein auf Noten verlassen und können sich einen weiterreichenden Eindruck vom Bewerber verschaffen, letzteren bietet sich die Möglichkeit, schlechte Schul- oder Hochschulnoten zu kompensieren und gezielt von Fähigkeiten und Kenntnissen zu überzeugen.

Allgemein kann festgestellt werden, dass die schriftliche Bewerbung vor allem zur Anwendung kommt, wenn: (1) die Konkurrenz um Studienplätze sehr groß ist und (2) die Hochschulen eine explizite, zu Studiengang und Hochschule passende Auswahl treffen wollen. Heute wird vor allem von Bewerbern auf Masterstudiengänge erwartet, eine schriftlich ausgearbeitete Bewerbung (inklusive eines Lebenslaufs und möglicherweise eines Motivationsschreibens) einzureichen.

Die Bewerbungsunterlagen sind in allen Verfahren um die Vergabe von Studienplätzen enorm wichtig und müssen mit großer Sorgfalt erstellt werden. Dies gilt formal wie inhaltlich, Rechtschreib-, Format-, Zeichensetzungs- oder Formulierungsfehler sind ärgerlich und können dazu führen, dass Ihre Bewerbung abgelehnt wird. Die Verantwortlichen, die sich mit Ihrer Bewerbung befassen, können nicht sehen, wie groß der Aufwand war, die Bewerbung zu erstellen. Die Begutachter arbeiten nur mit dem, was ihnen vorliegt. Und wenn eine von vielen Bewerbungen – z.B. Ihre eigene – schmierig, nicht korrigiert und sprachlich schwach ist, dann wird der Bewerber keine Zulassung erhalten. Die Verantwortlichen bewerten nach dem subjektiven Eindruck, den sie durch die Bewerbungsunterlagen vermittelt bekommen. Sind die Unterlagen unvollständig oder fehlerhaft, vermitteln sie einen schlechten und für eine Zulassung nachteiligen Eindruck. Die Frage ist, wie Sie eine fehlerhafte schriftliche Bewerbung vermeiden können. Vordergründig sollen Sie mit der Bewerbung kommunizieren, dass Sie über die für das Studium notwendigen Qualifikationen verfügen. Zudem sind neben der inhaltlichen Vollständigkeit gewisse formale Kriterien einzuhalten. Die Unterlagen sollten vollständig sein, Rechtschreib- und Satzbaufehler sind unbedingt zu vermeiden und insgesamt müssen die Dokumente ordentlich aussehen. Andernfalls können Sie davon ausgehen, dass Ihre Unterlagen durchfallen. Experten nehmen an, dass schon bei der ersten Durchsicht der Unterlagen entschieden wird, wer potenziell den Anforderungen entspricht. Schon in der ersten Durchsicht einer Bewerbungsmappe werden etwa 80 Prozent der Bewerbungen aussortiert. Zudem ist festgestellt worden, dass die erste Begutachtung einer Bewerbung in der Regel nur ca. 30-60 Sekunden dauert. Fallen den Verantwortlichen in diesem kurzen Zeitraum markante Fehler auf, werden die Unterlagen ausgeschlossen. Schon ein unschönes Bewerbungsfoto kann hier der Auslöser sein.

Im Folgenden wollen wir die schriftliche Bewerbung zum Hochschulstudium detailliert behandeln und darauf eingehen, wie Bewerbungsanschreiben, Lebenslauf und Motivationsschreiben zu strukturieren und zu verfassen sind.

Der Lebenslauf

Der Lebenslauf dient Ihnen dazu, einen klaren und kurzen Überblick über Ihre Kompetenzen, Fähigkeiten, Erfahrungen und Ausbildungsschritte zu geben. Zumeist wird für die Hochschulbewerbung erwartet, dass Sie einen tabellarischen Lebenslauf einreichen. Sie müssen dieses Dokument i.d.R. also nicht als Fließtext ausformulieren.[72] Gehen Sie tabellarisch vor, so können Sie entweder auf der Zeitachse zurück- oder vorgehen. Des Weiteren besteht die Möglichkeit, einen funktionalen Lebenslauf einzureichen, hierin sind die verschiedenen Ausbildungsschritte, Tätigkeitsfelder und Kenntnisse in Blöcken zusammengefasst. Sie bilden inhaltliche Schwerpunkte bzw. Oberbegriffe, nach denen Sie den Lebenslauf aufbauen. Wir empfehlen diese Art der Strukturierung, denn Sie können so einen übersichtlichen und auf den Studiengang

---

[72] Das bedeutet, Sie müssen den Lebenslauf nicht wie einen Text ausformulieren. Es reicht die einfache Auflistung der Daten (Anm. d. Verf.).

zugeschnittenen Lebenslauf ausarbeiten. Sie sollten sich auf das Wesentliche konzentrieren, Verfälschungen und Ungenauigkeiten sind ebenso zu vermeiden wie Widersprüche und zeitliche Lücken. Wenn Sie über einen längeren Zeitraum keiner Be-
schäftigung nachgegangen sind, kann sich das negativ auf Ihre Studienchancen
auswirken: Sie wirken dann mitunter unseriös oder erwecken den Eindruck, faul zu
sein. Stoßen Sie auf eine Lücke, dann versuchen Sie diese sinnvoll zu füllen: Wenn Sie
nach dem Abitur auf einen Studienplatz gewartet und nebenbei als Aushilfe gearbeitet haben, dann stellen Sie dies als erste Erfahrungen auf dem Arbeitsmarkt dar; oder
zeigen Sie, dass Sie Sprachkurse besucht oder sich anderweitig weitergebildet haben
(EDV-Kurs, Auslandsaufenthalt, Praktikum etc.), um sich besser auf das Studium vorzubereiten. So können Sie Lücken im Lebenslauf vermeiden. Erfundene Tätigkeiten
oder Erfahrungen in den Lebenslauf aufzunehmen, ist nicht ratsam, denn i.d.R werden
Sie früher oder später enttarnt, was bestimmt negative Auswirkungen mit sich bringen wird.

Bedenken Sie zudem beim Verfassen, dass der Lebenslauf an eine Hochschule geschickt wird und Sie sich explizit auf einen bestimmten Studiengang bewerben. D.h.,
der Lebenslauf sollte gut auf diesen Studienplatz abgestimmt sein. Die folgende
Checkliste zeigt Ihnen, welche Einheiten ein Lebenslauf unbedingt beinhalten sollte
und welche Einheiten zusätzlich angefügt werden können.

Checkliste | Lebenslauf

Notwendig

▶ **Persönliche Daten**
Name, Vorname, Anschrift, Geburtsdatum und -ort, Familienstand,
Staatsangehörigkeit.

▶ **Schulische Ausbildung**
Erworbener Abschluss und Schulen, die besucht wurden.

▶ **Zivil- oder Wehrdienst, Freies Soziales Jahr**
Wurde dies schon absolviert, so muss man das anführen.

▶ **Praktika**
Wenn während der Schulzeit Praktika absolviert wurden, die für den Studiengang von Bedeutung sind, sollte diese angeführt werden.

▶ **Weiterbildung**
Wenn neben der Schule oder der Ausbildung weiterbildende Kurse besucht
wurden (z.B. Fremdsprachen, EDV-Kenntnisse etc.), auf jeden Fall anfügen.

Besondere Kenntnisse
In dieser Rubrik können Fremdsprachen, EDV-Qualifikationen oder andere besondere Kenntnisse angeführt werden.

Formale Angaben
Datum, Ort und Unterschrift

Abgeschlossene Ausbildung/Berufstätigkeit
Wenn schon eine Ausbildung abgeschlossen wurde, dann sollten Sie dies unbedingt anführen.

Optional

Interkulturelle Kompetenzen
Haben Sie Zeit im Ausland verbracht, z.B. ein Schuljahr in den USA, ein Praktikum in Frankreich oder einen Schüleraustausch in England, so heben Sie dies in Ihrem Lebenslauf hervor.

Ehrenamtliche Tätigkeiten
Wer ein Ehrenamt ausübt, kann im Lebenslauf den Raum nutzen, darzustellen, welche sozialen Tätigkeiten ausgeführt werden. Das kann einen guten Eindruck machen.

Hobbys und Interessen
Mit dem Abschnitt der Hobbys und Interessen zeigen Sie, dass Sie interessiert und aktiv sind.

Das Dokument sollte mit der Überschrift „Lebenslauf" eingeleitet werden, alternativ kann das lateinische „Curriculum Vitae" (kurz CV) verwendet werden. Wie der Lebenslauf ausgerichtet ist (ob links- oder rechtsbündig), bleibt dem Verfasser überlassen. Das obligatorische Bewerbungsfoto wird zumeist in der oberen rechten Ecke der ersten Dokumentseite platziert, dies sollten Sie bei der Formatierung berücksichtigen.

Nachdem Sie das Format festgelegt haben, tragen Sie die thematischen Blöcke ein, nach denen der Lebenslauf gegliedert werden soll, und nehmen die notwendigen Daten und Angaben auf. Orientieren Sie sich an den in der Checkliste aufgeführten Einheiten, dann können Sie sichergehen, dass Sie alle wichtigen Punkte bedacht haben. Sie müssen Ihren Lebenslauf thematisch so gestalten, dass das Dokument den Anforderungen der Hochschule genügt. Daher kann es nicht schaden, wenn Sie sich bei den Verantwortlichen der Hochschule genau erkundigen, worauf Wert gelegt wird.

Generell gilt, wenn Sie einen Lebenslauf einreichen, dass Sie darauf gefasst sein müssen, dass in einem persönlichen Gespräch oder einem Auswahlinterview nachgefragt

wird, wo Sie gejobbt, welche Sprache Sie gelernt und warum Sie es für wichtig erach-
tet haben, vor dem Studium Weiterbildungsmaßnahmen zu ergreifen. Legen Sie sich
für diese Fälle Antworten zurecht. Natürlich ist für den Erfolg Ihrer Bewerbung die
Kohärenz (das Zusammenhängen) der Bewerbungsunterlagen entscheidend. Wer
beispielsweise einen unübersichtlichen Lebenslauf einreicht, der muss mit einer Ablehnung rechnen. Dem folgenden Schema können Sie entnehmen, wie die Daten und
Informationen im Lebenslauf strukturiert werden könnten.

Lebenslauf | Beispiel

Persönliche Daten

Name:	Mustermann, Marianne
Anschrift:	Frankfurter Straße 1 60386 Frankfurt Mobil: 0155-23 55 23 55 Telefon: 069-40 56 49 73
Geburtsdatum, -ort:	17.05.1986 in Mixbach
Staatsangehörigkeit:	deutsch
Familienstand:	ledig

Schulische Ausbildung

(Jahresangabe)	Name, Ort, Schultyp, (Abschlussnote) z.B. Bert Brecht Gymnasium Niederzwürten; Abschluss: Abitur (2,3)

Zivil-, Wehrdienst, freies soziales Jahr (fsJ)

(Jahresangabe)	Name, Ort, Tätigkeitstyp sowie -bereich z.B: Freies Soziales Jahr (fsJ), Glückskeksschule (Schule für Geistigbehinderte), Münster, Aufgaben: Pflege, Betreuung und Beschäftigungstätigkeiten.

Praktika

(Jahresangabe)	Unternehmen, Ort, Tätigkeitsbereich z.B. Münsteraner Allgemeine Zeitung, Münster, Abteilung: Ressort für Politik und Wirtschaft

Weiterbildung

(Jahresangabe)	Seminare oder Kurse, die neben der Schule besucht wurden z.B. Sprachkurs Chinesisch, VHS-Münster

Besondere Kenntnisse

Fremdsprachen:	z.B. Französisch (sehr gut), Englisch (gut), Chinesisch (Anfänger)
EDV:	z.B. Office-Kenntnisse, Html-Kenntnisse

Zusätzlich können die folgenden Kategorien in den Lebenslauf eingebaut werden, je nachdem, ob Bedarf besteht oder nicht. Das würde dann folgendermaßen aussehen:

Interkulturelle Kompetenzen

(Jahresangabe)	Auslandserfahrung, z.B. 2006 dreimonatiger Schüleraustausch am Collége Pierre Bayle in Marseille, Frankreich

Ehrenamtliche Tätigkeiten

(Jahresangabe)	Tätigkeiten in einer Gemeinde, in einem Verein, bei Projekten etc.: Verein/Gruppe/Gemeinde, Ort, Tätigkeitsbereich z.B: Naturschutzverein „Für die Katz e.V.", Niederzwürten. Aufgaben: Aufforstungs- und Artenschutzprojekte zum Schutz der deutschen Wildkatze

Hobbys und Interessen

	Nur Hobbys und Interessen angeben, die relevant sein können. Bewerben Sie sich z.B. für ein Sportstudium, können Sie die Sportvereine angeben, die Sie besucht haben z.B. seit 2002 Handballverein, HSV Niederzwürten.

Frankfurt (Ort), 1.4.2009 (Datum)
[Ihre Unterschrift]

Das Bewerbungsfoto

Zuvor wurde betont, dass bei einer Bewerbung „der erste Eindruck" entscheidend ist. Ganz gleich ob im Anschreiben, im Lebenslauf oder im persönlichen Gespräch, Sie sollten grundsätzlich versuchen, einen guten Eindruck zu vermitteln. Daher muss auch ein Bewerbungsfoto ausgewählt werden, das diesen Ansprüchen gerecht wird. Sparen Sie nicht am Fotografen und verwenden Sie kein Automaten-, Handy- oder Partyfoto. Stattdessen sollten Sie einen professionellen Fotografen aufsuchen. Für Ihr Foto ist es wichtig, dass Sie versuchen, sympathisch zu wirken, ohne sich gekünstelt oder unnatürlich zu verhalten. Versuchen Sie freundlich und offen zu lächeln und stimmen Sie mit dem Fotografen ab, wie Sie die notwendige Seriosität ausstrahlen können, die ein Bewerbungsfoto stark macht. Stimmen Sie ebenfalls mit dem Fachmann ab, ob für Ihren Fall ein Foto in schwarz-weiß oder in Farbe passender ist. Lassen Sie sich nicht von einem Fotografen mit schlechten Aufnahmen abspeisen, sondern sorgen Sie für weitere Aufnahmen, wenn Sie mit den Resultaten unzufrieden sind. Achten Sie darauf, dass sich der Fachmann wirklich Zeit nimmt und nicht nebenbei den Auslöser drückt und Sie das Fotostudio unzufrieden verlassen. Die Standardgröße für Bewerbungsfotos liegt bei 6 x 4,5 cm und größer, Sie haben die Wahl zwischen einem 3:4 Hochformat und einem 4:3 Querformat.

Natürlich sind für die Auswahl eines Bewerbers viele Gründe ausschlaggebend und ohne die erforderlichen Qualifikationen geht nichts, doch trägt das Foto zu einer erfolgreichen Bewerbung bei. Daher sollten Sie sich mit einem Foto bewerben, mit dem Sie zufrieden sind. Zudem ist wichtig, dass es handwerklich gut gemacht ist und die Darstellung nicht amateurhaft wirkt. Diejenigen, die Sie als Bewerber auswählen sollen, sehen Sie auf diesem Foto aller Wahrscheinlichkeit nach zum ersten Mal. Diese Gutachter gilt es zu überzeugen – gerade auch mit Ihrem Bewerbungsfoto.

Wählen Sie Kleidung, die für den Studienplatz, auf den Sie sich bewerben, angemessen ist.

<u>Für Frauen gilt die folgende Faustregel:</u> Kleiden Sie sich seriös, nicht verführerisch oder aufdringlich und verwenden Sie nicht zu viel Make-up. Zudem sollten Sie überflüssigen Schmuck vermeiden. Tragen Sie z.B. ein Kostüm oder eine Bluse, dazu Jackett oder Blazer.

<u>Für Männer gilt:</u> Kleiden Sie sich seriös, am besten wählen Sie einen Anzug und ein einfarbiges Oberhemd. Optional dazu Krawatte. Achten Sie zudem darauf, dass Sie rasiert sind und nicht wie ein Landstreicher aussehen.

Platzieren Sie Ihr Foto in den Bewerbungsunterlagen entweder auf dem Deckblatt der Bewerbung oder, wie in den meisten Fällen, auf dem Lebenslauf, in der rechten oberen Ecke. Fixieren Sie das Foto auf der Unterlage mit einem Klebestift oder doppelseitigem Klebeband. Bevor Sie das Foto aufkleben, sollten Sie auf der Rückseite Ihre Daten (Name, Vorname und Adresse) schreiben, für den Fall, dass sich das Bild von der Bewerbung löst.

Das Bewerbungsanschreiben

Die Bewerbung kann als Instrument der Selbstdarstellung verstanden werden, das eine Person im Wettstreit um eine begehrte Position (Studienplatz, Stipendium, Praktikum, Job) strategisch einsetzen kann. Demzufolge sind Bewerbungsunterlagen Dokumente, die darstellen, über welche Fähigkeiten, Kenntnisse und Motivationen der Bewerber verfügt. Das Bewerbungsanschreiben ist Mittelpunkt jeder Bewerbung, hiermit können Sie zeigen, warum Sie für den Studienplatz besonders geeignet sind. Generell wird dieses Dokument als die „Seite 1" der Bewerbung bezeichnet, Lebenslauf und Motivationsschreiben sind somit „Seite 2" und „Seite 3".

Da für die Begutachter der erste Eindruck entscheidend ist, sollten Sie versuchen, in den ersten Zeilen des Anschreibens Aufmerksamkeit zu erregen, um sich direkt zum Einstieg einen Vorsprung zu verschaffen. Verzichten Sie auf Standardformulierungen und Allgemeinplätze und scheuen Sie nicht die Mühen, das gesamte Anschreiben selbst zu verfassen. Kopieren Sie nicht von Vorlagen aus dem Internet, es gibt heutzutage Computerprogramme, die explizit eingesetzt werden, um Plagiate (nicht selbstgeschriebene Texte) identifizieren zu können. Nehmen Sie sich die notwendige Zeit und überlegen Sie, bevor Sie mit dem Schreiben beginnen, warum insbesondere Sie für das Studium geeignet sind.

Orientieren Sie sich für das Anschreiben an den folgenden Fragen:

¬ **Was interessiert mich an dem Studium?**

¬ **Warum möchte ich in genau diesem Bereich ein Studium aufnehmen, worin besteht meine besondere Motivation?**

¬ **Welche Erfahrungen, Kenntnisse und Fähigkeiten kann ich nachweisen, die mich zum Studium qualifizieren?**

¬ **Warum bin gerade ich geeignet, was unterscheidet mich von anderen Bewerbern?**

¬ **Welche beruflichen Ziele verfolge ich und warum passt aus diesem Grund der Studiengang gut zu mir und ich zu der Hochschule?**

¬ **Gehe ich anderen privaten oder ehrenamtlichen Tätigkeiten nach (Fußballtrainer für Kleinkinder, Betreuung einer Jugendgruppe, Mitglied in einer Musikband etc.), die mich auszeichnen und für die Bewerbung wichtig sein können?**

Wenn Ihnen andere grundlegende Fragen für Ihr Bewerbungsschreiben einfallen, dann arbeiten Sie mit diesen. Bereiten Sie sich in Stichpunkten vor und beginnen Sie erst mit dem Schreiben, wenn Sie wissen, was Sie kommunizieren wollen. Sie werden schnell merken, dass eine derartige Vorgehensweise Vorteile birgt. Es wird Ihnen wesentlich einfacher von der Hand gehen, das Schreiben aufzusetzen, wenn Sie wissen, wie Sie sich darstellen möchten und was die inhaltlichen Hauptpunkte sind, auf die Sie eingehen werden.

Neben dem Inhalt zählt vor allem die Form: Das Anschreiben sollte sorgfältig gegliedert sein. Um eine exzellente Bewerbung zu verfassen, sind formelle Aspekte zu beachten: Es gilt bestimmten Standards zu folgen. In der Regel umfasst das Bewerbungsanschreiben eine DIN-A4-Seite, diese sollten Sie folgendermaßen formatieren: Seitenrand links (24,1 mm), Seitenrand rechts (min. 20 mm), Seitenrand unten (16,9 mm), Seitenrand oben (16,9 mm). Als Schriftart verwenden Sie die Standardschriften Arial oder Times New Roman. Als Schriftgröße sollten Sie bei den Standardschriften 12 Punkt wählen. Aktivieren Sie auch die Silbentrennung.

Im weiteren Verlauf wird nun exemplarisch dargestellt, wie ein formal korrektes Bewerbungsanschreiben aufgebaut sein sollte.

Der Anschreibenkopf

Beginnen Sie mit dem Kopf des Anschreibens. Dieser umfasst Absender und Empfängeradresse, den Betreff und die Anrede. Verwenden Sie für den Anschreibenkopf eine kleinere Schriftart, so heben Sie die einzelnen Abschnitte des Schreibens erkennbar hervor.

Oben links setzen Sie als Block Ihre Adresse ein, diese umfasst:

¬ Vorname, Name

¬ Straße und Hausnummer

¬ Postleitzahl und Ort

¬ E-Mail-Adresse

¬ Ggf. Telefonnummer

In die Zeile, in der auch Ihr Name steht, fügen Sie rechtsbündig Datum und Ort ein. Unter Ihrer Adresse lassen Sie eine bis vier Zeilen frei und fügen anschließend die Adresse des Empfängers ein, orientieren Sie sich an folgendem Format:

¬ Name der Hochschule

¬ Abteilung/Institut und Name des Verantwortlichen

¬ ggf. E-Mail-Adresse des Ansprechpartners

¬ Straße, Hausnummer oder Postfach

¬ PLZ und Ort

Lassen Sie nach der Empfängeradresse vier Zeilen frei und fahren Sie fort mit dem Betreff. Vermeiden Sie es, nur „Betreff: Bewerbung" zu schreiben, sonst wird Ihr Anschreiben schwammig und Ihr Anliegen undeutlich. Ein Beispiel für eine mögliche Betreffzeile:

Bewerbung um einen Studienplatz im Fach Biologie [Abschluss Bachelor of Science B.Sc.]

Wie im angeführten Beispielsatz sollten Sie in Ihrem Bewerbungsschreiben die Betreffzeile hervorheben; dazu nutzen Sie entweder die Kursiv- oder Fettschreibung. Nach der Betreffzeile lassen Sie zwei Zeilen frei und fahren mit der Anrede fort. In diesem Zusammenhang ist es sinnvoll, sich direkt an einen Ansprechpartner zu wenden. Zumeist gibt es auf dem Internetauftritt der Hochschule einen Verweis auf einen Ansprechpartner. Hierbei handelt es sich in der Regel um Mitarbeiter der Einrichtungen, die an den Hochschulen mit den Bewerbungsverfahren beauftragt sind. Finden Sie im Webauftritt der Hochschule keine Ansprechpartner, so erkundigen Sie sich am besten telefonisch, an wen Sie das Anschreiben richten sollen. Mit einem Anruf stellen Sie darüber hinaus eine direkte Verbindung zu den Verantwortlichen her, was generell einen guten Eindruck hinterlässt. Zudem kann Ihnen das Verfassen der Bewerbung einfacher fallen, wenn Sie einen quasi-präsenten Gesprächspartner haben. Ist Ihnen der Ansprechpartner bekannt, so schreiben Sie: „Sehr geehrte Frau ... / Sehr geehrter Herr ..." Können Sie keinen direkten Ansprechpartner feststellen oder trauen Sie sich nicht, in der Hochschule anzurufen, dann greifen Sie auf die Floskel „Sehr geehrte Damen und Herren" zurück. Nach einer weiteren Leerzeile folgt auf den Anredesatz der eigentliche Text.

Der Inhalt des Bewerbungsanschreibens

Wenn Sie mit dem Schreiben des Textes beginnen, so bedenken Sie stets, dass Sie sich so klar und deutlich wie möglich ausdrücken. Derjenige, der das Anschreiben liest, möchte das Anschreiben gut nachvollziehen können und deutliche Informationen erhalten. Denken Sie daran, dass der Adressat weder Zeit noch Lust aufbringen kann, über Ungenauigkeiten und den fehlenden Zusammenhang in Ihrem Anschreiben nachzudenken. Wenn Ihr Schreiben den so genannten roten Faden vermissen lässt, wird die Bewerbung sehr wahrscheinlich durchfallen. Vergessen Sie beim Schreiben nie Ihren Adressaten. Sie schreiben für eine Person, die nach dem Lesen des Anschreibens ein Bild von Ihnen rekonstruieren möchte. Sind Sie darauf bedacht, dass der Eindruck bei den Gutachtern positiv ist, so sollten Sie ein eindeutiges Anschreiben einreichen.

Wir möchten vorschlagen, das Bewerbungsanschreiben in den Einleitungsabsatz, den Hauptteil und die abschließende Grußformel aufzugliedern.

Der Einleitungsabsatz

Im einleitenden Absatz des Anschreibens sollten Sie in zwei bis drei Sätzen auf den Studiengang eingehen und Ihre Motivation für das Studium darlegen. Da die Verantwortlichen der Hochschulen unzählige Bewerbungen bearbeiten müssen, ist ihnen daran gelegen, im Bewerbungsanschreiben schnell identifizieren zu können, welche Motivation vorliegt, wie der fachrelevante Kenntnisstand einzuschätzen ist und ob der Bewerber einen kompetenten Eindruck vermittelt. Voraussetzung für eine Bewerbung, die diese Kriterien erfüllt, ist eine eindeutige und direkte Art der Kommunikation. Sie kommunizieren in einer schriftlichen Bewerbung beispielsweise effektiv, wenn Sie Ihr Anliegen direkt mit dem Einleitungssatz vermitteln. Vermeiden Sie platte Floskeln und versuchen Sie stattdessen einen individuell ansprechenden Einstieg in das Anschreiben zu finden. Wichtig ist, dass Sie einen Zusammenhang zwischen Ihren Fähigkeiten, der Motivation, den Interessen und dem Studiengang und der Hochschule herstellen. Ein überzeugender Einleitungsabsatz könnte wie folgt gestaltet sein:

> Mein Name ist Vera Letzkow, ich bin 20 Jahre alt und bereit, mit dem Studium zu beginnen. Als ich noch ein kleines Mädchen war, habe ich zu meinem Bruder gesagt: „Wenn ich einmal groß bin, dann werde ich Forscherin für kleine Tiere!" Jetzt bin ich größer, habe mein Abitur erfolgreich absolviert und möchte zum kommenden Wintersemester ein Biologiestudium an der Freien Universität Berlin aufnehmen.

Der Hauptteil

Im Hauptteil des Anschreibens können Sie substanziell davon überzeugen, dass Sie der richtige Bewerber für den Studiengang sind. Sie erfüllen alle Anforderungen, haben gesteigertes Interesse am Fach, Sie verfügen über Qualifikationen, die andere Bewerber nicht nachweisen können, und sind motiviert, das Studium aufzunehmen. Haben Sie sich damit auseinandergesetzt, was Sie auszeichnet, über welche Kenntnisse, Fähigkeiten und Qualifikation Sie verfügen, so ist dieser Abschnitt des Anschreibens leicht verfasst.

Sie müssen darauf achten, sich so klar wie möglich auszudrücken. Vermeiden Sie lange Schachtelsätze und schreiben Sie nur über Dinge, die im Hinblick auf den Studienplatz relevant sind. Ein Bewerbungsschreiben sollte immer klar und eindeutig formuliert sein, für komplizierte schwer nachzuvollziehende Sätze gibt es keine Prämien. Ganz im Gegenteil birgt ein schwer nachvollziehbares Bewerbungsanschreiben die Gefahr, abgelehnt zu werden. Ob Sie an japanischen Manga-Comics interessiert sind, ist nicht wichtig, wenn Sie sich für ein Maschinenbaustudium bewerben. In diesem Zusammenhang könnte es allerdings sinnvoll sein darauf hinzuweisen, dass Sie seit Ihrer Kindheit Interesse an Maschinen haben; mögen es Autos, Kaffeemaschinen, Flugzeuge oder Staubsauger sein. Bewerben Sie sich für ein Design- oder Illustrationsstudium, dann sind die Manga-Comics relevant für die Bewerbung. Das zeigt, dass die Informationen, die Sie in das Schreiben aufnehmen, eine nachvollziehbare Relevanz für das Studium haben.

Beim Verfassen des Schreibens sollten Sie zwei wichtige Aspekte im Hinterkopf behalten: Erstens sollten Sie so schreiben, dass der Leser das Interesse nicht verliert und das Schreiben auf halber Strecke auf den Stapel der abgelehnten Bewerbungen legt. Versuchen Sie demnach besonders sorgfältig zu arbeiten, Wiederholungen zu vermeiden und einen roten Faden zu spannen, der den Leser durch das Anschreiben führt. Darüber hinaus sollten Sie Ihre Fähigkeiten und Interessen mit den Anforderungen und Hauptcharakteristika des Studiums und des Berufsbildes in Verbindung setzen. Die Kompetenz interessant und spannend zu schreiben, ist nicht jedem in die Wiege gelegt. Mit Anstrengung, Übung und genauer Planung des Bewerbungsschreibens können Sie es jedoch schaffen, ein ordentliches Anschreiben zu Stande zu bringen. Orientieren Sie sich hierbei an grundlegenden Aspekten. Für das gesamte Schreiben sollten Sie versuchen: Aktiv-Formulierungen zu verwenden (z.B. „sammelte ich" statt „konnte ich sammeln"); auf lange Nebensatzkonstruktionen zu verzichten; direkt und explizit zu schreiben.

Um Ihre Fähigkeiten mit den Anforderungen des Studiums und dem Berufsbild angemessen anzugleichen, bedarf es ebenfalls genauer Überlegung. Fragen Sie sich beispielsweise:

¬ **Warum Sie Interesse an dem Studium haben?**

¬ **Inwiefern Sie für das Studium relevante Fähigkeiten besitzen, und welche diese Fähigkeiten sind?**

¬ **Inwieweit das Studium für Sie den Weg zu einem bestimmten Beruf bedeutet?**

¬ **Ob Sie Erfahrungen gesammelt haben, die für das Studium von Relevanz sind?**

¬ **Ob, bei einem schlechteren Abitur, Ihre starken Fächer im Zusammenhang mit dem Studium stehen?**

¬ **Warum Sie genau diesen Studiengang und diese Hochschule ausgewählt haben?**

¬ **Warum gerade Sie als zukünftiger Student geeignet sind?**

Dies ist nur eine kleine Auswahl von Fragen, die bei der Formulierung eines Bewerbungsschreibens helfen könnten. Prinzipiell eignet sich die Frage hervorragend als
Hilfsmittel, nur müssen Sie sich die richtigen Fragen stellen. Sie können sich an den
oben genannten Beispielen orientieren und selbst weitere Fragen formulieren. Diese
Art der Vorbereitung auf ein Bewerbungsschreiben mag Ihnen überflüssig erscheinen,
Sie mögen sich sogar denken: „Ich muss mich nicht vorbereiten, dass schaff ich doch
mit links." Bedenken Sie jedoch, dass Sie ein Bewerber unter vielen sind und sich die
Hochschulen für diejenigen entscheiden, die als besonders geeignet gelten. Da die
Eignung in diesem Fall kombiniert aus den schulischen Leistungen und den persönlich formulierten Fähigkeiten bestimmt wird, ist die Vorbereitung auf das Bewerbungsschreiben alles andere als überflüssig. Wer den inneren Schweinehund nicht
überwinden kann, der wird im Nachhinein umso verärgerter dastehen. Denn das Bewerbungsschreiben ist nicht nur ein Dokument, welches der Informationsvermittlung
dient. Das Bewerbungsschreiben ist, marketingstrategisch ausgedrückt, Ihre Werbeta-
fel, Litfasssäule oder der eigene Trailer. Denken Sie daran, wie Sie sich ärgern würden,
wenn Sie den Trailer zu Ihrem neuesten Film vorstellen und dabei feststellen müssten,
dass die wichtigsten Sequenzen so geschnitten wurden, dass Anfang und Ende des
Films nicht auseinanderzuhalten sind. Ähnlich verhält es sich mit dem Bewerbungsschreiben, hier sollten alle Paragraphen miteinander im Einklang stehen, weder formal noch inhaltlich sollten Fehler oder Ungenauigkeiten bestehen.

Das Ende des Hauptteils bildet ein Abschlusssatz. Hier gehen Sie bestenfalls direkt
darauf ein, dass Sie auch bereit sind, ein Interview zu absolvieren (auch wenn das
nicht notwendig ist). Ein überzeugender Hauptparagraph könnte wie folgt gestaltet
werden:

Mein Interesse für Tiere, die Natur und die Biologie kommt nicht von ungefähr. Da meine Mutter Tierärztin ist,

bin ich seit meiner frühsten Kindheit an den Umgang mit Tieren gewöhnt. Nur hat sich die kindliche Begeiste-

rung für Tiere mit den Jahren gewandelt, heute möchte ich Biologin werden. Wie Sie meinem Zeugnis entneh-

men können, zeigen meine Leistungen in den naturwissenschaftlichen Schulfächern Biologie (-1), Chemie (+2)

und Mathematik (2), dass ich die Grundvoraussetzungen für das Studium mitbringe.

Das obligatorische Schulpraktikum habe ich vor zwei Jahren im Zoo in Dortmund absolviert und verlängerte es

sogar über die Sommerferien um vier Wochen. Im Praktikum habe ich erste Erfahrungen in einem Berufsfeld ge-

sammelt, in dem ich gerne professionell arbeiten würde. Während des Praktikums hat mich ein Erlebnis faszi-

niert, aus dem mein Interesse für die Verhaltensbiologie resultiert. Es gab in diesem Zoo zwei Nashörner, ein

Männchen und ein Weibchen. Das Weibchen stürzte eines Tages in den Graben, der das Gehege umgibt, und ü-

berlebte diesen Sturz nicht. Nach dem Tod des Weibchens wurde das Männchen von Monat zu Monat depressi-

ver, wollte keine Nahrung mehr aufnehmen, wurde schwächer und starb nach einigen Monaten ebenfalls. Ich habe mich gefragt, wie wohl die Beziehungen zwischen Nashörnern verlaufen und ob Trauer und Depressionen auch in der Tierwelt existieren. Diese und ähnlich Fragen interessieren mich brennend und ich denke, dass mir ein Biologiestudium wichtige Einsichten und Antworten liefern kann.

Ich habe mich für Ihre Universität entschieden, da mich die Informationsbroschüren überzeugt haben. Insbesondere die Forschungsprojekte zur Verhaltensbiologie interessieren mich und ich hoffe bei den Professoren, die in diesem Bereich tätig sind, Vorlesungen besuchen zu können. Zudem weiß ich, dass das Betreuungsverhältnis exzellent ist und immer wieder renommierte Gastforscher an die Hochschule kommen. So bin ich sicher, dass an Ihrem Institut immer die aktuellsten Forschungsfragen diskutiert werden, und schließe daraus, dass dies auch in der Lehre der Fall ist. Die Voraussetzungen erscheinen mir perfekt für ein erfolgreiches Studium und ich bin fest davon überzeugt, dass ich viel lernen und meine Fähigkeiten und Kenntnisse ausbauen kann.

Über Ihre Zustimmung zu meiner Bewerbung würde ich mich sehr freuen, für weitere Auskünfte stehe ich Ihnen gern auch persönlich zur Verfügung.

Die abschließende Grußformel

Sie beschließen Ihr Bewerbungsanschreiben mit einer Grußformel, greifen Sie am besten auf den Klassiker „Mit freundlichen Grüßen" zurück. Dann setzen Sie handschriftlich Ihre Unterschrift darunter und das Bewerbungsanschreiben ist fast fertig.

Mit freundlichen Grüßen

Vera Letzkow

Die Anlagen

Am unteren Ende der Seite folgen noch Angaben über die Anlagen. Entweder weisen Sie nur darauf hin, dass Anlagen beiliegen (mit dem Hinweis „Anlagen"). Oder Sie führen die Anlagen in einer Aufzählung an. Beachten Sie hierbei, dass die Reihenfolge der Anlagen der Reihenfolge in der Bewerbungsmappe entspricht.

Das Motivationsschreiben

Das Motivationsschreiben – häufig auch Dritte Seite, Letter of Motivation oder Statement of Purpose genannt – bietet Ihnen Raum, Ihre Fähigkeiten und persönliche Motivation für ein Studium zum Ausdruck zu bringen. Ein Motivationsschreiben wird nicht in jedem Bewerbungsverfahren gesondert zum Anschreiben erwartet. Sie können ebenso dazu aufgefordert werden, im Bewerbungsanschreiben Ihre Motivation darzustellen.

Es ist eine zusätzliche Arbeit, wenn Sie dazu aufgefordert sind, sowohl Bewerbungs- als auch Motivationsschreiben einzureichen. Betrachten Sie dies dennoch nicht als sinnlos, denn mit dem Letter of Motivation ist eine direktere Art der Kommunikation möglich, die Sie gut für sich nutzen können. Es geht explizit um die Darstellung Ihrer Motivation und das persönliche Interesse am Studium. Zudem gibt es keinen Anlass, sich die Haare zu raufen, wer ein Anschreiben verfassen kann, der sollte auch das Motivationsschreiben bewerkstelligen. Es gilt darauf zu achten, dass sich Aussagen des Bewerbungs- und des Motivationsschreibens nicht überschneiden. Sonst droht die Gefahr, dass Sie sich wiederholen, Ihre Bewerbung könnte redundant wirken. Wird von Ihnen erwartet, Bewerbungs- und Motivationsschreiben einzureichen, dann überprüfen Sie eingehend, inwiefern sich die beiden Dokumente ergänzen. Vermeiden Sie Doppelungen.

Wir wollen das Motivationsschreiben nicht bis ins letzte Detail besprechen, da der Unterschied zum Bewerbungsschreiben nicht allzu groß ist. Grundsätzlich gilt, was zuvor im Abschnitt zum Bewerbungsschreiben gesagt wurde. Doch ist ein Motivationsschreiben weitreichender als die einfache Bewerbung und Details sind wichtiger. Beziehen Sie sich nur auf Erfahrungen, Kenntnisse oder absolvierte Studien- und Schulleistungen, die in Ihren anderen Bewerbungsunterlagen enthalten sind. Erfinden Sie keine unschlüssige Motivation, gaukeln Sie keine Interessen vor und vermeiden Sie es, von Dingen zu schreiben, die Sie nicht verstehen.

Im Folgenden wird erläutert, wie ein derartiges Schreiben strukturiert, aufgesetzt und formuliert werden kann.

Allgemeines

Grundsätzlich gilt es in einem Motivationsschreiben zwei Aspekte zu verbinden: Persönliche Fähigkeiten, Interessen, Ziele und Ideen (1) mit Anforderungen, die das Studium stellt (2). Es ist sinnvoll sich an zwei Perspektiven, der eigenen und der fremden, zu orientieren. Versuchen Sie diese im Motivationsschreiben gleichermaßen zu integrieren. Sie müssen in einem ersten Schritt herausarbeiten, was Sie interessiert, motiviert und bestärkt, das Studium im Fach X aufzunehmen. In einem zweiten Schritt sollten Sie versuchen, sich in die Verantwortlichen des Studiengangs hineinzuversetzen. Denken Sie sich Fragen aus, die an Studienbewerber gestellt werden könnten; überlegen Sie, was Sie von einem Studenten erwarten würden; versuchen Sie festzustellen, was neben den aufgeführten Kriterien für ein Studium notwendige Voraussetzung ist. Als Hilfsmittel für diesen Prozess schlagen wir das Mind-Mapping vor. Diese Technik bietet Ihnen die Möglichkeit, das Motivationsschreiben strukturiert zu planen.

Die Vorbereitung – Mind-Mapping

Für das Verfassen eines Motivationsbriefes ist eine gute Vorbereitung empfehlenswert, denn schließlich wollen Sie explizit von Ihren Qualitäten für ein Studium überzeugen. Daher ist es notwendig, dass Sie sowohl kommunizieren können, was Ihre Qualitäten sind, als auch die Anforderungen des Studiums bedenken und sich auf diese im Motivationsschreiben zu beziehen. Es ist sinnvoll, sich in zwei Schritten vorzubereiten: Arbeiten Sie zuerst Ihre persönliche Motivation heraus und dann die Anforderungen des Studiums und der Hochschule – oder andersherum. Wichtig ist, dass Sie eine Strategie verfolgen und versuchen, strukturiert vorzugehen. Hierfür können Sie auf ein bekanntes Hilfsmittel zurückgreifen, die Mind-Map oder Gedankenkarte. Eventuell kennen Sie dieses Werkzeug aus der Schule, sind von Ihren Lehrern damit über Jahre gequält worden und denken, dass Sie derartige Hilfsmittel nicht benötigen. Versuchen Sie diese Gedanken zur Seite zu legen. Die Mind-Map ist ein kluges und effektives Instrument. Wir wollen Ihnen eine vereinfachte Form anbieten, die simpel und hilfreich ist.[73]

Um eine Mind-Map zu erstellen, gehen Sie folgendermaßen vor: Nehmen Sie ein weißes DIN-A4-Blatt und einen Stift zur Hand, Sie können auch verschiedenfarbige Stifte verwenden. Dann bestimmen Sie eine grundlegende Frage oder beschreiben ein Oberthema, welches Sie in die Mitte des Blattes zeichnen und mit einem Kreis oder Quadrat umgrenzen. In unserem Fall ist ein Beispielthema: „Motivation zum Studium an Uni X im Studiengang Y". Im Anschluss zeichnen Sie von dem zentralen Feld ausgehend verschiedene Zweige. An diese Zweige können Sie weitere Kreise oder Quadrate anfügen, die in einer niedrigeren Rangordnung stehen: sowohl thematisch als auch der Form nach. Einen Unterpunkt, den Sie für wichtig erachten, führen Sie in einem kleineren Quadrat oder Kreis an. Für unser Thema „Motivation zum Studium an Uni X im Studiengang Y" können wir die folgenden Unterpunkte nennen: Arbeiten, Lernen, Horizont erweitern, Fähigkeiten ausbauen, Ziele realisieren, Vorkenntnisse in Y u.a. Von diesen Feldern ausgehend können kleinere Kreise gezeichnet werden, die die Unterpunkte spezifizieren und detaillierte Auskunft geben.

In der Vorbereitung sollten Sie nicht nur Ihre Motivation so genau wie möglich bestimmen. Ermitteln Sie auch, inwiefern Sie mit dem Motivationsschreiben auf die Anforderungen des Studiums, das Fach, die Hochschule und den Studiengang eingehen wollen. Ein Studium und die Hochschule stellen gewisse Anforderungen, es können zusätzliche Voraussetzungen für die Aufnahme nachzuweisen sein und Sie dürfen nicht vergessen, die Verantwortlichen wollen Sie durch das Motivationsschreiben kennen lernen und etwas über Sie erfahren. Auch hier können Sie eine Mind-Map erstellen, gehen Sie vor, wie beschrieben.

---

[73] Ein ausführliches Buch zum Thema Mind-Map ist das folgende: Tony Buzan & Barry Buzan (2005): *Das Mind-Map-Buch – Die beste Methode zur Steigerung Ihres geistigen Potenzials*, mvg-Verlag, 5. Auflage.

Im Folgenden finden Sie zur Illustration Beispiele, wie eine Mind-Map zur Vorbereitung auf das Motivationsschreiben aussehen kann.

MindMap1 | Meine Motivation

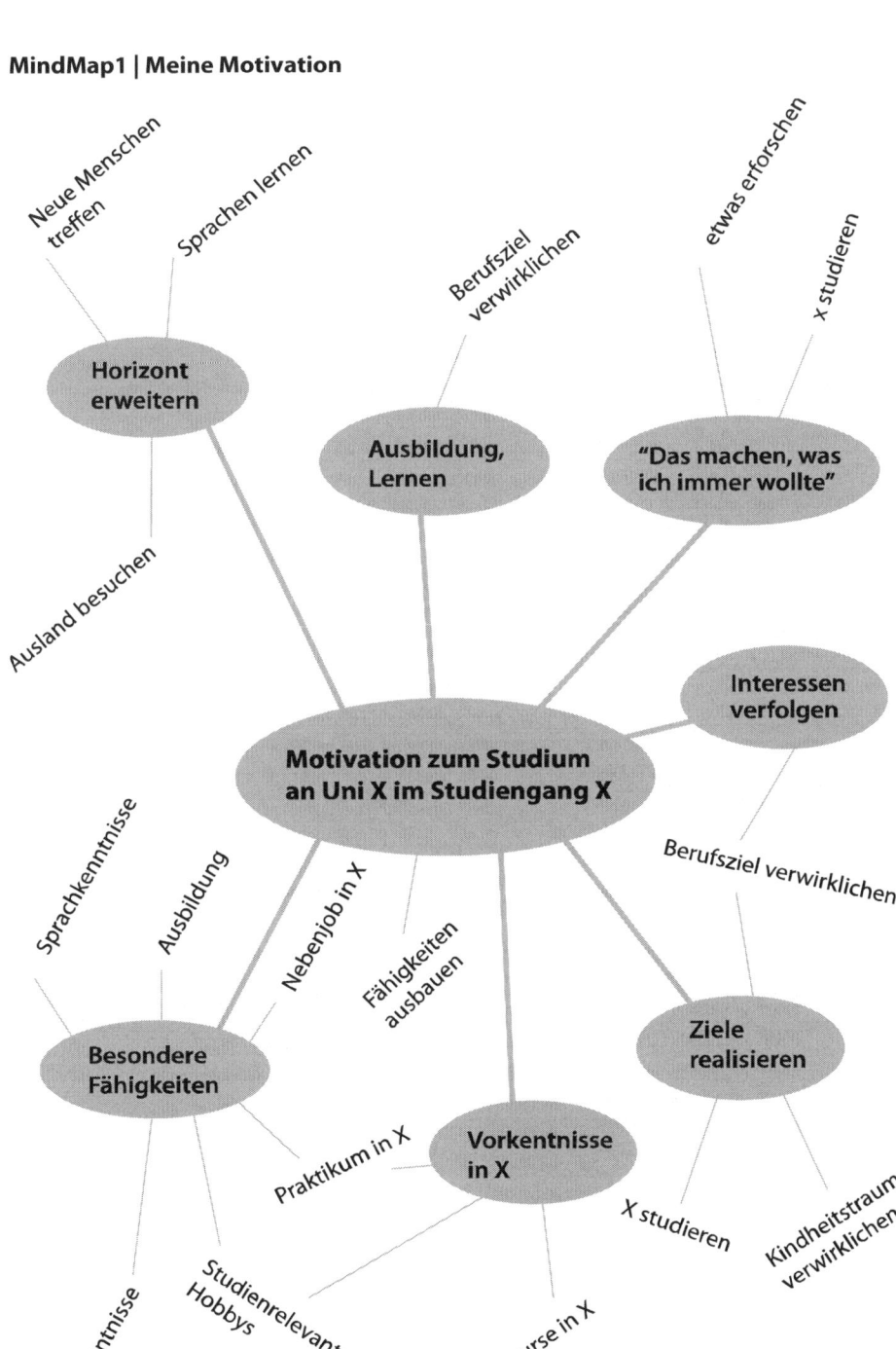

MindMap2 | Anforderungen des Studiums

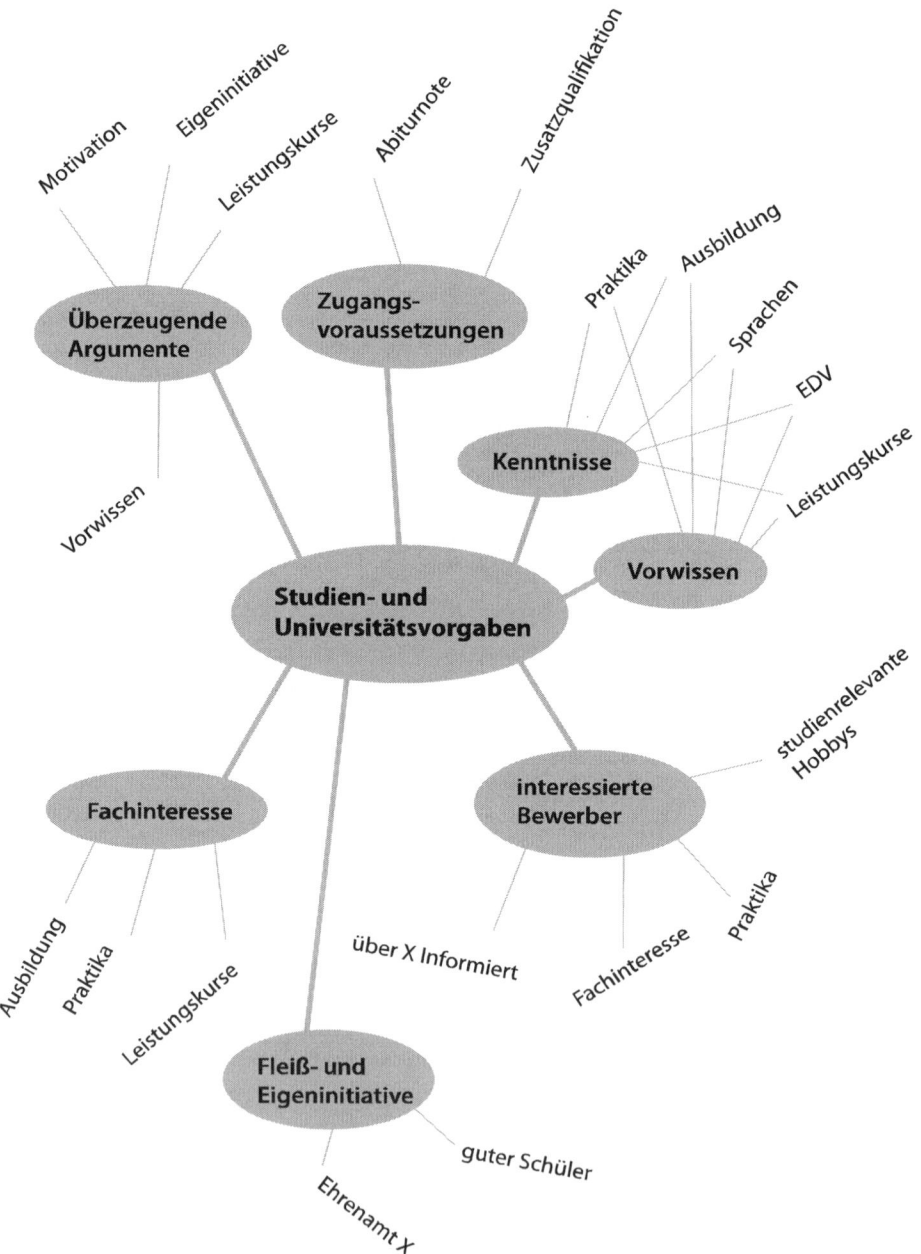

Inhalt schlägt Form

Eine exzellente Bewerbung ist sowohl formal als auch inhaltlich einwandfrei gestaltet. Wenn Rechtschreibfehler, Fehler in der Zeichensetzung, unsauber gegliederte Absätze oder Schmierflecken auf den Dokumenten überwiegen, dann fällt eine Bewerbung formal durch. Selbstverständlich ist auch ein Motivationsschreiben formal einwandfrei zu gestalten. Sie müssen darauf achten, das Dokument ansehnlich zu formatieren, orientieren Sie sich hier an den Richtlinien für das Bewerbungsanschreiben.[74] Zudem sollten Sie formale Anschreiben und andere Dokumente immer von einer zweiten Person gegenlesen lassen, bestenfalls von jemandem, der rechtschreibsicher ist und mehr Erfahrung hat als Sie. Durch das Gegenlesen können Sie nicht nur auf grobe Fehler aufmerksam werden. Der Gegenleser kann den inhaltlichen Zusammenhang und die Aussagekraft Ihrer Unterlagen beurteilen, das ist sehr wichtig! Das Problem mit dem Verfassen von Texten – ob kurz oder lang – besteht immer in der mangelnden Distanz zum eigenen Text. Man steckt fest in der Logik des selbstverfassten Textes, sodass alles schlüssig erscheint. Das ist nachvollziehbar, da man selbst im Kopf die Zusammenhänge konstruiert hat. Zwischen den Gedanken, die im Kopf entstehen, und dem, was man niederschreibt, entsteht jedoch häufig eine gewisse Diskrepanz, die bei Außenstehenden zu Unverständnis führen kann. Auch große Autoren, Journalisten oder Wissenschaftler haben Gegenleser, die den Verfasser darin unterstützen, ein einwandfreies Werk abzuliefern. Sie müssen in einem Motivationsschreiben nicht nachvollziehbar über die griechische Finanzkrise schreiben, keinen aktuellen Forschungsbericht abliefern und noch weniger den Literaturnobelpreis gewinnen. Doch ist eine Information zu kommunizieren: Ihre Motivation für einen Studiengang. Um dies erfolgreich bewerkstelligen zu können, brauchen Sie Hilfe. Ansprechpartner, die Sie begleiten können, sind Ihre Eltern, Verwandte und Geschwister. Aber auch alte Lehrer, der Trainer aus der Fußballmannschaft, der Pfarrer, Imam oder Rabbi oder Ihr Chef vom Nebenjob helfen bestimmt, wenn Sie die Bitte aussprechen. In der Regel müssen Sie nur höflich nachfragen und Ihr Hilfegesuch genau formulieren.

Wichtiger als die Form ist im Motivationsschreiben der Inhalt. Wenn Sie in der Lage sind, ein inhaltlich schlüssiges Schreiben zu verfassen, wird man Ihnen eventuell einen Zeichenfehler verzeihen. Dies ist nur dann der Fall, wenn Sie mit dem Motivationsschreiben inhaltlich etwas Ausgezeichnetes anbieten. Wie soll das möglich sein? Ganz einfach. Die Struktur des Motivationsschreibens ist der des Bewerbungsanschreibens sehr ähnlich, Sie sollten mit drei hauptsächlichen Abschnitten arbeiten: Einleitung, Hauptteil und Abschluss. Es ist nicht Ihre Aufgabe, einen Roman zu verfassen, sondern Ihre Motivation für ein Studium zum Ausdruck zu bringen. Versuchen Sie generell nicht mehr als 1-2 Seiten zu schreiben, je nach den Anforderungen des Studiengangs.

---

[74] Vgl. hierzu den Abschnitt zum Bewerbungsanschreiben.

Die Einleitung

Mit der Einleitung legen Sie den Grundstein für das Motivationsschreiben. Von diesem Absatz ausgehend, werden Sie die Argumentation aufbauen, hier finden Sie den Einstieg in Ihre Geschichte. Auch der Leser beginnt mit diesem Paragraphen und der einleitende Absatz soll die Verantwortlichen der Hochschule zum Weiterlesen anregen und Interesse an Ihrer Person wecken. Wenn möglich, sollten Sie durch eine kreative Idee zu Beginn des Schreibens erste Sympathiepunkte sammeln. Wählen Sie nicht den üblichen Einstieg und stellen Sie heraus, dass Sie eine Person mit besonderen Interessen und Fähigkeiten sind. „Das ist nicht möglich" denken Sie jetzt, „Wie soll ich meine Besonderheiten herausstellen" fragen Sie sich? Bedenken Sie, dass jeder Mensch besondere Fähigkeiten und eine einzigartige Persönlichkeit hat, auch wenn das in Ihren Ohren schmalzig, romantisch oder einfach nur bescheuert klingen mag: Es steckt ein wahrer Kern in dieser Aussage! Ein Motivationsschreiben ist eine gute Übung, über die persönlichen Kapazitäten und Kompetenzen nachzudenken. Schließlich wollen Sie zeigen, dass Sie motiviert sind, über Kenntnisse und Fähigkeiten verfügen, die Sie im Studium ausbauen können, und sich explizit für den Studiengang entschieden haben. Ein gutes Motivationsschreiben aufzusetzen, ist aufwändig, Sie müssen sich vorbereiten und die Argumente genauestens überdenken. Ist Ihr Interesse für einen Studiengang groß, so werden Sie keine Mühen scheuen. Bei der Vergabe von Studienplätzen zahlt es sich aus, wenn Sie beim Erstellen der Unterlagen sorgfältig, motiviert und bedacht vorgehen. Bei Einreichung eines guten Motivationsschreibens besteht keine Studienplatzgarantie, doch erhöhen sich Ihre Chancen auf einen der begehrten Plätze enorm.

Sie beginnen Ihr Schreiben mit dem Einleitungsabsatz. Dieser Paragraph soll beim Leser das Interesse wecken, die folgenden Abschnitte des Schreibens aufmerksam und gespannt zu verfolgen. Die Einleitung muss demnach kompakt und kreativ ausgearbeitet werden, damit Interesse bei Ihrem Leser besteht, mehr über Ihre Person, Ideen, Vorstellungen und Motivation zu erfahren. Versuchen Sie für einen kreativen Einstieg an für Sie wichtige Erfahrungen und Ereignisse zu denken, überlegen Sie welche Fähigkeiten, Wünsche, Ideen oder Kenntnisse wichtig sind. Sie können auch einen Einstieg wählen, der bei den Gutachtern für Erstaunen sorgt; wenn Sie beispielweise über eine Auslandserfahrung sprechen und diese als Aufhänger für den Einstieg ins Motivationsschreiben wählen. Zu beachten ist einzig, dass zwischen den angeführten Ereignissen, Erlebnissen und Erfahrungen, die Sie als wichtig erachten, und den Anforderungen, die das Studium stellt, ein Zusammenhang besteht. Ein kreativer Einstieg ins Motivationsschreiben könnte folgendermaßen klingen:

Sehr geehrte Frau Prof. Rieberberg-Schnorrenholz,

Ich möchte im Folgenden meine Motivation erläutern, ein Studium im Masterstudiengang International Economics and Economic Policy aufzunehmen. (1)

Als ich mit 6 Jahren mit meinen Eltern und Geschwistern den großen Basar von Istanbul, den Kapali Carsi, besucht habe, war ich von dem geschäftigen Treiben fasziniert. An diesem Ort wurde andersartig verkauft, als ich es aus dem Zigarrenladen meines Großvaters oder dem Supermarkt gewöhnt war. Es wurde laut verhandelt, debattiert und gefeilscht. Meine Eltern sprachen von den günstigen Preisen und ich erinnere mich daran, dass ich verdutzt war, zwischen all den unbekannten Düften, exotischen Früchten und der fremden Sprache ein Glas Nutella zu entdecken! Als Kind habe ich mich gefreut, etwas Vertrautes vorzufinden. Nutella in Istanbul, wer hätte das erwartet?!? (2)

Wenn Sie versuchen diesen Einleitungsabschnitt zu analysieren, können Sie erkennen, dass der Bewerber verschiedene Komponenten verbindet. Beachten Sie die im Text eingefügten Ziffern, lassen sich zwei Teile ausmachen: (1) Im ersten Satz stellt sich der Bewerber namentlich vor und beschreibt relativ formal, dass er seine Motivation darlegen möchte, den Studiengang International Economics and Economic Policy zu studieren. (2) Im Anschluss folgt das, was wir als kreativen Einstieg verstehen. In unserem Beispiel verweist der Bewerber auf eine Episode aus seinem Leben: einen Besuch auf dem Basar in Istanbul und die kindliche Verwunderung über ein Glas Nutella. Sie mögen sich fragen, was diese Anekdote mit der Bewerbung auf ein Studium verbindet, und sind eventuell sogar der Ansicht, dass mit diesem Einstieg keine für die Bewerbung relevante Information kommuniziert wird. Dies ist allerdings nicht der Fall. Der unvermittelte Einstieg ins Motivationsschreiben über eine persönliche Erfahrung zeigt den Gutachtern, dass Sie über dieses Schreiben nachgedacht haben und nicht die 08/15 Standardversion verwenden. Zudem vermitteln Sie, dass Sie aufmerksam sind und Phänomene in der Alltagswelt erkennen können, die auch wissenschaftliche Relevanz besitzen. Eine weitere Information vermittelt der Bewerber mit der Feststellung der Diskrepanz zwischen zwei Handelssituationen. Dass auf dem Basar andersartig verkauft wird als im Zigarrenladen des Großvaters, zeigt, dass eine private Beziehung zu dem besteht, was im Studium wissenschaftlich thematisiert werden soll.

Der Hauptteil

Im Hauptteil des Letter of Motivation sollen Sie sowohl darlegen, warum Sie als Student für ein Studienfach besonders geeignet sind, als auch zeigen, dass Hochschule, Institut, der Studiengang und Sie perfekt zusammenpassen. Mit der Mind-Map sollte es Ihnen gelingen, Ihre Schlüsselqualifikationen herauszustellen. Bewerben Sie sich beispielsweise für ein Studium, in dem mathematische Fähigkeiten gefragt sind (Naturwissenschaften, Statistik, Maschinenbau, Mathematik, Wirtschaft), dann sind der Mathe-LK, Nachhilfetätigkeiten, aber auch ein Praktikum in der Bank relevant. Wollen Sie ein medizinisches Fach studieren, sind Praktika, Zivildienst, vorherige Ausbildung

(Krankenschwester, MTA, Rettungsassistent) oder Leistungskurse in den Naturwissenschaften wichtig.

Die Schlüsselqualifikationen sind zentral und müssen mit den Anforderungen des Studiums und Ihren persönlichen Zielen und Motiven in Zusammenhang stehen. Schlüssig ist eine Argumentation, in der Sie zwischen diesen Aspekten einen Bogen spannen. Ein kurzes Beispiel zur besseren Verständlichkeit: Seit frühester Jugend interessieren Sie sich für Maschinen jeder Art. Während Sie aufwachsen, prägt sich das Interesse aus, es entwickelt sich über die kindliche Begeisterung für ein Auto oder einen Bagger hinaus. Das Schulpraktikum absolvieren Sie bei Volkswagen, im Bereich Entwicklung. Sie dürfen dort nicht viel mitarbeiten, können jedoch erste Erfahrungen sammeln. Sie legen das Abitur ab, absolvieren den Zivildienst und wollen im Anschluss studieren. In Ihrer Heimatstadt wird ein dualer Studiengang an der Fachhochschule angeboten, Sie können eine Ausbildung als Mechatroniker absolvieren und gleichzeitig Maschinenbau studieren. Bringen Sie die einzelnen Punkte sinnvoll in Zusammenhang, dann schaffen Sie es, den berühmten roten Faden auszulegen. Wenn die grundlegende story-line steht, können Sie die Geschichte mit Details ausschmücken, Ihre Kenntnisse und Fähigkeiten zielgenau einflechten und somit ein nachvollziehbares Argument konstruieren.

Sie dürfen in diesem Hauptteil nicht einfach wiederholen, was im Lebenslauf, in Ihren Zeugnissen und anderen Unterlagen steht. Wichtig ist gradlinig zu schreiben, auf den Punkt zu kommen und nicht um den heißen Brei herumzureden. Sonst verlieren Sie den Leser auch nach einer knackigen Einleitung. Drücken Sie relevante Aspekte direkt und unmittelbar aus und versuchen Sie, überzeugt zu argumentieren, warum Sie die richtige Wahl sind. Für einen Studienplatz ist die richtige Wahl immer ein Bewerber, der möglichst viele wesentliche Talente und Fähigkeiten in sich vereint. Ob Sie der richtige Kandidat für Ihren Wunschstudiengang sind, können Sie nur selbst beantworten. Um mit dem Motivationsschreiben erfolgreich zu sein, müssen Sie allerdings verdeutlichen, dass Sie über die Schlüsselqualifikationen und Eingangsvoraussetzungen verfügen, und zudem kommunizieren, dass Sie motiviert sind, das Studium aufzunehmen. Der Hauptteil eines erfolgreichen Motivationsschreibens könnte wie folgt aufgebaut werden.

Heute, nach Abschluss meines Bachelorstudiums der Volkswirtschaftslehre, erzeugt das Nachdenken über diese Episode andere Assoziationen. Ich kann nun verstehen, wie Waren zirkulieren und ein aus Deutschland bekanntes Produkt sich in ausländischen Märkten verbreitet. In meinem VWL-Studium habe ich gelernt, komplexe Prozesse in Weltwirtschaft und Welthandel zu begreifen und analysieren.

In meinem erfolgreichen Studium an der Universität Mannheim habe ich die Grundlagen der VWL erlernen können, die Ausbildung erfolgte schwerpunktmäßig in den Bereichen der Mikro- und Makroökonomie. Bedingt durch die große Auswahl an Veranstaltungen und die zahlreichen thematischen Blöcke konnte ich mich bereits im Bachelorstudium auf meine Hauptthemen Arbeitsmarktpolitik und Internationaler Handel konzentrieren. Mich beeindrucken die übergreifenden Zusammenhänge von Wirtschaftssystemen, die Effekte einer globalisierten Wirtschaft und das Zusammenwachsen supranationaler Ökonomien, wie dies im Fall der EU zu verfolgen ist. Die sich stetig wandelnden globalen Wirtschaftsprozesse und die rasanten Entwicklungen in der Weltwirtschaft verstärken mein explizites Interesse an Fragen der internationalen Ökonomie. Mögliche Antworten auf meine Fragen hoffe ich im Masterstudiengang International Economics and Economic Policy an Ihrem Institut finden zu können.

In meiner Bachelorarbeit habe ich im Bezug auf Karl Polanyis theoretische Arbeiten untersucht, inwiefern der internationale Handel heute Möglichkeitsstrukturen für globale Kooperation und die Friedenssicherung eröffnet. Die Arbeit wurde von beiden Gutachtern als „sehr gut" bewertet. (1)

Vor meiner Bewerbung zum Masterstudium habe ich meine Zukunftsoptionen mit Prof. Dr. Rainer Müller von der Universität Mannheim besprochen. Herr Prof. Müller, der meine Bachelorabschlussarbeit betreute und meine Interessen und Fähigkeiten kennt, hat mir den an Ihrem Institut angebotenen Masterstudiengang besonders empfohlen. Doch ist diese Empfehlung nicht die alleinige, entscheidende Motivation.

Mich reizt die internationale Ausrichtung des Studiengangs, die Tatsache, dass ein Großteil der Veranstaltungen auf Englisch abgehalten wird, und das internationale Umfeld, das durch die vielen Gaststudenten und -dozenten entsteht. Ich hoffe, an Ihrem Institut auf eine inspirierende Forschungsgemeinschaft zu treffen und bin sicher, dass ich im Austausch mit den Kommilitonen meine Fähigkeiten ausbauen und neue Einblicke bekommen kann. Zudem habe ich dem Webauftritt des Instituts entnehmen können, dass ein Auslandssemester an einer europäischen Universität möglich ist. Mich würde insbesondere ein Austausch nach St. Gallen interessieren, da ich weiß, dass auch dort die Internationale Ökonomie zentraler Forschungsgegenstand ist. (2)

Der Blick in das Vorlesungsverzeichnis der vergangenen Semester bestärkt mich in meiner Entscheidung, den Masterstudiengang International Economics and Economic Policy anzustreben. Mich haben insbesondere die Veranstaltungen zum Thema der Europäischen Integration überzeugt, denn die Praxis zeigt, dass der gemeinsame europäische Wirtschaftsraum stetig an Bedeutung gewinnt. An diesen Themen zu lernen und zu wachsen ist mein Ziel, das Lehrangebot des Studiengangs erscheint mir dafür sehr angemessen. (3)

Im Masterstudium möchte ich mich nicht allein auf den deutschen Wirtschaftsraum konzentrieren, sondern die Ökonomie aus einer internationalen Perspektive analysieren. Dies hängt nicht zuletzt mit meinem Berufswunsch zusammen: Nach dem Studium strebe ich eine Tätigkeit bei einer internationalen Organisation wie der WTO, der Europäischen Zentralbank oder einer anderen europäischen Institution an. Nach dem Bachelorstudium konnte ich in einem viermonatigen Praktikum bei der internationalen Hilfsorganisation Brot für die Welt erste Erfahrungen in diesem Arbeitsbereich sammeln. Dies hat mich sowohl in meinem Berufswunsch bestärkt als auch die Motivation geweckt, das Masterstudium an Ihrem Institut aufzunehmen. (4)

Wenn Sie sich an den im Text eingefügten Ziffern orientieren, können Sie verfolgen, welche Aspekte der Bewerber im Hauptteil seines Motivationsschreibens zu diskutieren versucht:

Der erste Abschnitt (1), der die ersten drei Absätze umfasst, dient dem Bewerber als Anlass, seine Fähigkeiten, Erfahrungen und Kenntnisse herauszustellen. Ausgangspunkt für die Argumentation ist das erfolgreich absolvierte Bachelorstudium der VWL an der Universität Mannheim, einer der renommiertesten Hochschulen in den Wirtschaftswissenschaften. Der Bewerber vermag es zu zeigen, dass Fragen, die ihn als Kind verwundert haben – ein Glas Nutella auf einem türkischen Basar – heute durch die im Studium erworbenen Fähigkeiten und Kenntnisse analysiert werden können. Darüber hinaus lässt er vielfach durchblicken, dass er ein gesteigertes Interesse an der Internationalen Ökonomie hat und aus diesem Grund auch einen Studiengang wählt, der es ihm erlaubt, derartige Fragen genauer zu untersuchen. Abschließend bezieht er sich auf einen für die ökonomische Theorie wichtigen Autor, Karl Polanyi, und erläutert, dass die Theorie dieses Autors die Grundlage für seine Bachelorarbeit zum Thema Internationaler Handel, globale Kooperation und wirtschaftliche Friedenssicherung darstellte. Dieser studienspezifische Abschnitt wird mit der beiläufigen Anmerkung beschlossen, dass das Ergebnis der Bachelorarbeit „sehr gut" war.

Im zweiten Abschnitt des Hauptteils (2) zeigt der Bewerber, dass die Entscheidung für diesen Studiengang wohl bedacht ist. Er verweist auf den Professor, der seine Bachelorarbeit betreut hat, und merkt an, dass die Empfehlung für den Studiengang von diesem Professor kam. Es wird so deutlich, dass vor Beginn der Bewerbung ein Prozess des Nachdenkens stattgefunden hat. Auch darüber hinaus präsentiert dieser Bewerber triftige Gründe, warum er das Studium an genau dieser Einrichtung aufnehmen will: Er führt die internationale Ausrichtung des Studiums, das durch ausländische Studenten und Dozenten repräsentierte internationale Forschungsumfeld und die Tatsache, dass ein Großteil des Studium auf Englisch stattfindet, als für seine Entscheidung wichtige Aspekte an. Dass es im Studium möglich ist, ein Auslandssemester zu absolvieren, wird vom Bewerber ebenfalls als positiver Anreiz für das Studium herausgestellt. Die Gutachter, denen das Motivationsschreiben vorliegt, können den Bewerber demnach als Kandidaten einschätzen, der: bewusst die Entscheidung für den Studiengang trifft, sich mit den Anforderungen und Möglichkeiten, die an der Hochschule anzutreffen sind, befasst hat und mit dem Studium feste Ziele verfolgt.

Dass sich der Bewerber für den Masterstudiengang interessiert, zeigt auch der dritte Abschnitt (3), da hier direkt Bezug zu den Lehr- und Lerninhalten des Studiums hergestellt ist. Dieser Abschnitt offenbart, dass ein Blick in das Vorlesungsverzeichnis beim Verfassen des Motivationsschreibens nicht schaden kann. So sind Sie einerseits in der

Lage zu erläutern, dass Sie wissen wollen, welche Inhalte in den Veranstaltungen thematisiert werden. Andererseits bestätigen Sie hiermit das Bild eines interessierten, aufgeweckten und wissensdurstigen jungen Menschen. Das birgt viele Vorteile.

Im vierten und letzten Abschnitt des Hauptteils (4) stellt der Bewerber eine Verbindung zwischen dem angestrebten Studiengang und einem Berufswunsch her. Dieser Bewerber weiß wirklich, was er will, und dass ein viermonatiges Praktikum im angestrebten Arbeitsbereich absolviert wurde, verstärkt diesen Eindruck. Die Gutachter werden feststellen, dass sie es mit einem Kandidaten zu tun haben, der: bewusst, bedacht und bestimmt vorgeht; seine Motive, Ziele, Interessen, Fähigkeiten und Erfahrungen in einen sinnvollen Zusammenhang bringen kann; keine Motive an den Haaren herbeiziehen muss, sondern in der Lage ist, die Motivation für ein Studium zielgerichtet zu bestimmen.

Abschluss

In Einleitung und Hauptteil sollten Sie Ihre Argumente, die Ihre Motivation ausdrücken, dargestellt haben. Hier können Sie nun noch einmal Ihren Willen zum Studienplatz zugespitzt formulieren. Verabschieden Sie sich ebenso galant und kreativ, wie Sie sich vorgestellt haben. Wollen Sie förmlich und formal abschließen, reicht ein einfaches „Ich freue mich über eine baldige Nachricht". Diese abgegriffene Floskel kann den Leser jedoch extrem langweilen, was dazu führen kann, dass schon beim Durchsehen der nächsten Bewerbung vergessen ist, worum es in Ihrem Motivationsschreiben ging. Um ein erfolgreiches Schreiben zu verfassen, müssen Sie versuchen, sich im Kopf des Lesers festzusetzen. Ein runder Abschlussparagraph soll auf der einen Seite eine förmliche Grußformel enthalten, zudem ist es jedoch auch der ideale Abschnitt, um die Motivation für das Studium noch einmal kurz und bündig zu explizieren. Dies könnte wie folgt ausgestaltet werden:

> Abschließend möchte ich noch einmal hervorheben, dass ich motiviert bin und es kaum erwarten kann, mit dem Studium zu beginnen. Ich bin bereit, mich mit meiner gesamten Energie dem Studium zu widmen und hoffe, meine Fähigkeiten und Kenntnisse ausbauen zu können. (1)

> Wenn Sie ein zusätzliches Vorstellungsgespräch wünschen, stehe ich Ihnen gern zur Verfügung. Ich hoffe, bald von Ihnen zu hören. (2)

> Mit freundlichen Grüßen (3)

> Jerome Pattberg (4)

Wenn Sie dieses Beispiel betrachten, fällt auf, dass der Bewerber mit dem ersten Satz versucht, noch einmal hervorzuheben, dass seine Motivation groß ist und er mit dem Studium beginnen will. Mit diesem Abschnitt impliziert er zudem, dass er den Platz eigentlich schon haben müsste, er drückt Selbstbewusstsein an der richtigen Stelle aus. Des Weiteren bekräftigt der Bewerber, dass er Anstrengungen in Kauf nehmen will, um das Studium möglichst gut zu absolvieren und in diesem Prozess hofft, viel lernen zu können (1). Im dritten Satz bietet der Bewerber an, zu einem Vorstellungs-gespräch zu erscheinen (2). Wenn dies von den Verantwortlichen vorgesehen ist, dann müssen Sie diesen Hinweis einfügen. Wird dies nicht gefordert, drücken Sie mit diesem freiwilligen Angebot aus, dass Ihnen der Studiengang sehr wichtig ist. Die Ein-ladung zu einem Gespräch muss nicht folgen, aber Sie haben die Bereitschaft signali-siert. Der abschließende Teil des Paragraphen umfasst eine förmliche Grußformel, die in keinem Motivationsschreiben fehlen darf (3). Darunter findet sich nur der Name, Sie müssen handschriftlich unterschreiben (4).

Auf den folgenden Seiten finden Sie zwei exemplarische Lebensläufe, ein Bewer-bungsanschreiben und zwei Motivationsschreiben. Diese sollen Ihnen dazu dienen nachzuvollziehen, wie eine Bewerbung strukturiert und aufgebaut werden kann.

Ansichtsexemplare schriftliche Bewerbung

Lebenslauf | Beispiel

Zur Person

Name	Vera Letzkow
Adresse	Rammsauerstraße 25 44139 Dortmund
Geburtsdatum	23.01.1990
Geburtsort	Herne
Staatsangehörigkeit	Deutsch
Telefon	0231-123 456 789
Mobil	0173 - 5523 2355
E-Mail	Vera_L@mail.de

Schulbildung

08/1997 - 06/2010   Besuch des Geschwister-Scholl Gymnasiums Dortmund

Abschluss: Abitur
Abschlussnote: Noch sehr gut (1,7)
Abiturnoten in den Naturwissenschaften: Biologie (-1),
Chemie (+2) und Mathematik (2)

Praktika

06/2008 - 07/2008

Sechswöchiges Praktikum im Zoo der Stadt Dortmund

Arbeitsbereiche:
Pflege und Betreuung der Nashörner
Kurzhospitanz (sieben Tage) bei einem Verhaltensbiologen
im Rahmen eines im Zoo durchgeführten Forschungsprojektes zum Verhalten von Nashörnern in Gefangenschaft

Ehrenamtliche Tätigkeiten

Seit 2004

Mitglied in einer bundesweiten Schülergruppe für den
Naturschutz, angebunden an den BUND

Tätigkeitsfelder:
Organisation von umweltpolitischen Veranstaltungen
und Projekten

Auslandsaufenthalte

08/2007

Vierwöchiger Schüleraustausch am Collège Marie
Curie in Amiens (Frankreich)

Sprachkenntnisse

Sprachen

Deutsch (Muttersprache)
Englisch (gut, Abiturnote (2))
Französisch (gut, Abiturnote (2))

Dortmund, 1.4.2009

Vera Letzkow

Lebenslauf | Beispiel

Zur Person

Name	Jerome Padberg
Adresse	Bremerstraße 23 69901 Mannheim
Geburtsdatum	23.05.1985
Geburtsort	Berlin
Staatsangehörigkeit	Deutsch
Telefon	0621 – 12 34 56 78
Mobil	0177 – 123 123 456
E-Mail	JP_Adberg@mail.de

Schul- und Hochschulbildung

10/2006 - 01/2010	Studium der Volkswirtschaftslehre (VWL) an der Universität Mannheim **Abschluss:** Bachelor of Science (B.Sc.) **Abschlussnote:** Sehr gut (1,0) **Bachelorarbeit zum Thema:** „Internationaler Handel, Globale Kooperation und Friedenssicherung" (Betreuer: Prof. Dr. Rainer Müller, (Note: Sehr gut (1,0))
08/1992 - 06/2005	Besuch des Diesterweg-Gymnasiums, Berlin Wedding Abschluss: Abitur Abschlussnote: Gut (2,0)

Berufliche Erfahrungen

09/2007 - 09/2008	Tätigkeit als studentische Hilfskraft am Lehrstuhl für Wirtschaftspolitik der Universität Mannheim, Prof. Dr. Rainer Müller **Aufgabenbereiche:** Organisationstätigkeiten für den Lehrstuhl; Assistenz bei Lehrveranstaltungen und Publikationen

Praktika

02/2010 - 06/2010	Viermonatiges Praktikum bei der Organisation *Brot für die Welt*

	Abteilung: Politik und Kampagnen
	Aufgabenbereiche: Mitarbeit an einer Kampagne für fairen Handel; Datenauswertung für den Jahresbericht der Organisation für das Jahr 2010
07/2003	Vierwöchiges Schulpraktikum bei der Berliner Volksbank, Filiale Wedding (Badstraße)

Zivildienst

10/2005 – 08/2006	Zivildienst im Bereich Krankenpflege, Klinikum Berlin-Friedrichshain

Weiterbildung

08/2008	Vierwöchiger Intensivsprachkurs Spanisch an der Universidad de Granada, Spanien
10/2006 – 07/2008	Teilnahme an vier Sprachkursen Spanisch am Sprachenzentrum der Universität Mannheim **Kurse:** Spanisch für Fortgeschrittene (Kurs 1 und 2) Konversationskurs Spanisch (Kurs 1 und 2)

Sprachkenntnisse

Sprachen	Deutsch (Muttersprache) Englisch (Fortgeschritten, B2) Spanisch (Fließend, C1)

Mannheim, 1.4.2009

Jerome Padberg

Beispiel | Bewerbungsanschreiben Bachelorstudium

Vera Letzkow   Dortmund, 24.07.2010
Rammsauerstraße 25
44139 Dortmund
Vera_L@mail.de
0173 - 5523 2355

Freie Universität Berlin
Institut für Biologie, Prof. Dr. Will Tibatong
Will_Tibatong@freieuni.de
Schwendenerstraße 1
14195 Berlin

Bewerbung um einen Studienplatz im Fach Biologie
[Abschluss Bachelor of Science, B.Sc.]

Sehr geehrter Herr Prof. Dr. Tibatong,

mein Name ist Vera Letzkow, ich bin 20 Jahre alt und bereit, mit dem Studium zu beginnen. Als ich noch ein kleines Mädchen war, habe ich zu meinem Bruder gesagt:
„Wenn ich einmal groß bin, dann werde ich Forscherin für kleine Tiere!" Jetzt bin ich
größer, habe mein Abitur erfolgreich absolviert und möchte zum kommenden Wintersemester ein Biologiestudium an der Freien Universität Berlin aufnehmen.

Mein Interesse für Tiere, die Natur und die Biologie kommt nicht von ungefähr. Da
meine Mutter Tierärztin ist, bin ich seit meiner frühesten Kindheit an den Umgang mit
Tieren gewöhnt. Nur hat sich die kindliche Begeisterung für Tiere mit den Jahren gewandelt, heute möchte ich Biologin werden. Wie Sie meinem Zeugnis entnehmen
können, zeigen meine Leistungen in den naturwissenschaftlichen Schulfächern Biologie (-1), Chemie (+2) und Mathematik (2), dass ich die Grundvoraussetzungen für das
Studium erfülle.

Das obligatorische Schulpraktikum habe ich vor zwei Jahren im Zoo in Dortmund absolviert und es sogar über die Sommerferien um vier Wochen verlängert. Im Praktikum habe ich erste Erfahrungen in einem Berufsfeld gesammelt, in dem ich gerne

arbeiten würde. Während des Praktikums hat mich ein Erlebnis fasziniert, aus dem mein Interesse für die Verhaltensbiologie resultiert. Es gab in diesem Zoo zwei Nashörner, ein Männchen und ein Weibchen. Das Weibchen stürzte eines Tages in den Graben, der das Gehege umgibt, und überlebte diesen Sturz nicht. Nach dem Tod des Weibchens wurde das Männchen von Monat zu Monat depressiver, wollte keine Nahrung mehr aufnehmen, wurde schwächer und verstarb ebenfalls nach einigen Monaten. Ich habe mich gefragt, wie die Beziehungen zwischen Nashörnern verlaufen und ob es etwas wie Trauer und Depression in der Tierwelt gibt. Diese und ähnlich Fragen interessieren mich brennend und ich denke, dass mir ein Biologiestudium wichtige Einsichten und Antworten liefern kann.

Ich habe mich für Ihre Universität entschieden, da mich Ihre Informationsbroschüren überzeugt haben. Insbesondere die Forschungsprojekte zur Verhaltensbiologie interessieren mich und ich hoffe, bei den Professoren, die in diesem Bereich tätig sind, Vorlesungen besuchen zu können. Zudem weiß ich, dass das Betreuungsverhältnis exzellent ist und regelmäßig renommierte Gastforscher die Hochschule besuchen. So bin ich sicher, dass an Ihrem Institut die aktuellsten Forschungsfragen diskutiert werden, und schließe daraus, dass dies auch in der Lehre der Fall ist. Die Voraussetzungen erscheinen mir perfekt für ein erfolgreiches Studium und ich bin fest davon überzeugt, dass ich viel lernen und meine Fähigkeiten und Kenntnisse ausbauen kann.

Über Ihre Zustimmung zu meiner Bewerbung würde ich mich sehr freuen, für weitere Auskünfte stehe ich Ihnen gern auch persönlich zu Verfügung.

Mit freundlichen Grüßen

Vera Letzkow

Vera Letzkow

Motivationsschreiben Masterstudium | Beispiel 1

Sven-Ole Müller   Mainz, 24.07.2010

Kreuzstraße 12

55123 Mainz

0167/1234567

Müller_SvenOle@mail.de

Motivationsschreiben für den Masterstudiengang Sozialwissenschaften: Gesellschaftlicher Wandel und demokratisches Regieren

„Natürlich muss sich der Commonsense, der sich über die Welt viele Illusionen macht, von den Wissenschaften vorbehaltlos aufklären lassen." (Jürgen Habermas, 2001).

Sehr geehrte Damen und Herren,

im Folgenden möchte ich meine Motivation für das Studium im Master „Sozialwissenschaften: Gesellschaftlicher Wandel und demokratisches Regieren" an der Heinrich Heine Universität Düsseldorf darlegen.

Meine persönliche Motivation für das Studium und meinen beruflichen Werdegang ist politisch inspiriert. Ich bin der festen Überzeugung, dass durch die Analyse und Untersuchung moderner Gesellschaften diese kontinuierlich verbessert werden können, und ich bin sicher, dass insbesondere die Sozialwissenschaften in diesem Prozess eine Schlüsselfunktion einnehmen. In Zeiten komplexer Massengesellschaften, die gekennzeichnet sind durch die Entwicklung zu einer globalen Megalopolis, sind Analyse und Evaluierung der Gesellschaften an sich unersetzliche Schlüsselelemente. Insbesondere den Sozialwissenschaften obliegt es, gesellschaftliche Prozesse und Phänomene zu untersuchen und die so gewonnenen Erkenntnisse zu kommunizieren. Die

Genese von Wissen um die Funktionen und Dysfunktionen moderner Gesellschaften und die anschließende Aufklärung der globalen Gemeinschaft – des globalen Commonsense – sind zentral, um das Gelingen der Demokratie zu sichern und die Perspektive ständiger Verbesserung der Regierungssysteme garantieren zu können.

Ich sehe meine Zukunft in diesem Aufgabenfeld, da ich über besonders ausgeprägte analytische, beobachtende und untersuchende Fähigkeiten verfüge. Mein Interesse gilt methodologisch-theoretischen Analysen und mit der Ausbildung im Masterstudiengang „Sozialwissenschaften: Gesellschaftlicher Wandel und demokratisches Regieren" denke ich, meine Fähigkeiten weiter ausbauen zu können.

Der Masterstudiengang ermöglicht m.E. eine interdisziplinär strukturierte Ausbildung, die den Anforderungen des Studiums moderner Gesellschaften entspricht. Da die Fachbereiche Politikwissenschaft und Soziologie integriert werden und zudem die Kommunikations- und Medienwissenschaften beteiligt sind, schließe ich, dass die Ausbildung sehr breit angelegt ist. Auch der Modulplan für das Studium zeigt, dass für die Gesellschaftswissenschaft zentrale Themenfelder behandelt werden: Ich interessiere mich besonders für die Module Partizipation und Organisation sowie Demokratie und Governance. Fachspezifisch habe ich mich in meinem Bachelorstudium der Politologie und der Romanistik an der Ruprecht-Karls Universität Heidelberg intensiv mit den Themen Demokratietheorie, Transformation, soziale Bewegungen und Zivilgesellschaft beschäftigt. Meine besondere Aufmerksamkeit gilt den gesellschaftlichen Entwicklungen in Lateinamerika. In meiner Bachelorarbeit habe ich die in beiden Fachbereichen erworbenen Kenntnisse verbunden und eine Vergleichsstudie der Zivilgesellschaft in Venezuela und Bolivien angefertigt. Aus diesem Grund hat mein Interesse an dem Masterstudiengang auch die Tatsache bestärkt, dass mit Frau Prof. Emanuela Marquez eine angesehene Lateinamerikaforscherin an Ihrem Institut beschäftigt ist.

Über Ihre Zustimmung zu meiner Bewerbung würde ich mich sehr freuen, für weitere Auskünfte stehe ich Ihnen gern zur Verfügung.

Sven-Ole Müller

Sven-Ole Müller

Bewerbungsanschreiben Masterstudium | Beispiel 2

Jerome Padberg   Mannheim, 23.05.2010
Bremerstraße 23
69901 Mannheim
JP_Adberg@mail.de
0177 – 123 123 4567

Motivationsschreiben für den Masterstudiengang International Economics and Economic Policy

Sehr geehrte Frau Prof. Rieberberg-Schnorrenholz,

ich möchte im Folgenden meine Motivation erläutern, ein Studium im Masterstudiengang International Economics and Economic Policy aufzunehmen.

Als ich mit 6 Jahren mit meinen Eltern und Geschwistern den großen Basar von Istanbul, den Kapali Carsi, besucht habe, war ich von dem geschäftigen Treiben fasziniert. An diesem Ort wurde andersartig verkauft, als ich es aus dem Zigarrenladen meines Großvaters oder dem Supermarkt gewöhnt war. Es wurde laut verhandelt, debattiert und gefeilscht. Meine Eltern sprachen von den günstigen Preisen und ich erinnere mich daran, dass ich verdutzt war, zwischen all den unbekannten Düften, exotischen Früchten und der fremden Sprache ein Glas Nutella zu entdecken! Als Kind habe ich mich gefreut, etwas Vertrautes vorzufinden. Nutella in Istanbul, wer hätte das erwartet?!?

Heute, nach Abschluss meines Bachelorstudiums der Volkswirtschaftslehre, erzeugt das Nachdenken über diese Episode andere Assoziationen. Ich kann nun verstehen, wie Waren zirkulieren und sich ein aus Deutschland bekanntes Produkt in ausländischen Märkten verbreitet. In meinem VWL-Studium habe ich gelernt, komplexe Prozesse in Weltwirtschaft und Welthandel zu begreifen und zu analysieren.

In meinem erfolgreichen Studium an der Universität Mannheim habe ich die Grundlagen der VWL erlernen können, die Ausbildung erfolgte schwerpunktmäßig in den

Bereichen der Mikro- und Makroökonomie. Bedingt durch die große Auswahl an Veranstaltungen und die zahlreichen thematischen Blöcke konnte ich mich bereits im Bachelorstudium auf meine Hauptthemen Arbeitsmarktpolitik und Internationaler Handel konzentrieren. Mich beeindrucken die übergreifenden Zusammenhänge von Wirtschaftssystemen, die Effekte einer globalisierten Wirtschaft und das Zusammenwachsen supranationaler Ökonomien, wie dies im Fall der EU zu verfolgen ist. Die sich stetig wandelnden globalen Wirtschaftsprozesse und die rasanten Entwicklungen in der Weltwirtschaft verstärken mein explizites Interesse an Fragen der internationalen Ökonomie. Mögliche Antworten auf meine Fragen hoffe ich im Masterstudiengang International Economics and Economic Policy an Ihrem Institut finden zu können.

In meiner Bachelorarbeit habe ich in Bezug auf Karl Polanyis theoretische Arbeiten untersucht, inwiefern der internationale Handel heute Möglichkeitsstrukturen für globale Kooperation und die Friedenssicherung eröffnet. Die Arbeit wurde von beiden Gutachtern als „sehr gut" bewertet.

Vor meiner Bewerbung zum Masterstudium habe ich meine Zukunftsoptionen mit Prof. Dr. Rainer Müller von der Universität Mannheim besprochen. Herr Prof. Müller, der meine Bachelorabschlussarbeit betreute und meine Interessen und Fähigkeiten kennt, hat mir den an Ihrem Institut angebotenen Masterstudiengang besonders empfohlen. Doch ist diese Empfehlung nicht die alleinige, entscheidende Motivation.

Mich reizt die internationale Ausrichtung des Studiengangs, die Tatsache, dass ein Großteil der Veranstaltungen auf Englisch abgehalten wird, und das internationale Umfeld, das durch die vielen Gaststudenten und -dozenten entsteht. Ich hoffe, an Ihrem Institut auf eine inspirierende Forschungsgemeinschaft zu treffen und bin sicher, dass ich im Austausch mit den Kommilitonen meine Fähigkeiten ausbauen und neue Einblicke bekommen kann. Zudem habe ich dem Webauftritt des Instituts entnehmen können, dass ein Auslandssemester an einer europäischen Universität möglich ist. Mich würde insbesondere ein Austausch nach St. Gallen interessieren, da ich weiß, dass auch dort die Internationale Ökonomie zentraler Forschungsgegenstand ist.

Der Blick in das Vorlesungsverzeichnis der vergangenen Semester bestärkt mich in meiner Entscheidung, den Masterstudiengang International Economics and Economic Policy anzustreben. Mich haben insbesondere die Veranstaltungen zum Thema der Europäischen Integration überzeugt, denn die Praxis zeigt, dass der gemeinsame europäische Wirtschaftsraum stetig an Bedeutung gewinnt. An diesen Themen zu lernen und zu wachsen, ist mein Ziel, das Lehrangebot des Studiengangs erscheint mir dafür sehr angemessen.

Im Masterstudium möchte ich mich nicht allein auf den deutschen Wirtschaftsraum konzentrieren, sondern die Ökonomie aus einer internationalen Perspektive analysieren. Dies hängt nicht zuletzt mit meinem Berufswunsch zusammen: Nach dem Studium strebe ich eine Tätigkeit bei einer internationalen Organisation wie der WTO, der

Europäischen Zentralbank oder einer anderen europäischen Institution an. Nach dem Bachelorstudium konnte ich in einem viermonatigen Praktikum bei der internationalen Hilfsorganisation Brot für die Welt erste Erfahrungen in diesem Arbeitsbereich sammeln. Dies hat mich sowohl in meinem Berufswunsch bestärkt als auch die Motivation geweckt, das Masterstudium an Ihrem Institut aufzunehmen.

Abschließend möchte ich noch einmal hervorheben, dass ich motiviert bin und es kaum erwarten kann, mit dem Studium zu beginnen. Ich bin bereit, mich mit meiner gesamten Energie dem Studium zu widmen und hoffe, meine Fähigkeiten und Kenntnisse ausbauen zu können.

Wenn Sie ein zusätzliches Vorstellungsgespräch wünschen, stehe ich Ihnen gern zur Verfügung. Ich hoffe, bald von Ihnen zu hören.

Mit freundlichen Grüßen

Jerome Pattberg

Jerome Padberg

Erfahrungsbericht Master Politische Theorie
(Benjamin, 26 Jahre, J.W.G. Universität Frankfurt am Main)

Gegen Ende des Bachelorstudiums fragt man sich natürlich, ob man das Studium mit einem Master fortsetzen möchte. Für mich war allerdings weniger die Frage ob, als vielmehr was und wo. Mein Abschluss in Politikwissenschaft und Philosophie erlaubte viele verschiedene Masterstudiengänge. Zuerst schaut man natürlich auf das Angebot der eigenen Uni, zumal es hier die informelle Zusage gab, dass die Bachlor-Absolventen, so sie sich denn bewerben, angenommen werden. Andererseits bietet der Wechsel zum Master die Möglichkeit, eine komplett neue Uni zu besuchen: mit neuen Professoren und neuen Studenten, die für neue Einflüsse sorgen. Hinzu kommt, dass viele Master-Programme eine erhebliche Spezialisierung innerhalb des Faches erlauben, so dass man die Interessen, die sich im Bachelor herauskristallisiert haben, gezielter verfolgen kann. Nach ausgiebiger Recherche fand ich dann vier Masterprogramme an anderen Unis, die für mich infrage kamen. Bewerben wollte ich mich erst einmal überall, und dann anhand der Zu- und Absagen entscheiden, wohin die Reise geht. Zwar hatte ich schon eine eindeutige Präferenz für einen bestimmten Master – aber man will sich ja nicht zu große Hoffnungen machen. Denn vor der Rückmeldung der Uni stand erst mal die Aufgabe, eine umfassende Bewerbung einzureichen.

Beim Bachelor war die Bewerbung noch recht überschaubar: Abi-Zeugnis und Bewerbungsformular hinschicken und gut. Beim Master hingegen waren die Listen mit den Anforderungen an zukünftige Studenten schon wesentlich länger. Ein überdurchschnittlicher Notenschnitt im Bachelor und obligatorische Englischkenntnisse hat man oder hat man nicht. Was jedoch überall auch verlangt wird, ist ein Motivationsschreiben von bis zu drei DIN-A4-Seiten.

Da sich ohnehin vorwiegend überdurchschnittliche Studenten auf Master-Programme bewerben, gibt dieses Motivationsschreiben oft den Ausschlag für oder gegen einen Kandidaten. Insofern stellt man natürlich schon erhebliche Ansprüche an die eigene Bewerbung. Man will ja nichts falsch machen. Aber wie macht man ein Motivationsschreiben richtig? Ich war mir anfangs überhaupt nicht darüber klar, wie ich das Schreiben angehen sollte – sich selbst in den Himmel loben, bei der Uni einschmeicheln, nüchterne Abwägung der Vor- und Nachteile? Letztlich ist es eine Mischung aus alledem geworden. Natürlich kehrt man die eigenen Qualifikationen heraus, wie in jedem anderen Bewerbungsschreiben auch. Wichtiger schien mir aber zu sein, dass man echte Gründe anführen kann, warum es gerade diese Uni und dieses Masterprogramm sein sollen.

Dabei habe ich überlegt, warum mich gerade die Programme interessiert haben, auf die ich mich beworben habe. Der wichtigste Anhaltspunkt, der auch das beste Argument liefert, ist die jeweilige Spezialisierung. Hier kann man aufgrund der bisher besuchten Seminare und bestenfalls der Bachelor-Thesis eine Verbindung zu den eigenen Interessen herstellen, so dass eine Bewerbung auf das entsprechende Programm wie der logische nächste Schritt des Studiums aussieht. Es hilft, Fragen zu formulieren, an denen man arbeiten möchte, die genau in den Rahmen des Masterprogramms fallen. Insgesamt sollte die Motivation, das eigene Interesse den Hauptteil des Schreibens ausmachen. Mir fiel dieser Teil am leichtesten, da man sich tatsächlich auf die eigenen Neigungen und Forschungsfragen beziehen kann. In diesem Zusammenhang kann man sich auf die an der Uni ansässigen Professoren beziehen, die im Feld der eigenen Spezialisierungen arbeiten. Jede Verbindung ist ein Argument.

Im Gegensatz dazu scheinen mir Argumente, die lediglich auf eine Luftveränderung oder eine Horizonterweiterung abzielen, unangebracht. Die neue Uni will keine Studenten, denen es woanders nicht mehr gefällt, sondern die gezielt zu ihnen wollen. So erging es mir mit einer Bewerbung für einen Master, der nur indirekt zu meinen Interessen gepasst hat. Ich habe für mich selbst kaum Argumente gefunden und dementsprechend „leer" war das Motivationsschreiben. Eigentlich hätte ich mir die Bewerbung dort sparen können.

Das Herauskehren der Qualifikation und die (vorgetäuschte) Begeisterung für den Universitätsstandort X bleibt natürlich nicht aus, aber ich habe diese Elemente so kurz wie möglich am Anfang und am Ende des Schreibens abgehandelt. Letztlich haben aber die Bewerbungen Erfolg gehabt, bei denen ich starke Argumente für ein Studium vorbringen konnte. Dann musste ich nur noch die Entscheidung zwischen den drei Zusagen treffen, die allerdings recht leicht war, da ich schon eine starke Präferenz für einen bestimmten Master hatte. Diese hat sich durch das Erstellen des Motivationsschreibens übrigens noch klarer ergeben. Beim Verfassen merkte ich, wie leicht es mir bei diesem Schreiben fiel, Argumente zu finden.

Erfahrungsbericht MA Modern Global History
(Jenny, 25 Jahre, Jacobs University Bremen/Universität Bremen)

Ich hatte gerade meinen Bachelor in Geschichte und Politik von der Ruhr-Universität Bochum in der Tasche und stand vor der Frage: Was nun?

Wissen, was man will, ist viel schwieriger, als zu wissen, was man nicht will. Und ich wusste eigentlich nur, dass ich keine Veranstaltungen in anonymen Massenunis mehr besuchen wollte. Außerdem wurde mir ziemlich schnell klar, dass ohne einen Masterabschluss mit meiner Fächerkombination nicht viel vom Arbeitsmarkt zu erwarten ist. Vom Bachelor war mir der Geschmack gefährlichen Halbwissens geblieben und so machte ich mich auf die Suche im WWW. Irgendetwas nicht allzu Spezialisiertes und Internationales, etwas eher auf Zusammenhänge als auf absolute Fachsimpelei konzentriert sollte es sein. Nach diversen Stunden apathischen Rumsurfens bin ich dann auf die Homepage des Bremer Studiengangs Modern Global History gestoßen. Das englischsprachige Masterprogramm, eine Kooperative der privaten Jacobs University und der Universität Bremen, bietet die Möglichkeit, neben Schwerpunkten in verschiedenen „World Regions" Geschichte unter spezifischen Themenfeldern wie „Conflict and Violence", „Communication and Knowledge" und „Values und Lifeworlds" zu studieren. Gleichzeitig sollen die theoretischen Grundlagen und Herangehensweisen an „Globalgeschichte" vermittelt werden. Die Gruppen sind klein und aus internationalen Studenten zusammengesetzt und alle Gebühren für das Studium sind mit 500 Euro gedeckt. So einen Ansatz hatte ich bislang an keiner anderen Uni gefunden und obwohl die Webseite mit ihren Ansprüchen an Bewerber recht einschüchternd auf mich wirkte, habe ich mich zu einer Bewerbung entschlossen.

Die Bewerbung läuft über eine Computermaske der Jacobs University, in die man nach einer kurzen Anmeldung alle benötigten Dokumente und Informationen einspeisen kann. Neben den üblichen Informationen zur akademischen Laufbahn (Zeugnisnachweis, Transcript of Records etc.) brauchte ich einen Nachweis über ausreichende Englischkenntnisse. Der Standard für so einen Nachweis ist der Toefltest, auf Nachfrage reichte in meinem Fall das Abschlusszeugnis meines High-School Aufenthalts in den USA. Soweit hatte ich alles unter Kontrolle, doch nun wollte das Bewerbungsformular die Empfehlungsschreiben von zwei Professoren meiner Uni. Und zwar auf einem eigens dafür angefertigten Bogen, der hinterher in einem vom Professor unterzeichneten versiegelten Umschlag termingerecht an die Uni geschickt werden sollte. Wer schon einmal an einer Massenuni studiert hat, weiß, dass so etwas keine leichte Aufgabe ist. In weiser Voraussicht brachte ich viel Zeit und einige von mir verfassten Vorschläge für das Empfehlungsschreiben mit und suchte nach den zwei Professoren, die A) meinen Namen kannten und B) am ehesten etwas über meine akademischen Leistungen schreiben konnten. Deutsche Professoren schreiben nicht oft Empfehlungsschreiben für Masterbewerbungen und so musste ich einige Aufklärungsarbeit über einen Studiengang, der mir selbst noch recht schleierhaft erschien, leisten. Zu guter Letzt wollte die Bewerbungsmaske auch noch ein Motivationsschreiben von mir. So ein Schreiben ist eine verzwickte Angelegenheit, denn alle Leistungen, Stärken, Aspirationen und Erwartungen sollen hier stilistisch hübsch verpackt und leichtfüßig auf das handliche Format einer Seite gegossen werden. Tja nun. Nach diversen unfruchtbaren Versuchen, den passenden knackigen ersten Satz zu finden, ist mein Schreiben irgendwann nachts am Schreibtisch aus einem Rutsch entstanden. Drin stand in Essenz: Ich kenne die deutsche Sichtweise auf Geschichte. Gibt es noch andere?

4.5.2Ich weiß nicht, ob es das Motivationsschreiben, der ominöse Inhalt der versiegelten Empfehlungsschreiben oder einfach Glück war. Den geforderten "strong records of academic performance" konnte ich jedenfalls mit einem Bachelor von 1,6 nur ansatzweise genügen. Aber es hat geklappt und ich bin eine von sieben Studentinnen des neuen Modern Global History Jahrgangs geworden. Zusammen mit zwei Kanadierinnen, einer Türkin, einer Irin, einem Polen und einem Hamburger diskutiere ich seitdem über unsere verschiedenen Sichtweisen auf Geschichte. Und Kultur. Und Religion. Und Politik. Und irgendwie überhaupt: das Leben.

4.4.3 Bewerbung im AdH mit Zulassungsbeschränkung: Die Arbeitsprobe oder der Nachweis fachspezifischer Eignung

Allgemein

In einigen Studiengängen gibt es schon sehr lange Auswahlverfahren um Studienplätze. Bei diesen Fächern handelt es sich in der Regel um Fachgebiete, die eine besondere Qualifikation voraussetzen. Gemeint sind künstlerische Studiengänge wie Bildende Kunst (Foto, Film, Graphik, Malerei, Architektur), Darstellende Kunst (Schauspiel, Tanz, Musik) oder Journalistik. Um in diesen so genannten Exotenfächern zugelassen zu werden, ist es notwendig, mehr abzufragen als nur die Schulnoten. Wer Musik studieren will, muss musikalisch sein und mindestens ein Instrument beherrschen, wer Fotografie studieren will, muss gewisse Kenntnisse von der Fotografie mitbringen, für ein Studium an der Schauspielschule muss eine Aufnahmeprüfung bestanden werden, in der es von dem eigenen schauspielerischen Potenzial zu überzeugen gilt, und auch Bewerber um ein Studium der Journalistik müssen Arbeitsproben zur Bewerbung beilegen. Ein Schulabschluss ist in allen Fächern Voraussetzung. Ausnahmen bestätigen die Regel, heißt es, denn: Bewerber mit besonderer künstlerischer Begabung werden in diesen Fächern in Ausnahmefällen auch ohne Schulabschluss akzeptiert. Für diesen Fall muss jedoch immer an der betreffenden Hochschule nachgefragt werden. Aus Platzgründen können wir nicht detailliert alle Bewerbungsverfahren in künstlerischen Studienfächern vorstellen. Wir wollen uns daher auf eine kleine Auswahl beschränken. Hier werden wir allgemein vorgehen und in einem ersten Abschnitt kurz erläutern, wie derartige Bewerbungsverfahren grundsätzlich ablaufen. Im Anschluss werden wir eine Auswahl von Studienfächern vorstellen und die betreffenden Auswahlverfahren skizzieren.

Das Auswahlverfahren

Alle Hochschulen, die künstlerische Studiengänge anbieten, verfolgen zwei- oder mehrstufige Auswahlverfahren. In einem ersten Schritt müssen in der Regel Bewerbungsunterlagen direkt bei der betreffenden Hochschule eingereicht werden. Nach einer Vorauswahl auf Grundlage dieser Unterlagen werden die Bewerber dann zu einer zweiten (dritten, vierten etc.) Auswahlrunde eingeladen. Hier muss dann ein Test, Auswahlgespräch oder ein Vorspielen (Musik, Tanz, Schauspiel) absolviert werden. Erst nach diesem zweiten Schritt wird entschieden, wer einen Studienplatz bekommt. Diese Auswahlverfahren sind durch die Konkurrenzsituation geprägt und man braucht starke Nerven, um ein derartiges Verfahren bis zum Ende durchzustehen. Dem Druck dieses Auswahltests standzuhalten, ist nicht jedermanns Sache. Bedenken Sie jedoch, auch wenn Sie scheitern sollten: Viele großer Schauspieler haben die Aufnahme an der Schauspielsschule erst im zweiten oder dritten Anlauf geschafft und viele große Künstler oder Musiker haben nie studiert – Sie sollten also nicht verzagen. Damit Sie nachvollziehen können, wie ein Bewerbungsverfahren für künstlerische Studiengänge aufgebaut ist, wollen wir einen kurzen Überblick präsentieren.

Vorbereitung

Wollen Sie sich auf ein Studium in einem künstlerischen Fach bewerben, müssen Sie, wie in jedem anderen Fach, die Zugangsvoraussetzungen erfüllen. Sie sollten sich nicht nur informieren, wo Sie ein Studium aufnehmen wollen, sondern gleichzeitig in Erfahrung bringen, welche Aufgaben zu erfüllen sind, um die Zulassung zu erhalten. Wenden Sie sich an die für die Bewerbung verantwortliche Stelle an den für Sie interessanten Hochschulen und erfragen Sie die Zugangsvoraussetzungen. In der Regel müssen Sie über ein Abitur oder Fachabitur verfügen, wie schon erwähnt, gibt es jedoch Ausnahmen (Ihre besondere Begabung z.B.). Haben Sie in Erfahrung bringen können, welche Unterlagen eingereicht werden müssen, kann es mit der Bewerbung losgehen.

Schritt 1

Grundsätzlich gehören zu den Unterlagen, die Sie für jedes Studium einreichen müssen: das Schulabschlusszeugnis, ein Lebenslauf, auszufüllende Anmeldebögen und ein Bewerbungs- oder Motivationsschreiben. Um genau nachzuvollziehen, wie diese Dokumente erstellt werden, sollten Sie sich an dem Leitfaden zur schriftlichen Bewerbung orientieren.[75]

---

[75] Vgl. Abschnitt 4.5.1

Die Eignung für künstlerische Studiengänge ist jedoch, wie schon erwähnt, nicht allein über die formalen Schulfähigkeiten oder den Lebenslauf zu überprüfen. Der Lebenslauf kann den Verantwortlichen der Hochschulen als ein erstes Indiz dienen: Langjähriges Engagement in einer Schauspielgruppe; der Besuch von Seminaren oder die Teilnahme an Ausstellungen in Fotografie, Malerei und Design; Erfahrung und Übung im Tänzerischen; Praktika in Medieninstitutionen und das Musizieren in Orchestern, Bands und anderen Gruppen sind Erfahrungen, die Sie zur Aufnahme eines künstlerischen Studiums durchaus befähigen können. In den meisten Fällen müssen Sie allerdings zudem praktisch nachweisen, dass Sie geeignet sind.

In den Darstellenden Künsten (Schauspiel, Tanz, Musik) müssen Sie eine Auswahlprüfung bestehen, Sie sollen Ihre Fähigkeiten in Schauspiel, Tanz und Musik vor einer Prüfungskommission unter Beweis stellen. Für diese Studiengänge gibt es eine einfache Bewerbung, teilweise wird auch ein Motivationsschreiben verlangt. Die eigentliche Auswahl erfolgt jedoch im zweiten Schritt. In den Bildenden Künsten müssen Sie schon im ersten Schritt einen praktischen Nachweis Ihrer Eignung erbringen. Oft wird mit den formalen Bewerbungsunterlagen eine Mappe mit Arbeitsproben verlangt. Wer Fotografie, Film, Design oder Malerei studieren will, der muss eine Mappe mit eigenen Werken oder Übungen zusammenstellen. Für ein Journalistikstudium müssen Sie Zeitungsartikel, Radiostücke oder andere journalistische Arbeiten einreichen, die Sie selbst produziert haben. Häufig wird auch eine spezifische Aufgabe gestellt. Sie müssen dann zu einem vorgegebenen Thema eine Arbeitsprobe erstellen. Was genau verlangt wird, sollten Sie in jedem Fall immer von der betreffenden Hochschule erfragen. Denn wir können nur einen allgemeinen Überblick liefern.

Wenn Sie die Bewerbungsunterlagen zusammengestellt und abgeschickt haben, müssen Sie abwarten, bis Sie die Zulassung oder die Einladung zu einer weiteren Auswahlrunde erhalten. In dieser weiteren Auswahlrunde müssen Sie dann Ihr Können unter Beweis stellen.

Schritt 2

Einige Wochen, nachdem Sie die Bewerbungsunterlagen für Ihre Studienbewerbung eingereicht haben, wird Sie eine Ablehnung oder die Einladung zu einer weiteren Bewerbungsrunde erreichen. Da die Studienplätze in diesen Fächern rar sind und die Bewerberzahl in den meisten Fällen die freien Plätze vielfach übersteigt, gibt es in der Regel mindestens eine zweite und möglicherweise weitere Auswahlrunde(n).

Sie werden also eingeladen, Ihre Fähigkeiten live und vor Ort unter Beweis zu stellen. In den Darstellenden Künsten werden Sie vor die Aufgabe gestellt, vor den kritischen Augen der Prüfer Fragmente aus Theaterstücken vorzutragen, eine Tanzchoreographie zu performen, oder allein (und gemeinsam) zu musizieren. In den Bildenden Künsten müssen Sie einen speziellen Test bestehen und praktisch Ihre künstlerische

Begabung unter Beweis stellen. In den journalistischen Bewerbungsverfahren müssen Sie häufig eine Vielzahl von Tests bestehen: Zu Ihren Aufgaben gehören dann Allgemeinwissenstests, Einzel- oder Gruppengespräch, Intelligenztests und das Erstellen einer Arbeitsprobe.

Wie exakt derartige Testverfahren gestaltet sind, können wir hier nicht weiter explizieren. Wir wollen Ihnen im Anschluss allgemeine Informationen zur Bewerbung in den Bereichen Bildende Kunst, Darstellende Kunst und Journalistik liefern.

Bildende Kunst

In den Bildenden Künsten gibt es eine Vielzahl verschiedener Studiengänge, Studienschwerpunkte und zudem Hochschulen (Akademien), an denen es möglich ist, ein Studium aufzunehmen. Und in diesen Fachbereichen gibt es analog zu den diversen Studienmöglichkeiten diverse Auswahlverfahren. Wie bereits erwähnt, ist das zentrale Medium, das mit den formalen Dokumenten eingereicht werden muss, die Arbeitsmappe. Wir wollen nicht den großen Schritt gehen und uns an einzelnen Hochschulen oder Studiengängen abarbeiten, sondern uns eher generell dem Thema Arbeitsmappe widmen. Denn dies ist das Arbeitsstück, mit dem Sie die Vorauswahl meistern können. Auf Grundlage der Arbeitsmappe wird entschieden, ob Sie die Möglichkeit bekommen, an einer weiteren Auswahlrunde teilzunehmen.

Die Arbeitsmappe

Die Mappe ist zentral für diejenigen, die eine Vorauswahl unter den Bewerbern treffen, da es sich um den Gegenstand handelt, der Ihre künstlerischen Fähigkeiten abbilden soll. Die Professoren, die zukünftige Studenten auswählen, werden sich an den in der Mappe vorgestellten Arbeitsstücken orientieren und danach eine erste Bewertung abgeben, die entscheidet, ob Sie es in die nächste Runde schaffen. Die Mappe ist eine Kollektion von Arbeiten, die es mit größter Sorgfalt auszuwählen und zusammenzustellen gilt.

Zuerst wollen wir zeigen, wie die Mappe, unabhängig vom Inhalt, generell ausgewählt werden sollte. Einfache Hefter und simple Mappen können Sie verwenden, wenn Sie in der Schule ein Referat verfassen und abgeben müssen, auch an der Hochschule könne Sie eine Haus- oder Projektarbeit auf diese Weise sortieren. Für die Bewerbung in einem künstlerischen Studiengang sollten Sie allerdings eine ansprechende Hülle für Ihre Werke wählen – schließlich wollen Sie visuell kommunizieren, da sollten Form und Inhalt übereinstimmen. Sie können entweder den klassischen Weg gehen und eine simple schwarze oder andersfarbige, seriös wirkende Plastikmappe wählen. Eine andere Möglichkeit besteht darin, selbst eine Mappe herzustellen. Diese Alternative eignet sich allerdings nur für diejenigen, die gut im Zeitplan liegen und handwerklich in der Lage sind, eine exzellente Mappe herzustellen. Gehen Sie letzteren Weg und entwerfen und produzieren die Mappe eigenständig, dann haben Sie mit einer exzellent hergestellten Mappe einen Vorteil, da sich diese von den anderen, standardisierten Mappen absetzt. Stellen Sie eine mittelmäßige Mappe her, dann kann sich das negativ auswirken.

Eine weitere Frage betrifft die Größe der Mappe. Generell können Sie von den betreffenden Hochschulen erfragen, welches Format bevorzugt wird. In der Regel sind die einzureichenden Formate A2 bis A1. Es besteht beispielsweise die Möglichkeit, dass Sie eine Mappe in Übergröße (A1) wählen und etwaige Arbeit in A2 dann auf A1-Papier aufziehen. Auch das ist Ihnen freigestellt; sinnvoll erscheint es allerdings, sich hier nach den Hochschulen, dem Thema und den Arbeiten, die Sie einreichen wollen, zu richten.

Der Inhalt der Mappe

Was exakt in einer Mappe aufgenommen werden soll, liegt im Ermessen desjenigen, der die Mappe zusammenstellt. Es liegt also in Ihrem Ermessen. Zudem ist es abhängig von Studiengang und Hochschule: Bewerben Sie sich explizit für ein Studium der Fotografie, des Films oder der Malerei, dann sollten die zentralen Arbeiten der Mappe Technik, Darstellungsart und Medium des betreffenden Studiums mehr als nur berühren. Natürlich können Sie auch in die Bewerbungsmappe für ein Filmstudium Fotos einlegen, hauptsächlich sollten Sie jedoch mit der Mappe anstreben, dem Studium angemessene Arbeiten zu präsentieren. Welche Form der Herstellung Sie wählen – ob Zeichnung, Skizze, Objektgestaltung, digitale Gestaltung, filmisch-fotografische Arbeiten oder Collagen –, liegt in Ihren Händen; Sie haben die freie Wahl. Anders verhält es sich bei der Themenwahl für die Mappe, hier gibt es zwei Möglichkeiten: Entweder wird Ihnen ein Spektrum von Themen vorgegeben, Sie können dann eine Auswahl treffen. Zu diesem Thema werden Sie im Anschluss auch die Mappe erstellen. An anderen Hochschulen ist es den Bewerbern freigestellt, ob sie die Mappe zu einem spezifischen Thema gestalten oder eine andere Struktur wählen.

Die Mappe als Visitenkarte

Die Arbeiten, die Sie mit der Mappe vorlegen, können als Visitenkarte verstanden werden, denn mit diesen Arbeiten versuchen Sie von Ihren künstlerischen Fähigkeiten zu überzeugen. Die Mappe soll widerspiegeln, über welche Fähigkeiten Sie verfügen.

Demzufolge erscheint es sinnvoll, ein gewisses Spektrum zu bedienen. Sie sollten Abwechslung in die Mappe bringen und verschiedene Produktionsarten anwenden, das ist allerdings nur ein Tipp. Bedenken Sie, dass die Mappe Ihre Ausdrucksfähigkeiten abbilden soll und im besten Fall beherrschen Sie verschiedene künstlerische Techniken und Medien. Dieser Fähigkeiten sollen Sie sich bedienen und visuell ein Prüfungsthema aufbereiten: Sie sollen über die eigenen Werken kommunizieren.

Die Verantwortlichen der Hochschulen sind daran interessiert festzustellen, welche Perspektiven Sie in der Lage sind, einzunehmen, wie Sie thematische Arbeiten konzeptionalisieren, was und wie Sie mit den Arbeiten kommunizieren und welche Techniken der visuellen Kommunikation Sie anwenden. Das zentrale Stichwort ist **Konzeptionelle Kreativität.**

Das bedeutet, dass es als sinnvoll erscheint, für die Prüfer sichtbar zu machen, wie Konzeptionalisierung und Ausführung einer Arbeit gestaltet sind. Aus diesem Grund bietet es sich an, Skizzen einzureichen bzw. Serien herzustellen, in denen Entwicklungsschritte von der Skizze bis zum fertigen Werk nachvollziehbar werden. So ist es möglich darzustellen, welche Idee als Inspiration für eine fertige Arbeit diente, wie intuitive Gedankenspiele praktisch umgesetzt werden und wie der Herstellungsprozess abgelaufen ist. Hierbei sollte es weniger darum gehen anzuzeigen, dass Sie diverse Techniken beherrschen oder handwerklich einwandfrei arbeiten können – denn all das kann im Studium perfektioniert werden. Von Interesse ist hingegen Ihre Fähigkeit, Gedanken und Vorgaben in visuell kommunizierbare Arbeiten umzusetzen und dies sollten Sie versuchen mit der Mappe zu realisieren. Ihre gestalterische Begabung steht im Vordergrund des Interesses, danach bemessen die Gutachter Ihre Studierfähigkeit.

Der Prozess der Mappenerstellung

Wie genau eine Mappe erstellt werden soll, werden wir hier nicht detailliert ausführen, wir wollen stichpunktartig einige Aspekte betonen, die Sie beim Erstellen der Mappe bedenken sollten. Hierbei handelt es sich um allgemeine Tipps, um zumindest formal eine einwandfreie Mappe präsentieren zu können. Wir wollen einführend etwas detaillierter erläutern, wie Sie die Arbeiten für die Mappe aufziehen können, bevor wir die allgemeinen Informationen präsentieren.

Richten Sie die Arbeit auf dem Papier an der optischen Mitte aus, das heißt: horizontal wählen Sie die Mitte, vertikal platzieren Sie die Arbeit leicht über der Mitte. Bei der optischen Mitte handelt es sich nicht um die geometrisch korrekte Mitte, sondern um eine optische Täuschung. Der Betrachter empfindet eine Fehlplatzierung, wenn Sie die exakte Mitte wählen. Um die Arbeit nach dem Ausrichten zu fixieren, sollten Sie hochwertige Kleber verwenden, wenn Sie sich diese leisten können. Sprühkleber eignet sich am besten, ist allerdings auch verhältnismäßig teuer; ebenfalls geeignet sind Fotoecken oder Fixogum, ein wieder löslicher Klebestoff. Gehen Sie bestenfalls in einen Kunstbedarfshandel und lassen Sie sich von den Fachleuten beraten. Achten Sie darauf, dass Sie auf den Fotos und Bildern keine Schmierflecken oder Fingerabdrücke hinterlassen.

Stichpunkte für die Mappenerstellung

¬ Das Prüfungsthema sollten Sie sowohl konzeptionell als auch methodisch gut durchdenken und versuchen klar umzusetzen.

¬ Versuchen Sie beim Erstellen der Arbeiten Serien zu schaffen, da hierin eine Idee und deren Umsetzung leichter nachvollziehbar wird als in einem Einzelwerk; Sie demonstrieren mit einer gelungenen Serie konzeptionelle Qualität.

¬ Werke, die Sie auf Leinwand produzieren, sollten Sie bestenfalls fotografieren und als Fotografie in die Mappe einlegen.

¬ Arbeiten sollten Sie grundsätzlich auf der Rückseite signieren, so ist deutlich, von wem die jeweilige Arbeit stammt, wenn sie aus der Mappe genommen wird.

¬ Ziehen Sie einzelne Arbeiten bestenfalls auf farblich einheitliches Papier auf, so kommen die einzelnen Arbeiten besser zur Geltung, da Störungen und Ablenkungen leichter ausgeblendet werden können.

¬ Farblich macht es Sinn, weiße Pappen oder Papiere zum Aufziehen der Arbeiten zu verwenden. Schwarz ist an einigen Hochschulen wohl nicht gern gesehen, weißes Papier zeigt allerdings jede Hand, durch die eine Mappe geht. Schmierflecken sind auf weißem Untergrund kaum zu verstecken. Zudem sollten Sie einheitlich eine Farbe wählen. Wollen Sie eine bestimmte Serie hervorheben, können Sie im Hintergrundpapier Akzente setzen; ebenfalls vorstellbar ist es, dass Sie das Hintergrundpapier in den Serien variieren. Machen Sie sich diesbezüglich eingehende Gedanken.

¬ Ordnen Sie die Arbeiten serienmäßig: nach Arbeitstechniken, Materialien, Gegenständen etc.

Darstellende Kunst

Die Eignungsprüfungen in den Darstellenden Künsten sind in der Regel als praktische Auswahlverfahren konzipiert. Diese Art des Verfahrens bietet sich an, da Schauspiel, Tanz oder Musik mit einer aktiven physischen Betätigung einhergehen: Der Schauspieler schlüpft auf der Bühne in eine Rolle, er spielt, gestikuliert und spricht; die Tänzerin interpretiert über ihre Bewegungen Musik oder gesprochenen Text und der Musiker bespielt ein Instrument oder nutzt die eigene Stimme. Die beschriebenen Tätigkeiten sind eng geknüpft an die künstlerische Praxis und die Aufnahmeprüfungen für diese Studiengänge beziehen sich stark auf die künstlerischen Fähigkeiten. Bewerber um einen Studienplatz müssen in der Regel im Wettstreit mit anderen eben diese Fähigkeiten abrufen und sich so in einem praktischen Auswahlverfahren durchsetzen. Am Ende jedes Auswahlverfahrens stehen, je nach Größe des Studiengangs und der Hochschule, zwischen 10 und 20 Bewerber fest, die das Studium aufnehmen können. Diese haben sich dann in der Regel gegen eine starke Konkurrenz durchgesetzt, welche nicht selten 500-600 Prüfungsteilnehmer umfasst. In den praktischen Auswahlverfahren gilt nicht mehr der Grundsatz, dass Vorkenntnisse für die Aufnahme unwichtig sind. Ganz im Gegenteil sind Vorwissen und -kenntnisse relevante Zugangsvoraussetzungen für Studiengänge in den Darstellenden Künsten.

Praktische Auswahlverfahren werden in den genannten Fachbereichen bevorzugt, da so die Verantwortlichen überprüfen können, ob und inwiefern die Bewerber über Fähigkeiten und Talente verfügen, die für das angestrebte Studium notwendig sind. Im Fachbereich Schauspiel ist dies das Talent, etwas oder jemanden darzustellen; im Tanz ist es der Kenntnisstand und das technische Niveau der Tänzerin; in der Musik wird vor allem überprüft, ob musiktheoretische Kenntnisse bestehen und auf welchem Niveau der Bewerber sein Instrument beherrscht. Ein weiterer Grund, der für diese Art der Selektion von Studenten spricht, besteht in der Prüfungssituation als solcher. Bei einem Vorspiel handelt es sich um eine extreme Drucksituation. Die Bewerber sind dazu aufgefordert, vor einer Expertenkommission aufzutreten, die feststellen soll, ob eine Studieneignung besteht. Wer dem Druck nicht standhält, ist für Tätigkeiten im Bereich der Darstellenden Kunst nicht geeignet. Denn das praktische Auswahlverfahren simuliert eine Situation, die den Alltag von Schauspielern, Musikern, Tänzern und anderen darstellenden Künstlern ausmacht, da deren Tätigkeit sich hauptsächlich darauf beschränkt, vor Publikum eine Performance zu bieten. Auch während des Studiums müssen praktische Prüfungen abgelegt werden. Das Auftreten vor Publikum begleitet Künstler in diesem Ausbildungsfeld dauerhaft, insofern erscheint die praktische Prüfung als Eignungskriterium für ein Studium in diesem Bereich angemessen.

Auf den folgenden Seiten wird allgemein erläutert, wie die Bewerbungsverfahren in den Studienbereichen Schauspiel, Tanz und Musik verlaufen.

Aufnahmeprüfung Schauspiel

Jede Schauspielschule hat ein individuell gestaltetes Auswahlverfahren, eine detaillierte Darstellung und Auseinandersetzung mit allen Verfahrenseinzelheiten würde den Rahmen des Buches sprengen. Wir beschränken uns auf eine allgemeine Erläuterung der Aufnahmeprüfung an Schauspielschulen.

Möchten Sie ein Schauspielstudium aufnehmen, ist es wichtig, sich vor Beginn des Bewerbungsprozesses intensiv mit den einzelnen Schulen, den Ausbildungsangeboten und den Bewerbungsverfahren auseinanderzusetzen. So können Sie herausfinden, welche Schulen Sie überzeugen, wo Sie sich das Bewerbungsverfahren einfacher oder schwerer vorstellen etc. Die Verfahren an den verschiedenen Schulen sind unterschiedlich gestaltet. Ein exemplarischer Vergleich der Auswahlverfahren an zwei renommierten Schauspielschulen soll zur Verdeutlichung dienen.

An der Hochschule für Schauspielkunst Ernst Busch Berlin gibt es ein dreistufiges Auswahlverfahren.[76] Zuerst muss ein schriftlicher Antrag auf Zulassung zur Vorauswahl gestellt werden. Hierzu gilt es einen Zulassungsantrag auszufüllen, dem Sie eine Auflistung der vor Aufnahme des Studiums ausgeführten künstlerischen Tätigkeiten und Bildungen sowie zwei frankierte Rückumschläge beifügen. Zudem müssen Sie 30 Euro Prüfungsgebühr entrichten und den kopierten Kontoauszug, der die Überweisung belegt, einschicken. Nachdem alle Unterlagen korrekt eingegangen sind, werden Sie informiert, nun gilt es, den nächsten Verfahrensschritt vorzubereiten: die Vorauswahl. Für die Vorauswahl müssen Sie zwei unterschiedliche Rollenausschnitte (Länge 5-7 min.), ein Lied (Chanson oder Song) und ein Gedicht (Ballade oder Prosatext) erarbeiten. Diese sind der Prüfungskommission vorzutragen. Wer die Vorauswahl übersteht, wird zur dritten Stufe des Bewerbungsverfahrens zugelassen: der Zugangsprüfung. Bevor diese Prüfung stattfindet, sind die Bewerber dazu angehalten, erneut schriftliche Unterlagen einzureichen: Zeugnisse, einen Lebenslauf, zwei ärztliche Atteste (Gesundheitszustand und stimmliche Eignung), Nachweise über Ausbildung oder Studium und drei Passbilder. In der praktischen Zugangsprüfung findet ein Vorspielen, Vortragen und Vorsingen statt: Sie müssen zwei bis drei Rollenausschnitte (min. einen Ausschnitt aus der Weltliteratur, z.B. Tschechow, Shakespeare, Sophokles u.a.), ein Lied (Chanson oder Song) und ein Gedicht (Ballade oder Prosatext) erarbeiten und vortragen und zudem in verschiedenen von der Kommission vorgeschlagenen Übungen Ihre musikalischen Fähigkeiten und Anlagen, Ihre körperliche Verfasstheit und die künstlerische Ausdrucksfähigkeit unter Beweis stellen. Nach Bestehen dieser Prüfung können Sie das Studium aufnehmen. Der Zulassungsantrag ist bis zum 31.10. jeden Jahres für das kommende Semester zu stellen, die Vorauswahl findet zwischen Oktober und Januar statt und die finale Zugangsprüfung ist generell für den Februar angesetzt. Der offizielle Bewerbungsprozess umfasst ca. vier Monate.

Anders die Aufnahmeprüfung an der Universität der Künste Folkwang[77] in Bochum

---

[76] Vgl. den Flyer zur Bewerbung auf das Schauspielstudium an der Hochschule für Schauspielkunst Ernst Busch Berlin, auf: [http://www.hfs-berlin.de/v2/bereich_schauspiel_bewerbung.html].

[77] Vgl. zu diesem Verfahren den folgenden Artikel: *Schauspiel an der Folkwang Hochschule. Wie die Aufnahmeprüfung abläuft*, in Unicum.de; Vgl. zudem die Informationen zur Aufnahmeprüfung auf

und Essen, hier handelt es sich um ein zweistufiges Zulassungsverfahren. Zuerst ist eine schriftliche Bewerbung inklusive der folgenden Dokumente einzureichen: Zulassungsantrag, Lebenslauf, zwei Passbilder, beglaubigte Kopie des Abiturzeugnisses, Beleg über die Überweisung der Prüfungsgebühr von 30 Euro und einen Vermerk über die drei Rollenausschnitte, die vorgetragen werden sollen. Die Vorgaben der Folkwang Schule über die zu wählenden Rollen sind sehr bestimmt: Die Bewerber sollen eine klassische und eine moderne Rolle erarbeiten und zudem selbstständig einen Monolog verfassen, betiteln und für die Prüfung vorbereiten. Die schriftliche Bewerbung muss bis zum 31.10. eingehen, das Studium beginnt zum folgenden Sommersemester. Alle Bewerber, die eine korrekte schriftliche Bewerbung einreichen, werden zum Vorspielen eingeladen. Nachdem die eigens einstudierten Ausschnitte vorgetragen sind und eine Vorauswahl getroffen wird, müssen dann in einem weiteren Auswahlverfahren, dass sich in seinem Umfang an der Zahl der Bewerber bemisst, verschiedene von den Prüfern gestellte Aufgaben bewältigt werden. Auch hier umfasst der Bewerbungsprozess etwa vier Monate.

Im Vergleich der Aufnahmenprüfungen beider Schulen werden große Unterschiede deutlich. Diese bestehen in den einzureichenden Bewerbungsunterlagen, den vorzubereitenden Rollen, in den Zeiträumen, in denen Eignungsprüfungen stattfinden, und in der Anzahl der praktischen Prüfungsschritte. Ebenso offensichtlich sind die Gemeinsamkeiten. In beiden vorgestellten – und grundsätzlich allen uns bekannten – Schauspielschulen, bildet das Vorspielen den Kern der Aufnahmeprüfung.

Wer ein Auswahlverfahren für die Schauspielschule anstrebt, dem ist zu empfehlen, die Rollenausschnitte, Lieder oder Gedichte mit Bedacht auszuwählen und diese kreativ vorzubereiten. Wie genau Sie eine Theaterrolle erarbeiten, können wir nicht erläutern. Sie sollten sich professionell von einem Theatertrainer beraten lassen, wenn Sie diesbezüglich unsicher sind. Generell lässt sich feststellen, dass Vorkenntnisse in den Bereichen Schauspiel, Theater, Gesang etc. absolute Voraussetzung zum Bestehen der Eignungsprüfung sind. Sicherlich gibt es unentdeckte Talente, die ohne Vorkenntnisse im Schauspiel eine Aufnahmeprüfung bestehen. Aber dies ist die Ausnahme. Uns ist nicht daran gelegen, Träume platzen zu lassen, sondern darauf hinzuweisen, dass die Konkurrenz in den Aufnahmenprüfungen zum Schauspielstudium extrem groß ist und viele Bewerber enttäuscht ausscheiden.

Es gilt realistisch zu bleiben: Haben Sie wenige Vorkenntnisse im Schauspiel und bewerben sich aus einer Laune heraus, haben nie in einer Theatergruppe gespielt und

der Homepage der Universität der Künste Folkwang: [http://www.folkwang-uni.de/home/theater/studiengaenge/schauspiel/bewerbung/]

wissen nicht, wer dieser „Checksbier" ist, sollten Sie darüber nachdenken, ob Sie für ein Schauspielstudium geeignet sind. Sind Sie überzeugt von dieser Ausbildung und Ihren schauspielerischen Fähigkeiten, dann sollten Sie nicht nach dem ersten Scheitern einen Rückzieher machen. Viele Schauspielstudenten haben diese Hürde erst im zweiten, dritten oder vierten Anlauf genommen. Ihre Gefühlslage sollte es erlauben, ein erstes Scheitern als Erfahrung auf dem Weg zum Studienplatz zu verbuchen.

Erfahrungsbericht Diplom Schauspielstudium
(Marius, 26 Jahre, Bayerische Theaterakademie August Everding)

Ich bin Schauspielstudent an der Bayerischen Theaterakademie August Everding. Vor sieben Jahren habe ich mich zum ersten Mal an einer Schauspielschule beworben und bin ruhmlos abgelehnt worden. Vollkommen zu Recht, wie ich heute weiß.

Meiner Bewerbung zum Schauspielschüler waren ein abgebrochenes Abitur und ein Praktikum in einem renommierten Hotel in Süddeutschland vorangegangen. Dort wollte ich eine Lehre zum Hotelfachmann absolvieren, nach drei Monaten beendete ich allerdings das Praktikum, um mich in künstlerische Bereiche zu bewegen und, wie gesagt, auf die Aufnahmeprüfungen an den staatlichen Schauspielschulen vorzubereiten. Leider ließ meine Darbietung die Prüfer vollkommen kalt und ich bekam an keiner Schule eine Chance auf Runde zwei des Aufnahmeverfahrens. Nach drei erfolglosen Vorsprechen ließ mein Engagement stark nach und ich beschloss, erst einmal mein Leben zu leben und mich keinerlei Druck auszusetzen.

Das sah dann so aus, dass ich mich im folgenden Jahr durch die verschiedensten Nebenjobs schlug. Letztendlich siegte aber doch die Vernunft und ich zog vom Ruhrgebiet ins Rheinland, um dort eine Ausbildung zum Kaufmann für Bürokommunikation zu beginnen. Meine Leidenschaft fürs Theater wollte ich durch den Beitritt in eine freie Theatergruppe als Hobby weiterführen. In Düsseldorf war ich nun bei einer Modeagentur angestellt, einem kleinen Familienunternehmen, bestehend aus zwei Auszubildenden (einer davon war ich), meinem Chef und seiner Frau. Alles in allem sehr überschaubar. Dort herrschte ein angenehmes und lockeres Arbeitsklima, was mir in den nächsten zweieinhalb Jahren meiner Ausbildung sehr zugute kam. Nachdem ich ungefähr das erste halbe bis Dreivierteljahr voller Euphorie meiner neuen Arbeit und der neuen Stadt gegenüberstand, setzte allmählich der Alltagstrott ein. So fröhlich und schön es auch in der Modebranche zugeht, ich merkte, dass ich kein Schreibtischtäter bin und die Begeisterung für die Arbeit verschwand nach und nach. In mir reifte der Entschluss, erneut mein Glück zu versuchen und mich wieder auf die Aufnahmeprüfungen an den Schauspielschulen vorzubereiten.

Die Aufnahmeprüfungen an den verschiedenen Schauspielschulen laufen in der Regel sehr ähnlich ab. Der Prüfling muss drei bis vier Monologe vorbereiten, wovon mindestens einer in klassischer

Sprache verfasst sein muss. Hinzu kommt evtl. ein Lied und ein Gedicht. Manche Schulen verlangen außerdem einen selbstverfassten Monolog.

Die meisten staatlichen Schauspielschulen haben drei Aufnahmerunden, in denen die Fähigkeiten der einzelnen Bewerber abgefragt werden. Bei meinem zweiten und nun ernsthaften Versuch, meinem Traum näher zu kommen, schaffte ich es bei zwei Schulen in Runde zwei, bevor ich es in München das erste Mal in eine dritte Runde schaffte. Die dritte Runde an der Bayerischen Theaterakademie beinhaltet ein Bewegungstraining, eine Gesangs- und Stimmprüfung, Improvisations- und Schauspielübungen sowie ein Gespräch mit den Dozenten.

Am Ende eines sehr langen Tages voller Konzentration, Aufregung und vieler neuer Eindrücke war die Stunde der Wahrheit gekommen. Von 24 Prüflingen konnten maximal zwölf genommen werden. Nebeneinander aufgereiht, die Arme umeinander gelegt, hofften wir mit Namen aufgerufen zu werden. Ich bin einer der zehn Glücklichen gewesen, die es aus einer Auswahl von über 700 geschafft hatten.

Ich bin jetzt Schauspielstudent im dritten Jahr und werde nächstes Jahr mein Studium mit einem Diplom beenden – ohne Abitur. Ich bin froh, einen Umweg gemacht zu haben, denn durch die Erfahrung einer Ausbildung und die Arbeit in verschiedenen Bereichen weiß ich sehr genau, dass ich diesmal richtig liege mit der Wahl meines Berufes und dass ich mir nicht mehr vorstellen kann, jemals etwas anderes zu tun.

Aufnahmeprüfung Tanz

Was für die Auswahlverfahren zum Schauspielstudium gilt, trifft grundsätzlich ebenso auf die Zugangsprüfungen in der Ausbildung Tanz zu. Zentrales Kriterium für die Aufnahme ist die praktische Eignungsprüfung, selbstverständlich bestehen diesbezüglich ebenfalls Unterschiede zwischen den Hochschulen. Diese sind auf die Bedingungen zurückzuführen, die erfüllt werden müssen, um als geeignet betrachtet zu werden. An machen Schulen sollen Tänzer ausgebildet werden, an anderen tanzende Menschen.[78] Bei ersteren handelt es sich um eher traditionelle Institutionen, die eine klassische Ausbildung anbieten; bei letzteren um alternative Hochschulen, die den Anspruch verfolgen, den Bewegungsapparat der Studenten grundlegend dahingehend zu schulen, dass sowohl Ballett, Ausdruckstanz und andere Techniken beherrscht werden und

---

[78] Vgl. die Beschreibung des Ausbildungsziels für das Studium Tanz an der Universität der Künste Folkwang: „Ziel der Folkwang Universität der Künste ist es nicht, Tänzer auszubilden, sondern tanzende Menschen. Die Studierenden lernen, die Grundprinzipien der Bewegung zu erfassen und diese für sich individuell auszuarbeiten und zu entwickeln. Eine umfassende Vermittlung von Tanztechniken und theoretischen Grundlagen macht die Absolventen zu versierten Tänzerinnen und Tänzern, die weltweit an Theatern und Kompanien ebenso vertreten sind wie in der freien Szene", auf: [http://www.folkwang-uni.de/home/tanz/studiengaenge/tanz/.]

die Studenten entscheiden können, inwiefern sie später im Beruf von den verschiedenen Techniken Gebrauch machen. Vor einer Eignungsprüfung sollten Sie daher an der betreffenden Hochschule erfragen, welche Aufgaben auf Sie zukommen und was Sie vorzubereiten haben.

Auch für ein Tanzstudium gilt: Wer keine Vorkenntnisse mitbringt, hat schlechte Karte bei der Aufnahmeprüfung. Wenn Sie gegen andere Bewerber antreten, die schon seit ihrer Kindheit tanzen und den Bewegungsapparat geschult haben, stehen Ihre Chancen äußerst schlecht. Aus diesem Grund ist die Anzahl der potenziellen Bewerber auf ein Tanzstudium immer beschränkt, was jedoch nicht bedeutet, dass jeder Bewerber einen Studienplatz bekommt. Ein Tanzstudium können nur diejenigen aufnehmen, die über die nötigen Vorkenntnisse verfügen, bereits tänzerisch geschult sind und die Eignungsprüfung bestehen. Wie Sie eine Eignungsprüfung im Bereich Tanz vorzubereiten haben, können wir nicht erläutern. Wenn Sie Ihr Glück ohne tänzerische Vorkenntnisse versuchen wollen, dann wenden Sie sich direkt an die Hochschule und versuchen Sie mit den Verantwortlichen zu klären, was Sie vorzubereiten haben und wie Ihre Chancen stehen. Gegebenenfalls werden Sie ohne Vorkenntnisse nicht zur Prüfung zugelassen.

Aufnahmeprüfung Musik

Die deutschen Hochschulen für Kunst und Musik sind weltbekannt. Wie zu Beginn des 20. Jahrhunderts sind diese Hochschulen in den Musikwissenschaften, im Studium der Komposition, dem Instrumental-, Gesangs- oder Dirigentenstudium international besetzt. An den vielen Hochschulen, die bundesweit ein Musikstudium anbieten, ist Zugangsvoraussetzung, um ein Studium aufzunehmen, das Bestehen der musikpraktischen und -theoretischen Eignungsprüfung. Und die Konkurrenz um die wenigen Plätze ist sehr hoch.

In diesem Studienbereich unterscheiden sich die Aufnahmeverfahren an den vielen Hochschulen nur in Detailfragen. Allen Prüfungen in musikalischen Studienfächern ist gemein, dass vor Aufnahme des Studiums weitgehende Kenntnisse und Fähigkeiten nachgewiesen werden müssen. Es besteht ein gravierender Unterschied zu den Vorkenntnissen, die beispielsweise für ein Schauspielstudium bestehen müssen: In einem Musikstudium sollen Sie nicht lernen, ein Instrument zu spielen, dies müssen Sie bestenfalls seit Ihrer Kindheit intensiv praktiziert haben. Ein Musikstudium dient der Ausbildung von Berufsmusikern, d.h. solchen Fachkräften, die in Orchestern, Musikgruppen, Bands und anderen Organisationen auftreten und deren Hauptgegenstand die Produktion und Interpretation von Musikstücken ist. Das Musikstudium ist zeitlich so begrenzt (4-6 Jahre), dass einzig die Perfektion der technischen Beherrschung des Instrumentes, der eigenen Stimme oder der Kompositions- und Dirigierfähigkeiten realisiert werden kann. Aus diesem Grund sind weitgehende Vorkenntnisse absolute

Grundvoraussetzung.

In der Regel müssen Bewerber auf ein Musikstudium die Musik zum Lebensmittel-
punkt wählen. Die genauen Prüfungsbedingungen erfahren Sie bei der jeweiligen
Hochschule, die Sie für das Studium in Betracht ziehen. Eine erfolgreiche Vorbereitung
auf die Prüfung ist, wenn Sie kein musikalisches Genie sind, ohne einen professionellen Musik- und Instrumentenlehrern undenkbar.

Beispielverlauf Bewerbung Musikstudium

In unserem Beispiel wird erläutert, wie die Aufnahmeprüfung für ein Studium eines Orchesterin-
struments gestaltet sein kann: Unser Bewerber lernt seit seinem achten Lebensjahr das Trompeten-
spiel. Er hatte professionelle Lehrer, konnte Erfahrungen in verschiedenen Bands, Orchestern und
Musikgruppen sammeln und möchte jetzt, nach dem Abitur, ein Musikstudium aufnehmen. Sein
Lehrer empfahl ihm die Hochschule für Musik und Darstellende Kunst (HfMDK) in Frankfurt am
Main.[79] Da unser Bewerber von seinem Trompetenlehrer schon drei Jahre vor seinem Abitur auf die
Möglichkeiten und Anforderungen eines Musikstudiums vorbereitet wurde, hat er für das Studium
eines Orchesterinstruments neben dem Hauptinstrument das Klavierspiel erlernt. Er weiß, dass neben der Praxis die Musiktheorie im Studium eine Rolle spielt. Er hat seit zwei Jahren Klavierunterricht
genommen, sich mit Musiktheorie beschäftigt und will sich nun über die Aufnahmeprüfung erkundigen.

Auf dem Internetauftritt der HfMDK erfährt unser Bewerber, wie die Zugangsprüfung aufgebaut ist
und welche Leistungen für die Zulassung erbracht werden müssen:[80] Bewerben dürfen sich nur diejenigen, die das 25. Lebensjahr nicht überschritten haben. Die Zulassung kann nur erhalten, wer die
Aufnahmeprüfung erfolgreich besteht. Bewerber mit Abitur müssen 13 von 25 möglichen Prü-
fungspunkten erreichen, diejenigen ohne Abitur 19 von 25. Allgemein gliedert sich das Verfahren in
eine Hauptfach- und eine Pflichtfachprüfung, das Bestehen der ersteren ist Voraussetzung für die
Zulassung zu letzteren.

In der Hauptfachprüfung muss unser Bewerber vor einer Jury unter Beweis stellen, dass er sein
Hauptinstrument – die Trompete – so gut beherrscht, dass seine Fähigkeiten im Studium nur die
notwendige Perfektion erhalten müssen, die für einen Berufsmusiker relevant sind. Er erfährt, dass
die Hauptfachprüfung 30 Minuten dauert und er in diesem Zeitraum in drei verschiedenen Bereichen getestet wird. Im ersten Prüfungsteil trägt der Bewerber drei Werke aus verschiedenen Stil-

---

[79] Wir haben diese Hochschule weniger aus Gründen des Lokalpatriotismus denn aus schierem Prag-
     matismus gewählt, da auf dem Webauftritt der Hochschule [http://www.hfmdk-
     frankfurt.info/studium.html] das Aufnahmeverfahren sehr verständlich und nachvollziehbar erläu-
     tert wird. Wir wollen keine Werbung für eine bestimmte Hochschule machen, sondern beispielhaft
     die Aufnahmeprüfung für ein Musikstudium erläutern (Anm. d. Verf.).
[80] Vgl. für das ausformulierte Bewerberbeispiel die Informationen zum Studiengang Orchesterinstru-
     mente an der HfMDK auf: [http://www.hfmdk-frankfurt.info/studium/grundstaendige-
     studien/orchesterinstrumente.html].

epochen vor. Anschließend werden Tonleitern und Dreiklänge vorgespielt und zuletzt wird das Vomblattspielen eines leichten Musikstücks geprüft. Unser Bewerber nimmt sich vor, mit seinem Trompetenlehrer die Auswahl der Stücke und die gesamte Vorbereitung abzustimmen.

Sich auf die Hauptfachprüfung vorzubereiten reicht nicht aus, da diese die Voraussetzung für die Prüfung in den Pflichtfächern ist. Nach Bestehen der Pflichtfachprüfung, die einen praktischen und einen theoretischen Teil umfasst, könnte unser Bewerber das Studium aufnehmen. Doch ist auch diese zweite Prüfung mit den Pflichtfächern Klavier, Hörfähigkeit und Musiktheorie schwierig.

Pflichtfach Klavier: In einer zehnminütigen Prüfung müssen die Bewerber zwei Stücke aus verschiedenen Epochen vortragen.

Pflichtfach Hörfähigkeit: In einem sechzigminütigen schriftlichen Test versucht die Hochschule zu erfahren, inwiefern die Bewerber in der Lage sind, harmonische, formale, klangliche, melodische und rhythmische Zusammenhänge zu hören, zu erkennen und zu notieren.

Pflichtfach Musiktheorie: In einer neunzigminütigen Prüfung müssen Akkorde und Akkordfortschreitungen bestimmt, vorgegebene Melodien mehrstimmig bearbeitet und weitergeführt werden, zudem gilt es, vorgelegte Partiturausschnitte zu kommentieren.

Unser Bewerber weiß, dass die Aufnahmenprüfung für ein Studium eines Orchesterinstruments eingehender Vorbereitung bedarf. Die Zulassung für ein derartiges Studium setzt nicht nur voraus, dass unser Bewerber ausgezeichnet Trompete spielt. Er muss ebenso das Klavier beherrschen, über weitgehende musiktheoretische Kenntnisse und ein gut ausgebildetes Gehör verfügen.

Journalistik

Noch vor wenigen Jahren gab es kaum Hochschulen, die explizit ein Studium der Journalistik anboten. Zu dieser Zeit musste, wer Journalist werden wollte, ein Volontariat in einer Medienorganisation (z.B. Radio, Fernsehen, Zeitung) absolvieren. Einige Journalisten haben zudem vor oder nach dem Volontariat ein Fachstudium wie Sozial- oder Wirtschaftswissenschaften studiert.

Die Ausbildung im Volontariat bietet sich auch heute noch an. Zudem kann man seit den 1970er Jahren Journalistik als Fachwissenschaft studieren. Das Angebot ist inzwischen gewachsen. Es gibt staatliche Hochschulen, die ein Journalistikstudium anbieten, sowie private Institutionen, an denen die Ausbildung absolviert werden kann. Die Auswahlverfahren unterscheiden sich von Ort zu Ort, Sie sollten sich daher vor der Bewerbung an den betreffenden Hochschulen erkundigen, welche Voraussetzungen erfüllt werden müssen.

Grundsätzlich lässt sich feststellen, dass ein Journalistikstudium keinesfalls als künstlerisches Studium zu verstehen ist. Trotzdem gleichen sich die Aufnahmeprüfungen in den künstlerischen Fächern und der Journalistik. Zwar gibt es Hochschulen, an denen die Eignung für das Journalistikstudium nicht über Arbeitsproben und ein praktisches

Auswahlverfahren festgestellt wird, dies ist allerdings die Ausnahme. Grundsätzlich müssen sich Bewerber auf ein Journalistikstudium einem mehrstufigen Auswahlverfahren stellen und beweisen, dass die notwendigen Fähigkeiten vorliegen.

Um aufzuzeigen, wie vielfältig die Studienmöglichkeiten und die Zugangsverfahren sind, wollen wir auf drei verschiedene Studienorte und die dort angewendeten Auswahlverfahren eingehen. Dies ist keine umfassende Erläuterung alle Verfahren. Es werden beispielhaft drei typische Verfahren vorgestellt, die hauptsächlich in Auswahlprüfungen für ein Journalistikstudium zur Anwendung kommen.

Bachelor- und Masterstudium Journalistik an der Technischen Universität (TU) Dortmund

Die TU Dortmund zählt zu den ersten Hochschulen, die in Deutschland ein Journalistikstudium anboten. 1976 startete in Dortmund und München ein Modellstudienprogramm für die akademische Ausbildung von Journalisten, seit 1984 ist diese in Dortmund in einem anerkannten Studiengang möglich. Mit der Bologna-Reform wurde 2007 der alte Diplomstudiengang durch die zweistufige Bachelor- und Masterausbildung ersetzt. [81]

Die Auswahl von Studenten für den Bachelorstudiengang Journalistik der TU Dortmund orientiert sich an zwei Kriterien: Praxis und Theorie. Alle Bewerber müssen ein mindestens sechswöchiges Praktikum (Hospitanz) in einer Medienorganisation (z.B. Radio, Fernsehen, Zeitung) nachweisen. Zwischen den Bewerbern, die diese erste Voraussetzung erfüllen, wird über den Durchschnitt der Abiturnote ermittelt, wer das Studium aufnehmen kann. Es besteht eine Auswahl nach dem Kriterium Abiturdurchschnitt.[82] Der an der TU Dortmund angebotene Bachelorstudiengang ist interessant für diejenigen Bewerber, die eine praktisch-theoretisch integrierte Journalistikausbildung bevorzugen, denn Teil des Studiums ist ein zwölfmonatiges Volontariat.

Neben dem grundlegenden BA-Studiengang wird in Dortmund auch ein weiterführender Masterstudiengang angeboten. Dieser richtet sich an fortgeschrittene Studenten, die über Erfahrungen im Bereich Journalistik verfügen. Alle Bewerber auf den Masterstudiengang Journalistik haben einen ersten Studienabschluss, besser als gut (2,6), nachzuweisen. Bewerben können Sie sich, wenn Sie: (a) ein Bachelorstudium Journalistik an der TU Dortmund absolviert haben; (b) über einen andersartigen BA-Abschluss verfügen und ein mind. zweijähriges Volontariat bei einer Medienanstalt (Radio, Fernsehen, Zeitung) nachweisen können; (c) einen Studienabschluss vorlegen, der vom Prüfungsausschuss als gleichwertig anerkannt wird (z.B. einen Bachelor- oder

---

[81] Vgl. die Broschüre *Studienführer Bachelor/Master Journalistik* der TU Dortmund, auf: [http://www.journalistik-dortmund.de/bachelor-master-journalistik-2.html].
[82] Vgl. hierzu: [http://www.journalistik-dortmund.de/bachelorstudiengang-journalistik-kurzinfo-5.html].

Magisterabschluss Kommunikations- oder Medienwissenschaften) oder (d) eine über-
zeugende schriftliche Bewerbung einreichen und dann in einem Auswahlgespräch
von Ihrer Studieneignung überzeugen.

Masterstudiengang Journalistik an der Universität Leipzig

An der Universität Leipzig besteht die Möglichkeit, einen nicht-konsekutiven Masterstudiengang Journalistik zu studieren. Grundsätzlich ist in nicht-konsekutiven Studiengängen kein fachliches Vorwissen notwendig, um das Studium aufzunehmen. Für
den Masterstudiengang Journalistik der Universität Leipzig gilt dies nicht, journalistische Kenntnisse sind in Form eines dreimonatigen Praktikums bei einer Medienanstalt
nachzuweisen. Das sechssemestrige Masterstudium ist praxisorientiert, ein einjähriges
Volontariat ist in die Ausbildung integriert. Zulassungsvoraussetzung ist ein erster
Studienabschluss (Bachelor, Master, Magister, Diplom, Staatsexamen) in einem nicht-
kommunikationswissenschaftlichen Studiengang. Zudem müssen Sie einen Eignungstest bestehen, bevor Sie mit dem Studium beginnen können.[83]

Um am Eignungstest teilzunehmen ist eine schriftliche Bewerbung inklusive der folgenden Unterlagen erforderlich: ein ausgefüllter Studienantrag, ein tabellarischer
Lebenslauf, eine Kopie des Abiturzeugnisses, eine Kopie des Studienabschlusszeug-
nisses und ein Nachweis über das dreimonatige Journalistikpraktikum.[84]

Die Aufnahmenprüfung ist in einen schriftlichen und einen mündlichen Testabschnitt
gegliedert: In einem Wissens-, Redigier- und Produktionstest wollen die Verantwortlichen des Studiengangs die journalistischen Fertigkeiten und die theoretischen
Kenntnisse der Bewerber überprüfen. Auf den schriftlichen Test folgt in der Regel ein
mündliches Auswahlgespräch, in welchem die Bewerber die Möglichkeit bekommen,
ihre persönliche Motivation für das Studium, Berufswünsche, soziale Fähigkeiten und
fachliche Kenntnisse darzustellen. Der mündliche Testabschnitt findet, je nach Bewerberzahl, in Einzel- oder Gruppengesprächen statt. Wer in diesem Eignungstest ein
gutes Ergebnis erzielt und sich durchsetzen kann, der hat gute Chance auf einen Studienplatz.

Um den Wissenstest vorzubereiten, können Sie mit den in Kapitel [5] angebotenen
Übungsaufgaben für den Studierfähigkeitstest arbeiten. Zudem sollten Sie täglich die
Nachrichten verfolgen und Zeitung lesen. Erfragen Sie bei den Studienberatern, wie
die Aufgaben der schriftlichen Eignungsprüfung gestaltet sind und was im Auswahl-

---

[83] Vgl. die Informationen auf der Homepage des Instituts für Journalistik der Universität Leipzig, auf:
    [http://www.uni-leipzig.de/journalistik2/lehrstuhl/master-studium/bewerbung/].
[84] Vgl. Ebd.

gespräch erwartet wird.[85] In diesem Rahmen können wir die spezifisch journalistischen Eignungstests nicht besprechen

Journalistische Ausbildung an der Henri-Nannen Journalistenschule

Die in Hamburg gelegene Henri-Nannen Journalistenschule wurde 1978 von dem
Redakteur Henri Nannen (Stern) und dem Gruner+Jahr Verlagschef Manfred Fischer
gegründet.[86] Diese Einrichtung zählt zu den renommiertesten deutschen Einrichtungen für die journalistische Ausbildung, da Praxis und Theorie weitgehend integriert
sind. Die Ausbildung ist aufgeteilt in 32 Wochen theoretischen Unterricht und vier
praktische Redaktionshospitanzen (zeitlicher Umfang 37 Wochen). Sie absolvieren ein
zehnwöchiges Praktikum bei einer Zeitung, ein weiteres Praktikum gleichen zeitlichen
Umfangs bei einer Zeitschrift, ein sechswöchiges Praktikum bei einem Onlinemedium
oder einer Zeitschrift und ein elfwöchiges Praktikum in einer frei zu wählenden Redaktion.[87] Pro Jahr bewerben sich zwischen 2.000 und 3.000 Interessenten auf 20 zu ver-
gebene Lehrgangsplätze. Die Ausbildung dauert 18 Monate. Die Auswahl erfolgt in
einem dreistufigen Zulassungsverfahren.

Grundsätzlich sind vom Bewerber die folgenden Bedingungen zu erfüllen: Sie müssen
zwischen 19 und 27 Jahren alt sein; aus Ihrem Lebenslauf und den Anlagen sollte ersichtlich sein, dass Sie über journalistische Vorkenntnisse verfügen (legen Sie der Bewerbung journalistische Arbeitsproben aus absolvierten Praktika oder journalistischen
Tätigkeiten bei); die deutsche Sprache ist in Wort und Schrift perfekt zu beherrschen.
Über einen ersten Studienabschluss müssen Sie nicht verfügen, die Verantwortlichen
der Hochschulen bemerken allerdings, dass dies für die Zulassung hilfreich sein
kann.[88]

Um am Auswahlverfahren teilzunehmen, sind Bewerber angehalten, zum Bewer-
bungszeitpunkt eine schriftliche Bewerbung einzureichen. Nach Eingang der schriftlichen Bewerbung, wird eine erste Auswahl getroffen. Nach der Vorauswahl ist die Zahl
der Bewerber nach Angaben der Schule zwar reduziert, erscheint mit Erfahrungswer-
ten von 1500 Teilnehmern, dennoch sehr hoch. Den erfolgreichen Bewerbern wird
eine Themenliste zugesendet und die Aufgabe gestellt, zwei Themen zu wählen, um
darüber eine Reportage und einen Kommentar zu schreiben.[89] Die von den Bewerbern
verfassten Texte müssen fristgerecht bei der Journalistenschule eingehen und werden

---

[85] Nähere Informationen zur Studienberatung für den Masterstudiengang Journalistik der Universität
Leipzig finden Sie hier: [http://www.zv.uni-
leipzig.de/studium/angebot/studienangebot/studiendetail.html?ifab_id=206].
[86] Vgl. den Webauftritt der Henri-Nannen-Schule:
[http://www.journalistenschule.de/schule/geschichte_geburt.html].
[87] Vgl. [http://www.journalistenschule.de/ausbildung/index.html].
[88] Vgl. die Zulassungsbedingungen der Schule:
[http://www.journalistenschule.de/bewerbung/bedingungen.html].
[89] Vgl. die folgende Seite: [http://www.journalistenschule.de/bewerbung/ablauf.html].

im Anschluss einer Jury vorgelegt, die 80 Bewerber für eine zweitägige Eignungsprüfung auswählt.

In der Eignungsprüfung werden verschiedene Fähigkeiten geprüft. Das Allgemeinwissen wird in einem Bildertest und einem Multiple-Choice-Test abgefragt.[90] Zudem müssen die Bewerber unter Zeit- und Konkurrenzdruck eine Reportage recherchieren und verfassen, womit die Verantwortlichen das Fachwissen und die Belastbarkeit testen. Drittens werden den Prüfungsteilnehmern schlecht geschriebene Nachrichtentexte vorgelegt, die in einem begrenzten Zeitraum korrigiert und überarbeitet werden sollen. Zum Abschluss des Auswahlverfahrens werden alle Bewerber zu einem zehnminütigen persönlichen Gespräch aufgefordert. Nach dem Gespräch entscheidet die Jury unter Berücksichtigung der Testergebnisse, welche 20 Bewerber die Ausbildung an der Journalistenschule aufnehmen können.

! 4.5.3 Nun wurden Ihnen die Zugangsvoraussetzungen und Auswahlverfahren der Studiengänge erläutert, für die vor Studienbeginn der Nachweis besonderer fachlicher Eignung erbracht werden muss. Allen vorgestellten Studienfächern ist gemein, dass Vorkenntnisse für die Aufnahme des Studiums Grundvoraussetzung sind. Wer die Grundlagen des Fachs nicht beherrscht, hat kaum Chancen auf einen Studienplatz.

4.4.4   Bewerbung im AdH mit Zulassungsbeschränkung: Das Auswahlgespräch

Allgemein

Im Bewerbungsgespräch um einen Studienplatz, einem Auswahlkriterium, das hauptsächlich aus der freien Wirtschaft bekannt ist, geht es ein weiteres Mal darum, von Ihren Kenntnissen und Fähigkeiten zu überzeugen. Um zu einem Auswahlgespräch eingeladen zu werden, müssen Sie in der Regel eine erfolgreiche formale Bewerbung einreichen. Hierzu zählen Lebenslauf, Zeugnisse, Bewerbungsanschreiben und ggf. auch ein Motivationsschreiben.[91] Wird ein Auswahlgespräch vorgenommen, handelt sich um ein mehrstufiges Bewerbungsverfahren. Das Auswahlgespräch folgt in der Regel als letzte (zweite oder dritte) Stufe, nachdem Sie anderweitig – in der schriftlichen Bewerbung oder einem Test – einige Fähigkeiten unter Beweis gestellt haben.

---

[90] Hier finden Sie Beispielaufgaben aus alten Eignungstests: Bilder
      [http://www.journalistenschule.de/bewerbung/bildertest.html]; Multiple-Choice-Test
      [http://www.journalistenschule.de/bewerbung/fragebogen.html].
[91] Beachten Sie zum Verfassen der Bewerbung bitte das betreffende Kapitel 4.5.1.

Jedem, der ein solches Bewerbungsverfahren zu bestehen hat, ist zu empfehlen, sich auf alle Themen vorzubereiten, die wir in diesem Buch besprechen.

Vorbereitung

„Lieber Herr Padberg, Sie haben uns mit Ihren Bewerbungsunterlagen überzeugt, nun möchten wir Sie zu einem persönlichen Vorstellungsgespräch einladen."

Eine solche oder ähnliche Einladung zu einem Auswahlgespräch könnte Sie erreichen. Damit haben Sie einen großen Schritt in Richtung Ihres Ziels gemacht und sind dem Studienplatz ein ganzes Stück nähergekommen. Wenn Sie zum Gespräch eingeladen werden, haben Sie sich bereits gegen eine Vielzahl anderer Bewerber durchgesetzt. Doch bedenken Sie: Ihr Ziel ist noch nicht erreicht. Erst wenn Sie das bevorstehende Vorstellungsgespräch ebenfalls erfolgreich absolviert haben, ist Ihnen der Studienplatz sicher.

Was wird nun konkret in einem Vorstellungsgespräch von den Bewerbern erwartet und was sollten Sie in der Vorbereitung auf das Gespräch beachten? Die folgenden Paragraphen vermitteln einige Tipps für eine geeignete Vorbereitung auf das Auswahlgespräch und die Gesprächssituation selbst. Wenn Sie die Einladung zum Auswahlgespräch erhalten, sollten Sie schnellstmöglich eine Zu- oder Absage erteilen, denn die Hochschulen sind darauf angewiesen. Schließlich sollen zum neuen Semester alle Studienplätze besetzt werden. Treten Sie umgehend mit den Verantwortlichen der Hochschule in Kontakt und teilen Sie mit, dass Sie am Auswahlgespräch teilnehmen möchten. Haben Sie bereits einen Studienplatz, den Sie bevorzugen, dann seien Sie fair und informieren Sie über die Nichtteilnahme – so geben Sie durch den frei werdenden Platz anderen eine Chance.

Vor Beginn des Testtages sollten Sie sich gründlich vorbereiten. Wir können nicht detailliert angeben, welche Fragen auf Sie zukommen, wenn Sie das Auswahlgespräch für ein Biochemiestudium absolvieren müssen, oder was Sie erwartet, wenn es um ein Auswahlgespräch für einen sozialwissenschaftlichen Studiengang geht. Dennoch ist es möglich, sich thematisch, inhaltlich und methodisch auf ein Auswahlgespräch einzustimmen.

Beginnen Sie damit, sich über die Hochschule, das Institut, die Fakultät und die Lehrenden des Studiengangs zu informieren. Wie peinlich wäre die Situation, wenn Ihnen im Gespräch die Frage gestellt würde: „Was wissen und denken Sie über unsere Hochschule, den Studiengang und die Lehrenden an unserem Institut?", und Sie wüssten darauf nicht zu antworten, da Sie uninformiert sind! Jede Hochschule, jedes Institut und ein Vielzahl von Studiengängen haben im Internetzeitalter einen Webauftritt. Besuchen Sie die Homepage der Hochschule und, wenn möglich, des Studiengangs, um sich aus erster Hand zu informieren. Im Anschluss sollten Sie die üblichen Suchmaschinen nutzen, um aktuelle Nachrichten und Informationen über Studiengang, Studienschwerpunkt und die involvierten Wissenschaftler zu finden. Nutzen Sie die Möglichkeit, das Institut und die Hochschule, an der Sie studieren wollen, zu besuchen und sich persönlich ein Bild zu machen. Dabei erhalten Sie nicht nur wertvolle Informationen und einen ersten Eindruck von der Hochschulatmosphäre, sondern Sie können sich mit den örtlichen Gegebenheiten vertraut machen und eventuelle Ängste mindern. Nach einer Besichtigung ist die Hochschule für Sie kein gänzlich fremder Ort mehr.

Zudem ist es wichtig, sich über die Inhalte des Studiums zu informieren, denn auch dazu könnten Ihnen Fragen gestellt werden. Da Sie Interesse an einem Studienplatz haben, sollten Sie sich mit dem Fachgebiet zumindest rudimentär auskennen. Von einem Studienbewerber werden keine Fachantworten erwartet, die erst ein wissenschaftliches Studium ermöglicht, doch Sie sollten grundsätzlich wissen, worum es im angestrebten Studium geht. Andernfalls stehen Ihre Chancen auf einen Studienplatz denkbar schlecht.

Sie können erwarten, dass derjenige, der das Gespräch mit Ihnen führen wird, über Sie informiert ist. Die Hochschule bzw. die Verantwortlichen des Studiengangs werden Ihre Bewerbungsunterlagen gründlich lesen. Auch Sie sollten vor dem Gespräch die eigenen Unterlagen noch einmal genau überprüfen und die wichtigen Punkte verinnerlichen. Es ist sinnvoll, zum Vorstellungsgespräch die schriftlichen Dokumente mit sich zu führen, da Sie so darauf zurückgreifen können, wenn Unklarheit über einzelne Punkte in Lebenslauf, Motivations- oder Anschreiben besteht. Hier ist eine kurze Liste von Dokumenten, die Sie dabei haben sollten:

¬ Ihre Bewerbungsunterlagen (einschließlich beglaubigter Kopien von Zeugnissen, Anschreiben etc.)

¬ Die Ausschreibung der Hochschule

¬ Das Einladungsschreiben

¬ Die wichtigsten Informationen über Hochschule, Institut und Studiengang (evtl. auf einem kleinen Zettel notiert)

¬ Einen Zettel mit Fragen, die Sie im Gespräch gern stellen möchten

¬ Notizblock und Stift

¬ Arbeitsproben (wenn erwartet)

¬ Eine exakte Wegbeschreibung

Pünktlichkeit

Der wahrscheinlich größte Fehler, den Sie begehen können, ist, unpünktlich zum Gespräch zu erscheinen. Sorgen Sie dafür, dass Sie auf jeden Fall zum vereinbarten Zeitpunkt vor Ort sind. Es ist unproblematisch zehn Minuten früher einzutreffen – den Gesprächspartner zehn Minuten warten zu lassen, kann Ihr Knockout sein. Wählen Sie eine Verbindung, mit der Sie fünfzehn Minuten oder länger vor Beginn des Gesprächs vor Ort sind. Bedenken Sie dabei mögliche Staus und andere Hindernisse. Bemerken Sie auf dem Weg, dass Sie sich aufgrund eines unvorhersehbaren Problems verspäten werden, so versuchen Sie die Verantwortlichen der Hochschule in Kenntnis zu setzen. Notieren Sie sich zu diesem Zweck die Telefonnummer Ihres Ansprechpartners an der Hochschule.

Das Auswahlgespräch

Hochschulen sind bei der Vergabe von Studienplätzen im expliziten Auswahlverfahren daran interessiert, solche Kandidaten auszuwählen, die den Anforderungen des Studiengangs am besten entsprechen und sich in das institutionelle Gefüge des Institutes voraussichtlich gut einfügen werden. Das Vorstellungsgespräch ermöglicht der Hochschule, sich direkt, von Angesicht zu Angesicht, mit den Bewerbern auseinanderzusetzen und herauszufinden, wer sich hinter der Bewerbungsmappe, dem Foto und dem guten Bewerbungs- oder Motivationsschreiben verbirgt. Einen ersten Eindruck über Ihre Eignung haben die Verantwortlichen bereits durch das eingehende Begutachten Ihrer Bewerbungsunterlagen gewonnen und Sie auf dieser Grundlage in die Vorauswahl aufgenommen. Im Auswahlgespräch will die Hochschule dann Ihre Persönlichkeit, die Gründe für Ihre Bewerbung, Ihre Motivation, Ihre Fähigkeiten und Kenntnisse etc. überprüfen, um Ihre Studieneignung endgültig feststellen zu können. Ihre Gesprächspartner werden eine Menge Fragen haben, die es klug zu beantworten gilt. Doch es geht nicht ausschließlich um Ihre Kenntnisse, sondern ebenso um Ihre Leistungsbereitschaft, Ihre Umgangsformen, Ihr Auftreten, Ihr äußeres Erscheinungsbild oder die Fähigkeit, in einem Gespräch zu bestehen.

Eine gute Gesprächsführung gelingt insbesondere in einer angenehmen Gesprächsatmosphäre. Daher sollten Sie versuchen, im Vorstellungsgespräch so freundlich und entspannt wie möglich zu erscheinen und sich nicht verunsichern zu lassen oder schlechte Laune mitzubringen. Wenn Ihr Gegenüber die Atmosphäre mit spitzen Bemerkungen oder einer unangebrachten Gesprächsführung strapaziert, können Sie wenig Einfluss nehmen. Gehen Sie offen und freundlich in das Gespräch und versuchen Sie, die Gesprächsatmosphäre positiv zu beeinflussen. So können Sie das Risiko eines unangenehmen Verlaufs verringern und zudem von Ihrer Persönlichkeit überzeugen.

Schnelldurchlauf

Häufig laufen Vorstellungsgespräche nach einem ähnlichen Muster ab: Zu Beginn erfolgt eine kurze Begrüßung. Diese Gesprächseröffnung kann neben der Begrüßungsformel auch ein wenig Smalltalk wie Fragen über die Anreise etc. enthalten und dient dazu, dass beide Parteien ins Gespräch kommen, bevor es ernst wird und die Bewerbung in den Mittelpunkt rückt. Danach haben Sie die Chance, Ihre Motivation für das Studium zu erklären, auf die absolvierte schulische Ausbildung hinzuweisen, und Ihre Fremdsprachenkenntnisse, Praktika, Schüler- und Ferienjobs anzuführen. Dazu werden die Interviewer Ihnen sicherlich einige Fragen stellen und auf einige Themen näher eingehen. Wenn sich der Bewerber präsentiert hat, folgt in den meisten Fällen der Gesprächsteil, in dem der Interviewer dem Bewerber weitere Informationen über Hochschule, Studiengang, Anforderungen etc. gibt. Besonderheiten werden erläutert und es besteht die Möglichkeit, offene Fragen zu klären. Jetzt ist das Vorstellungsgespräch fast beendet. Vor der Verabschiedung sollten Sie sich erkundigen, wann Sie mit einem Bescheid rechnen können und noch einmal betonen, dass das Interesse an dem Studienplatz sehr groß ist. Sind auch diese Fragen geklärt, folgt die Verabschiedung. Jetzt ist das Vorstellungsgespräch beendet und Sie können nur noch warten, bis Sie eine Mitteilung der Hochschule erhalten.

Im Folgenden wird dieser mögliche Verlauf eines Vorstellungsgesprächs in einzelnen Schritten ausführlicher besprochen.

Gesprächsthemen

Die Begrüßung und der Einstieg ins Gespräch

Vorbemerkung: Dieser Teil des Bewerbungsgesprächs ist kurz, man begrüßt sich und versucht einen Gesprächseinstieg zu finden.

Zu Beginn eines Vorstellungsgesprächs ist der erste Eindruck, den der Bewerber bewirkt, enorm wichtig. Dieser erste Eindruck ist zwar oberflächlich, dennoch ist er entscheidend. Hier zählen das Auftreten, die Umgangsformen und das Aussehen des Bewerbers. Im weiteren Gesprächsverlauf gibt es immer die Möglichkeit, diesen ersten Eindruck zu korrigieren – im positiven wie im negativen Sinne. Trotzdem ist der erste Eindruck entscheidend. Es gilt, sich bestmöglich zu präsentieren. Das ist häufig nicht einfach, weil man in dieser Situation aufgeregt ist, denn schließlich geht es um etwas. Als Bewerber sollten Sie jedoch versuchen, diese Nervosität zu verdrängen bzw. zu vergessen. Eventuell hilft in diesem kritischen Moment der Gedanke, dass auch die Interviewer nur mit Wasser kochen. Gewiss sind sie erfahren in der Wissenschaft, haben zumeist viele Jahre in diesem oder einem anderen Institut gearbeitet und Zeit gehabt, Erfahrungen zu sammeln. Dies ist jedoch kein Grund, Angst vor ihnen zu haben. Sie befinden sich in einem Vorstellungsgespräch, zu dem Sie aufgrund Ihrer bisher überzeugenden Bewerbung eingeladen worden sind, und können davon ausgehen, dass man Ihnen wohlwollend begegnen wird.

Besonders wichtig ist, sich beim Einstieg ins Vorstellungsgespräch souverän zu geben und frei zu sprechen. Sie dürfen nicht den Eindruck erwecken, unsicher zu sein, wie Sie auf eine Frage antworten sollen, oder dass Sie nicht wissen, was Sie sagen wollen. Nicht nur diejenigen, die Angst vor dem Vorstellungsgespräch haben, sollten sich mit Familie und Freunden zusammensetzen und über das bevorstehende Interview sprechen. Es ist jedem zu raten, zu Hause oder mit Freunden ein Bewerbungsgespräch zu simulieren, wenn Sie vor Ihrem ersten Vorstellungsgespräch stehen. Eltern, Geschwister oder Freunde spielen den Interviewer und stellen Fragen, auf die Sie antworten. So kann jeder für sich das Vorstellungsgespräch durchspielen und ist angemessen vorbereitet.

Die Interviewer werden in der Regel versuchen, zu Beginn des Gesprächs eine angenehme Atmosphäre zu schaffen. Zumindest dann, wenn Interesse daran besteht, dass alle Bewerber die Chance haben, sich angemessen vorzustellen. Zudem werden die Prüfer wahrscheinlich erläutern, wie im Verlauf des Gesprächs verfahren wird. Sind weitere Prüfungsteile vorausgegangen, ist es üblich, dass zu Beginn Bezug zum bisherigen Bewerbungsverfahren herstellt und z.B. gefragt wird, ob Sie mit dem Verlauf des Verfahrens zufrieden sind. Für beide Parteien ist in diesem ersten Abschnitt des Gesprächs wichtig, das Eis zu brechen, um einen guten Verlauf zu ermöglichen. Leider befolgt diese Maxime nicht jeder Prüfer.

Der Bewerber stellt sich vor

Vorbemerkung: *Dieser Teil des Bewerbungsgesprächs ist der Hauptteil, der Bewerber stellt sich vor und der Interviewer stellt Fragen.*

Sind die Aufwärmphase und der anfängliche Smalltalk im Auswahlgespräch beendet, wendet sich das Gespräch dem Bewerber zu. Dieser Teil des Vorstellungsgesprächs gibt Bewerbern die Möglichkeit, sich darzustellen, die Verantwortlichen des Studiengangs möchten diesen Gesprächsabschnitt nutzen, um sich zu vergewissern, ob die potenziellen Studenten in das Profil des Studiengangs passen und ob man sich eine Zusammenarbeit vorstellen kann. Diese Phase ist im Gespräch wohl der wichtigste Moment, denn es entscheidet sich, ob Bewerber und Hochschule zusammenpassen. Können Sie keinen guten Eindruck erzeugen, bzw. hat der Interviewer nicht das Gefühl, dass Sie sich kompetent und überzeugend präsentieren können, wird es im weiteren Verlauf des Gesprächs fast unmöglich, diesen Eindruck wettzumachen.

Aber worum geht es inhaltlich in diesem Teil des Gesprächs, was wollen Interviewer wissen? Es kann keine allgemein gültige Aussage darüber getroffen werden, was von Bewerbern exakt erwartet wird; das ist immer abhängig von diversen Faktoren (Studiengang, Schulbildung, Persönlichkeit etc. der Bewerber). Allgemein gilt, dass Sie sich selbst charakterisieren sollen: Was sind die besonderen Stärken und warum sind diese Stärken für den Studiengang wichtig, können die Hochschule und Mitstudenten von Ihnen und Ihren Fähigkeiten profitieren? Geben Sie einen knappen Überblick über Ihre bisherige Ausbildung: auf die schulische Ausbildung verweisen, Fremdsprachenkenntnisse einbringen, absolvierte Praktika und sinnvolle Ferienjobs anführen.

In diesem entscheidenden Hauptabschnitt des Bewerbungsgesprächs sollten Sie darauf vorbereitet sein, viele Fragen zu beantworten. In den meisten Fällen wollen die Interviewer wissen, worin die Motivation für die Bewerbung besteht und warum Sie sich gerade für diesen Studiengang bzw. diese Hochschule entschieden haben. Fragen, die tiefer ins Detail führen, sollen hier jedoch nur beispielhaft besprochen werden, da diese Fragen abhängig von Studiengang und Hochschule variieren.

Da sich Prüfer auf ein Auswahlgespräch vorbereiten, werden sie vor Beginn des Gesprächs Ihre Unterlagen eingehend begutachten. Sie werden sich wahrscheinlich Fragen notieren, die sich aus den Bewerbungsunterlagen ergeben. Wenn schon im Voraus ersichtlich ist, dass in Ihren Unterlagen Unstimmigkeiten auftreten, so sollten Sie sich bewusst darüber sein, dass dies angesprochen wird. Selbstverständlich werden die unterschiedlichen Eignungskriterien, die es für einen Studienplatz gibt, diesen Teil des Gesprächs bestimmen. Die Prüfer bemühen sich, ihre Fragen so genau wie möglich zu stellen, um Sie als Bewerber nicht zu verwirren. Den Verantwortlichen des Studiengangs ist es schließlich ein Anliegen, Studienplätze möglichst gut zu besetzen, weswegen Ihre Gesprächspartner eine klare Kommunikationssituation im Bewerbungsgespräch bevorzugen werden. Fragen, die mit Ja und Nein zu beantworten sind, werden kaum gestellt. Üblich sind offene Fragen, auf die der Bewerber eine Antwort formulieren muss. Dabei werden Sie als zentrale Person des Auswahlgesprächs die meiste Zeit selbst reden. Prüfer stellen Fragen und hören zu, um sich eine Meinung von den Bewerbern zu bilden.

Informationen zum Studiengang

Vorbemerkung: Dieser Teil des Bewerbungsgesprächs dient Bewerbern dazu, Näheres über Hochschule, Institut und Studiengang zu erfahren und ungeklärte Fragen zu erörtern.

Nachdem Sie die Möglichkeit hatten, sich vorzustellen und von Ihrer besten Seite zu präsentieren und der Interviewer über Fragen herausfinden konnte, inwieweit Sie für den Studiengang geeignet sind, folgt der nächste Schritt: Sie erhalten zusätzliche Informationen zu Hochschule, Institut und Studiengang. Dieser Gesprächsteil soll Ihnen helfen, sich ein genaueres Bild von Anforderungen und Aufgaben des Studiums zu machen, Informationen über den Studiengang einzuholen und die Hochschule theoretisch kennen zu lernen. Dies kann Ihnen als Bewerber bei der Entscheidung für den Studiengang helfen. An dieser Stelle besteht für Sie die Möglichkeit, Fragen zu stellen, die bis zu diesem Zeitpunkt unbeantwortet geblieben sind. Sie können hierbei auftrumpfen, indem Sie mittels gezielter Fragen zeigen, dass Sie sich bereits auskennen und eingehend informiert haben, sich damit aber noch nicht zufrieden geben, sondern darüber hinaus noch mehr lernen möchten. Fragen zu stellen, die die Berufschancen betreffen, die sich Ihnen mit einem Studienabschluss eröffnen, sollten Sie vermeiden. Wenn Sie sich für einen Studiengang entscheiden, sollten Sie die Berufsmöglichkeiten kennen und sich im Studium, wenn Sie umfangreiche Fachkenntnisse erlangen, für eine Berufsrichtung entscheiden.

Verabschiedung und Ende des Gesprächs

Vorbemerkung: *Dieser Teil des Bewerbungsgesprächs ist kurz, die Gesprächspartner verständigen sich über die weitere Vorgehensweise und verabschieden sich.*

Sind alle Fragen geklärt oder ist etwas unklar geblieben? So oder ähnlich könnten die Verantwortlichen der Hochschule das Ende des Auswahlgesprächs einleiten. Wenn keine weiteren Fragen bestehen, sollten Sie nicht vergessen, sich über die weitere Verfahrensweise zu verständigen. Informieren Sie sich bei den Gesprächspartnern darüber, wann Sie mit einer Entscheidung rechnen können und wie Sie darüber informiert werden. Bevor Sie sich verabschieden ist es sinnvoll, den Prüfern gegenüber noch einmal zu betonen, dass Sie sich über das Gespräch gefreut haben und großes Interesse daran haben, das Studium aufzunehmen.

In diesem abschließenden Teil kann es vorkommen, dass die Verantwortlichen der Hochschule erläutern, warum sie bestimmte Fragen gestellt haben. Das muss jedoch nicht so sein. Auf jeden Fall wird es einen Hinweis darauf geben, wie das Verfahren weitergehen wird. Es ist zu erwarten, dass die Verantwortlichen das Gespräch in der freundlichen Art zu beschließen versuchen, in der es eröffnet wurde.

Erfolgreich im Auswahlgespräch

In einem Auswahlgespräch sind nicht nur Ihre Fähigkeiten und Kenntnisse entscheidend. Wirklich erfolgreich sind Sie, wenn Sie insgesamt einen guten Eindruck von sich vermitteln, wenn Sie wissen, wie Sie sich zu präsentieren haben. Um sich angemessen darzustellen, müssen Sie nichts Unmenschliches leisten, aber wichtige Details befolgen: Achten Sie auf Ihr Äußeres, treten Sie gepflegt auf und tragen Sie saubere und passende Kleidung. Letztendlich sollten Sie eine bestimmte Körpersprache beherrschen, um sich wirklich gut zu präsentieren. Sie können die notwendigen Vorarbeiten mit den Vorbereitungen auf ein Date vergleichen, denn dort wollen Sie auch Ihre beste Seite zeigen. Wer die folgenden Tipps beachtet, ist auf jedes Vorstellungsgespräch gut vorbereitet.

Das äußere Erscheinungsbild

Wollen Sie in einem Auswahlgespräch einen guten Eindruck erwecken, so achten Sie darauf, gepflegt bei dem Gespräch zu erscheinen. Hierzu gehören geschnittene und gepflegte Fingernägel, Sie sollten vor dem Gespräch geduscht haben und sich die Haare waschen, saubere und passende Kleidung tragen und Mund- und Körpergeruch vermeiden. Wer einen Schnupfen hat, sollte darauf achten, dass die Nase vor dem Gespräch geputzt wird. All das klingt vielleicht trivial, doch sind schon genug Kandidaten bei Vorstellungsgesprächen erschienen, die sich weder die Nägel geschnitten, noch geduscht haben.

Ein entscheidendes Kriterium für ein gepflegtes Äußeres ist die Kleidung. Wer zum Auswahlgespräch geht, der sollte sich angemessen kleiden. Angemessen bedeutet, dass Sie nicht daherkommen wie Usel, in abgerissenen Hosen und einem dreckigen Pullover und an den Füßen mit alten Turnschuhen. Die Auswahl der Kleidung zeigt den Verantwortlichen an, dass Sie sich Gedanken zu Ihrer äußeren Erscheinung gemacht haben und zum Bewerbungsgespräch nicht in der gleichen Kleidung erscheinen, die auch beim Abhängen mit den Freunden getragen wird oder am Wochenende, auf dem Sofa, beim Fernsehen. Sie müssen keine Modenschau gewinnen oder erscheinen wie zu einem Bewerbungsgespräch für den Beruf. An den Hochschulen herrscht eine offene Atmosphäre, es wird Ihnen nicht vorgeschrieben, wie Sie sich zu kleiden haben. Doch ist es wichtig, dass Sie angemessen und vor allem sauber und gewaschen, beim Auswahlgespräch erscheinen. Auch wenn die Verantwortlichen an Hochschulen extrem kulant sind, was die Erscheinung von Studenten oder Mitarbeitern betrifft, bedeutet dies nicht, dass Sie jeden Landstreicher zum Studium zulassen. Doch gibt es bezogen auf Kleidung und Erscheinung Abweichungen in den verschiedenen Studiengängen. In den Wirtschafts- und Rechtswissenschaften wird ein größerer Wert auf das äußere Erscheinungsbild gelegt, als dies in der Biologie, Chemie oder den Geisteswissenschaften der Fall ist.

Gesprächsverhalten, Auftreten und Körpersprache

Neben dem äußeren Erscheinungsbild sind in einem Auswahlgespräch das Auftreten, das Gesprächs- und Kommunikationsverhalten und die Körpersprache besonders wichtig. Wer wie ein nasser Sack Mehl auf dem Stuhl sitzt, undeutlich spricht und dabei ständig mit dem Finger in der Nase bohrt, wird keinen guten Eindruck hinterlassen und der Erfolg im Bewerbungsgespräch wird auf sich warten lassen. Im Auswahlgespräch geht es darum zu überzeugen, dass Sie die richtige Wahl sind. Sie sollten demnach so auftreten, dass Ihr Gegenüber den Eindruck bekommt, mit einem potenziellen Studenten zu sprechen und nicht mit irgendjemandem. Zu einem guten Auftritt gehören zu allererst Pünktlichkeit und Ausgeruhtheit. Zudem sollten Sie es vermeiden, Nervosität zu zeigen, auch wenn das Ihr größtes Problem darstellen kann. Es gibt kein Pauschalrezept, wie sich die Nervosität besiegen lässt; erfahrungsgemäß legt sich die Unsicherheit nach einigen Minuten, sobald Sie die Gesprächspartner besser einschätzen können.

Nicht weniger wichtig als das Auftreten ist die Körpersprache. Schon mit dem Betreten des Raums macht es einen Unterschied, ob Sie ein Lächeln auf den Lippen tragen oder dreinschauen wie sieben Tage Regenwetter. Ebenso ist die Körpersprache im weiteren Verlauf des Auswahlgesprächs eine bedeutende Requisite. Sie sollten weder einen zu starken noch einen zu laschen Händedruck wählen; es geht nicht darum, jemandem die Hand zu brechen und noch weniger wollen Sie die Interviewer streicheln. Vielmehr geht es darum, Präsenz zu vermitteln und Sensibilität im Umgang mit dem anderen zu zeigen. Ihre Mimik sollte den Interviewern vermitteln, dass Sie aufmerksam sind, zuhören und verstehen, worum es geht.

Das gegenseitige Verstehen ist im Bewerbungsgespräch grundlegend, daher muss das Gesprächs- und Kommunikationsverhalten dementsprechend sein. Das bedeutet: Konzentriert zuhören, den anderen ausreden lassen, langsam und deutlich sprechen, Fragen beantworten und wenn etwas nicht deutlich ist oder nicht verstanden wurde, nicht davor zurückschrecken, nachzufragen. Wenn Sie selbst an der Reihe sind und beispielsweise über Ihre bisherige Schullaufbahn und Ihre Motivation für das Studium reden, dann achten Sie darauf, klar zu sprechen und eine angemessene Wortwahl zu treffen. Mit den Interviewern im gleichen Ton und mit den gleichen Worten zu sprechen, wie mit seinen Freunden ist nicht angebracht. Dieser Gesprächsaspekt vermittelt der Hochschule, inwiefern Sie bereit sind, sich an die Gepflogenheiten der Erwachsenenwelt anzupassen. Beim Sprechen ist es ebenfalls wichtig, nicht in eine Monotonie zu verfallen, die vermuten lässt, Sie hätten den Text geübt oder gar auswendig gelernt, den Sie nun im Gespräch runterrasseln.

Zu viel Information?

Wer die vorangehenden Zeilen gelesen hat, ist jetzt eventuell überfordert und fragt sich, wie soll ich an all die wichtigen Punkte denken? Dass Sie Ihren Körper pflegen, sollte kein Problem sein. Bei den anderen Punkten können Sie sich von Familie und Freunden helfen lassen. Jedem ist vor dem ersten Vorstellungsgespräch zu empfehlen, dieses mit einer Vertrauensperson, das kann auch ein Lehrer sein, mindestens einmal durchzuspielen. Eine Simulation kann helfen, deutlicher zu sprechen, das eigene Auftreten zu verbessern und sich gedanklich adäquat vorzubereiten.

Diverse Gesprächstypen

Werden Sie zu einem Auswahlgespräch eingeladen, so wird sich das Gespräch je nach Hochschule, Studiengang und Fachbereich verschieden gestalten. Drei mögliche Interviewtypen werden in diesem Abschnitt grundsätzlich dargestellt. So können Sie sich ein Bild davon machen, welche Art des Auswahlgesprächs auf Sie zukommen könnte. Es gibt offene Gespräche, standardisierte Gespräche und einen Mischtyp, halb-standardisierte Gespräche. In großen Hochschulen mit vielen Bewerbern kann man i.d.R. mit dem zweiten Typ, den standardisierten Interviews, rechnen. Diese werden eingesetzt, um durch konstante Prüfungsbedingungen gewissen Standards folgend einen Vergleich unter den Bewerbern zu ermöglichen. In kleineren Hochschulen oder Studiengängen können Sie hingegen eher mit einem offenen Interview rechnen. Grundsätzlich gilt, dass Sie in einem Interview überzeugen können, wenn Sie Ihre Antworten sorgfältig abwägen und gut argumentieren.

Offene Auswahlgespräche

Das offene Auswahlgespräch wird Sie an ein normales Gespräch erinnern. Hier gibt es keinen geplanten Ablauf, der verfolgt wird. Dabei sollten Sie jedoch nicht vergessen, dass Sie sich trotzdem in einer formalen Gesprächssituation befinden. Der Verlauf des Gesprächs hängt maßgeblich von den Erfahrungen, Kenntnissen und Kompetenzen Ihrer Gesprächspartner ab. Jedoch bietet sich für Sie der Vorteil, selbst Akzente setzen zu können. Wenn kein fester Gesprächsrahmen verfolgt wird, haben Sie die Möglichkeit, gewisse, für Sie interessante Punkte hervorzuheben.

+ Vorteil: Sie können das Gespräch mitsteuern.

− Nachteil: Das Interview hängt stark vom Vorgehen der Gesprächspartner ab.

Standardisierte Auswahlgespräche

Wie die Bezeichnung standardisiert schon vermuten lässt, folgt diese Gesprächsform einem vorher festgelegten Ablauf. In der Hochschule wird von den Verantwortlichen zentral festgelegt, was man von zukünftigen Studenten erwartet. Anhand dieser Vorgaben wird der Rahmen für ein Vorstellungsgespräch festgelegt. Dieses konstante Testverfahren ermöglicht es den Hochschulen, auf einfache Art und Weise die Qualitäten aller potenziellen Studenten zu vergleichen. Droht im offenen Gespräch die Gefahr, sich von der Normalität der Gesprächssituation blenden zu lassen, so kann im standardisierten Interview das Gefühl entstehen, man befinde sich in einem Verhör.

+ **Vorteil:** Es geht um Sachfragen, die persönlichen Präferenzen des Gesprächspartners spielen eine geringe Rolle. Zudem werden alle für den Studiengang wichtigen Punkte abgefragt.

− **Nachteil:** Durch die standardisierte Gesprächssituation kann Ihnen das Interview statisch, gestelzt oder erzwungen erscheinen.

Halb-standardisierte Auswahlgespräche

Der dritte Interviewtyp ist ein Mischtyp aus dem offenen und dem standardisierten Interview. Das halb-standardisierte Interview bietet einige Vorteile: Auf der einen Seite kann die Hochschule eine Strukturierung verfolgen, die es ermöglicht, alle wichtigen Informationen abzufragen. Auf der anderen Seite kann jedoch ebenso flexibel vorgegangen werden. Zumeist gibt es einige Pflichtthemen, die im Gespräch abgehandelt werden müssen, um für die Verantwortlichen zu beantworten, ob der Bewerber geeignet ist. In welcher Reihenfolge im Gespräch vorgegangen wird und welche Art von Fragen gestellt wird, liegt im Ermessen der Interviewer.

+ **Vorteil:** Diese Interviewform ermöglicht es Ihnen, eigene Akzente zu setzen. Sie können versuchen, Ihnen interessant erscheinende Punkte zu vertiefen und andere zu verkürzen.

− **Nachteil:** Wenn Sie eigene Punkte betonen, besteht die Gefahr, dass Sie andere Punkte, die für die Hochschulen wichtig sein könnten, auslassen.

Gesprächspartner im Auswahlgespräch

In der theoretischen Auseinandersetzung mit dem Auswahlgespräch als Zugangsvoraussetzung zum Studium dürfen wir nicht vergessen, dass die abschließende Bewertung der Leistung, die Sie als Bewerber erbringen, von Menschen und nicht von Maschinen abgegeben wird. Ihre Studierfähigkeit ergibt sich aus den Fähigkeiten und Kenntnissen, über die Sie verfügen; dennoch müssen Sie eine Person davon überzeugen, dass Sie die richtige Wahl sind. Eigentlich sollten einzig Ihre Fähigkeiten im Vordergrund stehen, was jedoch in der Regel nicht gegeben ist. Zudem ergeben sich bei Beurteilungen Probleme und Fehler. Verantwortliche der Hochschulen oder Prüfer sind Menschen, und Menschen begehen Fehler. Damit Sie für alles gewappnet sind, wollen wir Ihnen zeigen, welche Fehler Ihre Gesprächspartner begehen können.

Der Informationsfaktor

In jedem Gespräch treffen wir automatisch negative und positive Wertungen über unsere Gesprächspartner. Allein das Verhalten, die Gesprächsführung, die Pünktlichkeit oder das Aussehen vermitteln Informationen, die bewusst und unbewusst bewertet werden. Prüfer gewichten negative Wertungen häufig stärker als positive. Das bedeutet für diejenigen, die sich einem Bewerbungsverfahren stellen, darauf zu achten, den Anlass für negative Einschätzungen möglichst zu vermeiden. So lässt sich gegen Fehleinschätzungen der Prüfer vorbeugen. D.h. beispielsweise pünktlich erscheinen, sich entsprechend kleiden, sich höflich verhalten und versuchen, gute Testergebnisse zu erzielen.

Der Vorurteilsfaktor

Viele Menschen haben Vorurteile gegenüber anderen. Ältere gegenüber Jüngeren, Städter gegenüber der Landbevölkerung, Einheimische gegenüber Zugezogenen oder Fremden, Gesunde gegenüber Kranken und umgekehrt. Zwar sollten Vorurteile nicht darüber entscheiden, ob jemand für einen Studienplatz geeignet ist, jedoch können diese durchaus ausschlaggebend sein. Als Teilnehmer an einem Auswahlverfahren haben Sie praktisch keine Chance, sich dagegen zu wehren.

Ein Tipp: Wenn es beleidigend wird und Sie sich vor den Kopf gestoßen fühlen, sollten Sie darauf hinweisen. Beispielsweise bei Fragen wie: „Eine Frau kann doch nicht Maschinenbau studieren, oder?" „Haben Sie auf dem Land denn überhaupt Schreiben und Rechnen gelernt?" So können Sie im Zweifelsfall Prüfer subtil auf ihre Vorurteile aufmerksam machen, und hoffen, dass diese ihre Beurteilung noch einmal überdenken. Ist dies nicht der Fall, dann sollten Sie darüber nachdenken, das Gespräch abzubrechen. Eventuell gibt es an den Universitäten Vertrauensleute, denen Sie solche Vorfälle melden können.

Der Sympathiefaktor

Wenn wir etwas bewerten, ganz gleich ob eine Klassenarbeit, einen Fußballspieler, einen Freund oder aber Studienbewerber, so spielt neben den Fähigkeiten die persönliche Sympathie oder Antipathie eine Rolle. Derjenige, der als sympathisch erscheint, wird zumeist positiv bewertet. Als Bewerber sollten Sie die Möglichkeit nutzen, so sympathisch wie möglich aufzutreten. Mehr können Sie nicht tun. Ob Prüfer Sympathie für Sie empfinden, liegt nur zum Teil in Ihren Kräften und somit außerhalb Ihres Einflussbereiches.

Der Maßstabsfaktor

Was ist der Maßstab, den gute Bewerber erfüllen müssen? Diese Frage stellen sich die meisten Prüfer, jedoch beantworten nicht alle diese Frage auf eine angemessene Art und Weise. Angemessen bedeutet beispielsweise, dass man sich als Prüfer nicht selbst zum Maßstab nimmt. Viele verzichten leider nicht darauf, sich selbst mit den Bewerbern zu vergleichen. Eventuell vergleichen sie sich nicht aus der heutigen Situation mit den Bewerbern, sondern können sich „bestens" erinnern, dass sie früher alles viel besser gemacht haben als die heutigen Bewerber. Geraten Sie an solch vergangenheitsorientierte Gesprächspartner, haben Sie kaum Chancen, gegen deren Geschichtsbild anzukommen. Sie können nur hoffen, dass der Vergleich zufälligerweise günstig für Sie ausfällt oder nicht das entscheidende Kriterium für die Vergabe des Studienplatzes ist.

Der Verallgemeinerungsfaktor

Menschen neigen dazu, Dinge zu verallgemeinern. Eine Verallgemeinerung macht eine Sachlage häufig weniger kompliziert. Auch bei Beurteilungen neigen Prüfer zu Verallgemeinerungen: Bewerber A hat an dieser Aufgabe sehr sorgfältig gearbeitet, also ist er verlässlich. Eine derartige Verallgemeinerung kann Vor- und Nachteile haben. Verhalten Sie sich bei einer unwichtigen Aufgabe aus der Perspektive der Prüfer unpassend, so kann das zu Ihren Ungunsten verallgemeinert werden: Es wird dann angenommen, dass Sie sich generell unpassend verhalten. Agieren Sie jedoch bei den meisten Aufgaben wie gewünscht, so kann das zu positiven Verallgemeinerungen führen.

Der Knock-out-Faktor

Es gibt solche Prüfer, die in ihrer Beurteilung versuchen, Kriterien aufzustellen, die als absolut zu verstehen sind. Wer gegen diese Kriterien verstößt, ist dann im Auswahlgespräch direkt durchgefallen. Es kann passieren, dass Sie in beinahe allen Bereichen überzeugen und dann einen minimalen Fehler begehen, der aber genau gegen grundsätzliche Kriterien verstößt. Diesen Knock-out-Faktor müssen Sie immer berücksichtigen, wenn Sie in ein Auswahlverfahren einsteigen. Angehende Studenten sollten sich klar darüber sein, dass es gewisse Verhaltensaspekte gibt, die bei Prüfern zu einem starken Gefühl der Ablehnung führen. Wenn Sie sich grundsätzlich angepasst verhalten, beispielsweise darauf verzichten, sich zu benehmen wie in der Freizeit und die notwendige Ernsthaftigkeit zeigen, sollte dies helfen. Gewiss können Sie nie ausschließen, dass Sie auch bei vorbildlichem Verhalten den Prüfern ungeeignet erscheinen und gegen eine vorher aufgestellte, absolute Kategorie verstoßen.

Der Wahrnehmungsfaktor

Jeder Einzelne ist durch seine Wahrnehmung festgelegt, so auch Prüfer. Wir stellen das fest, was wir wahrnehmen können, und manchmal kann unsere Wahrnehmung uns täuschen. Im Prozess der Wahrnehmung suchen wir als Wahrnehmende aus, was wir überhaupt wahrnehmen wollen. Wir richten unser Interesse auf bestimmte Aspekte. Diese Aspekte sind festgelegt durch unsere Erfahrungen. Wenn wir etwas annehmen, das anschließend in der Beobachtung eintritt, nehmen wir dies sehr intensiv wahr. Als Anschauungsbeispiel dient Folgendes: An einem Bewerbungsverfahren nimmt ein langhaariger junger Mann teil. Die Prüfer könnten aufgrund von Vorurteilen vermuten, dass dieser langhaarige Jugendliche evtl. von der lockeren Sorte ist, also gern mal zu spät erscheint, nicht sorgfältig arbeitet etc. Es gibt keinen logischen Grund, warum das so sein sollte, aber wie gesagt: Menschen urteilen häufig aufgrund von Vermutungen. Wenn sich im Bewerbungsverfahren an einigen Stellen zeigt, dass der Jugendliche mit den langen Haaren wirklich nicht sorgfältig arbeitet, sehen sich die Prüfer in ihrer Vermutung bestätigt. Sie nehmen diesen Jugendlichen intensiver negativ wahr als einen von Vorurteilen unvorbelasteten kurzhaarigen Bewerber mit identischem Prüfungsergebnis.

Der Überstrahlungsfaktor

Der Überstrahlungsfaktor hängt mit dem zuvor angesprochenen Wahrnehmungsfaktor eng zusammen. Es kann passieren, dass in einem Auswahlverfahren von einem Merkmal auf die Gesamtpersönlichkeit oder andere Merkmale geschlussfolgert wird. Es werden Merkmale miteinander in Verbindung gesetzt, die eventuell überhaupt keinen Zusammenhang aufweisen. Im genannten Beispiel des langhaarigen Jugendlichen gibt es keine Beweise dafür, dass dieser Junge vielleicht nicht sorgfältig arbeiten könnte, weil er lange Haare hat. Doch gibt es umgekehrt auch solche Fälle, in denen von einer Fähigkeit auf andere positive Eigenschaften geschlossen wird. Jemand, der sich gut ausdrücken kann, gewandt in seiner Rede ist und häufig zu einer Diskussion beizutragen versucht, wird automatisch als besonders intelligent oder engagiert eingeschätzt. Schnell wird zur Redegewandtheit auch ein guter Schreibstil gefolgert. Einzelne Faktoren, ob von positivem oder negativem Charakter, überstrahlen in der Wahrnehmung der Prüfer weitere Persönlichkeitsanteile und es ist unmöglich, diesen Faktor auszublenden. Sie können einzig versuchen, solche Eigenschaften zu zeigen, die einen positiven Überstrahlungseffekt bewirken können.

Welche Fragetypen könnten in einem Auswahlgespräch auftreten?

Abschließend wollen wir Ihnen eine Vielzahl von Fragetypen vorstellen, die Sie im Auswahlgespräch zu beantworten haben können. Auch hier wird allgemein erläutert, welche Fragetypen auftreten können; eine thematisch orientierte Erörterung ist aufgrund der Vielzahl an zu berücksichtigenden Hochschulen, Instituten und Studiengängen nicht möglich. Im folgenden Teil soll nur ein Überblick über die möglichen Fragetypen gegeben werden. Natürlich ist das nicht als exakte Anleitung zu verstehen, es soll nur ein Eindruck darüber vermittelt werden, welche Typen von Fragen auf Bewerber zukommen können.

Fragen, die der Information dienen (Informationsfragen)

Grundlegend lässt sich sagen, dass in einem Bewerbungsgespräch die wichtigsten Fragen die sind, die der Information dienen. Hier geht es den Interviewer darum, bestimmte Informationen von Ihnen zu erhalten. Derartige Fragen sind zumeist kurz und bündig und auch die erwarteten Antworten sollten kurz und aussagekräftig sein. Bei diesem Fragentyp geht es nicht darum, als Antwort einen Vortrag zu halten oder besonders kompliziert und ausschweifend zu antworten. Wer eine Information erwartet, der möchte nicht im Wortschwall des Antwortenden nach der Information suchen müssen. Diese Art der Frage wird nicht nur verwendet, um Informationen zu erhalten, sondern ebenso zu überprüfen, ob die Bewerber die Fähigkeit besitzen, auf eine konkrete Frage eine ebenso konkrete Antwort zu geben.

Beispiel

Frage: Aus welchem Grund haben Sie sich für den Studiengang X an unserem Institut entschieden?

Antwort: Ich habe mich für ein Studium X an Ihrem Institut entschieden, da mich die Verbindung der Studienschwerpunkte A, B und C anspricht. Durch den Webauftritt Ihres Instituts habe ich erfahren, dass der Studiengang X explizit für den Gegenstand Y wichtige Aspekte thematisiert; ich denke dass es mir in diesem Studium möglich ist, meinen Kenntnisstand in eben dem Fachbereich auszubauen. Zudem habe ich gelesen, dass die Hochschule ein besonders günstiges Betreuungsverhältnis aufweist. Auch das hat meine Bewerbung motiviert.

Fragen, die verunsichern sollen (Verunsicherungsfragen)

Wenn ein Bewerber in einem Auswahlgespräch widersprüchliche Antworten gibt oder dem Interviewer nicht deutlich ist, ob der Bewerber die Wahrheit sagt, werden Verunsicherungsfragen eingesetzt. Diese Fragen sollen die Bewerber aus der Fassung bringen und zugleich die Möglichkeit bieten, Antworten entweder korrigieren zu können oder aber zu bestätigen. Diese Art der Frage geht einen Umweg, um zur Antwort zu gelangen.

Beispiel

Frage: Sind Sie wirklich davon überzeugt, dass Ihre Kenntnisse in der Rechtschreibung und Grammatik für ein Studium Maschinenbau angemessen sind?

Antwort 1: Ja, ich denke, dass die Deutschnote -1 in meinem Abschlusszeugnis zeigt, dass meine Kenntnisse in der Rechtschreibung und Grammatik für das Studium angemessen sind.

Antwort 2: Vielleicht muss ich meine vorherige Aussage korrigieren, ich war im Deutschunterricht nie besonders gut in Rechtschreibung und Grammatik. Das entspricht leider der Wahrheit. Ich arbeite zurzeit allerdings schon daran, meine Defizite auszugleichen, und nehme seit einem Monat Nachhilfe bei einer Germanistikstudentin. Dieser Unterricht hilft mir und ich habe schon deutliche Fortschritte gemacht. Über den Sommer werde ich weiter daran arbeiten, damit ich bis zum Semesterbeginn die Defizite ausgeglichen haben.

Fragen, die auf eine bestimmte Antwort abzielen (Suggestivfragen)

In seltenen Fällen kann in einem Auswahlgespräch eine Frage gestellt werden, die rhetorischen Charakter hat. Der Interviewer erwartet von Ihnen eine bestimmte Antwort; mit der Frage soll diese konkrete Antwort herbeigeführt werden. In einem Bewerbungsgespräch werden diese Fragetypen jedoch selten verwendet, denn man möchte keine Antworten voraussetzen, sondern erwartet vielmehr, dass sich die Bewerber selbst Gedanken machen und diese äußern.

Beispiel

Frage: Die E-Mail ist heutzutage zu einem der wichtigsten Kommunikationsmittel geworden, denken Sie nicht auch?

Antwort: Ja, ich stimme Ihnen an dieser Stelle zu.

Fragen, die indirekt auf etwas anderes verweisen (Fangfragen)

Wenn Interviewer oder Prüfer in einem Gespräch auf indirektem Weg Informationen erhalten möchten, also eine Frage nicht direkt formulieren, können sie sich der Fangfrage bedienen. Bewerbern mag die Frage in erster Instanz eventuell unlogisch oder unpassend erscheinen, da kein direkter Bezug zum Studium hergestellt wird. Prüfer erwarten in dieser Situation jedoch, dass die Beziehung zum Studium vom Befragten hergestellt wird.

Beispiel

Fragesteller möchte wissen, ob der Bewerber bereit ist, Zeit in das Studium zu investieren:

Frage: Ihrer Bewerbung konnte ich entnehmen, dass Sie intensiv Sport betreiben und zudem in einer Band spielen. Haben Sie an den Wochenenden häufig Auftritte und Wettkämpfe?

Antwort: Sie haben Recht, ich treibe Sport und spiele in einer Band. Meine Hobbys sind jedoch Hobbys, das Studium wird für mich oberste Priorität haben. Ich würde die meiste Zeit in das Studium investieren, die Hobbys kommen danach und werden insoweit betrieben, wie es meine Zeit dann noch zulässt.

Fragen, die das Ausweichen des Prüfers ermöglichen (Gegenfragen)

Für den Fall, dass der Bewerber im Gespräch eine Frage stellt, die den Prüfern oder Interviewern unangenehm ist oder die diese nicht beantworten möchten, gibt es die Ausweich- oder Gegenfrage. Die Gesprächspartner beantworten die von Ihnen gestellte Frage nicht, sondern antworten mit einer erneuten Frage. Es ist keine spezielle Fragetechnik und diese Form der Frage wird auch nicht bewusst eingesetzt, da es für den Fragenden zu keinem Ergebnis führt, wenn er als Antwort eine Frage erhält. Es handelt sich eher um eine Machtfrage. Prüfer setzen die Bewerber unter Druck, indem sie Sie in die Lage bringen direkt antworten zu müssen. Man kann Gegenfragen am besten umgehen, indem man unangenehme Fragen vermeidet.

Beispiel

Frage des Bewerbers: Ich habe von einem Freund, der hier studiert hat, gehört, dass es oft schwierig ist, in der Bibliothek die notwendigen Bücher zu leihen, da nicht genug vorhanden sind. Stimmt das?

Gegenfrage des Prüfers: Haben Sie sich unsere Bibliothek selbst schon einmal angeschaut?

Motivierende Fragen

Motivierende Fragen zielen auf die Erzeugung einer positiven Stimmung und regen Gesprächspartner an, aus sich heraus zu gehen. So könnte Ihnen bei der Schilderung Ihres Werdeganges und Ihrer Qualifikationen folgende Frage gestellt werden: „Ich konnte Ihrer Bewerbung entnehmen, dass Sie in verschiedenen Vereinen engagiert sind: Sie spielen Handball, sind in der Kirche ehrenamtlich tätig und sind zudem Mitglied einer Gruppe von jungen Umweltschützern. Wären Sie auch bereit, im Rahmen des Studiengangs in höheren Semestern der Fachschaft beizutreten und sich rund um den Studiengang zu engagieren?" Solche Fragen sollte man natürlich positiv beantworten und einen großen Nutzen daraus ziehen. Ihr Gesprächspartner hat einen Punkt in Ihrem Werdegang gefunden, den er wahrscheinlich persönlich für interessant und gut hält. Diese Frage ist wie für Sie gebacken. Führen Sie Ihre Antwort positiv aus und gehen Sie auch mal ins Detail, um zu zeigen, dass Sie diese Aufgaben mit Leidenschaft und Erfolg bewerkstelligen. Wenn Sie sich vorstellen können, an der Hochschule engagiert zu sein, dann bringen Sie dies zum Ausdruck. Denken Sie daran, dass man Sie beim Wort nehmen wird, d.h. keine leeren Versprechungen machen. Besser wäre es, dem Gesprächspartner zu signalisieren, das Sie grundsätzlich kein Problem darin sehen, später auch Engagement in der Hochschule zu zeigen, und Sie zu gegebener Zeit das Thema sicherlich wieder aufgreifen und besprechen können.

Beispiel

Frage: Ich konnte Ihrer Bewerbung entnehmen, dass Sie in verschiedenen Vereinen engagiert sind: Sie spielen Handball, sind in der Kirche ehrenamtlich tätig und sind zudem Mitglied einer Gruppe junger Umweltschützer. Wären Sie daran interessiert, im Rahmen des Studiengangs in höheren Semestern der Fachschaft beizutreten und sich rund um den Studiengang zu engagieren?

Antwort: Ja, ich bin vielfältig engagiert. Es bereitet mir Freude, mit anderen zusammenzuarbeiten und gemeinsam etwas zu bewirken. Ich kann mir gut vorstellen, mich für den Studiengang über die Präsenz in Veranstaltungen hinaus zu engagieren. Ich würde das aber gern besprechen und entscheiden, wenn ich Student und mit den entsprechenden Möglichkeiten vertraut bin.

Schock- oder Angriffsfragen

Schock- und Angriffsfragen sollen Sie aus der Reserve locken. Die Gefahr für das Gespräch liegt auf der Hand: Eine positive Gesprächsstimmung kann vom einen auf den anderen Moment zerstört sein. Eine typische Angriffsfrage wäre: „Wollen Sie oder können Sie darauf keine klare Antwort geben?"

Lassen Sie sich nicht aus der Ruhe bringen. Wenn Sie aggressiv oder beleidigt reagieren, haben Sie verloren. Bewahren Sie auch hier Ihre Souveränität. Leiten Sie Ihre Antwort auf die genannte Frage z. B. folgendermaßen ein: „Wenn Sie sich etwas gedulden, werde ich es Ihnen erläutern." Oder, noch besser, mit einer rhetorischen Frage: „Sie werden mir sicher Recht geben, dass dieses Thema zu wichtig ist, um es mit einer vorschnellen Antwort zu erledigen." Vor allem im Stressgespräch werden gerne Schock- und Angriffsfragen gestellt.

Beispiel

Frage: Wollen Sie oder können Sie darauf keine klare Antwort geben?

Antwort: Natürlich kann ich Ihnen einen Antwort geben, ich möchte nur so umfassend wie nötig antworten, denn Sie werden mir doch wohl Recht geben, dass dieses Thema wichtig ist und eine einfache Antwort nicht ausreicht.

Mehrfachfragen

Mehrfachfragen sind Fragen, die mehrere Aussagen in einem langen Fragesatz zusammenfassen oder mehrere Fragen hintereinander schalten. Solche „Fragebatterien" stellen hohe Anforderungen an das menschliche Kurzzeitgedächtnis, es kann problematisch sein, sich alle Einzelheiten im Detail zu merken. Statt zu versuchen, auf alle Fragen zu antworten, sollten Sie sich darauf beschränken, eine Teilfrage zu beantworten – Ihr Gesprächspartner wird sich in der Regel damit zufrieden geben. Am günstigsten ist es, die für Sie angenehmste Teilfrage zu beantworten. Sie selbst sollten Mehrfachfragen tunlichst vermeiden, wenn Sie auf vollständige Informationen Wert legen: Denn so wie Sie wird auch Ihr Gesprächspartner nur Teilfragen beantworten.

Beispiel

Frage: Lieber Herr Padberg, Sie schreiben in Ihrer Bewerbung, dass Sie im Schulunterricht und in einem Praktikum Erfahrungen sammeln konnten, die für das Journalistikstudium wichtig sind. Wie darf ich das verstehen? Sie haben zudem in einem Literaturwettbewerb einen Preis gewonnen und mit Freunden die Schülerzeitung an Ihrer Schule hergestellt. Erste journalistische Erfahrungen haben Sie also sammeln können, Sie scheinen auch gut zu schreiben. Denken Sie, dass Sie in der Lage sind, ein Journalistikstudium auf Grundlage Ihrer Erfahrungen zu meistern?

Antwort: Ich denke, dass ich mit den Erfahrungen, die ich im Praktikum, in der Redaktion der Schülerzeitung und beim Schreiben an sich gemacht habe, Grundlagen mitbringe, die mich für ein Studium der Journalistik qualifizieren. Ich will nicht behaupten, ich hätte schon alles gelernt, sonst würde ich das Studium der Journalistik nicht anstreben. Allerdings habe ich eine klare Vorstellung von den Anforderungen, die die journalistische Arbeit stellt, und bringe zudem gewisse praktische Kenntnisse mit. Das stellt bestimmt einen Vorteil dar.

Aus Gesprächen weiß ich, dass auch viele andere Bewerber über erste journalistische Erfahrungen verfügen. Ich bin also kein Sonderfall, Erfahrungen mitzubringen, wird ja ganz allgemein als vorteilhaft beschrieben.

Projektive Fragen

Mit projektiven Fragen soll bewirkt werden, dass sich der Antwortende in eine andere Person hineinversetzen soll. Sie werden immer dann mit derartigen Fragen zu rechnen haben, wenn der Eindruck entsteht, dass Sie Ihre Meinung zurückhalten und sich vor einer direkten Bewertung scheuen. Psychologisch nutzt eine projektive Fragestellung die Tatsache, dass es offenbar leichter fällt, über andere und deren Verhaltensweisen zu sprechen als über die eigenen Belange. Projektive Fragen bergen für Sie eine Gefahr, derer Sie sich unbedingt bewusst sein sollten: Da Sie eine offenere Antwort geben, als wenn Sie sich direkt über sich selbst äußern müssten, erweist sich an Ihren Antworten, ob Ihre Selbstdarstellung konsistent und ehrlich ist. Ihre Antworten auf projektive Fragen decken Widersprüche schonungslos auf.

Beispiel

Frage: Versuchen Sie einmal die folgende Situation zu durchdenken: In einer Vorlesung muss ein Kommilitone am vorletzten Tag ein Referat vortragen. Der Kommilitone schlägt sich gut, wird nach der Präsentation allerdings von einem anderen Studenten in der Diskussion sinnlos angegangen und ohne Argumente kritisiert. Der Referent selbst wehrt sich nicht und der offenbar schlecht gelaunte Professor macht keine Anstalten sich einzuschalten. Wie sollen sich die anderen Studenten in dieser Situation verhalten?

4.5.4**Antwort:** Die Situation ist kompliziert, denn dass sich der Professor nicht einschaltet, ist schade. Wenn Kritik geübt wird, sollte diese begründet sein. Im beschriebenen Beispiel ist dies anscheinend nicht der Fall. Da sich der Kommilitone, der das Referat gehalten hat, nicht selbst zur Wehr setzt, sollten die anderen Studenten in die Diskussion einsteigen und den unreflektierten Kritiker darauf hinweisen, dass seine Anmerkungen nicht fundiert sind. Wenn in einer Lerngemeinschaft einzelne ausgeschlossen oder schlecht behandelt werden, sollten die Mitstudenten eingreifen und Stellung beziehen.

4.4.5 Bewerbung im AdH mit Zulassungsbeschränkung: Der Studierfähigkeitstest

Allgemein

Die Anforderungen sind in den vergangenen Jahren in vielen Berufsfeldern gewachsen und diese Entwicklung ist auch in den Studienstrukturen und Zulassungsverfahren an Hochschulen abzulesen. Konnte man sich vor einigen Jahren einfach einschreiben, gibt es jetzt eine Vielzahl verschiedener Auswahlverfahren. In manchen Diskussionen hört man von der guten alten Zeit, in der jeder einfach studieren konnte. Oft ist bei derartigen Aussagen ein falscher Revisionismus im Spiel, denn Zugangshürden zum Studium sind keine Erfindung der letzten Jahre. Schon im Abschnitt zum Medizinstudium haben wir erläutert, dass an einigen Universitäten integraler Bestandteil einer Bewerbung der Studierfähigkeitstest ist (Test für medizinische Studiengänge, TMS). Den TMS, die Mutter aller deutschen Studierfähigkeitstests, gibt es seit den 1980er Jahren. Studierfähigkeitstestverfahren sind darüber hinaus in weiteren Studienfächern als Zugangsvoraussetzung etabliert worden, beispielsweise in anderen medizinischen (Pharmazie), wirtschaftswissenschaftlichen (BWL) oder naturwissenschaftlichen Fächern (Chemie). Für das Sportstudium gibt es schon lange Zeit einen Fähigkeitstest, alle Bewerber auf ein Sportstudium müssen die Sporteignungsprüfung bestehen. Bei der Vielzahl an Bewerbungen bleibt es den Hochschulen nicht erspart, ein Instrument einzusetzen, um passende Bewerber von ungeeigneten zu unterscheiden.

Das sollen Studierfähigkeitstests leisten:

¬ **Prüfung der allgemeinen Studierfähigkeit.**

¬ **Analyse der Belastbarkeit und Leistungsfähigkeit.**

¬ **Herstellung der Vergleichbarkeit von Bewerbern – dies kann durch Schulnoten nur unzureichend geleistet werden.**

¬ **Der Test soll Objektivität gewährleisten und richtet sich somit gegen Parteinahme und Bevorzugung aufgrund von Kontakten.**

¬ **Der Test kann den Bewerbern die Möglichkeit bieten, schlechte Schulnoten zu kompensieren.**

Testverfahren als Instrumente zur Auswahl von Studienbewerbern

Testverfahren bzw. so genannte Eignungs- und Einstellungstests, können als Methode bezeichnet werden, den Grad der Eignung für eine bestimmte Aufgabe, eine bestimmte Ausbildung oder eine bestimmte Position festzustellen. Sie werden in den verschiedensten Bereichen eingesetzt, zur Auswahl von: Studienbewerbern, Bewerbern um einen Ausbildungsplatz, Führungspositionen etc. In unserem Fall geht es vordergründig um die Auswahl von Studienbewerbern.

Eignungs- und Fähigkeitstests werden angewendet, wenn es darum geht, aus einer Gruppe von potenziellen Kandidaten eine Auswahl zu treffen. Demnach handelt es sich um so genannte Selektionsverfahren. Ein Test ist in der Regel so konzipiert, dass gewisse Kriterien aufgestellt werden, denen ein Bewerber entsprechen muss. Die aufgestellten Kriterien betreffen beispielsweise die allgemeinen schulischen Kenntnisse, die Persönlichkeit, die Leistungsfähigkeit, das Zeitmanagement, die Belastbarkeit etc.

Problematisch an den heute in Deutschland eingesetzten Verfahren ist die Tatsache, dass sich nicht nachweisen lässt, ob Studierfähigkeitstests ihren Zweck erfüllen. Diverse Autoren stellen fest, dass die Abiturnoten den besten Indikator für ein erfolgreiches Bestehen des Studiums darstellen: Wer das Abi sehr gut absolviert, der wird tendenziell auch das Studium erfolgreich hinter sich bringen.[92] Aus dieser Perspektive sind Studierfähigkeitstests fraglich, nicht zuletzt durch die anfallenden Mehrkosten. Die Hochschulen müssen die Tests konzipieren oder in Auftrag geben. Letzteres ist in Deutschland die Regel. Die ITB-Consulting GmBH ist beispielsweise verantwortlich für das Erstellen von Tests für medizinische Studiengänge und für den wirtschaftswissenschaftlichen Studierfähigkeitstest an Fachhochschulen.

Auswahlkriterien: Nicht Kenntnis, sondern Studierfähigkeit

Wenn im favorisierten Fach ein Studierfähigkeitstest verlangt wird, dann müssen Sie gut vorbereitet sein. Um diese Vorbereitung angemessen absolvieren zu können, sollten Sie genauestens über die Logik informiert sein, die hinter dem Testverfahren steht. Zu einer guten Vorbereitung gehört nämlich vor allem: Den Überblick zu behalten.

Werden fachliche Voraussetzungen für die Zulassung gefordert, bedeutet dies nicht, dass Bewerber bereits vor Beginn eines Studiums über fachspezifische Abläufe und Vorgehensweisen unterrichtet sein sollten. Zentral ist eher die Frage, ob die Bewerber die fachlichen Grundvoraussetzungen mitbringen. Wer sich auf ein Mathematikstudium bewirbt, der sollte über mathematische Kenntnisse verfügen; für ein Studium der Wirtschaftswissenschaften ist neben guten Kenntnissen in Mathematik und einer si-

---

[92]Vgl. die folgenden Texte: Köller, Olaf/ Baumert, Jürgen (2002): *Das Abitur – immer noch ein gültiger Indikator für die Studierfähigkeit?*, in: APUZ 26; Gold, Andreas/ Souvignier, Elmar (2005): *Prognose der Studierfähigkeit: Ergebnisse aus Längsschnittanalyse*, in: Zeitschrift für Entwicklungspsychologie und Pädagogische Psychologie, 37:4, 214-222; Lux, Vanessa (2007): *Eignung und Anpassung: Studienleistungen prognostizieren mit Studierfähigkeits-Tests?*, in: Forum Wissenschaft 4/2007.

cheren Rechtschreibung vor allem eine breite Allgemeinbildung wichtig, darüber hinaus sollten potenzielle Studenten sich für die Wirtschaft interessieren und dies nachweisen können („Ich lese regelmäßig den Wirtschaftsteil der Zeitung X"; „Ich habe ein
Praktikum bei der Firma Y absolviert" etc.). Entscheidend sind die allgemeinen Kenntnisse und Fähigkeiten, die neben der Hochschulzugangsberechtigung zu einem Studium qualifizieren können. Es geht nicht darum, Wissen nachzuweisen, das Sie erst im
Studium erwerben können. In diesem Fall müssten wir von einem übertrieben un-
gerechten Testverfahren sprechen. Nicht spezielle Kenntnisse sollen mit dem Test
bestimmt werden, sondern allgemeine Fähigkeiten, die für jedes Studium relevant
sind.

Testverfahren können Kenntnisse oder Fähigkeiten abbilden. Bei ersteren handelt es
sich um bei den Teilnehmern zu überprüfende Wissensbestände, bei letzteren werden
geistige, d.h. kognitive Fähigkeiten gemessen. In einem Studierfähigkeitstest kann
kein für ein Studium relevantes Wissen abgefragt werden, das über die in der Schule
erworbenen Kenntnisse hinausgeht: Kenntnistests sind aus diesem Grund für Hochschulen als Instrument der Auswahl ineffektiv. Daher gibt es die Studierfähigkeitstests.
Jeder Studierfähigkeitstest steht und fällt mit der Effektivität, die Studierfähigkeit der
Testabsolventen festzustellen. Aber was genau versteht man unter Studierfähigkeit
und nach welchen Kriterien wird dieses „Gütesiegel" vergeben?

Die Studierfähigkeit wird in Abhängigkeit zum Studienerfolg gewertet; als Parameter
gelten der Studienabschluss und die Examensnote.[93] Ein Studium wird immer dann als
erfolgreich bewertet, wenn (1) das Studium abgeschlossen wird und (2) eine möglichst gute Examensnote erreicht werden kann. Als sehr erfolgreich werden die Studenten bewertet, die eine gute Examensnote erzielen. Schlecht zu bewerten sind die
Absolventen, die nach dem Studium auf eine schlechte Examensnote kommen oder
das Studium abbrechen. Selten fließt in die Bewertung des Studienerfolges die Dauer,
die Zufriedenheit oder der Erfolg im Beruf ein.[94] Nach den Vorschlägen einer Expertenkommission der Kultusministerkonferenz wird in Deutschland die Studierfähigkeit
grundsätzlich an den Leistungen in den Bereichen Muttersprache (Deutschunterricht
und -noten); Fremdsprache (z.B. Englisch-, Französisch-, Chinesischunterricht) und
Mathematik festgemacht. Zudem sind so genannte Schlüsselqualifikation – soziale
Kompetenz, Selbststeuerung des Lernens und Eigenverantwortlichkeit – zur Bestimmung der Studierfähigkeit relevant.[95]

---

[93] Vgl. Tarazona, Mareike (2006): *Berechtigte Hoffnung auf bessere Studierende durch hochschuleigene
Studierendenauswahl? Eine Analyse der Erfahrungen mit Auswahlverfahren in der Hochschulzulassung*,
in: Beiträge zur Hochschulforschung, Heft 2, Jahrgang 28, S. 74.
[94] Vgl. Ebd.
[95] Vgl. Köller/Baumert (2002), S.6.

Probleme mit und Kritik an den Studierfähigkeitstests

Es gibt eine Vielzahl kritischer Positionen, die Eignungstests ungeeignet zur Ermittlung der Befähigung eines Bewerbers halten. Es wird in der Regel argumentiert, eine solche Prüfung sei nur eine Momentaufnahme – alle Bewerber können einen schlechten Tag erwischen und z.B. aufgrund von Kopfschmerzen die Aufgaben schlechter lösen. Zum anderen wird bemängelt, soziale Kompetenz und emotionale Intelligenz kämen in den Testverfahren nicht zum Zuge. Darüber hinaus hat die Praxis gezeigt, dass Studienerfolg nicht unmittelbar aus dem Testerfolg abgeleitet werden kann. Bewerber mit einem sehr guten Testergebnis können in der Praxis durchaus schlechter abschließen als Bewerber mit schlechten Testergebnissen. Das Resultat des schriftlichen Tests steht in keinem Verhältnis zur späteren Abschlussprüfung oder den Aufgaben, die Studenten nach Ende des Studiums erwarten.

Es zeigt sich, dass die Praxis der Studierfähigkeitstests Vor- und Nachteile birgt: Nachteile ergeben sich z.B., da eine Anmeldegebühr gezahlt werden muss, um an diesem Test teilzunehmen. So ist eine gewisse Gruppe von Bewerbern, die den Test ablegen, bevorzugt, nämlich diejenigen, die sozial und ökonomisch entsprechende Voraussetzungen mitbringen. Auf der anderen Seite ergibt sich für die Hochschulen allerdings der Vorteil, dass sie explizit auswählen können, wer für das Studium geeignet ist. Auch hier spielen die Kenntnisse nicht die einzige Rolle. Mit den Testverfahren sind die Hochschulen in der vorteilhaften Situation, ganze Studienjahrgänge nach bestimmten Kriterien auszuwählen. Es könnte somit auch die Möglichkeit bestehen, integrativ zuzulassen und ein besonders aufeinander abgestimmtes Ensemble von Studenten zuzulassen. Ob in den kommenden Jahren ein weitgehend faires Verfahren der Studierfähigkeitstests etabliert werden kann, bleibt abzuwarten. Kritiker argumentieren, dass Studierfähigkeitstests sozial benachteiligend wirken.[96] Die Kritik rügt, dass die Hochschulen durch diese Entwicklung zu „Selektionsbetrieben"[97] würden; d.h. zu Akteuren, die massiv in Biographien eingreifen. Ob diese Anschuldigungen zutreffen, muss die Bildungsforschung in den kommenden Jahren überprüfen. Fakt ist jedoch, dass der Studierfähigkeitstest heute Realität ist und einige Studienbewerber diesen Test absolvieren müssen. Dies bietet Anlass, den Studierfähigkeitstest als Auswahlinstrument der Hochschulen vorzustellen.

Im Folgenden werden Struktur und Aufbau der Testverfahren illustriert. Auch wenn in einem Test nicht alle hier behandelten Aspekte auftreten, macht es Sinn, sich so genau wie möglich vorzubereiten.

---

[96] Vgl. z.B. Lux (2007); Tarazona (2006).
[97] Vgl. Lux (2007).

Aufbau und Ablauf des Studierfähigkeitstests

Aufbau der Studierfähigkeitstests

Ein Studium baut auf Fertigkeiten, die bereits in der Schule erworben wurden. Dennoch reichen die Schulnoten in manchen Fächern nicht aus, um Studierfähigkeit zu belegen. Denn Maßstäbe, die Lehrer bei der Notenvergabe einsetzen, unterscheiden sich von Bundesland zu Bundesland und sogar von Schule zu Schule. Mit dem schriftlichen Fähigkeitstest möchten Hochschulen die Eignung eines Bewerbers prüfen. Es werden schulähnliche Inhalte wie Mathematik, Deutschkenntnisse und Allgemeinwissen getestet. Darüber hinaus werden Intelligenztests zum Erfassen der geistigen Fähigkeiten eingesetzt. Mit Intelligenztests beabsichtigt man Fähigkeiten zu überprüfen, die in der Schule so nicht direkt vermittelt werden, wie zum Beispiel das Vermögen zu logischem Denken. Sie werden in den Eignungstests auf einige Fragen stoßen, die Sie nicht beantworten können. Doch haben Sie deshalb keine Angst. Zum einen besteht nicht die Erwartung, dass Sie alle Fragen beantworten können, zum anderen haben Sie mit diesem Buch die besten Voraussetzungen, sich optimal auf die Tests vorzubereiten. Im Weiteren ist zu beachten, dass die Tests regelmäßig aktualisiert werden, um aktuelle politische, wirtschaftliche und rechtliche Veränderungen berücksichtigen zu können und das Risiko zu minimieren, dass den Testpersonen die Inhalte völlig bekannt sind.

Ablauf am Testtag

In diesen Testverfahren wird überprüft, ob Ihre Fähigkeiten es zulassen, ein Studium zu absolvieren. Explizite studienspezifische Kenntnisse werden nicht abgefragt.

Nachdem alle Bewerber zum Eignungstest erschienen sind, wird der Prüfer Sie begrüßen, sich kurz vorstellen und zur Erläuterung des Tests übergehen. Bei der Erläuterung sollten Sie genau zuhören. Der Prüfer teilt Ihnen wichtige Einzelheiten zum Test mit, die zu beachten sind. Er informiert Sie z.B. über die Hilfsmittel, die verwendet werden dürfen. In der Regel ist ein Taschenrechner erlaubt und Papier und Schreibgeräte bekommen Sie zur Verfügung gestellt. Der Prüfer wird Sie darüber informieren, wie viel Zeit Sie für die Bearbeitung der Aufgaben haben und wie der Test bearbeitet werden soll. In der Regel haben Sie eine feste Zeitvorgabe, d.h., Sie können innerhalb dieser Zeit beliebig oft in der Bearbeitung zwischen den einzelnen Aufgabenbereichen springen. Es kommt aber auch vor, dass der Prüfer Sie durch den Test begleitet und Ihnen genau sagt, wann Sie mit einem Aufgabenteil anfangen dürfen und wann dieser Aufgabenteil beendet werden muss. Sie dürfen dann nicht zu den bereits durchgearbeiteten Aufgaben außerhalb des aktuell bearbeiteten Aufgabenbereiches umblättern. Das Zurückblättern ist in diesem Fall nur innerhalb der aktuellen

Aufgabengruppe möglich. Halten Sie sich bitte strikt an diese Anweisung. Andernfalls könnten Sie vom Test ausgeschlossen werden.

Verhalten in der Testsituation

▸ Aufmerksamkeit hat in einer Testsituation oberste Priorität. Daher: Hören Sie aufmerksam zu und achten Sie genau auf die Anweisungen der Testleiter.

▸ Lesen Sie die Aufgabenstellung aufmerksam und versuchen Sie, Verständnisfragen vor Beginn des Testes zu erörtern, nicht währenddessen.

▸ Lesen Sie jede Aufgabenstellung ungekürzt, d.h. vollständig. Dann beginnen Sie umgehend mit der Bearbeitung der Aufgaben.

▸ In jedem Test muss man sich, wie im Sport, „warmmachen". Beginnen Sie mit der Beantwortung der Fragen, die Sie für leichter halten. Achten Sie beim späteren Kontrollieren auf Flüchtigkeitsfehler in diesen Aufgaben.

▸ In vielen Testverfahren werden Multiple-Choice-Aufgaben gestellt. Hier müssen Sie aus mehreren Antwortmöglichkeiten auswählen und eine Antwort ankreuzen. Es ist wichtig, dass Sie in jedem Fall eine Antwort geben, auch wenn Sie nicht wirklich wissen, was richtig ist. Machen Sie Ihr Kreuz dort, wo es Ihnen am wahrscheinlichsten erscheint, im Notfall raten Sie.

▸ Wenn Sie im Laufe Ihres Tests auf Aufgaben stoßen, die Sie als zu schwierig empfinden, halten Sie sich damit nicht lange auf. Versuchen Sie erst das zu lösen, was Sie zu lösen in der Lage sind. Bleibt am Schluss noch Zeit, beschäftigen Sie sich mit den ausgelassenen Aufgaben.

▸ Jedes schriftliche Testverfahren prüft eine Leistung auf Zeit. Behalten Sie immer die Uhr im Auge und versuchen Sie sich Ihre Zeit ökonomisch sinnvoll einzuteilen.

▸ Versuchen Sie im Test so weit als möglich voranzukommen. Lassen Sie sich nicht aus der Ruhe bringen. Auch nicht dann, wenn Sie das Gefühl haben, nicht den kompletten Test in der vorgegebenen Zeit lösen zu können. Denken Sie nicht an das Ergebnis, auch das könnte Sie ablenken.

▸ Viele Tests sind so konzipiert, dass eine vollständige Lösung in der vorgegebenen Zeit nicht möglich ist. Lassen Sie sich dadurch nicht verunsichern, denn die Drucksituation ist von den Prüfern so gewollt.

▸ Lassen Sie sich vor Abgabe des Tests Zeit, die Aufgaben noch einmal durchzugehen und auf mögliche Fehler zu überprüfen.

Spezielle Inhalte der Studierfähigkeitstests

In den Testverfahren werden verschiedene Bereiche abgefragt. Die folgende Zusammenfassung gibt einen Überblick über die relevanten Fähigkeiten, die in einem Fähigkeitstest abgefragt werden können. Je nach Studienfach und Hochschule unterscheiden sich natürlich die Bereiche, die getestet werden. Um eine detaillierte Übersicht bieten zu können, werden wir auf eine Vielzahl von Themen eingehen, die abgefragt werden können.

Der „Aufsatz"

In einigen Studierfähigkeitstests wird die Aufgabe gestellt, einen Aufsatz zu verfassen. In diesem Teil des Tests werden Sie häufig dazu aufgefordert, Ihre Motivationsgründe oder Fähigkeiten darzulegen. Hochschulen möchten in diesem Fall von Ihnen erfahren, weshalb Sie denken, der geeignete Kandidat zu sein. Optimal ist es, wenn Sie in diesem Teil kurz und verständlich begründen können, weshalb man sich für Sie entscheiden sollte. Ebenso können die Gebiete Wirtschaft, Politik oder Gesellschaft thematisiert werden. Hier geht es darum zu sehen, wie Sie an ein Thema herangehen, ob Sie es sinnvoll gliedern können und Ihre Position zu diesem Thema mit guten Argumenten vertreten. Zugleich werden mit dem Aufsatz Ihre Rechtschreibkenntnisse und Ihr Wortschatz überprüft. Kurze Bearbeitungszeiten lassen Ihnen nicht viel Zeit, um den Aufsatz sauber und vernünftig zu formulieren. Daher ist es zu empfehlen, dieses im Voraus mehrmals zu üben. Achten Sie darauf, dass Ihre Schrift leserlich ist und Sie das Formular zur Verfassung des Aufsatzes ordentlich beschrieben abgeben.

Das „Allgemeinwissen"

Ein weiterer Bestandteil von Studierfähigkeitstests bezieht sich auf Fragen zum „Allgemeinwissen". Dies ist ein ernst zu nehmender Aufgabenbereich, der häufig geprüft wird. Es werden Fragen zu den Themen Politik, Wirtschaft, Geografie, Naturwissenschaften, Geschichte, Kunst, Literatur, Sport und Musik gestellt. Zunehmend werden auch Situationen aus der Alltagspraxis aufgegriffen und in vereinfachter Form abgefragt. Das Themengebiet Allgemeinwissen ist schwer fassbar, da es nahezu unerschöpflich umfangreich ist. Doch lässt sich der eigene Wissensstand enorm verbessern, indem man sich regelmäßig mit wirtschaftlichen und politischen Fragestellungen beschäftigt. Aktuelle Themen aus Politik, Wirtschaft und Recht sollten aufmerksam durch Zeitungslektüre und Nachrichtensendungen verfolgt werden. Viele Fragen lassen sich schon alleine durch ein bewusstes Verfolgen der gegenwärtigen Meldungen in den Medien beantworten.

Geforderte Kenntnisse im Bereich Allgemeinwissen sind z.B.:

¬ **Politik und Zeitgeschehen**

¬ **Wirtschaft und gegenwärtige Wirtschaftslage**

¬ **Naturwissenschaften (Physik, Chemie, Mathematik)**

¬ **Geschichte**

¬ **Kunst, Literatur**

¬ **Geografie**

¬ **Sport**

¬ **Musik**

¬ **Technik, Mechanik**

Das „Sprachvermögen"

Gute Rechtschreibkenntnisse und ein sicherer Umgang mit der deutschen Sprache sind für alle Studiengänge elementar. Wer nicht schreiben kann, der hat Probleme an der Universität. Auch in ingenieurwissenschaftlichen Studiengängen müssen Sie in der Lage sein, korrekt zu schreiben. Zur Überprüfung der sprachlichen Kenntnisse werden verschiedene Aufgabentypen eingesetzt. Im Aufsatz wird in der Regel überprüft, ob strukturiert mit Sprache umgegangen werden kann und ob Bewerber in der Lage sind, sich schriftlich fehlerfrei auszudrücken.

Zudem können Sie damit rechnen, dass Ihnen Aufgaben begegnen werden, in denen es darum geht, Sätze zu vervollständigen. Hierbei handelt es sich um so genannte Lückensätze. Ihre Aufgabe wird dann darin bestehen, die logisch beste und grammatikalisch richtige Alternative herauszufinden und einzusetzen. Mit dieser Aufgabe wird überprüft, ob es Ihnen möglich ist, sich in verschiedenen Kontexten adäquat auszudrücken.

Geforderte Kenntnisse im Bereich Sprachkenntnisse sind:

¬ **Rechtschreibung**

¬ **Kommasetzung**

¬ **Grammatik**

¬ **Groß- und Kleinschreibung**

¬ **Fremdsprachen**

Das „Textverständnis"

In vielen Studierfähigkeitstests gehört das Textverständnis zu den Bereichen, die geprüft werden. Dieses Thema ist nah an der Studienpraxis, denn Sie werden sich im Studium mit einer Vielzahl komplexer Texte auseinandersetzen müssen. Inwiefern mittels eines Studierfähigkeitstests wirklich festgestellt werden kann, ob Bewerber die Kapazität mitbringen, komplexe Sachverhalte in Textform nachzuvollziehen, ist nicht erwiesen.

In dieser Aufgabe kann Ihnen ein Text vorgelegt werden, den Sie zu bearbeiten haben. Sie müssen beispielsweise den Text lesen, Notizen machen und in einem zweiten Schritt Fragen beantworten, die den vorher bearbeiteten Text betreffen. Hier geht es darum zu überprüfen, ob gewisse Sachverhalte im Kontext eines vorher gelesenen Textes Sinn ergeben.

Das „Erinnerungsvermögen"

Bei Aufgaben, die das Erinnerungsvermögen betreffen, geht es darum zu überprüfen, inwiefern Sie in der Lage sind, Texte oder Inhalte zu begreifen, zu erinnern und dann wiederzugeben. Es steht zur Disposition, ob Sie in der Lage sind, etwas zu registrieren, zu speichern und ebendies zu erinnern und zusammenzufassen. Diese Aufgaben zielen nicht auf das Denkvermögen, sondern auf die Fähigkeit, sich zu erinnern. So könnte beispielsweise von Ihnen gefordert werden, einen Text zu bearbeiten und nachfolgend Fragen zu diesem Text zu beantworten. Eine weitere typische Aufgabe besteht darin, sich Personenbiographien einzuprägen (Name, Alter, Beruf, besonderes Merkmal), um später Fragen über diese Personen zu beantworten. Aufgaben in diesem Bereich können zudem mit der Überprüfung des Textverständnisses und dem logischen Denkvermögen kombiniert werden.

Das „Logische Denkvermögen"

Die Logik ist die Lehre des vernünftigen Folgerns. Aufgabe der Logik ist die Überprüfung der Gültigkeit von Argumenten hinsichtlich ihrer Struktur. Logisches Denken und Abstraktionsfähigkeit fehlen als Prüfungsgegenstand in keinem Test. Mithilfe unterschiedlicher Aufgaben versuchen sich die Tests dem logischen Verständnis der Bewerber anzunähern. Aufgaben aus dem Bereich „Logisches Denken" können beispielsweise aus Zahlenreihen, der Bestimmung von Wortverhältnissen oder der Identifizierung grafischer Symbole bestehen. Hier ist Kombinationsgabe und analytisches Denken gefragt. Aufgaben zum logischen Denkvermögen können zudem mit Aufgaben zum Textverständnis kombiniert sein.

Die Leistung besteht darin, Beziehungen zwischen Figuren, Wörtern oder Aussagen herzustellen. Das Erkennen von Verhältnissen und der Umgang mit Relationen ist Teil des täglichen Leben: im Zusammenleben, an der Hochschule, beim Sport, im Straßenverkehr etc.

Geforderte Kenntnisse im Bereich logisches Denken:

¬ **Synonyme und Antonyme**

¬ **Ordnung und Verhältnis von Begriffen**

¬ **Wortschatz**

¬ **Sprichwörter**

¬ **Wortanalogien**

¬ **Zahlenreihen**

¬ **Zahlenlogik**

¬ **Schätzaufgaben**

¬ **Dominosteine**

¬ **Buchstabenlogik**

¬ **Grafikanalogien**

¬ **Musterlogik**

Das „Räumliche Vorstellungsvermögen"

Das räumliche Vorstellungsvermögen betrifft die menschliche Fähigkeit, in der Vorstellung räumlich und graphisch denken und sehen zu können. Für manche Studiengänge ist es relevant festzustellen, inwieweit jemand in der Lage ist, sich etwas räumlich vorzustellen und möglicherweise, wenn es sich um Gegenstände handelt, diese umzuordnen. Hat jemand ein gutes räumliches Vorstellungsvermögen, so bestehen keine Schwierigkeiten, sich Dinge dreidimensional vorzustellen bzw. vor dem inneren Auge aufzuzeichnen. Das räumliche Vorstellungsvermögen betrifft auch die Abstraktionsfähigkeit; insbesondere dann, wenn es darum geht, von einer einfachen Form (ein gestanztes DIN-A4-Blatt) auf eine konkrete Form zu schließen (ein Quadrat, Dreieck oder Achteck).

Bereiche, die das räumliche Vorstellungsvermögen überprüfen:

¬ **Drehungen im Raum**

¬ **Spiegelbilder**

¬ **technische Zeichnungen**

¬ **Faltvorlagen**

Das „Leistungs- und Konzentrationsvermögen"

Aufgaben diesen Typs unterscheiden sich: Die einen Aufgaben stellen das Nachdenken stärker in den Vordergrund, so soll die Verarbeitungskapazität des Prüflings erfasst werden. Andere Aufgaben dienen in diesem Prüfungsbereich, um festzustellen, ob Sie gleichbleibend schnell und sorgfältig arbeiten können. Ausschlaggebend ist die Bearbeitungsgeschwindigkeit. Solche Verfahren werden als Konzentrationstests bezeichnet. Je nachdem, ob mit Worten und Texten (Sprache), mit Zahlen oder mit Zeichnungen umgegangen werden muss, unterscheiden sich Menschen sowohl in ihrer Verarbeitungskapazität als auch in ihrer Bearbeitungsgeschwindigkeit.

Mögliche Aufgabenbereiche, um Leistung und Konzentration zu testen:

¬ **Adressenüberprüfung**

¬ **Wortfindungen**

¬ **Fehlersuche**

¬ **Kopfrechnen**

¬ **Kopfrechnen mit Hindernis**

¬ **Kopfrechnen mit doppeltem Hindernis**

¬ **b und d Test / O und Q Test**

¬ **Codierte Wörter**

Vorbereitung auf den Studierfähigkeitstest?

Häufig wird gesagt: „Um einen Test erfolgreich bestehen zu können, ist eine gute Vorbereitung wichtig." Aber ist dies auch der Fall bei den Studierfähigkeitstests? Anbieter von Studierfähigkeitstests z.B. in den medizinischen Fächern und in den Fachhochschulstudiengängen Wirtschaft geben an, für die Tests könnte nicht gelernt werden, eine Vorbereitung sei unmöglich. Wir schätzen die Situation anders ein: Natürlich kann nicht inhaltlich explizit für die Tests gelernt werden, doch hilft es enorm, die Form dieser Tests nachvollziehen zu können. Aufgaben lassen sich schneller bearbeiten, wenn man schon weiß, wie diese zu verstehen sind. Eine gezielte Vorbereitung auf die Studierfähigkeitstests ist durchaus möglich und darüber hinaus sinnvoll.

Im folgenden Abschnitt wollen wir daher einige allgemeine Tipps anführen, wie Sie sich auf einen Studierfähigkeitstest vorbereiten können.

Was man zur Vorbereitung wissen muss

Wenn Sie sich auf etwas vorbereiten, sollten Sie wissen, worauf Sie sich vorbereiten. Versuchen Sie in Erfahrung zu bringen, was im Allgemeinen im Test von der Hochschule erwartet wird. Schrecken Sie nicht davor zurück nachzufragen: Es kostet nichts zu fragen. Die so gewonnenen Informationen sollten Ihnen dazu dienen, sich vorzubereiten. Informationen zu Studierfähigkeitstests können Sie zudem online recherchieren, besuchen Sie beispielsweise den Internetauftritt unseres Verlages.[98] Doch sollte Ihr erster Ansprechpartner immer die Hochschule sein, an der Sie sich für ein Studium bewerben möchten.

In den meisten Fällen wird in einem Einstellungstest das Grundlagenwissen der Schulfächer Mathematik und Deutsch abgefragt. Es geht um Prozentrechnen, Dreisatzrechnen, Rechtschreibung und Grammatik. Zudem werden häufig Fragen zum Allgemeinwissen gestellt, wie z.B.: Wer ist zurzeit Bundeskanzler in Deutschland? Was war die DDR? Welche Länder in Europa kennen Sie? Es können auch Testaufgaben zur Fremdsprachenkenntnis gestellt werden, wenn das für Ihr Studium von Relevanz ist.

Sie müssen zudem wissen, wie Sie sich lerntechnisch vorbereiten, hierzu nun einige kurze Anregungen.

Immer auf dem neuesten Stand

Eine gute Allgemeinbildung ist für jedes Studium und jeden Studiengang vorteilhaft. Nicht nur für diesen Test, auch für sich selbst, sollten Sie wissen, wer Bundeskanzler in Deutschland ist, welche Länder in Europa liegen oder was die DDR war. Wissen Sie auf derartig grundlegende und einfache Fragen keine Antwort, sollten Sie schleunigst damit beginnen, sich auf den neuesten Stand zu bringen. Sie können sich über die Welt und das Zeitgeschehen auf unterschiedliche Art und Weise informieren: beim Zeitungslesen, beim Recherchieren im Internet, in der Bibliothek oder beim Nachrichtenschauen. Haben Sie keine Tageszeitung abonniert, dann gehen Sie in die Stadtbibliothek, dort sind diese in der Regel vorhanden. Oder schauen Sie im Internet, beinahe jede Tageszeitung hat heute einen Internetauftritt. Der langen Rede kurzer Sinn: Bessern Sie vor einem Studierfähigkeitstest Ihr Allgemeinwissen auf, informieren Sie sich eingehend über aktuelle Ereignisse und versuchen Sie auf dem aktuellen Stand zu sein.

Schlafen, Ausruhen und pausieren

Auch geistige Arbeit, das Lernen zum Beispiel, kann ermüdend sein. Daher ist es insbesondere in einer intensiven Lernphase wie der Vorbereitung auf Ihren Studierfähigkeitstest wichtig, ausreichend zu schlafen, sich auszuruhen und zu pausieren. Wird der Kopf angestrengt, so muss man ihm die eine oder andere Verschnaufpause gönnen.

Planen Sie während des Lernprogramms immer Pausen ein. In diesen Pausen sollten Sie sich ausruhen. Das bedeutet nicht, sich dem Computerspielen, Fernsehen, Telefonieren oder anderen Ablenkungen zuzuwenden. Versuchen Sie sich wirklich zu entspannen. Essen Sie z.B. etwas, machen Sie einen kleinen Gang um den Block, ent-

---

[98] Vgl.: [www.ausbildungspark.com].

spannen Sie sich im Sessel oder auf dem Sofa mit Musik. Lernen Sie am besten in Blöcken, beispielsweise so:

> 2 Stunden intensives Lernen, dann ½ Stunde Pause. Dann wieder 2 Stunden lernen, gefolgt von 1 Stunde Pause. Abschließend noch einmal 1 ½ Stunden den gelernten Stoff wiederholen.
>
> (2 Std. Lernen + ¾ Std. Pause + 2 Std. Lernen + ¾ Std. Pause + 1 Std. Lernen = 5 Std. Lernen und 1 ½ Std. Pause)

In der Vorbereitung auf einen Test ist es wichtig, dem Lernen angemessenen Raum zu geben. Ist Ihnen der Studienplatz, auf den Sie sich bewerben, ein Anliegen, so gilt es sich entsprechend zu verhalten. Schlafen Sie ausreichend und zu einer angemessenen Zeit. Bis spät in die Nacht wach zu bleiben und am nächsten Morgen müde zu lernen, ist ineffektiv. Die effektivste Schlafphase beginnt vor Mitternacht, versuchen Sie den Tag vor Mitternacht zu beenden und dem Körper die wohlverdiente Ruhe zu gönnen. Ein Erwachsener braucht im Durchschnitt ca. 8 Stunden Schlaf, in einer derart intensiven Arbeitsphase ist es ratsam, dieses Schlafpensum einzuhalten.

Wie richtig lernen?

Beim Lernen ist eine aktive Lernhaltung wesentlich. Konzentrieren Sie sich beim Lesen! Eventuell ist es hilfreich, wichtige Stellen zu markieren oder aufzuschreiben. Noch besser ist die Erstellung von Zusammenfassungen nach dem Lesen ganzer Abschnitte. Aber Vorsicht! Der Inhalt soll am Ende nicht in Ihren Notizen, sondern in Ihrem Kopf zu finden sein. Eine gute Methode ist daher das mündliche Zusammenfassen. Versuchen Sie einfach nach jedem gelesenen Abschnitt, den Inhalt für sich mündlich zusammenzufassen, ohne in Ihr Buch oder Ihre Notizen zu schauen. Dadurch bekommen Sie eine gute Vorstellung davon, was Sie bereits können und was Sie noch einmal wiederholen sollten.

Übrigens, Lernen mit anderen macht nicht nur mehr Spaß, sondern ist meist auch effektiver. Fragen Sie Ihre Eltern, Geschwister, Freunde oder Bekannte, ob diese Sie durch Abfragen und eine Prüfungssimulation unterstützen können. Optimal wäre es, wenn Sie einen Gleichgesinnten kennen, der sich ebenfalls auf den Test vorbereitet.

Was lernen?

Wie Sie wissen, ist der Prüfungsstoff ziemlich umfangreich aus verschiedenen Schwerpunktbereichen zusammengesetzt. Aber keine Sorge, mit guter Vorbereitung ist die Prüfung machbar. Wichtig ist vor allem eine gute Planung. Sie werden im Voraus mit dem Lernen beginnen müssen und damit ist nicht der Tag vor der Prüfung gemeint. Denken Sie daran, Zeit für die Wiederholung und für Erholungsphasen einzuplanen.

Es ist ratsam, sich auf alle Unterpunkte vorzubereiten, die in den Testverfahren abgefragt werden können. Zur Vorbereitung auf den Studierfähigkeitstest sollten Ihnen die im folgenden Kapitel [5.1] angefügten Übungsaufgaben dienen. Diese Aufgaben entsprechen den Tests sowohl inhaltlich als auch formal, und bieten somit die perfekte Grundlage für die Vorbereitung. Wenn Sie die Aufgaben mit einem Bleistift bearbeiten, sind Sie in der Lage, die Übungen mehrfach zu bearbeiten. Liegen noch Unterlagen aus der Schule vor, z.B. Hefte und Bücher aus dem Deutsch- oder Matheunterricht, bietet es sich an, auch diesen Stoff noch einmal aufzuarbeiten. Wiederholen Sie das, was Sie nicht mehr im Kopf haben; lesen Sie nach, wenn Ihnen etwas spanisch vorkommt; fragen Sie möglicherweise um Hilfe, wenn Sie etwas auch nach längerem Lernen nicht verstehen. Fragen Sie diejenigen, von denen Sie glauben, dass Sie Ihre Fragen beantworten könnten: z.B. ältere Geschwister, Freunde, Eltern/Großeltern oder Lehrer.

Zwei zentrale Kompetenzen – die im Studierfähigkeitstest und darüber hinaus in fast allen Bewerbungsschritten bewertet werden – können und sollten Sie ohne Übungsaufgaben trainieren: Das Textverständnis und die Sprachfähigkeit. Beide Begriffe beschreiben so genannte Kernkompetenzen, d.h. Fähigkeiten, die übergreifend für jedes Studium Relevanz besitzen. Das Textverständnis wird vorausgesetzt für das erfolgreiche Studium, da Information nicht nur mündlich durch Dozenten, sondern vor allem durch Texte vermittelt wird. Zudem sind Studenten in vielen Fächern dazu angehalten, das gesammelte Wissen in der Textproduktion anzuwenden. Insbesondere in den Geisteswissenschaften ist der Text das zentrale Medium; in anderen Fächern ist er zumindest das zentrale Medium für die Informationsbeschaffung. Die Kompetenz, Texte zu verstehen, ist gebunden an die Sprachfähigkeit, denn ein Sprecher kann nur das verstehen, was ihm bekannt ist. Um die Sprachkompetenz auszubauen, sind Sprecher darauf angewiesen, neue Begriffe zu erschließen und somit das Sprachniveau und die Exaktheit der Sprache zu steigern. Sprachkompetenz ist erschöpft, wenn ein Begriff oder ein Wort nicht nachvollziehbar sind. Dieses Defizit kann allerdings beseitigt werden, indem der Sprecher den unbekannten Begriff erschließt. Nach diesem Prinzip erweitert ein Sprecher seine Sprachfähigkeit nicht nur quantitativ (Größeres Archiv von Begriffen), sondern zugleich qualitativ (höher qualifizierte Kapazität, Sprache anzuwenden), da die Begriffe im Kontext eines relevanten Themas erlernt werden. So stehen Textverständnis und Sprachkompetenz in einem wechselseitigen Verhältnis.

Wie Sie diese beiden Kernkompetenzen, unabhängig von den im folgenden Kapitel aufgeführten Übungen, selbstständig trainieren können, ist den folgenden Ausführungen zu entnehmen.

Textverständnis üben

Es gibt viele Möglichkeiten, das Textverständnis zu schulen, wir wollen drei Wege aufzeigen:

Der einfache Weg: Nehmen Sie beispielsweise einfache Zeitungsartikel aus dem Lokal- oder Nachrichtenteil zur Hand und versuchen Sie diese Texte zu lesen, sich Notizen zu machen und die Argumentation nachzuvollziehen. Schreiben Sie dann eine kleine Zusammenfassung, so können Sie neben Ihrem Textverständnis die Fähigkeiten im Artikel schreiben verbessern. Lesen Sie abschließend Ihre Zusammenfassung und die Originaltexte und vergleichen Sie beide miteinander.

Für Fortgeschrittene: Suchen Sie Artikel aus Zeitungen, Zeitschriften (Managermagazin, Ärzteblatt, Literaturzeitschrift, Spiegel etc.), die entfernt mit dem Thema des von Ihnen angestrebten Studiums zusammenhängen. Überlegen Sie im Voraus zwei Fragen, die Sie an den Text stellen wollen. Sie können inhaltliche Fragen stellen, Fragen zur Form, zum Hintergrund der beschriebenen Ereignisse etc. Lesen Sie nun den Text mit Sicht auf Ihre Fragen, machen Sie Notizen und versuchen Sie die Argumentation nachzuvollziehen. Wenn Sie den Text gelesen haben, nehmen Sie Ihre Notizen zur Hand. Lesen Sie die Notizen und überprüfen Sie, ob alles verständlich ist. Versuchen Sie nun, stichpunktartig, die Fragen zu beantworten. Versuchen Sie im Anschluss den Text mit Sicht auf die eigenen Fragen zusammenzufassen. Lesen Sie abschließend Ihre Zusammenfassung und die Originaltexte und vergleichen Sie beide miteinander.

Für Experten: Suchen Sie für Ihr Studienfach relevante Zeitschriftenartikel. D.h. solche Artikel, die ein fachspezifisches Thema umfassend und explizit behandeln und zudem quantitativ umfangreicher sind (bis zu 20-30 Seiten). Schauen Sie z.B. auf der Homepage des Studiengangs nach, welche Professoren Artikel veröffentlicht haben, die Sie zur Vorbereitung nutzen können. Gehen Sie nun so vor, dass Sie den Text lesen, Notizen sammeln und die Argumentation nachzuvollziehen versuchen. Der wissenschaftliche Text wird in verschiedene Abschnitte untergliedert sein, übernehmen Sie diese Gliederung in Ihre Notizen. Versuchen Sie anschließend auf Grundlage Ihrer Notizen einen Text zu verfassen, eine Inhaltsangabe reicht aus. Nachdem Sie die Zusammenfassung gelesen haben, versuchen Sie Fragen zu formulieren, die sich an den Text anschließen.

Diese Aufgabe ist etwas für fortgeschrittene Bewerber, sie ist sehr zeitaufwendig und arbeitsintensiv. Allerdings ist der Lernerfolg besonders hoch!!

Sprachfähigkeit ausbauen

Wenn wir hier davon sprechen, die Sprachfähigkeit auszubauen, bezieht sich dies nicht auf die Verbesserung Ihres Sprechvermögens. Die Sprachfähigkeit auszubauen heißt in diesem Zusammenhang: den Wortschatz erweitern, Synonyme und Antonyme zu wichtigen Wörtern kennen, Sätze bestimmen, ergänzen und vervollständigen können. Auf diese Schwerpunkte sollten Sie auch beim Lernen eingehen.

Den Wortschatz erweitern

Der Wortschatz ist das Archiv von Wörtern und Begriffen, über das ein Sprecher verfügt. Man kann ihn sich wirklich wie ein Archiv vorstellen: Wörter und Begriffe werden in Lernprozessen, die sich über das gesamte Leben erstrecken, in diesem Sammelsurium zusammengetragen. Die Größe des Wortschatzes bemisst sich quantitativ an der Vielfalt von Wörtern und Begriffen, über die ein Sprecher verfügt, qualitativ zudem an der Fähigkeit, Wörter und Begriffe korrekt anzuwenden. Sie können also ein Lexikon auswendig lernen, ohne Ihren Wortschatz qualitativ zu erweitern. Wichtig ist es, die gelernten Wörter sinnvoll anzuwenden. An Hochschulen ist zu beobachten, dass einige Studenten fachmännisch anmutendes Vokabular im falschen Kontext benutzen, was im Endeffekt peinlich ist. Versuchen Sie daher den Wortschatz an Texten zu erweitern und lernen Sie kein Lexikon auswendig. Lesen Sie anspruchsvolle Texte, die Sie in der Bücherei, im Internet oder bei Verwandten finden, und markieren Sie Wörter, die Ihnen unbekannt sind. Schlagen Sie diese Wörter im Lexikon nach (auch Wikipedia ist erlaubt) und notieren Sie Bedeutung und Wort auf einer Karteikarte. Es ist sinnvoll, einen für Ihr Studium relevanten Wortschatz zu schulen. Lesen Sie bestenfalls Texte, die mit dem Thema des angestrebten Studienfachs im Zusammenhang stehen. So können Sie Fachvokabular lernen, das für den Studierfähigkeitstest hilfreich ist. Durch die Texte wissen Sie zudem, in welchem Kontext die Wörter stehen und wie sie angewendet werden. Das ist sehr wichtig. So bereiten Sie ein Studium vor, indem Sie sich einer Fachsprache zuwenden.

Synonyme und Antonyme kennen

In dieser Übung, die sich mit gegenteiligen oder ähnlichen Begriffen befasst, können Sie die Wörter aus dem Wortschatztraining weiter verwenden. Zudem sollten Sie zusätzliche Wörter bestimmen, zu denen Sie Synonyme und Antonyme suchen. Wörter verhalten sich synonym zueinander, wenn die Bedeutung eine gleiche (ähnliche) ist. Antonyme sind Wörter, die eine gegensätzliche Bedeutung haben. Suchen Sie zu den Wörtern, die Sie aufgeschrieben haben, Synonyme und Antonyme. Schreiben Sie diese wiederum auf Karteikarten und markieren Sie für sich, dass es sich um Synonyme oder Antonyme handelt. So erweitern Sie Ihren Wortschatz qualitativ.

Synonyme:
Wirtschaft – Ökonomie, Arzt – Mediziner, handeln – wirken, Computer – PC

Antonyme:
Morgen – Abend, Herr – Sklave, ablehnen – annehmen, hinzugeben – wegnehmen

Sätze bestimmen, ergänzen und vervollständigen können

Für diesen Aufgabentyp brauchen Sie Assistenz, da Sie die Aufgaben allein nicht bewältigen können. Sie sollten versuchen zur Übung Lückensätze zu bearbeiten. Diese Sätze können Sie sich entweder selbst schreiben – was sinnlos ist, da Sie dann wissen, welche Wörter Sie eliminiert haben. Daher bitten Sie Freunde oder Familie auszuhelfen. Geben Sie Lückentexte in Auftrag, in die Sie fehlende Wörter einsetzen können. Diese Sätze können Ihre Helfer einfach zusammenstellen: Recherchieren und kopieren Sie am besten einen Text aus dem Internet. Diesen geben Sie ungelesen an Ihre Helfer, um daraus fachspezifische Wörter zu entfernen und die Lücken durch einen Unterstrich zu markieren. Wer keinen Computer hat oder nicht mit Textverarbeitungsprogrammen umzugehen weiß, kann handschriftlich eine Liste von Sätzen zusammenstellen.

Beispiele für Studierfähigkeitstests

Im Folgenden finden Sie drei Studierfähigkeitstests erläutert: den TMS, den Studierfähigkeitstest für wirtschaftswissenschaftliche Studiengänge an Fachhochschulen und die Aufnahmeprüfung für den Sporttest.

TMS - Test für Medizinische Studiengänge

Wer heute in den medizinischen Fächern studieren will, muss an einigen Hochschulen einen Studierfähigkeitstest ablegen. Das Verfahren für den Test für medizinische Studiengänge wurde schon in den 80er Jahren entwickelt und kommt heute wieder vermehrt zum Einsatz.

Der Test wird in den folgenden Einrichtungen im Auswahlverfahren der Hochschulen eingesetzt:

¬ an den human- und zahnmedizinischen Fakultäten des Landes Baden-
  Württemberg;

¬ an den human- und zahnmedizinischen Fakultäten der Universität Mainz;

¬ an den humanmedizinischen Fakultäten der Universitäten Bochum, Lübeck und
  Leipzig.

Wie der Test für die wirtschaftswissenschaftlichen Fachhochschulstudiengänge wird auch der TMS von der ITB-Consulting in Bonn erstellt. Dem Anbieter zufolge handelt es sich bei diesem Test zwar um ein Instrument, das dazu dient, fachnah Fähigkeiten festzustellen. Von offizieller Seite wird betont, dass dieser Test grundsätzlich keinerlei spezifisches Wissen voraussetze.[99]

Ablauf, Zeitplan, Durchführung

Woran Sie auf jeden Fall denken sollten, wenn Sie sich für einen derartigen Studierfähigkeitstest anmelden: Sie können am TMS nur ein einziges Mal teilnehmen, eine zweite Chance gibt es nicht.

Grundsätzlich dauert der Test neun Stunden, es handelt sich nicht nur um ein kurzes Abfragen grundlegender Kenntnisse. Sie müssen für die Testteilnahme einen ganzen Tag einplanen.

Zudem ist eine Teilnahmegebühr von 50 Euro zu entrichten. Ohne die Zahlung dieses Betrags können Sie nicht am Test teilnehmen. Der Kostenaspekt ist unerfreulich, da man sich ein kostenloses Testverfahren zur Hochschulzulassung wünschen würde. Da dies nicht der Fall ist, müssen Sie akzeptieren, dass als Nachweis für die Studierfähigkeit eine Gebühr verlangt wird. Der Test wird an verschiedenen Orten durchgeführt, genaue Informationen finden Sie im Internet.[100]

In den folgenden Städten können Sie den Test ablegen:

Bad Godesberg, Bamberg, Bensheim, Biberach, Bochum, Castrop-Rauxel, Celle, Dachau, Eppelheim, Erfurt, Filderstadt, Freiburg, Gießen, Halle-Saale, Hockenheim, Karlsruhe, Ludwigsburg, Memmingen, Neumünster, Neustadt/Weinstraße, Norderstedt, Rüsselsheim, Reutlingen, Ulm, Waldkirch.

Testinhalte

Im Rahmen dieses Kapitels können wir nur bedingt auf die Inhalte des Tests eingehen. Wir wollen diese jedoch kurz zusammenfassen, so haben Sie einen Überblick und können sich spezifisch vorbereiten. Beispielaufgaben zu jedem Aufgabengebiet finden Sie im folgenden Kapitel.

---

[99] Vgl. ITB-Consulting (2009): *Test für medizinische Studiengänge: Informationsbroschüre.*
[100] Vgl.: [http://www.tms-info.org/index.php?ID=50].

Der Test beschränkt sich auf die folgenden Bereiche:

¬ **Medizinisch-naturwissenschaftliches Grundverständnis**
   (24 Aufgaben, 60 Minuten)

¬ **Räumliches Vorstellungsvermögen:** Schlauchfiguren (24 Aufgaben, 15 Minuten),
   Muster zuordnen (24 Aufgaben, 22 Minuten)

¬ **Quantitative und formale Probleme** (24 Aufgaben, 60 Minuten)

¬ **Konzentriertes und sorgfältiges Arbeiten** (8 Minuten)

¬ **Merkfähigkeitstest in zwei Phasen:** Einpräg- (35 Aufgaben, 10 Minuten)
   und Reproduktionsphase (40 Aufgaben, 12 Minuten)

¬ **Textverständnis** (24 Aufgaben, 60 Minuten)

¬ **Diagramme und Tabellen** (24 Aufgaben, 60 Minuten)

Studierfähigkeitstest wirtschaftswissenschaftliche Studiengänge an FHs

Auch vor den Fachhochschulen macht Bologna nicht Halt, in den wirtschaftswissen-schaftlichen Fachhochschulstudiengängen muss ebenfalls ein Studierfähigkeitstest abgelegt werden. Geprüft werden soll z.B. „die Fähigkeit (…) komplexe, in Texten o-der Diagrammen dargestellte Sachverhalte zu erfassen und richtig zu interpretie-ren".[101] Auch für diesen Test gilt: Die Teilnahme ist einmalig, der Test kann nicht wie-derholt werden.

Für diesen Test ist laut Anbieter kein Fachwissen notwendig. Es steht zudem im Vor-aus fest, dass nicht alle Aufgaben gelöst werden können. Lassen Sie sich nicht verun-sichern, alle Aufgaben zu lösen, ist praktisch unmöglich. Gute Chance haben die Be-werber, die zügig durch die Aufgaben kommen und bei der Bearbeitung gleichmäßig und sorgfältig vorgehen.[102]

Ablauf, Zeitplan, Durchführung

Der Studierfähigkeitstest ist kein Test, an dem Sie bedingungslos teilnehmen können, eine vorherige Anmeldung ist notwendig. Im Internet[103] finden Sie alle notwendigen

---

[101] Vgl. ITB-Consulting (2010): *Studierfähigkeitstest für wirtschaftswissenschaftliche Studiengänge an Fachhochschulen: Informationsbroschüre.*
[102] Ebd.
[103] Vgl. :[http://testinfo.itb-consulting.de].

Informationen zur Anmeldung. Zudem ist, wie für den Medizintest, eine Teilnahmegebühr von 50 Euro zu entrichten. Wollen Sie an einem Studierfähigkeitstest teilnehmen, müssen Sie in den sauren Apfel beißen und zahlen.

Die Bearbeitung des Tests dauert in der Regel vier Stunden, eine Pause ist eingeplant. Sie müssen, da Sie wahrscheinlich zu einem der Testorte anreisen werden, ausreichend Zeit mitbringen.

Da am Test in verschiedenen Städten teilgenommen werden kann und Ihnen ein Testort zugewiesen wird, wollen wir auf die Testorte nicht weiter eingehen. Detaillierte Informationen erhalten Sie direkt bei der ITB-Consulting oder der Fachhochschule, an der Sie das Studium aufnehmen wollen.

Testinhalte

Der Test gliedert sich inhaltlich in vier Aufgabenbereiche: Textverständnis, Sprachgefühl, Schlussfolgerndes Denken und Diagramm-Analyse.

¬ **Textverständnis**
  (1. Textbearbeitung: 40 Minuten; 2. Aufgaben: 24 Aufgaben, 20 Minuten)

¬ **Sprachgefühl** (22 Aufgaben, 15 Minuten)

¬ **Schlussfolgerndes Denken** (22 Aufgaben, 60 Minuten)

¬ **Diagramm-Analyse** (22 Aufgaben, 60 Minuten)

Sporttest

Der Sporttest unterscheidet sich erheblich von anderen Studierfähigkeitstestverfahren, da es sich um einen praktischen Test handelt. Mit der Sportprüfung soll die Eignung zum Studium festgestellt werden, speziell die sportmotorische Leistungsfähigkeit soll überprüft werden. Da die getesteten Sportarten von Hochschule zu Hochschule – je nach Schwerpunkt – variieren, ist es wichtig, sich genau zu erkundigen, welche Sportarten an der von Ihnen favorisierten Hochschule geprüft werden sollen. An der Ruhr-Universität Bochum sind die folgenden Sportarten Teil der Studierfähigkeitsprüfung: Leichtathletik, Geräteturnen, Schwimmen, Ballsport (Basketball, Fußball, Handball, Hockey, Volleyball) und Schlagspiele (Badminton, Tennis, Tischtennis).[104]

---

[104] Vgl. Amtliche Bekanntmachung der -Universität Bochum, Nr. 794, Juni 2009, S. 1.

Um zur Prüfung zugelassen zu werden, muss (an der Ruhr-Universität Bochum) eine Teilnahmegebühr in Höhe von 40 Euro entrichtet werden.[105] Bestanden hat den Test, wer 12 von 13 (Frauen) bzw. 13 von 14 (Männer) Leistungsanforderungen erfüllen kann. Hierbei ist es Voraussetzung, dass Frauen die Leistungsanforderungen im 2000 m und Männer im 3000 m Lauf in jedem Fall erbringen.[106]

Im Folgenden finden Sie eine systematische Zusammenstellung darüber, welche Leistungen in welcher Sportart erbracht werden müssen, um an der Ruhr-Universität als für das Sportstudium geeignet erklärt zu werden.

Leistungsanforderungen in den Sportarten[107]

Genauere Hinweise für die Vorbereitung auf den Eignungstest finden sich auf der Homepage der Fakultät.

Die folgenden Leistungsanforderungen sind Mindestanforderungen.

Es gelten die internationalen Wettkampfbestimmungen:

Leichtathletik

Einzelleistungen (Versuche)	Disziplin	Frauen Leistungsminimum	Männer Leistungsminimum
1. Sprint (1)	100 m aus dem Tiefstart	15,5 s	13,4 s
2. Sprung (3)	wahlweise: Hochsprung/Weitsprung	1,20 m 3,50 m	4,75 m 1,40 m
3. Wurf/Stoß (3)	Kugelstoß	4 kg 6,75 m	7,25 kg 7,60 m
4. Langstrecke (1)	2000 m/3000 m	2000 m 11:30 min	3000 m 13:00 min

Geräteturnen

Die Eignungsfeststellung erstreckt sich verbindlich auf nachfolgend genannte Anforderungen:

---

[105] Vgl. Ebd.
[106] Vgl. Ebd., S. 2.
[107] Alle Angaben sind dem folgenden Dokument entnommen: Amtliche Bekanntmachung der - Universität Bochum, Nr. 794, Juni 2009.

Einzelleistungen (Versuche)	Disziplin	Leistungskriterien
5. Sprung (2)	**Sprunghocke** ▸ Pferd quer gestellt (Höhe: Frauen 1,20 m, Männer 1,25 m; Brettabstand 1,10 m)	▸ Beidbeiniger Absprung, gleichzeitiger Stütz und Abdruck der Hände; ▸ gerades Hocken, ohne dass die Füße das Pferd berühren; ▸ kontrollierte Landung auf beiden Füßen.
6. Boden (2)	▸ Rolle vorwärts, Strecksprung mit ½ Drehung ▸ Rolle rückwärts durch den Hockstütz oder Handstand ▸ Aufschwingen in den Handstand rückschwingen ▸ Anlauf, Anhüpfer und Rad	▸ Bewegungsansatz mit geschlossenen Füßen; Strecksprung direkt aus der Rollbewegung. ▸ Mit Streckung der Arme deutliches Freiwerden des Kopfes und der Schulter vom Boden; symmetrisches Stützen. ▸ Handstand: gestreckter Körper, kontrolliertes Abrollen oder Rücksenken in die Schrittstellung. ▸ Rad: gestreckter Körper; d.h. gestrecktes Hüftgelenk und durch die Senkrechte geturnt.
7.1 Reck (2) (schulterhoch)	▸ Aufschwung ▸ Rückschwung in den freien Stütz ▸ Umschwung vorlings rückwärts ▸ Unterschwung aus dem Stütz oder Stand.	▸ Nach dem Umschwung: deutliche Stützphase. ▸ Unterschwung: deutliches Öffnen des Arm/Rumpfwinkels; deutliche Bewegung nach vorne oben; Hüftstreckung.
7.2 Reck Männer (2)	▸ Drei (3) Klimmzüge im Ristgriff	▸ Jeweils aus dem Hang (gestreckte Arme vor jedem Klimmzug) muss das Kinn über die Stangenhöhe gezogen werden.

Schwimmen

Disziplin (Versuche)	Leistungskriterien
8. Kopfsprung mit Angehen vom 1 m-Brett (2)	▸ Min. 3 Schritte ruhiges Angehen. ▸ Aufsatzsprung und beidbeiniger Absprung nach vorne oben. ▸ Wahlweise möglich: Kopfsprung gehockt, gehechtet oder gestreckt. ▸ Kontrollierte Eintauchphase mit gestreckten Armen und parallel geschlossenen Beinen, Richtung Beckenboden. **Nicht akzeptiert:** Startsprünge, Überschlagen des Körpers, gegrätschte oder gescherte Beinhaltungen oder gebeugte Hüft- bzw. Kniegelenke in der Eintauchphase.
9. Streckentauchen 20 m (2)	▸ Startsprung vom Startblock oder Abstoßen von der Beckenwand. ▸ Tauchen deutlich unterhalb der Wasseroberfläche (ca. 1 m).
10. Technik-Schwimmen (1) 25 m Wechselzug-schwimmen (Kraul oder Rückenkraul) 25 m Gleichzug-schwimmen (Brust- oder Schmetterlings-schwimmen)	**Kraulschwimmen:** ▸ Wechselzug der Arme und Wechselschlag der Beine. ▸ Schwimmen mit Gesicht im Wasser, rhythmische Atmung seitlich im Rhythmus des Armzugs (2er bzw. 3er Atmung). **Rückenkraul:** ▸ flache gestreckte Körperlage. **Brustschwimmen:** ▸ symmetrischer Verlauf von Arm- und Beinbewegungen bei Dorsalflexion (Rückwärtsbeugung) im Fußgelenk während der Schwungrätsche gemäß internationalem Regelwerk. ▸ flache gestreckte Körperlage nach jedem Zyklus. ▸ dem Armzug zugeordnete rhythmische Atmung. **Schmetterlingsschwimmen:** ▸ zwei Delphinbeinschläge pro Armzug (kein Brustbeinschlag). ▸ dem Armzug zugeordnete rhythmische Atmung.
11. Zeitschwimmen 100 m (1)	Zeitlimit: Frauen Männer Brust 2:00,0 1:50,0 Kraul 1:48,0 1:40,0

Basketball

Regeln	Angriff	Abwehr
Spiel 5 gegen 5 Spiellänge zweimal 10 Minuten	Anspielbarkeit, Rückraumsicherung, Schnellangriff, Laufverhalten, offensiver Rebound, Positionsverhalten (Center, Außen), Korbwurf	Mann-gegen-Mann, Grundstellungen, Laufverhalten, Helfen und Übernehmen, defensiver Rebound, Umschalten, Stellung zum Korb

Volleyball

Regeln	Angriff	Abwehr
Spiel 3 gegen 3 Spielsystem 0:3 Spiellänge 10 Minuten	Aufschlag defensiv, Abwehr im Dreierriegel, zwingender Angriffsabschluss, Anbieten, Zuspiel, Spielaufbau, Positionsverhalten	Gruppentaktik (Riegelbildung), Zuspieler am Netz, Kommunikationsverhalten zwischen Spielern, situative Lösungen

Hockey

Regeln	Angriff	Abwehr
Mini-Hockey, 3 gegen 3	Anspielbarkeit, Freilaufverhalten, Technik im Spiel, Abspiel und Dribbling, Entscheidungsverhalten in Spielsituationen, Torschuss	Manndeckung, Raumdeckung, Ballverhalten, Bezug zum Gegner, Vorhand- und Rückhandspiel

Handball

Regeln	Angriff	Abwehr
Spiel 7 gegen 7	Umschalten im Spiel, Verhalten im Spielaufbau, Positionsverhalten, Aufgabenbewältigung auf der Position, Gegenstoßmöglichkeiten	Umschalten im Spiel, Rückzugverhalten, Positionsspiel, Abwehrverhalten

Fußball

! Vor Beginn des Spiels ist eine Aufwärmphase eingeplant, die in 2er Gruppen zu absolvieren ist.

Regeln	Angriff	Abwehr
Spiel 5 gegen 5	Torschuss, Kombinationsspiel, Doppelpass und einfacher Pass, Dribbling, Freilaufen	Manndeckung, Raumdeckung, Umschalten von Abwehr auf Angriff (Konter)

Tennis

Regeln	Angriff	Abwehr
Grundlinienpunktspiel und Tie-Break Spiel	Vor- und Rückhandspiel, Schlagtechnik, Schlägerbehandlung, Aufschlagspiel, Schlagökonomie	Körper- und Beinarbeit, Spieleröffnung und Grundlinienspiel, Verhalten in verschiedenen Spielsituationen

Badminton

Regeln	Angriff	Abwehr
Höhe und Weite, Qualität des Aufschlags und der Bewegungen	Überkopf-Clear Spiel zwischen eigener und gegnerischer Grundlinie	Überhand-Clear Spiel aus zentralem Bereich in gegnerischen Grundlinienbereich

Tischtennis

Regeln	Angriff	Abwehr
Grundtechniken in Spielanwendung, regelgerechtes Spielverhalten	Verhalten in Spielsituationen	Verhalten in Spielsituationen

In der Regel müssen Sie verschiedene Abläufe nach Zuspiel eines Lehrers vorführen, bewertet wird Ihr Technik- und Taktikverhalten sowie das Verhalten in verschiedenen Spielsituationen.

Weitere und detaillierte Information zum Studierfähigkeitstest für das Sportstudium finden Sie bei der von Ihnen bevorzugten Hochschule. Wenden Sie sich an die betreffenden Ansprechpartner.

Erfahrungsbericht Medizin (Julia, 25 Jahre, Universität Wien)

Nachdem 2005 die bisherige Zulassungsregelung in Österreich als europarechtswidrig deklariert worden ist, wurde der Eignungstest Medizinstudium (EMS) als kapazitätsorientierte Studienplatzvergabe eingeführt, die auch denjenigen eine Chance auf einen Studienplatz bietet, die aufgrund ihres NC in Deutschland viele Wartesemester in Kauf nehmen müssten. In Anlehnung an den vor einigen Jahren abgeschafften und heute neu aufgelegten Medizinertest in Deutschland ist der EMS ein Studierfähigkeitstest, dessen Testergebnis mit der Studieneignung korrelieren soll.
Ich selbst habe 2007 an dem EMS in Wien teilgenommen und möchte nun über meine Erfahrungen und die Vorbereitung berichten:

Das Anmeldeverfahren ist die erste Hürde, die gemeistert werden muss. Es gliedert sich in eine Online-Anmeldung, für die die Frist meist schon im Februar abläuft, und eine persönliche Anmeldung im März, bevor dann der eigentliche Test im Juli stattfindet. Also rate ich dazu, sich möglichst früh um das Organisatorische zu kümmern, damit kein Termin verpasst und ein weiteres Jahr vergeudet wird.

Der Test ist in zehn Einzeltests gegliedert, wie zum Beispiel räumliches Vorstellungsvermögen, mathematische Grundkenntnisse, Textverständnis und konzentriertes Arbeiten. Der Test dauert einen Tag. Es gibt nur eine große Mittagspause, sodass ein hohes Maß an Durchhaltevermögen und Konzentrationsfähigkeit vorausgesetzt wird. Um diesen Anforderungen gerecht zu werden, ist es meiner Meinung nach absolut empfehlenswert sich darauf vorzubereiten. Gerade in Anbetracht der Tatsache, dass sich ca. 3000 Teilnehmer um 500 Plätze bewerben und nur die Besten genommen werden, muss eine möglichst hohe Punktzahl erzielt werden. Ich habe die Erfahrung gemacht, dass sich ein wirklicher Lerneffekt erst nach längerem Üben einstellt, sodass es sinnvoll ist, schon zwei bis drei Monate vorher mit den Vorbereitungen zu beginnen. Dies gilt gerade für die Gedächtnistests, bei denen sich Übung mit den exemplarischen Prüfungsaufgaben oder irgendwelchen Memory-Spielen absolut auszahlt. Das Gleiche kann ich auch über die Aufgabe Konzentriertes Arbeiten sagen, für die es etliche Übungsaufgaben im Internet gibt. Obwohl von offizieller Seite darauf hingewiesen wird, dass die gemessenen Fähigkeiten das Ergebnis langjähriger Lern- und Entwicklungsprozesse sind, kann ich aus persönlicher Erfahrung sagen, dass durch effizientes Training mit Übungsbeispielen eine deutliche Steigerung der persönlichen Leistung möglich ist.

Für die Vorbereitung habe ich auf Material aus dem Internet und Bücher zurückgegriffen, wo sowohl Originalversionen des EMS, als auch Beispielaufgaben für den ehemaligen Medizinertest in Deutschland weit unter dem Preis eines Vorbereitungskurses angeboten werden. Da es für mich am sinnvollsten erscheint, sich mit den geforderten Aufgaben vertraut zu machen, zahlt sich ein überteuerter Kurs nicht aus.

Wer sich für die Option Österreich entschieden hat, sollte sich auf jeden Fall auch parallel für den TMS (Test für medizinische Studiengänge) in Deutschland anmelden. Zum einen ist es eine weitere Möglichkeit, vielleicht doch noch in Deutschland einen Studienplatz zu bekommen. Zum anderen ist es die beste Vorbereitung für den EMS, da die Tests gleich aufgebaut sind. Auf diese Weise kann man sich schon daran gewöhnen, zusammen mit mehreren hundert Teilnehmern auf das Startsignal des Prüfungsvorstehers zu warten oder sich seine Verpflegung so einzuteilen, dass unnötige Toilettengänge vermieden werden, da dies unglaublich viel wertvolle Zeit kostet.
Allen, denen ein Eignungstest bevorsteht, wünsche ich viel Erfolg!

Erfahrungsbericht Diplom (FH) Internationale Betriebswirtschaftslehre (Mirjam, 26 Jahre, International School of Management (ISM) Dortmund)

Bei der Wahl meines Studiums war mir die Internationalität des Studienganges sehr wichtig, da mir klar war, dass es bei einer zukünftigen Tätigkeit im Ausland neben dem Wissen von fachlichen Kernkompetenzen der BWL und funktionsübergreifenden Managementfähigkeiten auch darum geht, das Wissen von interkulturellen Besonderheiten der Märkte nachzuvollziehen. Zudem wollte ich eine möglichst praxisnahe Ausbildung erfahren. So bin ich bei meiner Internetrecherche auf die International School of Management (ISM) in Dortmund gestoßen, eine private Fachhochschule, akkreditiert durch den Wissenschaftsrat. Die Fachhochschule hat keinen Numerus Clausus, allerdings ist die Voraussetzung für die Aufnahme eines Studiums die erfolgreiche Teilnahme an dem mehrstufigen Auswahlverfahren. Das Auswahlverfahren hat an zwei Tagen, aufbauend aufeinander stattgefunden.

Bewerbungsverfahren | Tag 1

Schriftlicher Test zur Abfrage des „Allgemeinwissens": Neben allgemeinen Fragen zur Geschichte, Politik und Wirtschaft wurden hier bestimmte Fähigkeiten und Fertigkeiten geprüft, wie z.B. Merkfähigkeit, räumliches Vorstellungsvermögen, Ergänzung von Zahlenreihen etc.

Mathematik-Test mit Basis der Inhalte der Jahrgangstufen 7-13: Der Test umfasst die Grundlagen, die für die weiterführende ökonomische Mathematik erforderlich sind, so z.B. Sachaufgaben, logisch-analytisches Denkvermögen und Problemlösungskompetenzen.

Englisch-Test und Test in (wenn vorhanden) zweiter Fremdsprache (Spanisch oder Französisch): Der Eignungstest in Englisch und der zweiten Fremdsprache gliedert sich in Grammatik, Lese, Vokabel und Textverständnis.

Nach erfolgreicher Teilnahme am Auswahlverfahren hat ein eintägiges „Assessment Center" (AC) an der ISM stattgefunden.

Tag 2

Ca. 15 Teilnehmer haben an diesem Tag unter der Aufsicht von zwei Dozenten des Auswahlkomitees der ISM teilgenommen. Zunächst gab es eine Vorstellungsrunde, dabei sollten unter anderem Angaben zum persönlichen Werdegang, beruflichen und persönlichen Zielen, sowie Gründe für die Studienmotivation genannt werden. Nach diesem „Warming Up" ging es dann an diverse Rollenspiele und weitere Tests zur Persönlichkeit. Ein kurzer 5-minütiger Vortrag musste zu einem vorgegebenen Thema innerhalb von 15 Minuten erarbeitet und vor der Gruppe mit anschließender Diskussion abgehalten werden.

Zum Abschluss des Tages gab es ein Gespräch mit dem Auswahlkomitee der ISM und einem anderen Teilnehmer des AC.

Vorbereitung & eigene Erfahrung

Auf den schriftlichen Test am Testtag 1 habe ich mich intensiv mit einem allgemeinen Testtrainer vorbereitet. Nach dem ersten Durchgehen der Aufgaben war mir ziemlich schnell klar, in welchen Bereichen ich Defizite hatte und welchen Aufgaben ich mich daher intensiver widmen musste. Zudem stehen auf der Internetseite der FH Beispielaufgaben. Ich kann die Vorbereitung nur empfehlen, da viele der Aufgaben immer nach demselben Muster ablaufen und die Übung daher viel bringt. Für den Mathetest bin ich meine Vorbereitung zur Abi-Klausur noch einmal durchgegangen und habe die Aufgaben auf der Homepage gesichtet. Für den Englisch-Test ist ein mittelmäßiges Schulniveau vollkommen ausreichend gewesen. Empfehlenswert ist mit Sicherheit die allgemeine Vorbereitung zu ähnlichen Tests, wie etwa dem TOEFL-Test.

Der zweite Testtag war recht intensiv, da es viele unterschiedliche Übungen gibt und immer wieder Neues von einem verlangt wird. D.h., man muss sich in verschiedene Rollen und Situationen versetzen. Zu Beginn des Tages hatte ich zunächst das Gefühl, dass man sich in einer „Ausnahme-

Situation" befindet und sich irgendwie profilieren muss, die anderen stehen ja eigentlich in direkter Konkurrenz zu meiner Person, habe ich gedacht.

Allerdings habe ich schnell erkannt, dass man sich nicht (einen ganzen Tag!) verbiegen kann und sollte das auch während des AC-Tages nicht tun. Authenzität ist das Entscheidende und man sollte sich so geben, wie man ist. Inklusive der „echten" Schwächen und Stärken. Letztendlich war auch die Beziehung zu der „vermeintlichen Konkurrenz" sehr freundschaftlich, es handelt sich schließlich um mögliche zukünftige Studienbegleiter oder Freunde, mit teilweise ähnlichen Interessen und Lebenseinstellungen.

Rückblickend kann ich sagen, dass ich, als Bewerber, durch diesen intensiven Auswahlprozess die Möglichkeit hatte, die Hochschule kennen zu lernen und mir einen ersten Eindruck zu machen, der letztendlich für die Entscheidung zum Studium dort eine Rolle gespielt hat. Denn neben den fachlichen Inhalten, der Internationalität und praktischen Ausrichtung hat mich das engagierte Dozententeam durch Professionalität und Kollegialität sowie die allgemeine Atmosphäre an der FH während des AC überzeugt.

Das AC kann daher, aus meiner Sicht, somit auch für den Bewerber als große Chance angesehen werden, ein Einblick in die meist noch unbekannte Uni/FH- Landschaft zu bekommen.

[5] Übungsmaterial

Im Folgenden finden Sie Übungsaufgaben für den Studierfähigkeitstest und Übungs-
fragen für das Auswahlgespräch. Auf Grundlage dieser Unterlagen können Sie sich
exzellent auf einen bevorstehenden Studierfähigkeitstest vorbereiten.

5.1 Studierfähigkeitstest

5.1.1 Allgemeinwissen: verschiedene Themen

Mit den folgenden Aufgaben wird Ihr Allgemeinwissen geprüft. Sie erhalten jeweils
eine Frage, zu der verschiedene Lösungsmöglichkeiten angegeben werden.

Bearbeitungszeit: 10 Minuten

Hierzu ein Beispiel:

Wer gilt als Erfinder des Buchdrucks in Deutschland?
   A. Martin Keppler

   B. Albrecht Dürer

   C. Martin Luther

   D. Johannes Gutenberg

   E. Keine Antwort ist richtig.

Aufgaben:

Beginnen Sie bitte jetzt mit den Aufgaben und markieren Sie den richtigen Lösungsbuchstaben.

1. Was geschah am 3. Oktober 1990?
   A. Deutsche Wiedervereinigung
   B. Französische Revolution
   C. Tag des Mauerfalls
   D. Einführung des Euro
   E. Keine Antwort ist richtig.

2. Wie viele Einwohner hat die Bundesrepublik Deutschland?
   A. ca. 30 Mio.
   B. ca. 50 Mio.
   C. ca. 80 Mio.
   D. ca. 100 Mio.
   E. Keine Antwort ist richtig.

3. Welche Wirtschaftsordnung hat die Bundesrepublik Deutschland?
   A. Zentralverwaltungswirtschaft
   B. Zentralplanwirtschaft
   C. Freie Marktwirtschaft
   D. Soziale Marktwirtschaft
   E. Keine Antwort ist richtig.

4. Wer debattiert und verabschiedet den Bundeshaushalt in Deutschland?
   A. Bundesversammlung
   B. Bundestag
   C. Bundesrat
   D. Bundesminister
   E. Keine Antwort ist richtig.

5. Was versteht man unter Gewaltenteilung?

A. Die Unabhängigkeit von Legislative, Exekutive und Judikative

B. Die Bundeshoheit des Militärs

C. Die Trennung von Politik und Kirche

D. Die Trennung von Demokraten und Republikanern

E. Keine Antwort ist richtig.

6. Wo hat der Internationale Gerichtshof seinen Sitz?

A. Paris

B. Mailand

C. Lissabon

D. Den Haag

E. Keine Antwort ist richtig.

7. Welches Land gehört nicht zur Nato?

A. Deutschland

B. Schweiz

C. Türkei

D. Frankreich

E. Keine Antwort ist richtig.

8. Welcher Staat gehört nicht zur Europäischen Union?

A. Norwegen

B. Spanien

C. Frankreich

D. Deutschland

E. Keine Antwort ist richtig.

9. Was ist das Bruttonationaleinkommen?

A. Die Summe aller erbrachten Leistungen, Güter und Dienstleistungen einer Volkswirtschaft in einem Jahr, zur letzten Verwendung.

B. Die Differenz aller erbrachten Leistungen, Güter und Dienstleistungen in einem Jahr, einer Volkswirtschaft zum Vorjahr.

C. Die Differenz aller erbrachten Leistungen, Güter und Dienstleistungen in einem Jahr, der Weltwirtschaft zum Vorjahr.

D. Die Summe aller erbrachten Leistungen, Güter und Dienstleistungen in einem Jahr, der Weltwirtschaft zur letzten Verwendung.

E. Keine Antwort ist richtig.

10. Wodurch wird eine „Inflation" verstärkt?

A. Verknappung des Geldes

B. Erhöhung der Leitzinsen

C. Zinssenkung

D. Rückgang der Nachfrage

E. Keine Antwort ist richtig.

11. Was ist unter dem Grundprinzip der antizyklischen Finanzpolitik nicht zu verstehen?

A. Im Konjunkturabschwung die private Nachfrage durch Maßnahmen zu unterstützen.

B. Im Konjunkturabschwung die Nachfrage durch staatliche Nachfrage zu ergänzen.

C. Im Konjunkturabschwung die Einkommenssteuer zu senken.

D. Im Konjunkturabschwung die Mehrwertsteuer zu erhöhen.

E. Keine Antwort ist richtig.

12. Wie heißt der Index für die 30 größten und umsatzstärksten Unternehmen an der Frankfurter Wertpapierbörse?

A. TecDax

B. MDax

C. SDax

D. Dax

E. Keine Antwort ist richtig.

13. Was sind Derivate?

A. Finanzinstrumente

B. Festverzinsliches Wertpapier

C. Eine Form von Anleihe

D. Ein Wertpapier mit Zahlungsanweisung

E. Keine Antwort ist richtig.

14. Was versteht man unter dem Begriff Baisse?

A. steigende Kurse an der Börse

B. leicht fallende Kurse an der Börse

C. stark fallende Kurse an der Börse

D. Konjunkturabschwung

E. Keine Antwort ist richtig.

15. Welche Aussage trifft nicht auf eine Phase der Hochkonjunktur zu?

A. Das Lohnniveau steigt.

B. Die Nachfrage steigt.

C. Die Preise steigen.

D. Die Zinsen fallen.

E. Keine Antwort ist richtig.

16. Welche Aussage zu Angebot und Nachfrage in einer Marktwirtschaft ist falsch?

A. Verkaufspreise werden in der Marktwirtschaft durch den Mechanismus von Angebot und Nachfrage bestimmt.

B. Bei einem Angebotsüberhang ist das Angebot größer als die Nachfrage.

C. Bei einem Nachfrageüberhang ist die Nachfrage kleiner als das Angebot.

D. Bei einem Nachfrageüberhang ist die Nachfrage größer als das Angebot.

E. Keine Antwort ist richtig.

17. Welche Auswirkung könnte eine Aufwertung des Dollars für die deutsche Wirtschaft haben?

A. Die Importe werden günstiger.

B. Es wird mehr importiert.

C. Der Urlaub in den USA wird günstiger.

D. Die Importe werden teurer.

E. Keine Antwort ist richtig.

18. Was bedeutet der Begriff Fusion im wirtschaftlichen Sinne?

A. Feindliche Übernahme eines Unternehmens.

B. Freundliche Übernahme eines Unternehmens.

C. Zusammenschluss von Unternehmen.

D. Unternehmensfinanzierung.

E. Keine Antwort ist richtig.

19. Was bedeutet Basel II?

A. Autobahnstrecke A2 zwischen Basel und Luzern

B. Autobahnstrecke A2 zwischen Basel und Zürich

C. Eigenkapitalvorschriften für Kredit- und Finanzdienstleistungsinstitute

D. Basler Kulturtage

E. Keine Antwort ist richtig.

20. Was bedeutet der Begriff Tarifautonomie?

A. Freie Vereinbarung der Tarifvertragsparteien

B. Freie Vereinbarung der Belegschaft über Löhne und Gehälter

C. Freie Entscheidung der Arbeitgeberverbände

D. Freie Entscheidung der Gewerkschaften

E. Keine Antwort ist richtig.

Lösungen und Erläuterungen

Lösungen:

1. A	**4.** B	**7.** B	**10.** C	**13.** A	**16.** C	**19.** C
2. C	**5.** A	**8.** A	**11.** D	**14.** C	**17.** D	**20.** A
3. D	**6.** D	**9.** A	**12.** D	**15.** D	**18.** C	

Zu 1.

Der Tag der Deutschen Einheit ist laut Einigungsvertrag seit 1990 am 3. Oktober Deutschlands Nationalfeiertag, da an diesem Datum die deutsche Wiedervereinigung vollzogen wurde. Die Volkskammer, das Parlament der DDR, erklärte den Beitritt der DDR zum Geltungsbereich des Grundgesetzes der Bundesrepublik Deutschland mit der Wirkung zum 3. Oktober 1990. Der 3. Oktober ist ein gesetzlicher Feiertag der Bundesrepublik Deutschland.

Zu 2.

Die Bundesrepublik Deutschland hat 82.244.000 Einwohner.

Zu 3.

In der Sozialen Marktwirtschaft fällt dem Staat die Rolle zu, auf sozialen Ausgleich hinzuwirken. Die Soziale Marktwirtschaft gilt heute als Grundlage der deutschen Wirtschafts- und Sozialordnung. Das Modell wurde von Ludwig Erhard entworfen und baut auf Elementen der freien Marktwirtschaft auf, wird jedoch durch wettbewerbspolitische und regulierende Maßnahmen des Staats ergänzt.

Zu 4.

Der Finanzminister legt jährlichen einen Haushaltsentwurf vor, der vom Bundestag ohne Zustimmung des Bundesrates beschlossen wird. Die Debatte über den Haushalt ist traditionell eine Generaldebatte über die Politik der Bundesregierung. Die Opposition nutzt diese Gelegenheit, der Bundesregierung Mängel und Fehler vorzuwerfen und der Öffentlichkeit aufzuzeigen; die Regierung verteidigt sich ihrerseits mit Angriffen auf die Opposition.

Zu 5.

Unter Gewaltenteilung versteht man die Verteilung der Staatsgewalt auf mehrere Staatsorgane zum Zwecke der Machtbegrenzung und der Sicherung von Freiheit und Gleichheit. Man unterscheidet zwischen drei Gewalten, nämlich der Gesetzgebung (Legislative), der ausführenden Gewalt (Exekutive) und Rechtsprechung (Judikative).

Zu 6.

Der 1945 gegründete Internationale Gerichtshof ist eine Institution der Vereinten Nationen und hat seinen Sitz in Den Haag. Parteien vor dem Internationalen Gerichtshof können nur Vertragsstaaten sein. Dazu zählen die 192 UNO Mitglieder und Staaten, die ein entsprechendes Statut ratifiziert haben. Der Internationale Gerichtshof arbeitet unter der Charta der Vereinten Nationen als „Hauptrechtsprechungsorgan der Vereinten Nationen".

Die wichtigsten Aufgaben der Vereinten Nationen sind die Sicherung des Weltfriedens, die Einhaltung des Völkerrechts, der Schutz der Menschenrechte und die Förderung der internationalen Zusammenarbeit.

Zu 7.

Die Schweiz versteht sich als außenpolitisch neutrales Land. Daher beteiligt sie sich nicht an kriegerischen Konflikten zwischen Staaten, solange sie nicht selbst angegriffen wird, und ist auch nicht in Militärorganisationen wie der Nato vertreten.

Die NATO hat zurzeit 26 Mitglieder. Zu den Mitgliedern zählen Belgien, Dänemark, Frankreich, Island, Italien, Kanada, Luxemburg, die Niederlande, Norwegen, Portugal, die Vereinigten Staaten von Amerika, das Vereinigte Königreich, die Türkei, Griechenland, Deutschland, Spanien, Tschechien, Ungarn, Polen, Estland, Lettland, Litauen, Bulgarien, Rumänien, Slowakei und Albanien.

Zu 8.

Die heutige Europäische Union wurde im Jahre 1951 als Europäische Gemeinschaft für Kohle und Stahl von Belgien, der Bundesrepublik Deutschland, Frankreich, Italien, Luxemburg und der Niederlande gegründet. Heute zählt sie folgende 27 Mitglieder: Belgien, Italien, Rumänien, Bulgarien, Lettland, Schweden, Dänemark, Litauen, Slowakei, Deutschland, Luxemburg, Slowenien, Estland, Malta, Spanien, Finnland, Niederlande, Tschechien, Frankreich, Österreich, Ungarn, Griechenland, Polen, Großbritannien, Irland, Portugal und die Republik Zypern. Norwegen ist der Europäischen Union bis heute nicht beigetreten.

Zu 9.

Das Bruttonationaleinkommen, das früher als Bruttosozialprodukt bezeichnet wurde, ist der Wert der Endprodukte und Dienstleistungen, die in einer bestimmten Periode durch Produktionsfaktoren, die sich im Eigentum von Inländern befinden, produziert werden.

Zu 10.

Die Europäische Zentralbank kann als geldpolitisches Instrument den Leitzins verändern. Eine Senkung des Leitzinses würde dazuführen, dass das Zinsniveau sinkt und dadurch das Geld für die Kreditinstitute günstiger zu beschaffen ist. Die Geschäftsbanken können dann wiederum ihrer Kundschaft das Geld zu einem günstigeren Zinssatz anbieten, was die Nachfrage nach Güter und Dienstleistungen tendenziell erhöht, da mehr Geld zum Investieren und Ausgeben vorhanden ist. Das würde wiederum dazu führen, dass die Preise auf den Märkten durch die gestiegene Nachfrage steigen und die Inflationsrate weiter zunehmen würde.

Zu 11.

Als Finanzpolitik bezeichnet man die staatlichen Maßnahmen zur Steuerung und Gestaltung der Wirtschaft. Je nach konjektureller Situation versucht der Staat durch antizyklische Maßnahmen auf die Wirtschaftsentwicklung einzuwirken, um auf einen stabilen und stetigen Konjunkturzyklus hinzuarbeiten. In einer Rezessionsphase werden dazu die Steuern und Abgaben eher gesenkt oder die Ausgaben für Subventionen und staatliche Käufe erhöht. Dadurch soll die Nachfrage nach Gütern und Dienstleistungen erhöht werden. Umgekehrt müssen in Boomphasen für Rücklagen Steuern erhöht und Ausgaben gesenkt werden, um damit die Ausgaben einer solchen Finanzpolitik zu finanzieren. In Deutschland sind die Instrumente der Finanzpolitik für eine antizyklische Politik im Stabilitäts- und Wachstumsgesetz verankert.

Zu 12.

Der Dax ist der wichtigste deutsche Aktienindex. Er ist der Leitindex für den deutschen Aktienmarkt und gibt Auskunft über Entwicklung und Stand der Aktienkurse der 30 größten und umsatzstärksten deutschen Unternehmen an der Frankfurter Wertpapierbörse.

Der DAX wurde gemeinsam von der Arbeitsgemeinschaft der Deutschen Wertpapierbörsen, der Frankfurter Wertpapierbörse und der Börsen-Zeitung entwickelt und am 1. Juli 1988 eingeführt.

Zu 13.

Derivate sind gegenseitige Verträge, deren Preis auf einer marktabhängigen Bezugsgröße, einem Basiswert, berechnet wird. Als Basiswert können Wertpapiere, wie Aktien oder Anleihen, marktbezogene Referenzgrößen, wie Indizes oder Zinssätze, sowie andere Handelsgegenstände, wie Rohstoffe oder Devisen, zugrunde liegen. Derivate werden in Erwartung auf eine bestimmte zukünftige Entwicklung abgeschlossen, z.B. darauf, dass der Kurs einer bestimmten Aktie steigt oder fällt. Sie sind so konstruiert, dass sie die Schwankungen des Basiswertes überproportional nachvollziehen. So lassen sie sich sowohl zur Spekulation als auch zur Absicherung gegen Wertverluste einsetzen. Die wichtigsten Derivate sind Optionen, Zertifikate, Futures und Swaps.

Zu 14.

Der Begriff Bärenmarkt (Bear-Market) oder Baisse steht an der Börse für sinkende Kurse. Der Begriff Bullenmarkt oder Hausse steht dagegen für steigende Kurse. Sowohl die Hausse als auch die Baisse können durch fundamentale ökonomische Umwälzungen, insbesondere die Konjunkturzyklen, als auch durch Spekulation bedingt sein. Ein übermäßiger Bullenmarkt kann durch übertriebene Ertragserwartungen zu einer Spekulationsblase führen. Auf der anderen Seite führt eine übertriebene Baisse mit fallenden Erwartungen der Anleger zu einem Börsencrash.

Zu 15.

In einer Phase der Hochkonjunktur steigen das Lohnniveau, die Nachfrage, die Preise und die Zinsen. Die Produktion wird so lange erhöht, bis es zu einer Marktüberhitzung kommt, wodurch die Konjunktur einen Abschwung erfährt.

Zu 16.

Im Gegenteil bedeutet Nachfrageüberhang, dass es mehr Käufer als Verkäufer auf dem Markt gibt. Umgekehrt spricht man von einem Angebotsüberhang, wenn es mehr Verkäufer als Käufer auf dem Markt gibt.

Eine erhöhte Nachfrage führt zu einer Verknappung von Waren und damit zur Preissteigerung. Als „Nachfrage" wird die Menge an Gütern bezeichnet, die von den Konsumenten, der Nachfrageseite, zu einem bestimmten Preis erworben werden will.

Der Anlass einer höheren Nachfrage kann zum Beispiel in veränderten Lebensumständen, einem gestiegenen Einkommen oder einfach einer neuen Mode bestehen. Infolge der höheren Nachfrage steigen der Gleichgewichtspreis und die umgesetzten Mengen.

Wenn z.B. eine zunehmende Nachfrage nach MP3-Playern besteht, können die Anbieter die Preise erhöhen, da eine größere Nachfrage besteht, als Angebot vorhanden ist. Als Konsequenz der Preiserhöhung werden weitere Anbieter in den Markt eintreten oder bestehende Anbieter ihr Angebot ausweiten, da sich dies durch den höheren Preis rentiert. Durch dieses Spiel des Marktes entsteht ein neues Gleichgewicht mit neuem Marktpreis und veränderten Umsätzen.

Zu 17.

Eine Dollaraufwertung bedeutet für Deutschland, dass sich Waren, die in Dollar bezahlt werden müssen, verteuern.

Der Wechselkurs ist der Preis einer Währung, ausgedrückt in einer anderen Währung. Diese Preisbildung findet am Devisenmarkt statt. Wechselkursveränderungen sind ein einflussreicher Faktor auf die gesamtwirtschaftliche Entwicklung eines Landes und die seiner Handelspartner, da sie die Wettbewerbsfähigkeit eines Währungsraumes maßgeblich beeinflusst. Die Auswirkungen sind vielförmig, ihre volle Entwicklung erreichen sie erst über einen längeren Zeitraum. Eine Abwertung der inländischen oder Aufwertung einer ausländischen Währung bewirkt direkt einen Anstieg der Importpreise und somit des Konsumentenpreisindex.

Für das Land, in dem die Geldaufwertung stattfindet, bedeutet eine Aufwertung mit-
telfristig einen Verlust an Wettbewerbsfähigkeit der inländischen Unternehmen, da
die exportierten Güter im Ausland teurer werden und so die Exporte tendenziell ab-
nehmen.

Dagegen wirkt sich eine Abwertung stimulierend auf die Exportwirtschaft aus. Eine
inländische Abwertung oder ausländische Aufwertung hat zur Folge, dass Inländer
weniger importierte Güter kaufen können, wodurch das real verfügbare Einkommen
sinkt, da die Verbraucher mehr Geld für importierte Güter ausgeben müssen. Umgekehrt wirkt eine inländische Aufwertung oder ausländische Abwertung inflations-
bremsend, da das real verfügbare Einkommen steigt.

Zu 18.

Eine Fusion ist ein Zusammenschluss von zwei oder mehreren zu einem einzigen Unternehmen. Fusionen sind somit eine mögliche Ursache für eine Marktkonzentration.
Im deutschsprachigen Raum hat sich die englische Bezeichnung „Mergers & Acquisi-
tions" (Zusammenschlüsse und Übernahmen), kurz „M&A", eingebürgert. Fusionen
können sowohl die Folge einer feindlichen als auch freundlichen Übernahme sein.
Ursprünglich wurde mit Fusion der rechtliche Tatbestand einer Verschmelzung zweier
Unternehmen bezeichnet. Im heutigen Sprachgebrauch bezieht sich der Begriff aber
auf jeden Zusammenschluss zweier etwa gleichwertiger Unternehmen, unabhängig
von der rechtlichen Ausgestaltung.

Zu 19.

Basel II bezeichnet die vom Basler Ausschuss für Bankenaufsicht erarbeiteten Eigenkapitalvorschriften, die seit dem 1. Januar 2007 in den Mitgliedsstaaten der Europäischen Union für alle Kreditinstitute und Finanzdienstleistungsinstitute angewendet
werden. Basel II regelt vor allem die Eigenmittelunterlegung für Kreditrisiken. Dabei
wird anhand von Ratings das Risiko bei der Kreditvergabe eingestuft und somit, wie
viel Eigenmittel das Institut hierfür hinterlegen muss.

Zu 20.

Die Tarifautonomie garantiert, dass ein Tarifvertrag unabhängig von staatlichen Eingriffen
durch die Tarifvertragsparteien, die Gewerkschaften und Arbeitgeberverbände, vereinbart
wird. Doch sind den Tarifparteien durch die Gesetzgebung gewisse Rahmenbedingungen
vorgegeben, innerhalb derer Tarifverträge ausgehandelt werden können.

5.1.2 Medizinisch-naturwissenschaftliches Grundverständnis

Wie der thematische Schwerpunkt vermuten lässt, handelt es sich hierbei um eher fachlich-orientierte Aufgaben. Es soll überprüft werden, inwiefern Sie über naturwissenschaftliche Kenntnisse verfügen und ob Sie in der Lage sind, sich medizinische Phänomene anzueignen und diese zu verstehen. Das notwendige Wissen müssen Sie nicht im Voraus erwerben. Im Schulunterricht sollten Sie in den naturwissenschaftlichen Fächern das Grundwissen erworben haben, im Test kommt es vordergründig darauf an, die Aufgaben sorgfältig zu lesen und nachzuvollziehen, um dann die korrekte Antwort liefern zu können.

Aufgabe:

Beim gesunden Menschen wird die Atmung im Gehirn, bzw. über das verlängerte Rückenmark der Medulla Oblongata gesteuert. Ausschlaggebend für die Atemfrequenz und das Atemminutenvolumen sind hauptsächlich sog. Chemorezeptoren, die z.B. vermehrt im Aortenbogen vorliegen (von wo das Blut in den großen Körperkreislauf gepumpt wird). Die Rezeptoren messen, je nach Art, den O_2 und CO_2-Gehalt und den PH-Wert des Blutes. Ausschlaggebend sind normalerweise die CO_2-Rezeptoren. Diese Rezeptoren bewirken bei erhöhtem CO_2-Wert, dass durch Atmungsbeschleunigung das vermehrte Abatmen von CO_2 und gleichzeitiges Aufnehmen von O_2 stattfindet. Messen die Rezeptoren niedrige Werte, wird die Atmung verlangsamt, es kommt zu einer verminderten Sauerstoffaufnahme. Der gesunde Mensch reguliert seine Atmung also autonom und unabhängig.

Die Fallbeschreibung

Der zu behandelnde Patient leidet unter einer chronischen Lungenerkrankung, worunter hier die chronische obstruktive Bronchitis (ChronicObstructivePulmonalDisease) -ggf. mit Lungenemphysem- und das Asthma bronchiale subsummiert werden. Bei dieser Patientengruppe findet die Atemsteuerung vermehrt über die O_2-Rezeptoren statt. Dies ist die Fehlfunktion, wenn man von so etwas sprechen will.

Welche Komplikationen können sich bei einem solchen Patienten bei der Sauer-stofftherapie, das heißt der Zuführung von Sauerstoff über z.B. eine Nasenson-de, ergeben?

    A. Der Patient hyperventiliert?

    B. Die O_2-Rezeptoren messen erhöhten O_2-Gehalt des Blutes und senken die Atem-frequenz?

    C. Die O_2-Rezeptoren messen erhöhten O_2-Gehalt des Blutes und sorgen für eine optimierte Sauerstoffversorgung des Patienten (durch Atemfrequenz und Atemminutenvolmen)?

    D. Der Atemantrieb sinkt und der Patient hört auf zu atmen?

Lösungen:

B und D sind richtig.

5.1.3 Merkfähigkeitstest

Die Merkfähigkeit wird beispielsweise im TMS an Gegenständen und Fakten geprüft. Dieser Aufgabeteil wird in zwei getrennten Prozessen bearbeitet. In einem ersten zehnminütigen Intervall müssen Sie sich eine gewisse Zahl von Figuren, Gegenstän-den etc. und eine gewisse Zahl von Fakten einprägen. Der erste Abschnitt wird auch als Einprägphase bezeichnet. In einem zweiten Schritt, der Reproduktionsphase, müs-sen Sie Gegenstände identifizieren und Fragen zu den gelernten Fakten beantworten. Fakten und Gegenstände verinnerlichen (d.h. merken) zu können, ist für die akademi-sche Ausbildung von herausragender Wichtigkeit, denn Lernstoff wird auch im Studi-um vor allem durch das Verinnerlichen angeeignet. Auch der zweite Schritt, die Re-produktion, ist eine für das Studium wichtige Fähigkeit, denn Lerninhalte müssen nicht nur verinnerlicht, sondern auch wiedergegeben werden. Der Merkfähigkeitstest überprüft also für ein Studium allgemein notwendige Kapazitäten. Einpräg- und Re-produktionsphase werden durch die Aufgabe zum Textverständnis unterbrochen, Sie müssen demnach konzentriert an dieser Aufgabe arbeiten, auch wenn es nur verhält-nismäßig wenig Raum innerhalb des Studierfähigkeitstests für die medizinischen Stu-diengänge einnimmt.

Nachdem Sie sich die Gegenstände und Fakten eingeprägt haben, sollten Sie erst das Aufgabenfeld „Textverständnis" bearbeiten. Im Anschluss daran sollten Sie die Fragen zum Merkfähigkeitstest aus dem Gedächtnis beantworten können.

Hierzu ein Beispiel:

A. Figuren einprägen und reproduzieren

Im ersten Schritt sollen Sie sich die vorliegenden Zeichnungen einprägen. Sie sehen, ein Teil der Zeichnung ist geschwärzt. Im zweiten Schritt sollen Sie angeben, welches Feld der Zeichnung eingefärbt war.

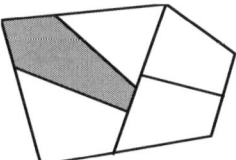

Im zweiten Schritt müssen Sie nun identifizieren, welches Feld im Original geschwärzt war. Sie sehen, dass in diesem Teil der Aufgabe die Figur weiß ist, Sie müssen nun das betreffende Feld identifizieren.

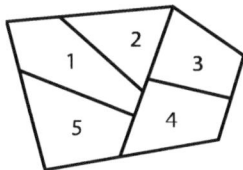

Lösung: 1

Aufgabe: Einprägphase, Figuren

In diesem Abschnitt soll geprüft werden, wie gut Sie sich bestimmte Informationen merken können. Dazu sollten Sie sich die folgenden Figuren einprägen.

Lernzeit: 2 Minuten

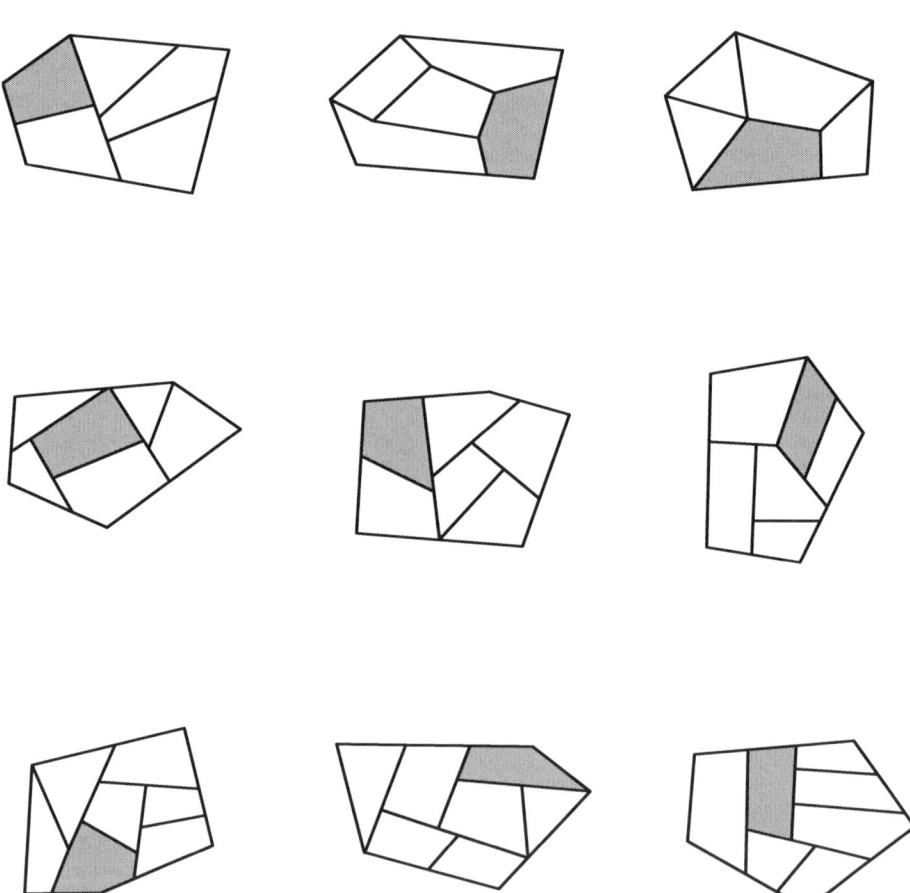

B. Fakten einprägen und reproduzieren

Im Folgenden stellen wir Ihnen 5 Patienten vor, die mit den folgenden Charakteristika beschrieben werden: Name, Alter, Beruf, Krankheitsfall - Verhalten.

Beispiel: Müller, 35, Bäcker, Arm gebrochen - impulsiv

Aufgabe: Einprägphase, Fakten

Sie sollen nur in einem ersten Schritt die fünf folgenden Patienten-Biografien verinnerlichen.

Lernzeit: 2 Minuten

Schneider, 56, Fliesenleger, Herzinfarkt – cholerisch

Rinnsiepen, 80, Rentnerin, Diabetis – phlegmatisch

Thomasi, 13, Schüler, Beinbruch – zurückhaltend

Sinzcewski, 27, Staatsanwältin, Fehlgeburt – risikosuchend

Arslan, 43, Wirtschaftsprüfer, Kreuzbandriss – aufbrausend

5.1.4 Textverständnis: Medizin

Die Aufgaben zum Textverständnis sind im Test integriert, um feststellen zu können, ob Sie in der Lage sind, auch komplexe Texte zu verstehen, zu verarbeiten und sie als Quelle für notwendiges Fachwissen adäquat zu nutzen. Im Studium der Medizin werden Sie sehr intensiv mit derartigen Texten arbeiten. So macht es durchaus Sinn, durch den Test zu überprüfen, ob Sie die notwendigen Anforderungen des Studiums erfüllen. Im Test wird Ihnen ein Text vorgelegt, den Sie lesen sollen; zudem sollen Sie Notizen machen, um so in einem zweiten Schritt Fragen beantworten zu können. Im Test werden Ihnen drei umfangreiche Texte vorgelegt, zu jedem Text gilt es, sechs Fragen zu beantworten. Wir wollen nur einen kurzen Text und eine Beispielfrage angeben.

Aufgabe:

Frühling und Sommer sind Heuschnupfenzeit. Wenn die Bäume, Blumen und Gräser zu blühen beginnen, dann beginnt für 60 Millionen Europäer die Zeit der juckenden Augen, der wunden Nase und des großen Niesens. Der Heuschnupfen, auch allergische Rhinitis (bzw. allergischer Schnupfen), betrifft die oberen Atemwege. Eine Überempfindlichkeit gegen bestimmte Stoffe (Allergene) wie Pollen oder Milben führt zu alljährlich auftretenden Entzündungen. Das Abwehrsystem einiger Menschen reagiert auf die Allergene mit einer Immunreaktion, im Zuge derer es zu einer Sensibilisierung kommt, d.h. das Immunsystem stellt bestimmte Antikörper (IgE) her, die, wie der Name vermuten lässt, gegen das Allergen gerichtet sind. Die Entzündung kommt zu Stande, da sich die Antikörper auf Immunzellen in der Schleimhaut festsetzen und vernetzen, so wird eine Vielzahl von Entzündungsstoffen (beispielsweise Prostaglandine, Tryptase, Histamin, Leukotriene) freigesetzt. Folgen der Freisetzung sind: die erhöhte Produktion von Nasensekret, eine Reizung der Nervenfasern in der Nasenschleimhaut, die Weitstellung der Blutgefäße, es kommt zur Ausbildung von Ödemen etc. Typische Beschwerden sind: Zuschwellen der Nase, Juckreiz in Augen und Nase, Niesreiz, Rötung der Augen, erhöhte Tränenproduktion, erhöhte Nasensekretproduktion u.a.

Welche der folgenden Alternativen beschreibt die Entstehung einer allergischen Rhinitis angemessen?

A. Das menschliche Abwehrsystem reagiert auf Allergene, es werden Antihistamine produziert, die das Immunsystem merklich schwächen, so kommt es zu einer Entzündung der Schleimhäute.

B. Das menschliche Abwehrsystem reagiert auf Allergene, als Folge einer Immunreaktion kommt es zu einer Sensibilisierung der Antikörper, die zu einer erhöhten Antihistaminproduktion führen. So entzünden sich die Schleimhäute.

C. Das menschliche Abwehrsystem reagiert auf Allergene, als Folge einer Immunreaktion produziert der Körper Antikörper, die sich auf den Immunzellen vernetzen und so zur Freisetzung von Entzündungsstoffen beitragen.

D. Das menschliche Abwehrsystem reagiert auf Allergene, als Folge einer Sensibilisierung produziert das Immunsystem Antikörper, die sich auf der Entzündung vernetzen und so zu einer Freisetzung von Antikörpern beitragen.

E. Das menschliche Abwehrsystem reagiert auf Allergene, es werden Immunkörper produziert, die auf der Entzündung zu einer Freisetzung von anderen Immunkörpern beitragen und so die Entzündung der Schleimhäute hervorrufen.

Lösung: C

5.1.5 Textverständnis: Wirtschaftswissenschaften

Es werden thematische Texte ausgegeben, die von Ihnen analysiert werden müssen. Sie sollen hier Notizen machen. Im zweiten Schritt, nach Bearbeitung einer weiteren Aufgabe, sollen Sie dann auf Grundlage der Notizen Fragen zum Text beantworten. Getestet werden die folgenden Fähigkeiten: Wichtiges von Unwichtigem trennen, Informationen aufnehmen und verarbeiten.

Aufgabe „Haushaltssaldo"

Wenn in der Politik am Ende des Jahres abgerechnet wird, dann hat sich der verdrossene Bürger schon daran gewöhnt, alljährlich von einem neuen Haushaltsdefizit zu hören. Die Ausgaben waren dann wieder einmal höher als die Einnahmen. Das Haushaltssaldo, also das Budget eines Staates oder einer anderen öffentlich-rechtlichen Körperschaft (Land, Kommune, Stadt etc.), berechnet sich nach Einnahmen und Ausgaben und diese Parameter bestimmen auch, ob ein Haushalt ausgeglichen (positiv) oder unausgeglichen (negativ) ist. Übersteigen die Ausgaben die Einnahmen, dann handelt es sich um ein Haushaltsdefizit; im umgekehrten Fall sprechen wir von einem Haushaltsüberschuss.

1. **Lesen Sie den Text aufmerksam und notieren Sie die für Sie wichtigen Aspekte.**
2. **Überprüfen Sie, welche der beiden folgenden Aussagen zutrifft:**

   I. Ein Negativer Haushalt wird als Haushaltssaldo bezeichnet, die Einnahmen übersteigen die Ausgaben in diesem Fall.

   II. Das Haushaltssaldo wird durch Einnahmen und Ausgaben bestimmt; ein Defizit liegt vor, wenn Einnahmen geringer sind als Ausgaben, ein Überschuss wird dann produziert, wenn die Einnahmen die Ausgaben übersteigen.

   A. Nur I. ist richtig
   B. Nur II. trifft zu
   C. I. und II. sind beide ableitbar
   D. Keine der beiden Aussagen trifft zu.

Lösung: B

5.1.6 Reproduktionsphase Merkfähigkeitstest

Aufgabe: Reproduktionsphase, Figuren

Beginnen Sie bitte jetzt mit den Aufgaben zum Merkfähigkeitstest und markieren Sie die richtige Lösungszahl.

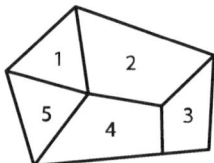 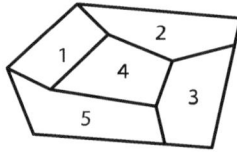 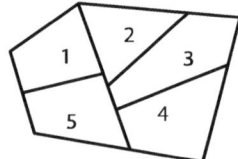

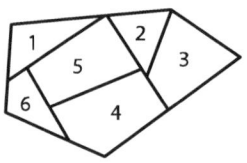 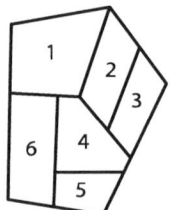 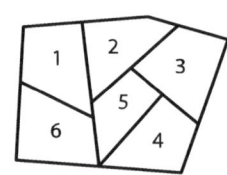

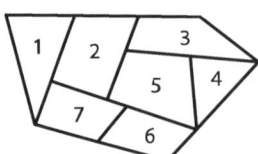 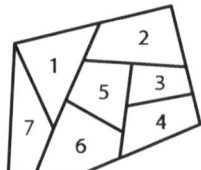 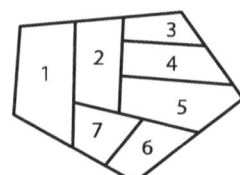

Reproduktionsphase: Fakten

Im zweiten Schritt sollen Sie nun Fragen zu den vorher gelernten Patienten-Biografien beantworten.

1. **Den Herzinfarkt hatte ...**

   A. Die Rentnerin

   B. Der Schüler

   C. Die Staatsanwältin

   D. Der Wirtschaftsprüfer

   E. Der Fliesenleger

2. **Der Wirtschaftsprüfer war ...**

   A. cholerisch

   B. phlegmatisch

   C. aufbrausend

   D. zurückhaltend

   E. risikosuchend

3. **Der Schüler trug den Nachnamen ...**

   A. Sinzcewski

   B. Arslan

   C. Rinnsiepen

   D. Thomasi

   E. Schneider

4. **Die Diagnose der Staatsanwältin lautet ...**

   A. Diabetis

   B. Fehlgeburt

   C. Kreuzbandriss

   D. Herzinfarkt

   E. Beinbruch

Lösungen:

1. E   **2.** C   **3.** D   **4.** B

5.1.7 Sprachverständnis 1

Sätze puzzeln

Bei dieser Aufgabe geht es darum, die vorgegebenen Satzstücke in die richtige Reihenfolge zu setzen, damit die einzelnen Satzstücke einen vollständigen Satz ergeben. Tragen Sie hierzu jeweils die Zahlen 1 bis 5 in die leeren Kästchen ein.

Durch ein systematisches Vorgehen lassen sich die Aufgaben am schnellsten lösen. Gehen Sie die jeweiligen Satzfragmente beispielsweise danach durch, welches Prädikat zu welchem Subjekt gehört, wofür ein Relativpronomen (der, die, das) steht, worauf sich Adjektive und Adverbien beziehen, welche Prädikate möglicherweise bestimmte Objekte erfordern oder ob ein Verb mit einem Hilfsverb verbunden werden muss.

Aufgabe:

Tragen Sie die korrekte Reihenfolge ein!

(Nr.) _____ darf die Polizei jederzeit

_____ und die Fahrtüchtigkeit des Fahrers

_____ die Sicherheit des Fahrzeugs

_____ bei jedem Verkehrsteilnehmer kontrollieren

_____ überall und ereignisunabhängig

Lösung:

Reihenfolge: 3, 2, 1, 5, 4

Erläuterung:

Die Sicherheit des Fahrzeugs und die Fahrtüchtigkeit des Fahrers darf die Polizei jederzeit, überall und ereignisunabhängig bei jedem Verkehrsteilnehmer kontrollieren.

Das Hilfsverb „darf" in Zeile 1 ist logisch mit dem Verb „kontrollieren" in Zeile 4 verbunden, die Polizei darf also kontrollieren. Dieses Verb erfordert nun ein Akkusativobjekt (wen oder was darf die Polizei kontrollieren?). Dazu kommen grammatisch und logisch zwei Beziehungen infrage, nämlich „die Sicherheit des Fahrzeugs" (Zeile 3) und „die Fahrtüchtigkeit des Fahrers" (Zeile 2). Da in Zeile 2 die Konjunktion „und" steht, lässt sich vermuten, dass die Zeilen 3 und 2 zum Satzteil „die Sicherheit des Fahrzeugs und die Fahrtüchtigkeit des Fahrzeugführers" zusammengezogen werden können. Die Wortfolge in Zeile 3 kann außerdem als einzige der angegebenen Fragmente am Satzanfang stehen. Somit ist der Satz nahezu komplett, das Satzfragment in Zeile 5 lässt sich schließlich zwischen die Zeilen 1 und 4 einfügen.

Rechtschreibung Lückentext

Bei den nächsten Aufgaben geht es darum, das Wort mit der richtigen Schreibweise zu erkennen, welches die Lücke sinnvoll ergänzt.

Beginnen Sie bitte jetzt mit den Aufgaben und markieren Sie den entsprechenden Lösungsbuchstaben.

1. **Es kann sein, dass ganz unterschiedliche Familien den gleichen Namen tragen, ohne selbst im weitesten Sinne _____ zu sein.**

    A. verwandter

    B. verwandt

    C. verheiratet

    D. bekannt

    E. Keine Antwort ist richtig.

2. Im Fach Medizin ist die _____ **des Menschen ein eigenständiges Teilgebiet.**

A. Physiologien

B. Psychologin

C. Physiologin

D. Physiologie

E. Keine Antwort ist richtig.

3. Da es so viele verschiedene _____ **gibt, ist es eine große Herausforderung, eine perfekte zu finden.**

A. Strategie

B. Strattegien

C. Strategien

D. Strahtegien

E. Keine Antwort ist richtig.

4. Alle Staaten der Europäischen Union sollten die Anwendung des Grundsatzes des gleichen _____ **für Frauen und Männer bei gleicher oder gleichwertiger Arbeit sicherstellen.**

A. Entgelte

B. Entgelt's

C. Entgelds

D. Entgelts

E. Keine Antwort ist richtig.

Lösungen:

1. B   **2.** D   **3.** C   **4.** D

5.1.8 Sprachverständnis 2

Sprachgefühl

Um das Sprachgefühl der Bewerber zu testen, werden Lückensätze ausgegeben, die es zu vervollständigen gilt. Sie müssen also einfache und komplizierte Sätze ergänzen, bzw. die ästhetisch, grammatikalisch und inhaltlich beste Alternative ausmachen. Getestet werden die folgenden Fähigkeiten: differenzierter sprachlicher Ausdruck, stilistisch sicherer Sprachgebrauch.

1. **Griechenland steckt in der Schuldenfalle, das Land hat bei Geldkonzernen knapp 270 Milliarden Euro Schulden. Ohne die Hilfe der europäischen Union stünde Griechenland vor dem nationalen Bankrott, und wenn keine europäische Hilfe gekommen wäre, würde eine _____ drohen. Weitere Länder könnten in die Schuldenfalle geraten.**

   A. Inflation

   B. Kettenreaktion

   C. Deflation

   D. Exekution

   E. Akkumulation

2. **Die Finanzkrise macht sich jetzt auch bei den Bankern bemerkbar, viele Angestellte im Bankensektor mussten im vergangenen Jahr Gehaltseinbußen _____ .**

   A. einplanen

   B. genießen

   C. hinnehmen

   D. durchwinken

   E. erlassen

3. **Die beiden Hedgefonds werden in den kommenden Monaten zusammenge-
   legt, dann fließen die Gewinne zukünftig nur noch zum Giganten XminTam-
   Fonds; das aufgekaufte Unternehmen Liber-LOM wird also zu den Gewinnen
   des XminTam-Fonds beitragen. Vertreter beider Unternehmen argumentieren, die Fusion erleichtere beiden Anbietern so zu wachsen, wie sie es allein
   nicht _____ .**

   A. sollen

   B. wollen

   C. können

   D. vermögen

   E. dürfen

Lösungen:

1. B   **2.** C   **3.** D und C

5.1.9 Mathematik

Quantitative und formale Probleme

In diesem Abschnitt wird geprüft, wie sicher Sie im Umgang mit Einheiten, Formeln
und Rechenweisen in naturwissenschaftlichen Zusammenhängen sind.

Lesen Sie sich die Aufgabenstellungen genau durch und markieren Sie die jeweils
richtige Antwort im Lösungsbogen.

Zur Bearbeitung des Abschnitts haben Sie insgesamt 10 Minuten Zeit. Teilen Sie sich
dieses Budget gut ein, denn der Schwierigkeitsgrad der Aufgaben nimmt zu.

Aufgaben:

1. Der Hersteller eines Schwangerschaftstest gibt eine Fehlerquote von 5 Prozent an. Bei 100 Frauen, die den Test durchführen, wird 20-mal ein positives Ergebnis angezeigt. Wie hoch ist – angenommen, die 5 Prozent Fehlerquote stimmen exakt – der Prozentanteil der tatsächlich Schwangeren an allen Frauen, die den Test durchgeführt haben?

   A. 15 Prozent

   B. 19 Prozent

   C. 20 Prozent

   D. 23 Prozent

   E. 35 Prozent

2. Die Hauptbestandteile der menschlichen Nahrung sind Kohlenhydrate, Eiweiße und Fette. Sie liefern unterschiedliche Mengen an Energie, die in Joule oder häufig auch in Kalorien (1 Kalorie entspricht rund 4,2 Joule) angegeben wird: So besitzt 1 Gramm Kohlenhydrat oder Eiweiß einen Brennwert von rund 17 Kilojoule, 1 Gramm Fett kommt auf 39 Kilojoule. Der tägliche Energiebedarf sollte höchstens bis zu etwa 30 Prozent durch Fett gedeckt werden. Wie viel Fett dürfte ein erwachsener Mann mit einem durchschnittlichen Tagesbedarf von 2.500 Kilokalorien pro Tag demnach täglich zu sich nehmen?

   A. Rund 18 Gramm

   B. Rund 126 Gramm

   C. Rund 54 Gramm

   D. Rund 320 Gramm

   E. Rund 81 Gramm

3. **Kondensatoren sind elektrische Bauelemente, die elektrische Ladungen (Q) – und damit zusammenhängend: elektrische Energie (W) – speichern können. Es gelten folgende Formeln:**

$$Q = C \times U \qquad\qquad W = \frac{1}{2} C \times U^2$$

Hierbei steht C für die Kapazität des Kondensators und U für die anliegende Spannung. Außerdem kann die elektrische Feldstärke E eines Kugelkondensators in Abhängigkeit von der Ladung, dem Kugelradius r und den Konstanten ε_0 und ε_r wie folgt berechnet werden:

$$E = \frac{Q}{4\pi r^2 \varepsilon_0 \varepsilon_r}$$

Wie lässt sich mithilfe der angegebenen Gleichungen die Kapazität C des Kondensators berechnen, wenn weder Q noch U bekannt ist?

A. $4\pi r^2 \varepsilon_0 \varepsilon_r \times W = C$

B. $\dfrac{E}{W \times \pi r^2 \varepsilon_0 \varepsilon_r} = C$

C. $W \times E \times 4\pi r^2 \varepsilon_0 \varepsilon_r = C$

D. $\dfrac{E^2 \times 8\pi^2 r^4 \varepsilon_0^{\,2} \varepsilon_r^{\,2}}{W} = C$

E. $\dfrac{E \times 8\pi r \varepsilon_0 \varepsilon_r}{U \times W} = C$

Lösungen und Erläuterungen

Lösungen:

1. D   **2.** E   **3.** D

Zu 1.

Von den 20 Frauen, bei denen der Test ein positives Ergebnis zeigte, sind bei einer Fehlerquote von 5 Prozent 19 Frauen tatsächlich schwanger:

$$\text{Prozentwert} = \frac{\text{Prozentsatz x Grundwert}}{100}$$

$$\text{Prozentwert} = \frac{20 \times 95}{100} = 19$$

Von den 80 Frauen, bei denen der Test ein negatives Ergebnis zeigte, sind bei einer Fehlerquote von 5 Prozent 4 Frauen in Wirklichkeit doch schwanger:

$$\text{Prozentwert} = \frac{80 \times 5}{100} = 4$$

Insgesamt gibt es unter den 100 Frauen, die den Test durchgeführt haben, also 23 (19 + 4) Schwangere. Das entspricht einem Anteil von 23 Prozent.

Zu 2.

Der Tagesbedarf von 2.500 Kilokalorien entspricht 10.500 Kilojoule:

$2.500 \times 4{,}2 = 10.500$

30 Prozent von 10.500 Kilojoule sind 3.150 Kilojoule:

$$\text{Prozentwert} = \frac{\text{Prozentsatz x Grundwert}}{100}$$

$$\text{Prozentwert} = \frac{30 \times 10.500}{100} = 3.150$$

Da ein Gramm Fett einen Brennwert von rund 39 Kilojoule besitzt, entsprechen 3.150

Kilojoule dem Brennwert von ca. 81 Gramm Fett:

$3.150 \div 39 \approx 81$

Ein erwachsener Mann sollte höchstens rund 81 Gramm Fett pro Tag zu sich nehmen.

Zu 3.

Da die Formel für die Berechnung der elektrischen Feldstärke sich nicht auf die Kapazität C bezieht, sondern auf die Ladung Q, ist zunächst mithilfe der beiden oberen Gleichungen die Ladung in Abhängigkeit von der Energie darzustellen. Dadurch kann die unbekannte Größe U eliminiert werden, und der so erhaltene Ausdruck lässt sich anstelle der Größe Q in die dritte Gleichung einsetzen:

$$W = \frac{1}{2} \, C \times U^2 \qquad\qquad\qquad / \div C \quad / \times 2$$

$$2\frac{W}{C} = U^2 \qquad\qquad\qquad\qquad / \sqrt{}$$

$$\sqrt{2\frac{W}{C}} = U$$

Durch Einsetzen in die erste Gleichung erhält man:

$$Q = C \times U$$

$$Q = C \times \sqrt{2\frac{W}{C}}$$

Dieser Term lässt sich nun in die dritte Gleichung einsetzen:

$$E = \frac{C \times \sqrt{2\frac{W}{C}}}{4\pi r^2 \varepsilon_0 \varepsilon_r}$$

Durch Umformen erhält man schließlich die gesuchte Gleichung:

$$E = \frac{C \times \sqrt{2\frac{W}{C}}}{4\pi r^2 \varepsilon_0 \varepsilon_r} \qquad\qquad / \times 4\pi r2\varepsilon 0\varepsilon r$$

$$E \times 4\pi r^2 \varepsilon_0 \varepsilon_r = C \times \sqrt{2\frac{W}{C}} \qquad\qquad / \,()2$$

$$E^2 \times 16\pi^2 r^4 \varepsilon_0^2 \varepsilon_r^2 = C^2 \times 2\frac{W}{C}$$

$$E^2 \times 16\pi^2 r^4 \varepsilon_0^2 \varepsilon_r^2 = C \times 2W \quad / \div 2W$$

$$\frac{E^2 \times 8\pi^2 r^4 \varepsilon_0^2 \varepsilon_r^2}{W} = C$$

Diagramme und Tabellen: Medizin

In diesem Abschnitt wird geprüft, wie sicher Sie im Umgang mit Diagrammen und Tabellen aus dem Themenbereich Medizin sind.

Lesen Sie sich die Aufgabenstellungen genau durch und markieren Sie die jeweils richtige Antwort im Lösungsbogen.

Zur Bearbeitung des Abschnitts haben Sie insgesamt 10 Minuten Zeit. Teilen Sie sich dieses Budget gut ein, denn der Schwierigkeitsgrad der Aufgaben nimmt zu.

Aufgaben:

1. **Folgende Tabelle gibt die Konzentration dreier Arzneimittel-Wirkstoffe im Blutplasma (in ng/ml) an, gemessen zu bestimmten Zeitpunkten nach der Aufnahme des jeweiligen Präparats. Alle Mittel werden gleich dosiert. Welche Aussage gibt die Informationen der Tabelle korrekt wieder?**

	Präparat A	Präparat B	Präparat C
1h	152	123	98
3h	173	239	139
5h	125	115	157
10h	67	49	118
15h	23	17	76
25h	5	4	21

A. Der Wirkstoff von Präparat A wird schnell und in kleinen Mengen aufgenommen und lässt sich vergleichsweise lange im Blutplasma nachweisen; bei Präparat B wird der Stoff schnell aufgenommen und ebenso schnell wieder abgegeben, und bei Präparat C wird er langsam aufgenommen, aber schnell wieder abgegeben.

B. Die Wirkstoffkonzentration von Präparat C beschreibt im Zeitverlauf eine langsam an- und wieder absteigende Kurve, wobei noch nach längerer Zeit eine verhältnismäßig große Menge an Wirkstoff im Blutplasma vorhanden ist. Der Wirkstoff von Präparat B hingegen wird zwar sehr schnell in großer Menge aufgenommen, aber auch recht rasch wieder abgebaut.

C. Die Konzentration des Wirkstoffs von Präparat A im Blutplasma beschreibt im Zeitverlauf eine steil ansteigende und ebenso steil abfallende Kurve, wogegen die Kurve der im Blutplasma nachweisbaren Menge von Stoff B relativ langsam ansteigt und ebenso langsam wieder abfällt.

D. Präparat A wird schnell und in kleinen Mengen aufgenommen und lässt sich vergleichsweise lange mit hohen Werten im Blutplasma nachweisen; Präparat B wird schnell aufgenommen und ebenso schnell wieder abgegeben; Präparat C wird langsam aufgenommen, aber schnell wieder abgegeben.

E. Die Wirkstoffkonzentration von Präparat C im Blutplasma beschreibt im Zeitverlauf eine steil ansteigende und wieder abfallende Kurve, wogegen der Wirkstoff von Präparat B eher gleichmäßig über eine längere Zeitdauer im Blutplasma nachweisbar ist.

2. **Salmonellosen sind Erkrankungen, die durch Bakterien der Gattung Salmonella verursacht werden. Das wesentliche Symptom einer Salmonellose ist Durchfall, oft begleitet von Bauchschmerzen, Übelkeit, Erbrechen und Fieber. Eine Salmonelleninfektion dauert in der Regel nur wenige Stunden oder Tage an, kann aber auch zu mehrtägigen Krankenhausaufenthalten führen. Die Erreger kommen weltweit u.a. in Geflügel, Schweinen, Rindern, aber auch Reptilien vor und werden meist durch den Verzehr kontaminierter Lebensmittel übertragen.**

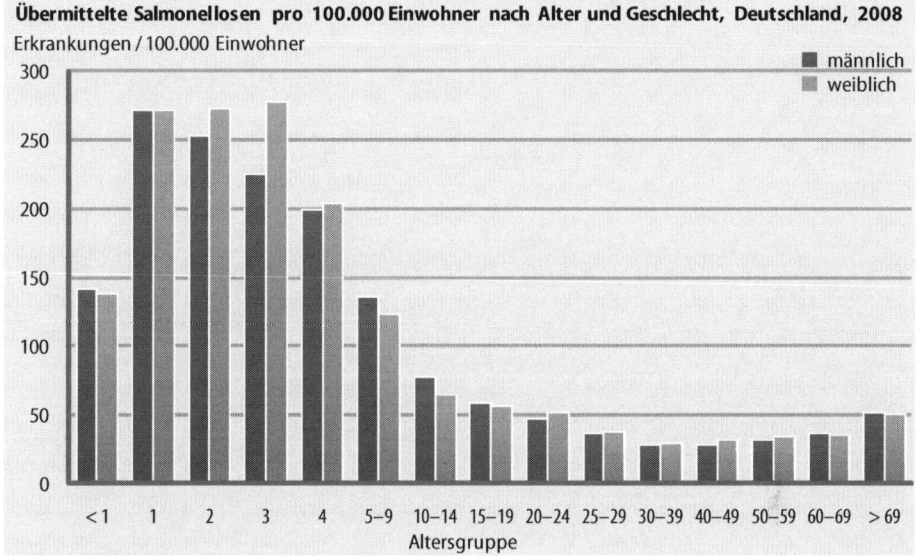

Übermittelte Salmonellosen pro 100.000 Einwohner nach Alter und Geschlecht, Deutschland, 2008

Quelle: Robert Koch-Institut 2008
[http://www.rki.de/cln_178/nn_196882/DE/Content/Infekt/Jahrbuch/Jahrbuch__2008,templateId=raw,property=pu
blicationFile.pdf/Jahrbuch_2008.pdf]

Welche Aussage kann aus dem angegebenen Diagramm abgeleitet werden?

A. Die Gefahr einer Salmonelleninfektion steigt mit zunehmendem Alter.

B. Der Anteil der Frauen an Salmonellen-Erkrankungen nimmt mit zunehmendem Alter stetig ab.

C. Kam es pro 100.000 Einwohner bei etwa 50 Frauen und Männern über 69 Jahren zu Salmonellen-Infektionen, lag diese Zahl bei den Ein- und Zweijährigen beiderlei Geschlechts mehr als fünfmal so hoch.

D. Mit zunehmendem Alter verringert sich die Zahl der gemeldeten Infektionsfälle kontinuierlich.

E. Die relativ gesehen meisten Infektionsfälle wurden für Jungen im Alter von 3 Jahren gemeldet.

3. **Hämoglobin und Myoglobin sind Proteine, die für den Sauerstofftransport im Körper verantwortlich sind. In den Lungen, wo der Partialdruck des Sauerstoffs – d.h. der durch den Sauerstoff ausgeübte Druck in der betreffenden Region – hoch ist, bindet sich der Sauerstoff an Hämoglobin, den Farbstoff der roten Blutkörperchen. Mit dem Blut gelangt er in die Muskelregionen. Dort herrscht ein niedriger Partialdruck des Sauerstoffs, sodass das Hämoglobin an Bindungsfähigkeit verliert. Die Sauerstoffmoleküle lösen sich ab,**

diffundieren ins Muskelgewebe und binden sich dort ans Myoglobin, das eine besonders hohe Aufnahmekapazität bei niedrigem Partialdruck besitzt.
Welches Schaubild ist anhand der gegebenen Informationen korrekt?

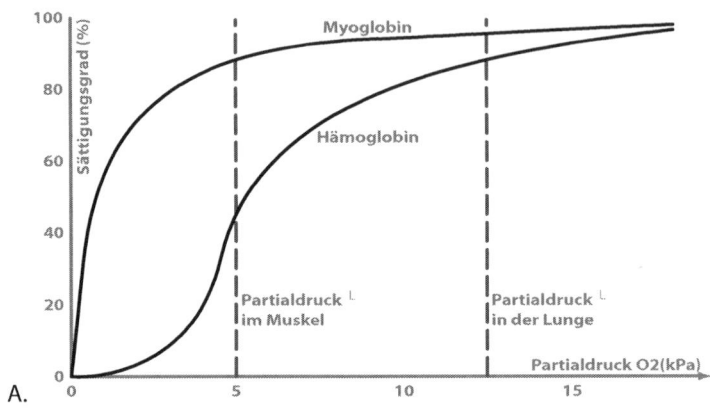

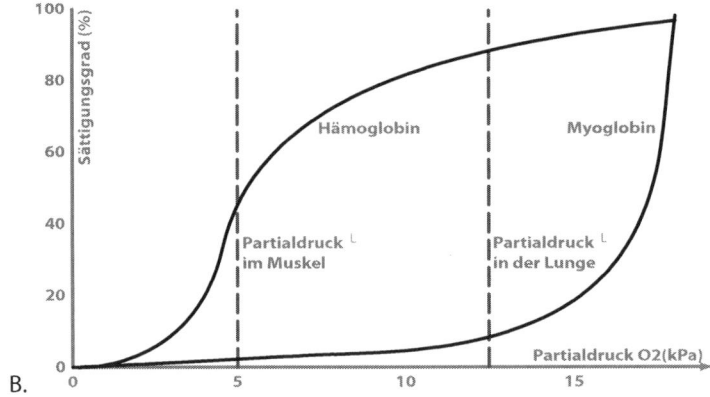

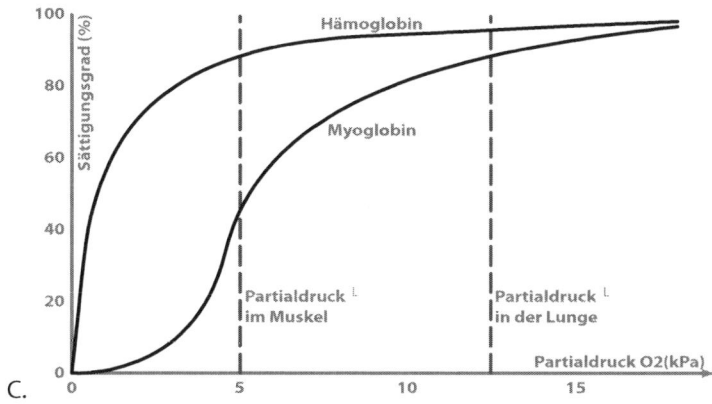

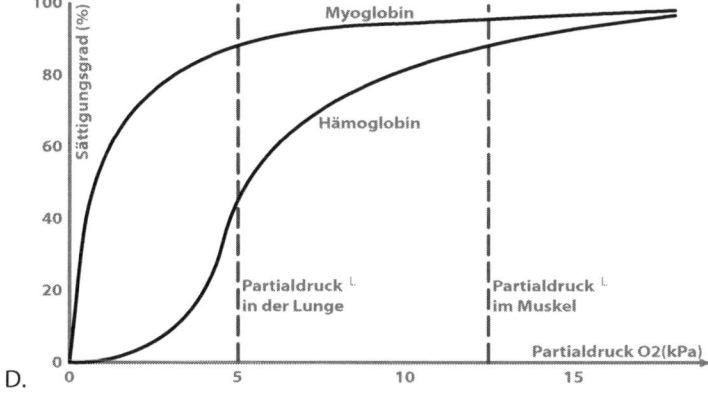

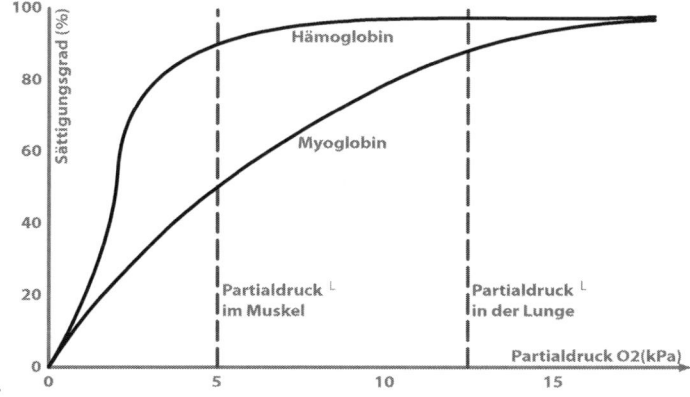

Lösungen und Erläuterungen

Lösungen:

1. B   **2.** C   **3.** A

Zu 1.

Aus der Tabelle ist zu entnehmen, dass bei Präparat A nach einer Stunde die höchste Konzentration des Wirkstoffs während der Beobachtungsdauer nachgewiesen werden kann; die Aufnahme geschieht demnach relativ rasch, die Wirkstoffkonzentration erreicht ihr Maximum nach 3 Stunden und wird dann nach und nach geringer. Bei Präparat B setzt die Aufnahme etwas verzögert ein – nach 1 Stunde ist im Vergleich zum Maximum eher wenig Wirkstoff im Blutplasma nachweisbar –, aber dann umso intensiver. Auch hier ist der Höchstwert nach 3 Stunden erreicht, danach fällt die Wirkstoffkonzentration – aufgrund des höheren Maximalwerts vergleichsweise schneller als bei Mittel A – ab. Der Wirkstoff von Präparat C wird im Vergleich am langsamsten aufgenommen und abgegeben: Nach 25 Stunden findet sich hier die höchste Konzentration aller 3 Stoffe im Blutplasma. Allein Antwort B gibt diese Sachverhalte korrekt wieder.

Zu 2.

Aussage A ist falsch, da die überwiegende Mehrheit aller gemeldeten Salmonelleninfektionen Kleinkinder und Kinder betrifft: Jungen und Mädchen zusammengenommen werden für die Altersgruppen der 1-9-Jährigen mehr Fälle gemeldet als für alle älteren Menschen gemeinsam. Auch B ist falsch, da bis auf wenige Ausnahmen – nämlich in den Altersgruppen der 5-14-Jährigen und der über 69-Jährigen – der Frauenanteil meist überwiegt. Eine gleichmäßige Abnahme der Fälle mit zunehmendem Alter, wie es D behauptet, ist der Grafik nicht zu entnehmen, da die Fallzahl ab 30-39 Jahren wieder leicht ansteigt. Außerdem betreffen die relativ betrachtet meisten gemeldeten Fälle Mädchen im Alter von 1 bzw. 2 Jahren, und nicht 3-jährige Jungen. Richtig ist nur Aussage C: Auf 100.000 Einwohner kamen in der Altersgruppe ab 69 jeweils 50 Fälle bei Männern und Frauen, bei den Ein- und Zweijährigen waren es jeweils mehr als 250.

Zu 3.

Wie in der Aufgabenstellung dargelegt, nimmt das Myoglobin vor allem bei niedri-
gem Partialdruck Sauerstoff auf. Das Hämoglobin hingegen bindet bei niedrigem
Druck (z.B. im Muskelgewebe) schlechter und dafür unter hohem Druck (wie z.B. in der
Lunge) besser als das Myoglobin. Diesen Sachverhalt gibt nur Schaubild A korrekt
wieder: Während das Myoglobin unter stärkerem Partialdruck schon zu einem hohen
Prozentanteil gesättigt ist – und daher kaum noch O2-Moleküle binden kann –, ist das
Hämoglobin noch aufnahmefähig.

Diagramme und Tabellen: Wirtschaftswissenschaften

In diesem Abschnitt wird geprüft, wie sicher Sie im Umgang mit Diagrammen und
Tabellen aus dem Themenbereich Wirtschaft sind.

Lesen Sie sich die Aufgabenstellungen genau durch und markieren Sie die jeweils
richtige Antwort im Lösungsbogen.

Zur Bearbeitung dieses Abschnitts haben Sie insgesamt 10 Minuten Zeit. Teilen Sie
sich dieses Budget gut ein, denn der Schwierigkeitsgrad der Aufgaben steigt an.

Aufgabe 1:

Unter dem Begriff Monetarismus versteht man eine ursprünglich auf den US-
Ökonomen Milton Friedman (1912-2006) zurückgehende volkswirtschaftliche Kon-
zeption, der zufolge der Wirtschaftsablauf im Wesentlichen durch die Selbstrege-
lungsfähigkeit des Marktes und die Steuerung der Geldmenge durch staatliche Zentralbanken gelenkt werde. Wichtiger Bestandteil des Monetarismus ist die
Quantitätstheorie, d.h. die Annahme, dass sich jede Änderung der umlaufenden
Geldmenge auf die Preise auswirkt und z.B. eine Vermehrung dieser Geldmenge eine
Steigung des Preisniveaus verursacht. Durch eine kontrollierte Erhöhung des Leitzinses könnten die Zentralbanken andererseits wiederum gezielt einer Inflation entge-
genwirken, da dann weniger Geld einer gleichbleibenden Menge von Waren gegenü-
berstehe – die Preise müssten demnach sinken.

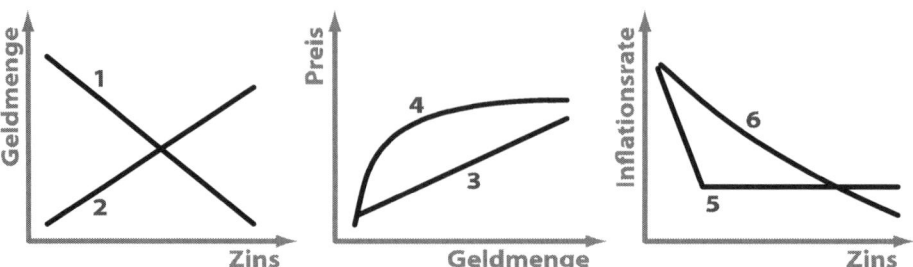

Welche der in den Diagrammen abgebildeten Kurven stehen für die monetaristische Theorie?

    A. 2, 3 und 6

    B. 1, 3 und 6

    C. 1, 4 und 5

    D. 2, 4 und 6

    E. 2, 3 und 4

Aufgabe 2:

Das Bruttoinlandsprodukt (BIP) bezeichnet den Gesamtwert aller Waren und Dienstleistungen, die innerhalb eines Jahres in einer Volkswirtschaft hergestellt werden. Das BIP ist ein populärer Indikator für die Wirtschaftsleistung eines Landes. Umgerechnet auf die Zahl der Einwohner ergibt sich das pro Kopf-BIP, über dessen Entwicklung in den Volkswirtschaften Deutschlands und der USA folgende Grafik Aufschluss gibt.

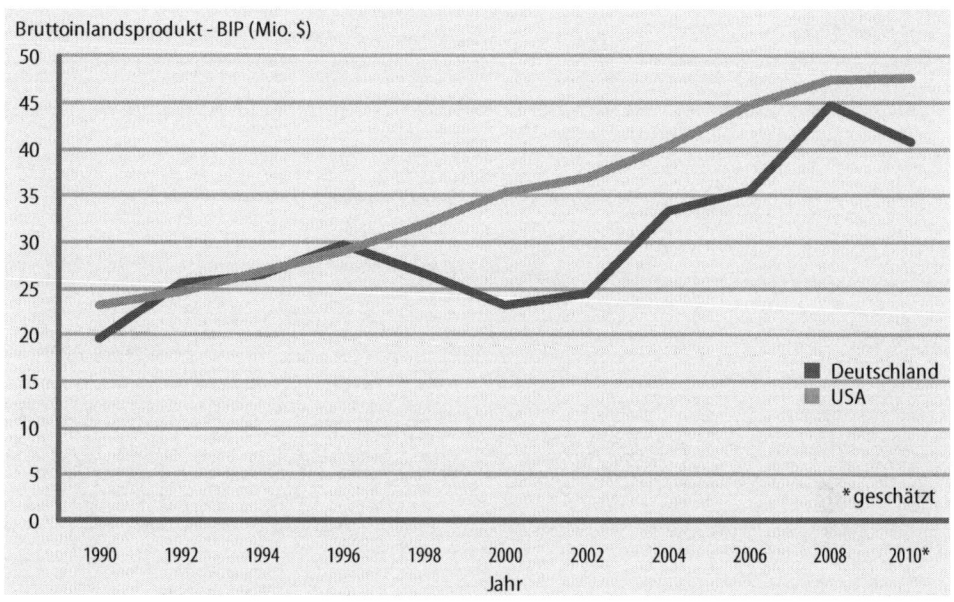

Quelle: Internationaler Währungsfonds 2010

Welche Aussage lässt sich aus diesem Diagramm nicht ableiten?

A. Das deutsche pro Kopf-BIP war von 1992 bis 1996 etwa so hoch wie das US-amerikanische im gleichen Zeitraum.

B. Das deutsche pro Kopf-BIP brach von 1996 bis 2000 um rund 20 Prozent ein.

C. Das Verhältnis von Einwohnerzahl zu BIP war 1992 in Deutschland ungefähr das gleiche wie zehn Jahre später.

D. Der maximale Unterschied beider pro Kopf-BIPs lag bei um die 10.000 Dollar.

E. Für den Gegenwert der im Schnitt von ihm hergestellten Waren und Dienstleistungen könnte sich ein US-Amerikaner 2010 fast doppelt so viel kaufen wie 1990.

Aufgabe 3:

Die untenstehenden Tabellen fassen Informationen über die Konsumausgaben und Einkommen nordrhein-westfälischer Privathaushalte im Jahr 2003 zusammen.

Gegenstand der Nachweisung	ins- gesamt	Alleinlebende			Allein- erziehende[1]	Paare[2]			sonstige Haus- halte
		zu- sammen	allein- lebende Männer	allein- lebende Frauen		zu- sammen	ohne	mit Kind(ern)[3]	
Haushalte insgesamt									
Anzahl der erfassten Haushalte	11 873	2 823	1 097	1 726	338	6 743	4 048	2 695	1 969
Hochgerechnete Haushalte in 1 000	8 318	3 007	1 102	1 905	264	3 998	2 546	1 451	1 050
Konsumausgaben je Haushalt und Monat in EUR									
Nahrungsmittel, Getränke, Tabakwaren u. Ä.	318	175	178	174	273	389	354	451	466
Bekleidung und Schuhe	120	67	51	76	103	146	133	170	176
Wohnen, Energie, Wohnungsinstandhaltung	716	495	473	508	590	828	788	899	956
Innenausstattung, Haushaltsgeräte und -gegenstände	132	71	61	77	81	164	156	178	198
Gesundheitspflege	94	57	51	61	45	118	144	71	120
Verkehr	306	167	218	137	156	372	337	432	492
Nachrichtenübermittlung	70	51	57	48	75	73	64	87	115
Freizeit, Unterhaltung und Kultur	256	158	167	153	175	313	303	329	338
Bildungswesen	20	8	8	9	39	24	9	50	33
Beherbergungs- und Gaststättendienstleistungen	102	64	83	53	50	127	140	106	127
Andere Waren und Dienstleistungen	105	69	58	76	72	123	120	129	146
Private Konsumausgaben	**2 239**	**1 384**	**1 405**	**1 372**	**1 660**	**2 677**	**2 549**	**2 902**	**3 168**

Konsumausgaben privater Haushalte 2003 nach dem Haushaltstyp — Haushalte davon

1) ledige(s) Kind(er) im Alter von unter 18 Jahren
2) Ehepaare und nicht eheliche Lebensgemeinschaften einschl. gleichgeschlechtlicher Lebenspartnerschaften
3) ledige(s) Kind(er) des/der Haupteinkommensbeziehers/-bezieherin oder des/der Ehe-/Lebenspartners /-partnerin
im Alter von unter 18 Jahren

Monatliches Haushaltseinkommen 2003 (Euro)

	Selbstständige(r)	Beamter/-in	Angestellte(r)	Arbeiter(in)	Nichterwerbstätige(r)
Brutto	5.099	5.175	4.772	3.916	2.432
Netto	4.312	4.286	3.352	2.873	2.260

Quelle: statistisches Landesamt Nordrhein-Westfalen
[Tabellen nach hier: http://www.it.nrw.de/statistik/r/daten/eckdaten/r314evs_konsum.html
http://www.it.nrw.de/statistik/r/daten/eckdaten/r314evs.html]

Was kann aus den angegebenen statistischen Informationen nicht gefolgert werden?

A. Alleinerziehende gaben 2003 im Schnitt nicht ganz ein Zehntel des monatlichen Nettoeinkommens eines Arbeiterhaushalts für Lebens- und Genussmittel (Rauchwaren u. Ä.) aus.

B. Für Wohnen, Energie und Wohnungsinstandhaltung wendeten alleinlebende Männer 2003 mehr als ein Drittel ihrer gesamten Konsumausgaben auf, deutlich weniger als alleinlebende Frauen.

C. Die Bildungsausgaben von Alleinlebenden betrugen im Schnitt nur 16 Prozent der Bildungsausgaben von Paaren mit Kindern.

D. Ein Beamtenhaushalt (Ehepaar mit Kind) wendete im Jahr 2003 etwas mehr als zwei Drittel seines durchschnittlichen Haushalts-Nettoeinkommens für den Konsum auf.

E. Das durchschnittliche Nettoeinkommen eines Selbstständigenhaushalts betrug 2003 etwas weniger als das Doppelte der durchschnittlichen Konsumausgaben von Privathaushalten.

Lösungen und Erläuterungen

Lösungen:

1. B   **2.** E   **3.** D

Zu 1.

Der Monetarismus behauptet einen kohärenten Zusammenhang von Zinssatz und Geldmenge: Wenn ersterer steigt, geht letztere zurück. Die durch Kurve 2 abgebildete Ausdehnung der Geldmenge bei gleichmäßig steigendem Zinssatz wäre demnach nicht zu erklären. Ähnlich schwer „monetaristisch" zu erklären wäre ein beschleunigter Anstieg der Preise und schließlich ihre Stagnation bei stetig zunehmender Geldmenge, wie durch Kurve 4 veranschaulicht. Darüber hinaus solle die Inflationsrate kontrollierbar sein, indem sie durch die Hebung oder Senkung des Leitzinses verlässlich steigen oder fallen werde. Ein abrupter Abfall der Inflationsrate, wie ihn Kurve 5 behauptet, und ein Einpendeln auf dem erreichten Niveau auch bei weiter steigendem Zinssatz passt daher nicht ins Bild.

Zu 2.

In der Überlagerung beider Kurven im Zeitraum von 1992 bis 1996 zeigt sich, dass beide pro Kopf-BIPs auf gleicher Höhe lagen – Aussage A ist korrekt. Auch Feststellung B stimmt: Das deutsche pro Kopf-BIP ging von rund 30.000 Dollar im Jahr 1992 auf weniger als 25.000 Dollar im Jahr 1996 zurück, das sind über 5.000 Dollar oder rund 20 Prozent (20 Prozent von 30.000 = 6.000) weniger als vier Jahre zuvor. C ist korrekt, da sich das pro Kopf-BIP laut der in der Aufgabenstellung gegebenen Definition tatsächlich aus dem BIP geteilt durch die Anzahl der Einwohner berechnet, und dieser Quotient sowohl 1992 als auch 2002 ungefähr in der Mitte zwischen 20.000 und 30.000 Dollar lag. Der maximale Unterschied beider Werte, richtig bestimmt durch Aussage D, lag von 2000 bis 2002 bei um die 10.000 Dollar. Behauptung E ist dagegen falsch: Es stimmt zwar, dass das BIP pro Einwohner von etwa 24.000 auf fast 50.000 Dollar stieg, doch über den Kaufwert ist darüber noch nichts gesagt, da die Inflation – die Entwertung des Geldes durch die Zunahme der Geldmenge – und der Anstieg der Verbraucherpreise im BIP nicht berücksichtigt wird.

Zu 3.

Aussage A stimmt: In der Spalte „Alleinerziehende" lässt sich in Tabelle 1 unter der Zeile „Nahrungsmittel, Getränke, Tabakwaren u.Ä." die Höhe der entsprechenden Ausgaben ablesen: sie betrug monatlich 273,- Euro und damit etwas weniger als ein Zehntel des in Tabelle 2 genannten Nettoeinkommens eines Arbeiterhaushalts (2.873,- Euro).

Auch B ist korrekt: Vergleicht man die Angaben der Zeile „Wohnen, Energie und Wohnungsinstandhaltung" der Spalten „alleinlebende Männer" und „alleinlebende Frauen", wird für erstere ein Wert 473,- Euro, für letztere ein Wert von 508,- Euro genannt. Bezogen auf die jeweiligen monatlichen Konsumausgaben insgesamt (Tabelle 1, unterste Zeile) wird dieser Unterschied noch markanter, denn alleinlebende Frauen geben pro Monat weniger für den Konsum aus als alleinlebende Männer.

Die Ausgaben für das Bildungswesen beliefen sich bei Paaren mit Kindern im Jahr 2003 auf durchschnittlich 50,- Euro pro Monat. Damit kamen sie verständlicherweise auf ein Vielfaches des entsprechenden Betrags von Alleinlebenden, die im Mittel nur 8,- Euro ins Bildungswesen investierten – das entspricht 16 Prozent des ersten Werts. C gibt die angegebenen Informationen korrekt wieder.

Das durchschnittliche Nettoeinkommen eines Selbstständigenhaushalts (Tabelle 2) belief sich 2003 auf monatlich 4.312,- Euro, die Konsumausgaben eines Privathaushalts (Tabelle 1, Spalte „insgesamt") lagen mit 2.239,- Euro – wie durch Aussage E korrekt festgestellt – etwas über der Hälfte dieses Werts.

Behauptung D lässt sich aus den gegebenen Informationen nicht ableiten, da die Einnahmen und Ausgaben der Haushalte in beiden Tabellen unterschiedlich aufgeschlüsselt werden: Tabelle 1 gibt die Konsumausgaben der Haushalte nach Familienstatus (alleinlebend, alleinerziehend, in Partnerschaft lebend) an, Tabelle 2 jedoch die Einkommen nach dem Erwerbsstatus des Haushaltsvorstands.

Daher ist es zwar richtig, dass Beamtenhaushalte ein monatliches Durchschnitts-Nettoeinkommen von 4.286,- Euro erzielen, und es stimmt ebenso, dass Paare mit Kind 2.902,- Euro monatlich für den Konsum ausgeben. Der Haushaltstyp „Paare mit Kind" umfasst jedoch auch Arbeiter-, Selbstständigen-, Angestellten- und Nichterwerbstätigenhaushalte. Über die monatlichen Konsumausgaben von Beamtenhaushalten lässt sich daher keine Aussage treffen.

5.1.10 Logisches Denkvermögen

Zahlenreihen

In diesem Abschnitt wird Ihre Fähigkeit hinsichtlich der Erkennung logischer Zusammenhänge von Zahlen geprüft.

Ihre Aufgabe besteht darin, für jede Zahlenreihe die Regel herauszufinden, um die unbekannte Zahl am Ende einer Zahlenreihe zu ermitteln.

Bearbeitungszeit: 5 Minuten

Hierzu ein Beispiel:

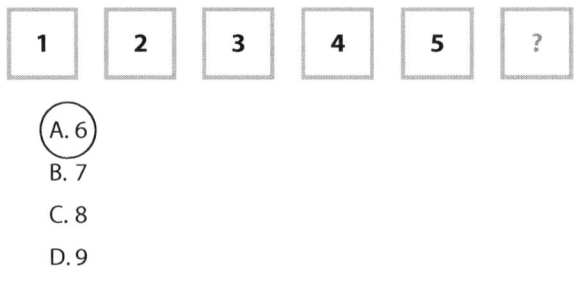

A. 6
B. 7
C. 8
D. 9
E. Keine Antwort ist richtig.

Bei dieser Zahlenreihe wird jede folgende Zahl um eins erhöht. Die gesuchte Zahl lautet somit 5 + 1 = 6 und die richtige Antwort lautet A.

Aufgaben:

Beginnen Sie bitte jetzt mit den Aufgaben und markieren Sie den Lösungsbuchstaben, von dem Sie denken, dass er die Reihe am sinnvollsten ergänzt.

1.

| 2 | 3 | 5 | 7 | ? |

A. 10

B. 11

C. 12

D. 13

E. Keine Antwort ist richtig.

2.

| 4 | 6 | 10 | 18 | 34 | ? |

A. 56

B. 60

C. 65

D. 66

E. Keine Antwort ist richtig.

3.

| 8 | 7 | 9 | 6 | 10 | 5 | ? |

A. 11

B. 10

C. 1

D. 8

E. Keine Antwort ist richtig.

4.

| 4 | 4 | 8 | 8 | 12 | 16 | 16 | ? |

A. 15

B. 11

C. 32

D. 13

E. Keine Antwort ist richtig.

5.

| 4 | 16 | 6 | 36 | 26 | 676 | ? |

A. 36

B. 656

C. 666

D. 686

E. Keine Antwort ist richtig.

Lösungen und Erläuterungen

Lösungen:

1. B   **2.** D   **3.** A   **4.** C   **5.** C

Zu 1.

Es handelt sich um Primzahlen. Primzahlen sind nur durch sich selbst und 1 teilbar.

Zu 2.

+2 | +4 | +8 | +16 | +32

Zu 3.

-1 | +2 | -3 | +4 | -5 | +6

Zu 4.

x | y | x+4 | y×2 | x+4+4 | y×2×2 | x+4+4+4 | y×2×2×2

Zu 5.

x2 | -10 | x2| -10 | x2 | -10

Buchstabenreihen

In diesem Abschnitt wird Ihre Fähigkeit hinsichtlich der Erkennung logischer Zusammenhänge von Buchstaben geprüft.

Ihre Aufgabe besteht darin, für jede Buchstabenreihe die Regel herauszufinden, um den unbekannten Buchstaben am Ende der Reihe zu ermitteln.

Bearbeitungszeit: 5 Minuten

Hierzu ein Beispiel:

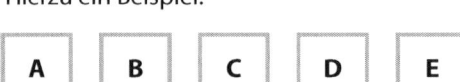

A. D

B. E

C. F

D. G

E. Keine Antwort ist richtig.

Bei dieser Buchstabenreihe wird jeder weitere Buchstabe alphabetisch fortgesetzt. Der gesuchte Buchstabe lautet somit F und die richtige Antwort ist C.

Aufgaben:

Bitte markieren Sie den Buchstaben, von dem Sie denken, dass er die Reihe am sinnvollsten ergänzt.

1.

A. E

B. F

C. V

D. Z

E. Keine Antwort ist richtig.

2.

C	F	I	L	O	?

    A. N

    B. M

    C. Q

    D. R

    E. Keine Antwort ist richtig.

3.

P	Q	P	R	P	?

    A. P

    B. T

    C. S

    D. Z

    E. Keine Antwort ist richtig.

4.

E	F	C	D	I	J	G	?

    A. C

    B. D

    C. E

    D. H

    E. Keine Antwort ist richtig.

5.

A. H

B. S

C. T

D. G

E. Keine Antwort ist richtig.

Lösungen und Erläuterungen

Lösungen:

1. D   **2.** D   **3.** C   **4.** D   **5.** A

Zu 1.

Von den Buchstaben B und X ausgehend wird jeweils abwechselnd ein Buchstabe aufwärts gezählt.

Zu 2.

Beginnend vom Buchstaben C wird jeweils der drittnächste in die Reihe aufgenommen.

Zu 3.

Das P ist abwechselnd mit einer vom Q ausgehenden, im Alphabet aufwärts laufenden Buchstabenreihe verschachtelt.

Zu 4.

Jeder zweite Buchstabe folgt im Alphabet dem vorherigen Buchstaben.

Bewegung in alphabetischer Reihenfolge: +1 | -3 | +1 | +5 | +1 | -3 | +1

Zu 5.

Es ist eine vom C ausgehende aufwärtszählende Buchstabenreihe in 2er Schritten abwechselnd mit einer vom X abwärts laufenden Buchstabenreihe verschachtelt.

Bewegung in alphabetischer Reihenfolge:

C | C+1 | X | X-1 | C+1+1 | C+1+1+1 | X-1-1 | X-1-1-1 | C+1+1 +1+1 | C+1+1+1+1+1

Meinung oder Tatsache

In diesem Abschnitt erhalten Sie verschiedene Aussagen, die Sie dahingehend überprüfen sollen, ob es sich um eine Meinung oder eine Tatsache handelt.

Handelt es sich um eine Meinung, so markieren Sie bitte „**M**". Handelt es sich um eine Tatsache, so markieren Sie bitte „**T**".

Bearbeitungszeit: 3 Minuten

Hierzu ein Beispiel:

Alle Katzen sind schwarz.
Antwort: (M) T

Aufgaben:

Beginnen Sie bitte jetzt mit den Aufgaben und markieren Sie den entsprechenden Lösungsbuchstaben.

1. **Das Universum ist göttlich.**
2. **Was im Horoskop steht, trifft fast immer zu.**
3. **Männer sind im Durchschnitt klüger als Frauen.**
4. **Im Zentrum unseres Planetensystems befindet sich die Sonne.**
5. **In der Kultur drückt sich der Zeitgeist einer Epoche aus.**

Lösungen und Erläuterungen

Lösungen:

1. M   **2.** M   **3.** M   **4.** T   **5.** T

Zu 1.

Die Existenz Gottes ist keine Tatsache, sondern gehört in den Bereich des Glaubens und ist somit eine Meinung.

Zu 2.

Alle wissenschaftlichen Studien zur Vorhersagekraft von Horoskopen haben ergeben, dass Horoskope keinerlei Vorhersagekraft haben, dafür aber einen umso größeren Unterhaltungswert. So handelt es sich um eine Meinung.

Zu 3.

Es gibt keinerlei Studien, die belegen, dass eines der Geschlechter an sich intelligentere Geschöpfe hervorbringt. Neueste Studien zeigen vielmehr, dass im Durchschnitt Mädchen zunehmend die besseren Schulleistungen zeigen.

Als Grund dafür wird vermutet, dass die Grundschullehrerschaft vor allem aus Frauen besteht, die eher weibliche Bedürfnisse fördert. So handelt es sich bei der Aussage um eine Meinung.

Zu 4.

Hierbei handelt es sich um eine gesicherte wissenschaftliche Erkenntnis, also eine Tatsache.

Zu 5.

Dies ist ein Tatbestand, der sich in zahlreichen Publikationen nachvollziehen lässt.

Logische Schlussfolgerung

In diesem Abschnitt wird Ihre Fähigkeit im schlussfolgernden Denken im sprachlichen Bereich abgefragt.

Mit der Fragestellung der jeweiligen Aufgabe erhalten Sie Aussagen. Ihre Aufgabe besteht darin zu überprüfen, welche der Antworten eine gültige Schlussfolgerung daraus ist. Dabei geht es nicht darum, dass die Behauptungen einen sinnvollen Bezug zur Realität haben, sondern nur, welche Folgerung aufgrund der getroffenen Aussage logisch zwingend korrekt ist.

Beginnen Sie bitte jetzt mit den Aufgaben zur „logischen Schlussfolgerung" und kreuzen Sie den richtigen Buchstaben an.

Aufgaben:

Die drei Sportler

Herr Hüllen, Herr Gültig und Herr Färber sind leidenschaftliche Sportler. Die drei treiben aktiv Sport, jedoch jeder eine andere Sportart. Es handelt sich um Joggen, Schwimmen und Radfahren.

Herr Gültig und der „Schwimmer" besuchen das gleiche Fitnessstudio. Herr Färber spielt mit dem „Radfahrer" gelegentlich Tennis. Herr Gültig mag „Radfahren" gar nicht.

1. Wer von den Sportlern ist der Jogger?

A. Herr Hüllen

B. Herr Gültig

C. Herr Färber

D. Keiner der drei

E. Die Aussagen widersprechen sich; es gibt keine Lösung.

2. Wer von den Sportlern ist der Radfahrer?

A. Herr Hüllen

B. Herr Gültig

C. Herr Färber

D. Keiner der drei

E. Die Aussagen widersprechen sich; es gibt keine Lösung.

3. Wer von den Sportlern ist der Schwimmer?

A. Herr Hüllen

B. Herr Gültig

C. Herr Färber

D. Keiner der drei

E. Die Aussagen widersprechen sich; es gibt keine Lösung.

Bälle und Seifen

Welche Schlussfolgerung ist logisch richtig, wenn die folgende Behauptung zugrunde gelegt wird? „Alle Seifen sind Bälle. Bälle sind rund. Mit Bällen kann man spielen. Also …".

A. ist nicht jede Seife ein Ball.

B. ist jede Seife ein Ball und eckig.

C. ist alles was rund ist eine Seife.

D. ist die Seife ein Ball und rund.

E. Keine Antwort ist richtig.

Sprechende Fußbälle

Welche Schlussfolgerung ist logisch richtig, wenn die folgende Behauptung zugrunde gelegt wird? „Kleider können sprechen. Fußbälle können sprechen und alles was sprechen kann, ist rot. Also …".

A. sind nur Kleider rot.

B. sind Kleider rot.

C. sind Fußbälle Kleider.

D. sind Kleider Fußbälle.

E. Keine Antwort ist richtig.

Lösungen und Erläuterungen

Lösungen:

Die drei Sportler: 1. B   **2.** A   **3.** C

Bälle und Seifen: D

Sprechende Fußbälle: B

Die drei Sportler:

Zu 1.

Herr Gültig ist der Jogger.

a. Herr Gültig und der Schwimmer besuchen das gleiche Fitnessstudio:
   Bedeutet, dass Herr Gültig kein Schwimmer ist, da der Schwimmer mit ihm das Fitnessstudio besucht und es nur einen Schwimmer gibt.
b. Herr Färber spielt mit dem „Radfahrer" gelegentlich Tennis:
   Bedeutet, dass Herr Färber kein „Radfahrer" ist.
c. Herr Gültig mag „Radfahren" gar nicht:
   Bedeutet, dass Herr Gültig kein „Radfahrer" ist.
d. Wenn Herr Gültig weder der Radfahrer noch der Schwimmer ist, dann muss er der Jogger sein.

	Hr. Hüllen ist …	Hr. Gültig ist …	Hr. Färber ist …
a.		… *kein* Schwimmer	
b.			… *kein* Radfahrer
c.		… *kein* Radfahrer	
d.		… ein Jogger	

Zu 2.

Herr Hüllen ist der Radfahrer.

a. Herr Gültig und der Schwimmer besuchen das gleiche Fitnessstudio:
   Bedeutet, dass Herr Gültig kein Schwimmer ist, da der Schwimmer mit ihm das Fitnessstudio besucht und es nur einen Schwimmer gibt.
b. Herr Färber spielt mit dem „Radfahrer" gelegentlich Tennis:
   Bedeutet, dass Herr Färber kein „Radfahrer" ist.
c. Herr Gültig mag „Radfahren" gar nicht:
   Bedeutet, dass Herr Gültig kein „Radfahrer" ist.
d. Wenn Herr Färber und Herr Gültig keine Radfahrer sind, dann ist Herr Hüllen der Radfahrer.

	Hr. Hüllen ist …	Hr. Gültig ist …	Hr. Färber ist …
a.		… *kein* Schwimmer	
b.			… *kein* Radfahrer
c.		… *kein* Radfahrer	
d.	… ein Radfahrer		

Zu 3.

Herr Färber ist der Schwimmer.

a. Herr Gültig und der Schwimmer besuchen das gleiche Fitnessstudio:
   Bedeutet, dass Herr Gültig kein Schwimmer ist, da der Schwimmer mit ihm das Fitnessstudio besucht und es nur einen Schwimmer gibt.
b. Herr Färber spielt mit dem „Radfahrer" gelegentlich Tennis:
   Bedeutet, dass Herr Färber kein „Radfahrer" ist.
c. Herr Gültig mag „Radfahren" gar nicht:
   Bedeutet, dass Herr Gültig kein „Radfahrer" ist.
d. Wenn Herr Gültig weder der Radfahrer noch der Schwimmer ist, dann muss er der Jogger sein.
e. Wenn Herr Färber und Herr Gültig keine Radfahrer sind, dann ist Herr Hüllen der Radfahrer.
f. Wenn Herr Gültig der Jogger und Herr Hüllen der Radfahrer ist, dann muss Herr Färber der Schwimmer sein.

	Hr. Hüllen ist …	Hr. Gültig ist …	Hr. Färber ist …
a.		… *kein* Schwimmer	
b.			… *kein* Radfahrer
c.		… *kein* Radfahrer	
d.		… ein Jogger	
e.	… ein Radfahrer		
f.			… ein Schwimmer

Bälle und Seifen:

Antwort D entspricht den Vorgaben der Prämissen: Die Seife ist ein Ball und rund. Antwort A ist falsch, da alle Seifen Bälle sind, kann es keine Seife geben, die kein Ball ist. Antwort B ist falsch, da Bälle nicht eckig, sondern rund sind. Antwort C ist falsch. Laut Prämissen sind zwar alle Seifen rund, daraus lässt sich aber nicht umgekehrt folgern, dass alles, was rund ist, auch eine Seife ist.

Sprechende Fußbälle:.

Antwort B: „Kleider sind rot" ist korrekt, da Kleider sprechen können und alles, was sprechen kann, rot ist. Antwort A ist falsch – zwar sind alle Kleider rot, daraus lässt sich aber nicht folgern, dass nur Kleider rot sind – es kann ebenso andere Dinge geben, die rot sind. Die Antworten C und D sind falsch. Zwar sind sowohl Kleider und Fußbälle rot, doch wird nicht besagt, dass das eine Ding dem anderen entspricht oder dass sie identisch sind.

5.1.11 Konzentrationsvermögen

„p, b, d und q" Test

In diesem Abschnitt wird Ihre Schnelligkeit und Genauigkeit geprüft. Sie erhalten in jeder Buchstabenzeile bis zu vier Buchstaben, nämlich „p", „b", „d" und „q".

Ihre Aufgabe besteht darin, in jeder Buchstabenzeile den Buchstaben „q" zu finden, diese zu unterstreichen und dahinter die Anzahl gefundener „q" einzutragen.

Hierzu ein Beispiel:

	1	2	3	4	5	6	7	8	9	10	11	12	13	14	15	16	17	18	19	20	Anzahl
1.	p	p	q	q	q	p	p	q	p	b	p	b	d	d	q	p	p	d	p	p	?
2.	p	p	q	p	p	p	p	p	p	b	d	b	p	b	p	q	p	d	d	p	p	?

Antwort

	1	2	3	4	5	6	7	8	9	10	11	12	13	14	15	16	17	18	19	20	Anzahl
1.	p	p	q	q	q	p	p	q	p	b	p	b	d	d	q	p	p	d	p	p	5
2.	p	p	q	p	p	p	p	p	p	b	d	b	p	b	p	q	p	d	d	p	p	2

Bearbeiten Sie diese Aufgaben möglichst schnell, aber achten Sie darauf, dass Sie sorgfältig und genau arbeiten. Pro Buchstabenzeile gibt es maximal zehn „q".

Beachten Sie bitte, dass die von Ihnen erreichte Punktezahl sich aus richtig beantworteten Aufgaben minus der falsch beantworteten Aufgaben errechnet.

Nicht bearbeitete Aufgaben bleiben unberücksichtigt.

Bearbeitungszeit: 3 Minuten

Aufgabe:

	1	2	3	4	5	6	7	8	9	10	11	12	13	14	15	16	17	18	19	20	Anzahl
1.	p	p	q	b	p	q	p	b	q	p	p	q	b	q	p	d	p	q	p	q	
2.	p	p	b	d	p	p	q	p	d	q	p	q	d	q	p	b	p	q	p	q	
3.	p	b	p	q	p	d	d	p	q	p	b	p	q	d	q	p	d	p	q	p	
4.	p	d	p	b	p	q	p	p	b	p	q	p	q	q	p	d	q	p	q	q	
5.	p	d	q	p	d	q	p	b	q	p	p	b	q	d	q	p	q	d	q	p	
6.	d	p	p	d	p	b	b	p	d	p	q	p	q	q	p	p	q	q	q	q	
7.	b	p	d	q	p	q	p	d	p	p	q	d	q	p	p	b	p	q	q	q	
8.	d	p	d	p	p	q	p	q	b	q	q	p	b	d	p	p	q	p	d	p	
9.	p	p	q	q	d	q	q	p	q	p	d	p	b	p	q	b	p	d	p	d	
10.	p	d	d	p	q	p	b	q	p	b	q	p	p	q	p	b	p	q	p	b	
11.	p	p	d	p	d	p	q	p	q	p	d	p	q	q	b	p	b	p	q	q	
12.	p	q	q	p	q	p	d	p	d	p	p	d	q	p	p	d	p	b	q	p	
13.	p	b	p	d	d	p	d	p	p	q	p	d	p	q	p	b	p	b	p	q	
14.	p	b	b	p	d	p	d	p	p	q	p	d	q	p	q	q	d	p	q	q	
15.	p	p	q	p	b	p	b	b	p	d	p	p	q	p	p	d	p	d	p	q	
16.	p	d	p	b	q	p	b	q	p	q	p	b	q	q	p	d	p	q	q	q	
17.	p	p	q	p	q	p	q	b	p	q	q	d	q	p	q	d	q	p	q	p	
18.	p	p	b	b	p	d	q	p	q	q	q	p	d	d	p	b	q	p	b	p	
19.	p	p	p	b	p	b	d	p	d	p	q	p	b	p	q	p	q	b	p	p	
20.	p	p	b	p	b	p	d	q	p	q	p	p	p	q	q	p	d	b	p	q	
21.	p	p	b	q	p	b	q	p	q	q	p	q	p	d	p	d	p	q	p	p	
22.	p	p	q	q	p	b	q	q	p	b	q	q	p	d	d	p	q	q	p	p	
23.	p	p	p	b	p	b	p	q	b	q	p	q	d	q	p	d	p	q	p	q	
24.	p	d	p	b	p	d	p	p	b	p	p	p	q	q	p	b	p	q	q	q	
25.	b	p	b	p	d	p	d	p	d	p	p	p	b	p	q	q	p	p	b	d	
26.	p	b	p	b	b	p	p	d	q	p	q	b	q	q	p	d	p	q	q	q	
27.	p	d	p	b	p	p	b	p	q	p	q	p	q	p	d	p	q	p	q	p	
28.	q	p	q	q	p	p	p	q	p	p	q	p	p	p	q	p	p	p	p	q	
29.	p	q	p	d	p	d	p	b	b	p	q	p	q	p	b	d	q	p	q	p	
30.	p	q	p	q	b	q	p	b	p	d	q	d	q	p	q	b	q	p	q	q	
31.	p	p	b	d	d	q	b	q	p	q	p	d	q	p	d	b	p	p	q	p	
32.	p	p	p	p	d	b	d	p	b	q	p	b	q	q	q	p	b	p	q	q	
33.	p	p	p	b	p	b	d	p	d	p	p	d	p	p	q	p	d	p	p	p	
34.	q	p	q	q	q	q	p	d	p	q	p	p	p	q	p	p	d	b	b	q	
35.	p	q	q	p	p	q	q	p	d	q	p	q	p	d	b	b	p	q	p	p	
36.	p	d	p	q	q	p	q	q	q	p	b	d	p	p	q	p	b	d	d	p	
37.	q	q	q	p	q	p	q	d	q	d	q	b	q	p	b	p	q	p	q	p	
38.	p	q	p	p	q	q	p	p	q	p	q	p	b	p	q	b	q	p	b	p	
39.	p	p	q	q	q	p	p	q	p	b	p	b	d	d	p	p	p	d	p	p	
40.	p	p	q	p	p	p	p	p	b	d	b	p	b	p	q	p	d	d	p	p	

Lösung:

	1	2	3	4	5	6	7	8	9	10	11	12	13	14	15	16	17	18	19	20	Anzahl
1.	p	p	q	b	p	q	p	b	q	p	p	q	b	q	p	d	p	q	p	q	7
2.	p	p	b	d	p	p	q	p	d	q	p	q	d	q	p	b	p	p	q	q	6
3.	p	b	p	q	p	d	d	p	q	p	b	p	q	d	q	p	d	p	q	p	5
4.	p	d	p	b	p	q	p	p	b	p	q	p	q	q	p	d	q	p	q	q	7
5.	p	d	q	p	d	q	p	b	q	p	q	b	q	d	q	p	q	d	q	p	8
6.	d	p	p	d	p	b	b	p	d	p	q	p	q	q	p	q	p	q	q	q	7
7.	b	p	d	q	p	q	p	d	p	p	q	d	q	q	p	b	q	p	q	q	8
8.	d	p	d	p	p	q	p	q	b	q	q	p	b	d	p	p	q	p	d	p	5
9.	p	p	q	q	d	q	q	p	q	p	d	p	b	q	b	p	d	p	d	p	6
10.	p	d	d	p	q	p	b	q	p	b	q	p	q	p	b	p	q	p	q	b	6
11.	p	p	d	p	d	p	q	p	q	p	d	p	q	q	b	p	b	p	q	q	6
12.	p	q	q	p	q	p	d	p	d	p	p	p	d	q	p	p	d	p	b	q	5
13.	p	b	p	d	d	p	d	p	p	q	p	d	p	q	p	b	p	b	p	q	3
14.	p	b	b	p	d	p	d	p	p	q	d	q	p	q	q	d	p	q	p	q	6
15.	p	p	d	p	b	p	b	b	p	d	p	q	q	p	d	d	p	q	p	q	4
16.	p	d	p	b	q	p	b	q	p	q	p	b	q	q	p	d	d	p	q	q	7
17.	p	p	q	p	p	p	q	b	p	q	q	d	q	p	q	d	q	p	q	p	9
18.	p	p	b	b	p	d	q	p	q	q	q	p	d	d	p	b	q	p	b	p	5
19.	p	p	p	b	p	b	d	p	d	p	q	p	b	p	q	p	q	b	p	p	2
20.	p	p	b	p	b	p	d	q	p	q	p	p	q	q	p	d	b	p	q	q	6
21.	p	p	b	q	p	b	q	p	q	q	p	q	p	d	p	d	p	q	p	p	6
22.	p	p	q	q	p	b	q	q	p	b	p	q	d	d	d	p	q	q	p	p	8
23.	p	p	p	b	p	b	p	q	b	q	p	q	d	q	p	d	p	q	p	q	6
24.	p	d	p	b	p	d	p	p	b	p	p	q	q	q	p	b	p	q	q	q	6
25.	b	p	b	p	d	p	d	p	d	p	p	b	p	q	p	p	b	d	q	p	3
26.	p	b	p	b	b	p	p	d	q	p	q	b	p	q	q	p	d	q	p	q	7
27.	p	d	p	b	p	p	b	p	q	p	q	p	q	p	d	p	q	p	q	p	5
28.	q	p	q	q	p	p	q	p	p	p	q	p	p	p	q	p	p	p	p	q	7
29.	p	q	p	d	p	d	p	b	b	p	q	p	q	p	b	d	q	p	q	p	5
30.	p	q	p	q	b	q	p	b	p	d	q	d	q	q	p	b	p	q	q	q	9
31.	p	p	b	d	d	q	b	q	p	q	p	d	q	p	d	b	p	q	q	p	5
32.	p	p	p	p	d	b	d	p	b	q	p	b	q	q	q	p	b	q	p	q	6
33.	p	p	p	b	p	b	d	p	d	p	p	p	d	p	q	p	d	p	p	p	1
34.	q	p	q	q	q	q	p	d	p	q	p	p	p	q	p	p	d	b	b	q	8
35.	p	q	q	p	p	q	q	p	d	p	p	q	p	d	b	b	p	q	p	p	7
36.	p	d	p	q	q	p	q	q	q	p	b	d	p	p	q	p	b	d	d	p	6
37.	q	q	q	p	q	p	q	d	q	d	q	q	b	q	p	b	p	q	p	q	10
38.	p	q	p	p	q	q	p	p	q	p	q	p	b	p	q	b	q	p	b	p	7
39.	p	p	q	q	q	p	p	q	p	b	p	b	d	d	q	p	d	p	p	p	5
40.	p	p	q	p	p	p	p	p	b	d	b	p	b	p	q	p	d	d	p	p	2

5.1.12 Räumliches Vorstellungsvermögen

Mit den Aufgaben zum räumlichen Vorstellungsvermögen soll überprüft werden, ob Sie mit Gegenständen im zwei- und dreidimensionalen Raum umgehen können und ob Sie in der Lage sind, diese Gegenstände zu identifizieren, einzuordnen und mit einander in Beziehung zu setzen.

Räumliches Grundverständnis

In diesem Abschnitt wird Ihr visuelles Denkvermögen getestet.

Sie sehen eine Form mit mehreren Flächen. Ihre Aufgabe besteht darin, die Anzahl der Flächen zu bestimmen.

Hierzu ein Beispiel:

Aus wie vielen Flächen setzt sich diese Figur zusammen?

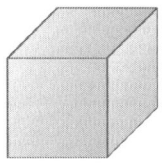

A. 6

B. 7

C. 8

D. 9

E. Keine Antwort ist richtig.

Aufgaben:

Beginnen Sie bitte jetzt mit den Aufgaben und kreuzen Sie den richtigen Buchstaben im Lösungsbogen an.

1. Aus wie vielen Flächen setzt sich diese Figur zusammen?

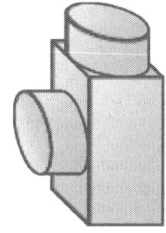

    A. 6

    B. 7

    C. 8

    D. 10

    E. Keine Antwort ist richtig.

2. Aus wie vielen Flächen setzt sich diese Figur zusammen?

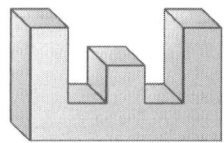

    A. 8

    B. 10

    C. 12

    D. 14

    E. Keine Antwort ist richtig.

3. Wie sieht dieses Gebilde aus Pfeilrichtung betrachtet aus?

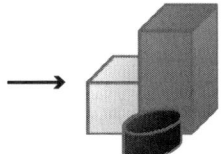

Welche der Abbildungen A bis E entspricht der Sicht aus Pfeilrichtung?

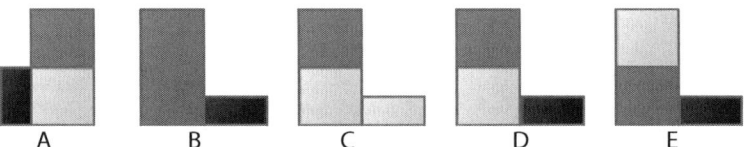

A   B   C   D   E

4. Wie sieht dieses Gebilde aus Pfeilrichtung betrachtet aus?

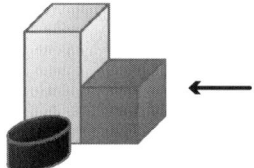

Welche der Abbildungen A bis E entspricht der Sicht aus Pfeilrichtung?

A   B   C   D   E

5. Wie sieht dieses Gebilde aus Pfeilrichtung betrachtet aus?

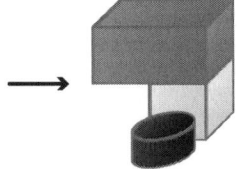

Welche der Abbildungen A bis E entspricht der Sicht aus Pfeilrichtung?

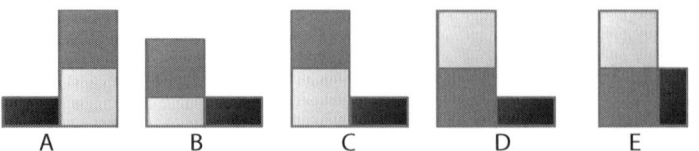

A   B   C   D   E

6. Bei dieser Faltvorlage handelt es sich um die Außenseite eines Körpers.

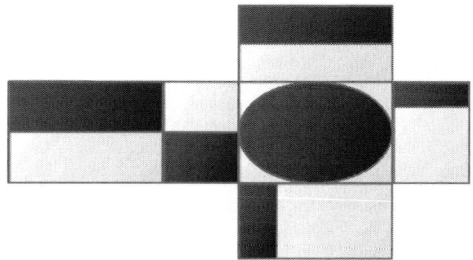

Welcher der Körper A bis E kann aus der Faltvorlage gebildet werden?

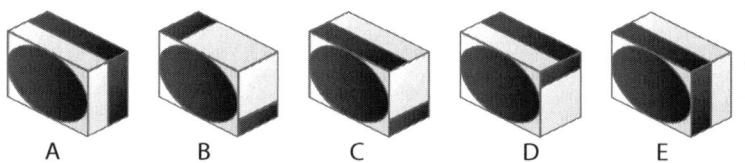

A   B   C   D   E

7. Bei dieser Faltvorlage handelt es sich um die Außenseite eines Körpers.

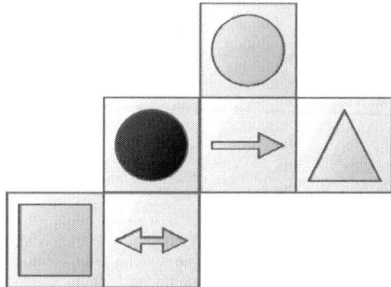

Welcher der Körper A bis E kann aus der Faltvorlage gebildet werden?

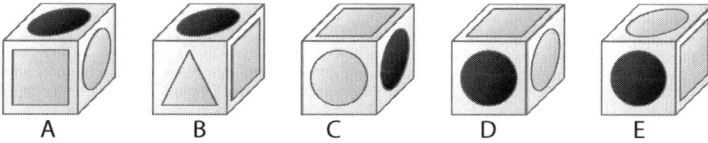

A   B   C   D   E

8. Ihnen wird ein Aufgabenwürfel vorgegeben.

Welcher der Musterwürfel A bis E ist identisch mit dem Aufgabenwürfel?

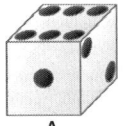   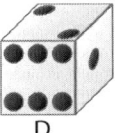 

A   B   C   D   E

9. Ihnen wird ein Aufgabenwürfel vorgegeben.

Welcher der Musterwürfel A bis E ist identisch mit dem Aufgabenwürfel?

 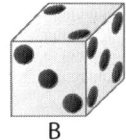   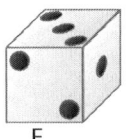

A   B   C   D   E

10. Ihnen wird ein Aufgabenwürfel vorgegeben.

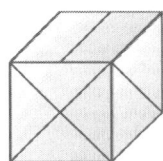

Welcher der Musterwürfel A bis E ist identisch mit dem Aufgabenwürfel?

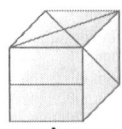 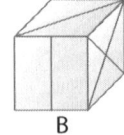 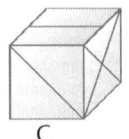 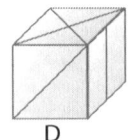 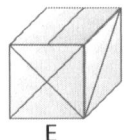

A   B   C   D   E

Lösungen und Erläuterungen

Lösungen:

1. D   **2.** D   **3.** D   **4.** B   **5.** C   **6.** D   **7.** D   **8.** A   **9.** C   **10.** D

Zu 1.

Die Figur besteht aus 10 Flächen.

Zu 2.

Die Figur besteht aus 14 Flächen.

Zu 6.

Oval im Fokus behalten, Quader zusammenfalten und 45 Grad im Uhrzeigersinn drehen.

Zu 7.

Schwarzen Kreis im Fokus behalten, Würfel zusammenfalten, nach rechts kippen und 45 Grad im Uhrzeigersinn drehen.

Zu 8.

Würfel nach hinten kippen und 90 Grad im Uhrzeigersinn drehen.

Zu 9.

Würfel 90 Grad gegen den Uhrzeigersinn drehen und dann nach vorne kippen.

Zu 10.

Würfel 90 Grad im Uhrzeigersinn drehen und dann nach rechts kippen.

Bilder differenzieren

Mit dieser Aufgabe soll getestet werden, ob die Fähigkeit besteht, Bilder mit minimalen Abweichungen voneinander zu unterscheiden. Sie bekommen jeweils fünf Bilder vorgelegt und sollen erkennen, welches Bild aufgrund einer kleinen Differenz nicht in die Reihe gehört.

Welches Bild ist nicht identisch mit den anderen vier?

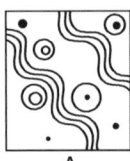 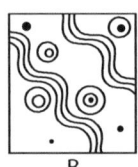 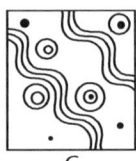 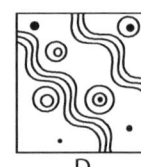 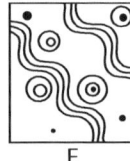

A   B   C   D   E

Antwort: **A**

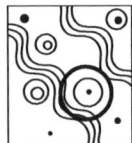

1. Welches Bild ist nicht identisch mit den anderen vier?

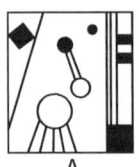 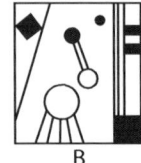 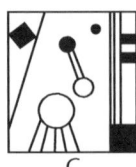 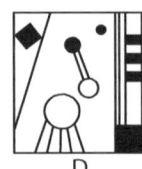 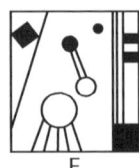

A   B   C   D   E

2. Welches Bild ist nicht identisch mit den anderen vier?

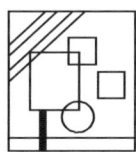 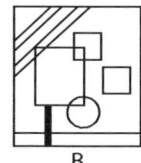 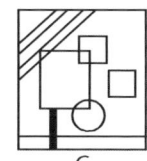 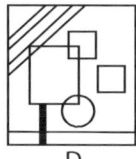 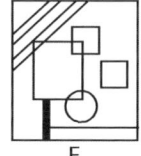

A B C D E

3. Welches Bild ist nicht identisch mit den anderen vier?

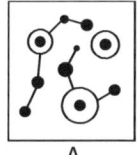 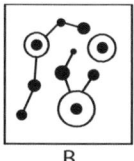 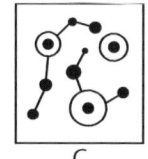 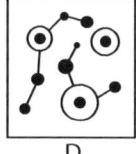 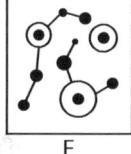

A B C D E

4. Welches Bild ist nicht identisch mit den anderen vier?

A B C D E

5. Welches Bild ist nicht identisch mit den anderen vier?

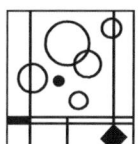 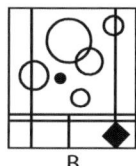 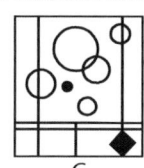 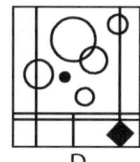 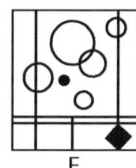

A B C D E

6. Welches Bild ist nicht identisch mit den anderen vier?

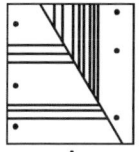 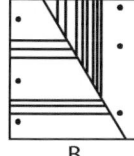 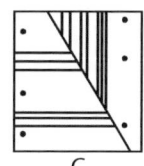 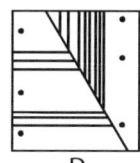 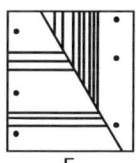

A B C D E

7. Welches Bild ist nicht identisch mit den anderen vier?

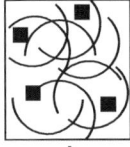 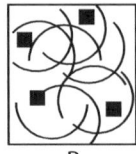 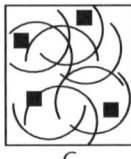 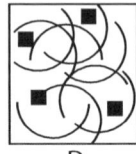 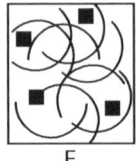

A   B   C   D   E

8. Welches Bild ist nicht identisch mit den anderen vier?

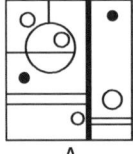 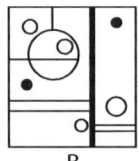 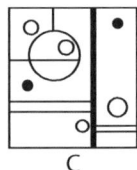 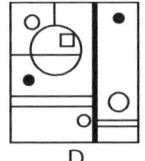 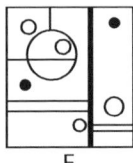

A   B   C   D   E

9. Welches Bild ist nicht identisch mit den anderen vier?

A   B   C   D   E

10. Welches Bild ist nicht identisch mit den anderen vier?

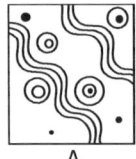 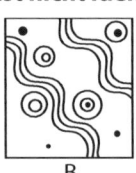 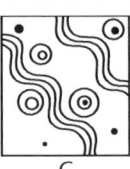 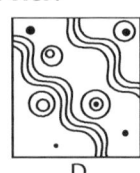 

A   B   C   D   E

Lösungen und Erläuterungen

Lösungen

1. D **2.** E **3.** B **4.** B **5.** A **6.** C **7.** C **8.** D **9.** C **10.** D

Zu 1.

Zu 2.

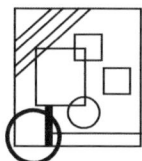

Zu 3.

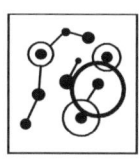

Zu 4.

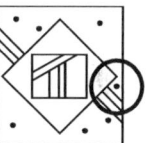

Zu 5.

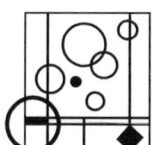

Zu 6.

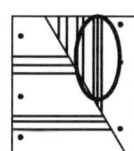

Zu 7.

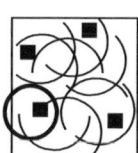

Zu 8.

Zu 9.

Zu 10.

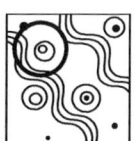

5.1.13 Visuelles Denkvermögen

Figuren ergänzen

In diesem Abschnitt wird Ihr visuelles Denkvermögen getestet.

Sie sehen ein Rechteck mit acht Mustern. Beachten Sie bitte, dass zwischen den einzelnen Rechtecken kein Zusammenhang bestehen muss, aber Regelmäßigkeiten zu erkennen sind. Ihre Aufgabe besteht darin, das Fragezeichen durch das richtige Muster sinnvoll nach einer bestimmten Regel zu ersetzen.

Hierzu ein Beispiel:

Sie sehen ein Rechteck mit acht Mustern. Das Fragezeichen soll sinnvoll nach einer bestimmten Regel ersetzt werden.

Durch welches der fünf Muster wird das Fragezeichen oben logisch ersetzt?

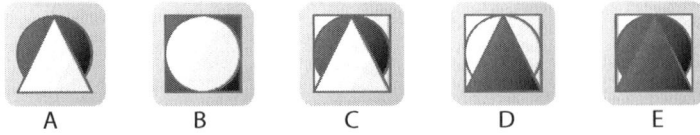

Antwort: A

Aufgaben:

1. **Sie sehen ein Quadrat mit acht Figuren. Das Fragezeichen soll sinnvoll nach einer ersichtlichen Regel ersetzt werden.**

Durch welche der fünf Figuren wird das Fragezeichen logisch ersetzt?

2. **Sie sehen ein Quadrat mit acht Figuren. Das Fragezeichen soll sinnvoll nach einer ersichtlichen Regel ersetzt werden.**

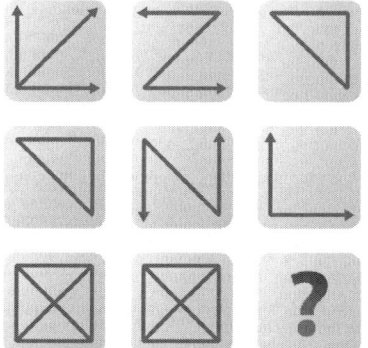

Durch welche der fünf Figuren wird das Fragezeichen logisch ersetzt?

3. Sie sehen ein Quadrat mit acht Figuren. Das Fragezeichen soll sinnvoll nach einer ersichtlichen Regel ersetzt werden.

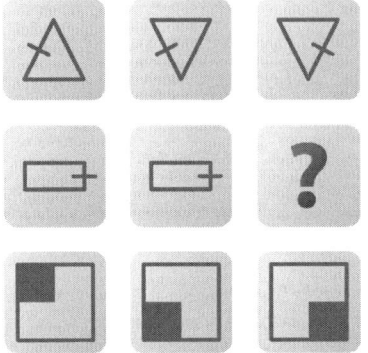

Durch welche der fünf Figuren wird das Fragezeichen logisch ersetzt?

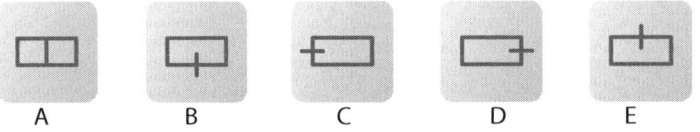

     A   B   C   D   E

Lösungen und Erläuterungen

Lösungen:

1. C   **2.** B   **3.** C

Zu 1.

Das Fragezeichen wird durch das Objekt C logisch ersetzt. Gehen Sie von oben nach unten vor. In der linken und mittleren Reihe ergeben die beiden oberen zusammen jeweils das untere Objekt, wobei die doppelt vorhandenen Linien entfernt werden müssen. Ebenso ergeben die beiden oberen Objekte der rechten Reihe das untere Objekt.

Zu 2.

Das Fragezeichen wird durch das Objekt B logisch ersetzt. Gehen Sie von oben nach unten vor. In der linken und mittleren Reihe ergeben die beiden oberen zusammen jeweils das untere Objekt, wobei die Pfeilspitzen entfernt werden müssen. Ebenso ergeben die beiden oberen Objekte der rechten Reihe das untere Objekt.

Zu 3.

Das Fragezeichen wird durch das Objekt C logisch ersetzt. Gehen Sie in den Reihen von links nach rechts vor. Zuerst wird das Objekt horizontal gespiegelt, anschließend vertikal.

Figuren entfernen

Bearbeitungszeit: 3 Minuten

Beginnen Sie bitte jetzt mit den Aufgaben und markieren Sie Ihren Lösungsbuchstaben.

1. Sie sehen fünf Figuren. Welche gehört nicht in die Reihe?

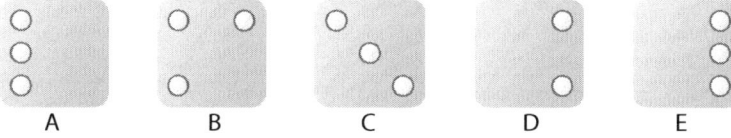

    A   B   C   D   E

2. Sie sehen fünf Figuren. Welche gehört nicht in die Reihe?

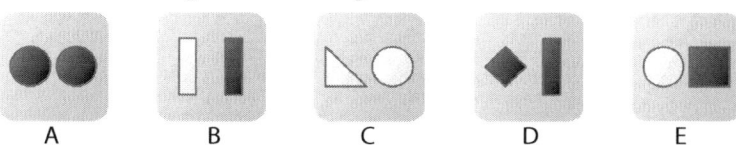

    A   B   C   D   E

3. **Sie sehen fünf Figuren. Welche gehört nicht in die Reihe?**

A   B   C   D   E

Lösungen und Erläuterungen

Lösungen:

1. D   **2.** C   **3.** B

Zu 1.

Jede Figur besteht aus drei kleinen Kreisen, nur Antwort D weicht mit nur zwei Kreisen davon ab.

Zu 2.

Die Figuren sind jeweils in der Mitte horizontal spiegelbildlich teilbar. Nur das Dreieck in Figur C ist nicht entsprechend spiegelbar.

Zu 3.

Jede Figur enthält ein weißes Element und zwei schwarze. In Figur B verhält sich dies umgekehrt.

Figurenreihe fortführen

In diesem Abschnitt wird Ihr visuelles Denkvermögen getestet.

Sie sehen in der Reihe vier Abbildungen mit verschiedenen Mustern, wobei die vierte ein Fragezeichen enthält. Welche der Figuren in der unteren Reihe ergänzt das Fragezeichen sinnvoll nach einer bestimmten Regel?

Hierzu ein Beispiel:

Sie sehen vier Abbildungen mit verschiedenen Mustern, wobei das Fragezeichen sinnvoll nach einer bestimmten Regel ersetzt werden soll.

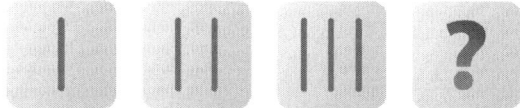

Durch welches der fünf Muster wird das Fragezeichen oben logisch ersetzt?

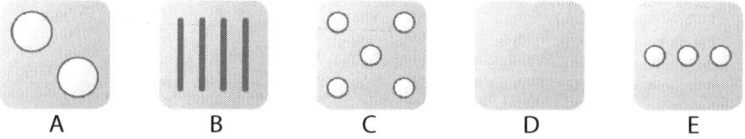

Antwort: B

Aufgaben:

1. **Sie sehen vier Abbildungen mit verschiedenen Figuren, wobei das Fragezeichen sinnvoll nach einer bestimmten Regel ersetzt werden soll.**

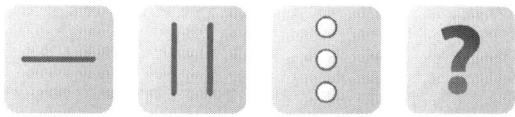

Durch welche der fünf Figuren wird das Fragezeichen logisch ersetzt?

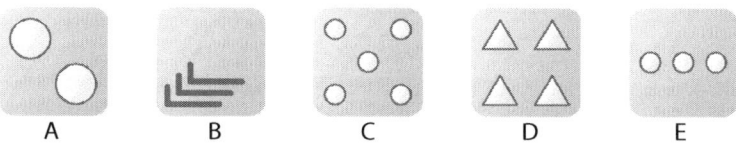

2. **Sie sehen vier Abbildungen mit verschiedenen Figuren, wobei das Fragezeichen sinnvoll nach einer bestimmten Regel ersetzt werden soll.**

Durch welche der fünf Figuren wird das Fragezeichen logisch ersetzt?

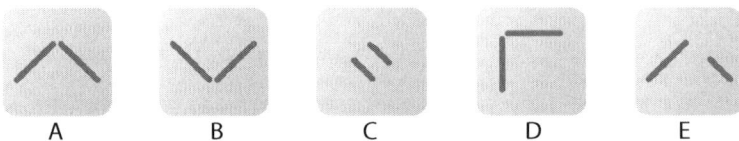

    A   B   C   D   E

3. **Sie sehen vier Abbildungen mit verschiedenen Figuren, wobei das Fragezeichen sinnvoll nach einer bestimmten Regel ersetzt werden soll.**

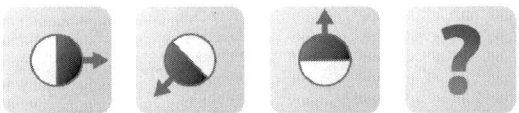

Durch welche der fünf Figuren wird das Fragezeichen logisch ersetzt?

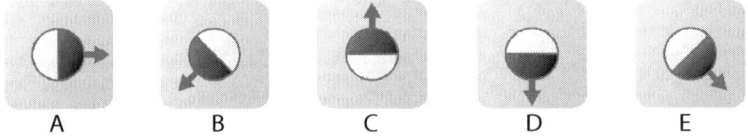

    A   B   C   D   E

Lösungen und Erläuterungen

Lösungen

1. D   **2.** C   **3.** E

Zu 1.

Das Fragezeichen wird sinnvoll durch die Figur D ersetzt. Jede folgende Figur enthält ein Element mehr als ihr Vorgänger.

Zu 2.

Das Fragezeichen wird sinnvoll durch die Figur C ersetzt. In jeder Figur stehen die Linien parallel zueinander.

Zu 3.

Das Fragezeichen wird sinnvoll durch die Figur E ersetzt. Jede folgende Figur ist um 135 Grad im Uhrzeigersinn gedreht.

5.2 Beispielfragen für das Auswahlgespräch

5.2.1 Allgemein

Das Auswahlgespräch zählt zu den wichtigen Zulassungsverfahren für Studienplätze. Für den Fall, dass Sie an einem derartigen Verfahren teilnehmen, ist eine gut geplante Vorbereitung notwendig. Hier werden im Folgenden einige Beispielfragen besprochen, mit denen Sie in einem Gespräch konfrontiert werden könnten. Zu diesen Fragen haben wir Musterantworten formuliert, die teilweise aus der Perspektive zweier Studiendisziplinen gegeben werden, teilweise auch allgemeiner ausfallen. Zudem bieten wir Ihnen Erläuterung zu den Fragen und Tipps für die Antworten. Orientieren Sie sich an diesen Ausführungen in der Vorbereitung auf ein Auswahlgespräch an einer Hochschule. Thematisch sind die Fragen in die Bereiche Studium und Hochschule sowie Persönlichkeit des Bewerbers gegliedert.

5.2.2 Studium und Hochschule

Frage 1: „Aus welchem Grund wollen Sie ein Studium im Bereich X aufnehmen?"

Ziel der Frage: Die Hochschule möchte erfahren, ob Sie sich vor der Bewerbung mit Ihrer Studienwahl ausreichend beschäftigt haben und wissen, was Sie im Studium erwartet.

Worauf Sie zu achten haben: Wenn Ihnen die Frage gestellt wird, ob Ihre Bewerbung für den Studiengang X wohlbedacht ist, dann wird erwartet, dass Sie gute Gründe für die Bewerbung vorbringen können. Es reicht nicht aus zu antworten, man habe sich gedacht, es sei bestimmt schön an der betreffenden Hochschule. Die Aussage zu treffen, man habe sich aus einem Bauchgefühl heraus beworben, ist hier fehl am Platz.

Musterantworten

Biologie: „Für meine Bewerbung auf ein Bachelorstudium im Fach Biologie ist großes Interesse an den Naturwissenschaften ausschlaggebend. In der Schule habe ich in diesen Fächern viel Spaß am Unterricht gehabt, dementsprechend sind auch meine Leistungen herausragend gewesen. Nach dem Abitur habe ich den Zivildienst absolviert, in dieser Zeit konnte ich viel über meine Möglichkeiten nachdenken. Ich bin zu dem Entschluss gekommen, ein Studium der Biologie zu wählen, da anders als in der Mathematik und Physik die Inhalte praxisbezogen sind. Zudem gilt mein besonderes

Interesse der Evolutionstheorie und der Abstammung der Arten."

Politikwissenschaften: „Seit meiner Jugend bin ich politisch engagiert. Ich war zwar nie Mitglied in einer politischen Partei, trotzdem habe ich immer mit Freunden an Demonstrationen teilgenommen, mich für die Bekämpfung von Diskriminierung und Rassismus eingesetzt und über diese Aktivitäten ein politisches Gewissen entwickelt. Ein Studium der Politikwissenschaften bietet vielfache Einblicke in grundlegende gesellschaftliche Prozesse, was zu einem besseren Verstehen von Gesellschaft beiträgt. Aus diesen Gründen habe ich mich für ein Studium der Politikwissenschaften entschieden."

Frage 2: „Warum haben Sie unsere Hochschule für Ihr Studium ausgewählt?"

Ziel der Frage: Ihr Gesprächspartner ist daran interessiert herauszufinden, ob Sie sich bewusst für die Hochschule entscheiden haben oder die Entscheidung anderweitig motiviert ist.

Worauf Sie zu achten haben: Gründe für die Wahl einer Hochschule sind vielseitig, aber die Antworten, die Sie in einem Auswahlgespräch geben können, sind begrenzt. Sie antworten unpassend auf derartige Fragen, wenn Sie angeben, Sie hätten sich nur beworben, weil Sie keine andere Hochschule kennen bzw. zu faul waren, intensiv zu suchen. Jede Frage, die in einem Auswahlgespräch gestellt wird, hat ein bestimmtes Ziel. Die Frage nach der Hochschulwahl erwartet eine Antwort, mit der Sie erklären, dass Sie sich für die Hochschule entschieden haben, da dies Ihrer Meinung nach der beste Studienort ist. Gegebenenfalls dürfen Sie übertreiben, denn ausgewählt werden in der Regel diejenigen Bewerber, die die betreffende Hochschule als perfekten Studienort darstellen.

Musterantworten

Medizin: „Ich habe mich gezielt für Ihre Hochschule entschieden, da ich später als Chirurg tätig sein möchte. In meinen Recherchen über mögliche Studienorte konnte ich feststellen, dass Ihre Universität in diesem Schwerpunktbereich über großes Renommee verfügt und die größte Ausbildungsvielfalt bietet. Zudem zählen die bei Ihnen tätigen Chirurgen zu den besten unseres Landes. So bin ich mir sicher, dass Ihre Hochschule über die besten Ausbildungsmöglichkeiten verfügt, die ich sehr gerne als Student wahrnehmen würde. "

Maschinenbau: „Ich bin schon sehr lange darin sicher, dass ich Maschinenbau studieren will. Auch bezüglich meiner Berufswünsche habe ich eine klare Vorstellung. Nach dem Studium würde ich gern in der Fahrzeugentwicklung arbeiten. Während des Abiturs habe ich die Angebote verschiedener Hochschulen verglichen, und bin letztendlich immer wieder auf den Studiengang gestoßen, der an Ihrer Hochschule angeboten wird. Überzeugt hat mich die Tatsache, dass alle Lehrenden über Praxiserfahrung verfügen und zudem Kooperationen mit Unternehmen bestehen, die im Fahrzeug- und Maschinenbau tätig sind. Für ein theoretisch-praktisch integriertes Studium, so wie ich es mir vorstelle, ist Ihre Hochschule definitiv die erste Wahl."

Frage 3: „Was wissen Sie über den Studiengang X?"

Ziel der Frage: Ein Auswahlgespräch soll den Hochschulen dazu dienen, motivierte und geeignete Studenten auszuwählen. Fragt man nach den Kenntnissen, die Sie zu einem Studiengang besitzen, auf den Sie sich beworben haben, so wollen die Prüfer von Ihnen erfahren, ob Sie wissen, welche Ausbildung Sie anstreben und wie gut Sie sich darüber informiert haben.

Worauf Sie zu achten haben: Selbstverständlich wissen Sie über das Bescheid, was Sie lernen wollen. Das ist an dieser Stelle die einzig adäquate Antwort. Da es jedoch in der Regel nicht ausreicht zu sagen, Sie wüssten etwas über den Studiengang, müssen Sie sich im Voraus informieren. Das ist die grundlegendste Voraussetzung. Informieren Sie sich im Vorfeld ausreichend und überlegen Sie sich Antworten, die Sie im Gespräch auf diese Frage geben können.

Musterantworten

Jura: „Für ein Jura Studium interessiere ich mich seit langem. In der Vorbereitung auf meine Studienbewerbungen habe ich mich an unterschiedlichen Hochschulen über verschiedene Studiengänge in den Rechtswissenschaften informiert. Das Programm an Ihrer Hochschule hat mich aus mehreren Gründen überzeugt: Zum einen hat das juristische Institut, das den Studiengang anbietet, einen sehr guten Ruf. Das ist für meine Entscheidung nicht allein ausschlaggebend gewesen. Vor allem reizt mich der Studiumsaufbau. In der Regel wird in den Rechtswissenschaften in den seltensten Fällen empfohlen, ein Auslandssemester einzulegen, Sie empfehlen dies ausdrücklich. Darüber hinaus habe ich an keiner anderen Universität einen Studiengang gefunden, in dem es einen Schwerpunkt in der Rechtstheorie gibt. Ich schätze diese Vorteile und habe mich aufgrund dessen für eine Bewerbung bei Ihnen entschieden."

VWL: „Ich habe mich vor der Bewerbung umfangreich im Internet, bei Studenten und an verschiedenen Universitäten direkt über den Studiengang informiert. Das VWL Studium an Ihrer Universität ist im Bachelor- und Mastermodus jeweils in Grund- und Hauptstudium aufgeteilt, was ich für sehr sinnvoll halte. So bietet sich die Möglichkeit, erst die Grundlagen zu erwerben und auf diesen aufbauend das theoretische Wissen zu vertiefen. Zudem habe ich erfahren, dass Studenten in diesem Studiengang die Möglichkeit haben, Nebenfächer zu wählen. Auch das finde ich sehr überzeugend.

Schlussendlich bietet Ihr Studiengang meines Erachtens die beste Voraussetzungen, Expertise im Bereich Welthandel zu entwickeln, ein thematischer Schwerpunkt, der mich außerordentlich interessiert."

Frage 4: „Welche Kompetenzen erachten Sie für ein Studium im Fach X als notwendig?"

Ziel der Frage: Wird nach Kompetenzen von Studienbewerbern gefragt, wollen Prüfer in der Regel Antworten hören, in denen Sie eine Verbindung zwischen Ihren Fähigkeiten und den Anforderungen der Ausbildung herstellen.

Worauf Sie zu achten haben: Auf diese Frage können Sie sich einstellen, sie wird in fast jedem Auswahlgespräch gestellt. Bei der Antwort gilt allerdings darauf zu achten, sich selbst kein Bein zu stellen. Zählen Sie eine Vielzahl von Kompetenzen auf, über die Sie nicht verfügen, dann disqualifizieren Sie sich als Bewerber schnell. Setzen Sie sich vor dem Gespräch intensiv damit auseinander, ob gewisse Kompetenzen zu den Zulassungsvoraussetzungen zählen. Wenn Sie diese Kompetenzen eher nicht aufweisen, dann ist es zu empfehlen, an dieser Stelle allgemein zu bleiben. Direktes Nachfragen der Prüfer kann Sie sonst in Schwierigkeiten bringen.

Musterantworten

Journalismus: „Ich denke, dass Journalistikstudenten über gewisse Kernkompetenzen verfügen müssen. Zum einen muss eine Begabung erkennbar sein, ansprechende Texte verfassen zu können. Journalisten müssen also über eine gute Sprach- und Schreibkompetenz verfügen. Da die journalistische Arbeit zum Großenteil im Produzieren von Nachrichten besteht, müssen Journalisten und Journalistikstudenten immer ausgezeichnet informiert sein. Des Weiteren muss man erwarten können, dass ein angehender Journalist eine breite Allgemeinbildung mitbringt; dies ist vor allem für berufliche Tätigkeiten wichtig. Natürlich gibt es eine Vielzahl anderer Kenntnisse, die für ein Journalistikstudium hilfreich sein können. Die genannten Kompetenzen erachte ich als zentral."

Kunst: „Ich denke, dass in erster Linie künstlerische Begabung vorhanden sein muss. Das bedeutet nicht, dass man vor Beginn des Studiums über eine künstlerische Perfektion verfügen muss, die man erst im Studium erlernen kann. Denn dann wäre ein Kunststudium überflüssig. Neben der Begabung müssen Kunststudenten ausgesprochen kreativ und ideenreich sein. Wenn ich mit einer lustigen Situation konfrontiert bin, versuche ich mir oft vorzustellen, wie ich das situativ Erlebte ausdrücken könnte, so dass es von mir abstrahiert und für andere vermittelbar wird. Das scheint mir wichtig. Nicht zuletzt muss man über ein gutes Durchhaltevermögen verfügen, denn die

Produktion künstlerischer Arbeiten ist mitunter zeit- und nervenaufreibend. Ich denke, dass Bewerber mit diesen Kompetenzen gute Chance haben, ihr Studium erfolgreich zu absolvieren."

Frage 5: „Haben Sie sich auch an anderen Universitäten beworben?"

Ziel der Frage: Heute brauchen Sie bei dieser Frage keine Sorge zu haben, dass es sich um eine Fangfrage handelt. Sie können ruhig sagen, dass Sie sich auch an anderen Universitäten beworben haben. Dies steigert den eigenen Wert und zeigt, dass Sie sich aktiv um einen Studienplatz in Ihrem Interessensgebiet bemühen. Aber gehen Sie nicht zu stark ins Detail. Machen Sie den Prüfern deutlich, dass Sie am Studienfach ein großes Interesse haben und sich aktiv für Ihren Studienwunsch engagieren.

Worauf Sie zu achten haben: Bei der Antwort kommt es auf zwei Dinge an: Auf der einen Seite sollten Sie versuchen deutlich zu machen, dass Sie ein so starkes Interesse an dem Studium haben, dass Sie sich in diversen Universitäten beworben haben. Auf der anderen Seite dürfen Sie aber nicht vergessen zu beteuern, dass Ihr wirkliches Interesse nur in dem Studienplatz der jeweiligen Universität besteht, bei der Sie gerade im Vorstellungsgespräch sitzen. Machen Sie deutlich, dass Sie sich auch an anderer Stelle beworben haben, um sich Ihren Wunsch erfüllen zu können. Vermeiden Sie es, verschiedene Studienfächer anzuführen, in denen Sie sich beworben haben, das könnte Sie den Platz kosten, weil es als Unsicherheit oder Unschlüssigkeit gewertet werden könnte.

Musterantwort

„Ja, ich habe mich an verschiedenen Hochschulen beworben. Mir ist es sehr wichtig, einen Studienplatz im Fach X zu bekommen, so habe ich mich bei mehreren Universitäten beworben, um auf der sicheren Seite zu sein. Weil Ihre Universität aber die besten Ausbildungsmöglichkeiten bietet und über das größte Renommee verfügt, würde ich mein Studium am liebsten hier absolvieren. Ich hoffe, die anderen Bewerbungen sind nur eine Ausweichmöglichkeit für den Notfall."

5.2.3 Die eigene Person

Frage 1: „Erzählen Sie bitte etwas über Ihren Werdegang!"

Ziel der Frage: Diese Art der Frage gehört auf jeden Fall zu den Top 10 der am häufigsten gestellten Fragen in Vorstellungsgesprächen. Es geht den Verantwortlichen, die Ihnen diese Frage stellen, nicht um die harten Informationen, denn die sind durch die Bewerbungsunterlagen schon zum Großteil bekannt. Vielmehr soll mit dieser Frage festgestellt werden, inwieweit Sie in der Lage sind, Ihre Qualifikation so wiederzugeben wie in den Unterlagen, und wo Sie einen besonderen Schwerpunkt setzen. Was ist eigentlich Ihr Berufsziel und stimmt das mit dem überein, was Sie im Bewerbungsschreiben formuliert haben? Haben Sie einen Plan verfolgt, als Sie sich beworben haben, oder ist alles eher zufällig passiert?

Worauf Sie zu achten haben: Wenn Sie jemand nach Ihrem Werdegang fragt, dann beginnen Sie nicht in der Nacht, in der sich Ihre Eltern zum ersten Mal begegnet sind, und auch nicht an Ihrem ersten Kindergartentag oder dem Tag Ihrer Einschulung. Halten Sie den Beitrag eher knapp, reden Sie nicht länger als zwei bis drei Minuten. Und versuchen Sie in dieser Zeit nur Relevantes anzubringen. Natürlich ist ein Theaterkurs, den Sie in der Schule besucht haben, auch von Interesse im Bezug auf Ihre Persönlichkeit. Wichtiger sind jedoch in einem Vorstellungsgespräch die Informationen, die mit Blick auf das vakante Studium von Bedeutung sind. Versuchen Sie Ihrem Beitrag einen roten Faden zu geben, das heißt Struktur und Inhalt. Sie können sich im Voraus genau überlegen und planen, wie Sie Ihren Werdegang so darstellen, dass er Zusammenhang erkennen lässt. Zeigen Sie, dass Sie die Fähigkeit besitzen, einige Minuten frei zu sprechen und Ihre Erfahrungen, Kenntnisse und Ziele zu präsentieren. Nehmen Sie sich einfach in der Vorbereitung auf das Gespräch einige Zeit und überlegen Sie, wie Sie stichpunktartig Ihren Werdegang strukturieren können. So haben Sie dann die wichtigsten Punkte immer direkt präsent. Achten Sie besonders darauf, die Stärken hervorzuheben, die für das Studium von Relevanz sind. Es darf auf keinen Fall bei Ihrem Gegenüber das Gefühl entstehen, dass Sie gewisse Lücken in Ihrem Lebenslauf nicht zu füllen wissen und lange überlegen müssen, was Sie zu dieser Zeit eigentlich gemacht haben.

Musterantworten

Anglistik: „Nach der Grundschule habe ich das Gymnasium Maria Magdalena in Braunschweig besucht und nach der 13. Klasse erfolgreich mit dem Abitur abgeschlossen. Meine Leistungskurse waren Deutsch und Englisch. Während der Schulzeit habe ich zwei Praktika absolviert (à 4 Wochen). Das erste Praktikum habe ich im Reclam Verlag in der Abteilung für englischsprachige Literatur gemacht und das zweite in einer Agentur für Eventmanagement, wo meine guten Englischkenntnisse von Bedeutung waren. Beide Arbeitsbereiche haben mir große Freude bereitet. Im Reclam Verlag konnte ich an der Neuauflage von englischen Klassikern mitwirken, was für mich eine großartige Erfahrung war. Durch die verschiedenen Tätigkeiten bekam ich einen guten Einblick in mögliche Berufsfelder und mein Studienwunsch hat sich dabei gefestigt. In der 12. Klasse war ich für einen Monat auf einem Schüleraustausch in London, wo ich meine Englischkenntnisse aufgebessert habe. Im vergangenen Monat, nach Ende des Abiturs, bin ich für einen einmonatigen Literatursprachkurs in Amerika gewesen, um meine Englischkenntnisse für das Studium weiter auszubauen."

Frage 2: „Was sind Ihre persönlichen Stärken und Schwächen?"

Ziel der Frage: Wird Ihnen im Auswahlgespräch diese Frage gestellt, so sind die Verantwortlichen an Ihrer Selbsteinschätzung interessiert.

Worauf Sie zu achten haben: Jede Person hat Stärken und Schwächen, letztere gesteht man allerdings weniger gern ein. Und das hat einen guten Grund: Schwächen gehören nicht zu den Persönlichkeitsmerkmalen, die eine Person als kompetent ausweisen. Dies sollten Sie für jedes Auswahlgespräch berücksichtigen. Natürlich müssen Sie in einem solchen Gespräch auch Schwächen anführen, denn jede Person hat Fehler. Es ist allerdings zu empfehlen, dass Sie Ihre Stärken im Gespräch herausstellen und Ihre Selbsteinschätzung mit ein oder zwei unrelevanten Schwächen aufhübschen.

Musterantworten

Mathematik: „Ich würde mich selbst als verkopften Naturwissenschaftler bezeichnen, insbesondere im abstrakten Denken liegen meine großen Stärken. Ich hatte nie wirkliche Probleme in der Schule, konnte den Lernstoff immer schnell und einfach aufnehmen und habe sogar Spaß an der Schule gehabt. Zudem bin ich als Mensch sehr zuverlässig und immer interessiert, Neues zu entdecken. Natürlich habe ich auch Schwächen, schließlich ist niemand perfekt: Ich versuche immer alles perfekt zu machen, was manche Leute auf die Palme bringt."

Philosophie: „Ich denke über vieles nach und finde überall Ansatzpunkte für Diskussionen. Das ist eine meiner Stärken. Zudem bin ich schon seitdem ich denken kann ein Mensch, der jedes Phänomen, das ihm begegnet, verstehen und nachvollziehen will. Ich glaube, man nennt so etwas unbändigen Wissensdrang. Probleme in der Schule hatte ich nie, weder im Lernen noch mit den Mitschülern. Ich denke, dass dies auf die Toleranz zurückzuführen ist, die ich versuche, jedem Menschen entgegenzubringen.

Und meine Schwächen, naja, wer spricht schon gern über Schwächen. Aber wie sagt man so schön: nobody is perfect. Natürlich habe ich auch meine Schwächen, so bin ich beispielsweise am Morgen, nach dem Aufstehen, unausstehlich. Das sagt zumindest meine Freundin. Glücklicherweise werden Sie mich so nie erleben müssen. "

Frage 3: „Können Sie gut in der Gruppe arbeiten oder sind Sie ein typischer Einzelgänger?"

Ziel der Frage: Die Verantwortlichen wollen erfahren, ob Sie Teamfähigkeit besitzen oder eher ein Eigenbrötler sind.

Worauf Sie zu achten haben: Sie sollten weder das eine, noch das andere überbetonen. Kein Mensch will immer nur in der Gruppe arbeiten, also hüten Sie sich davor, sich als absoluten Teamplayer auszuweisen; das wirkt in der Regel gekünstelt. Auf der anderen Seite besitzt niemand die Kompetenz, jede Aufgabe in Eigenregie auszuführen, bestimmte Tätigkeiten erfordern Zusammenarbeit. Versuchen Sie ein gutes Gleichgewicht in Ihrer Antwort zu suchen.

Musterantwort

„Ich kann sowohl gut in der Gruppe arbeiten als auch allein. Aber es fällt mir schwer, eine Aussage darüber zu treffen, was ich bevorzuge. Ich denke, das ist abhängig von der Aufgabe, mit der man sich auseinandersetzt. Wenn ich mich an meine Schulzeit erinnere, so muss ich feststellen, dass ich gut in Gruppen lernen kann. Man ergänzt sich in diesem Zusammenhang, das erleichtert das Lernen. Beim Verfassen einer Projektarbeit, die ich eigentlich mit einem Mitschüler schreiben wollte, ist mir allerdings aufgefallen, dass es Situationen gibt, in denen man allein besser arbeiten kann. Ich denke, dass ich im Studium, wenn ich z.B. eine Hausarbeit schreiben muss, besser allein arbeiten werde. Bei der Vorbereitung auf Klausuren würde ich lieber versuchen mit anderen Studenten gemeinsam zu lernen. "

Frage 4: „Was erscheint Ihnen wichtiger: einen erfüllenden Job auszuüben oder ein hohes Gehalt zu bekommen?"

Ziel der Frage: Mit einer derartigen Frage ist die Hoffnung verbunden herauszufinden, welche Ziele ein Bewerber verfolgt und wo Präferenzen gesetzt werden.

Worauf Sie zu achten haben: In der Antwort sollten Sie sich Mühe geben, beide Aspekte gleichwertig zu berücksichtigen. Die beste Antwort besteht darin zu sagen, man würde später gern einen erfüllenden Job ausüben, der zudem angemessen bezahlt wird. Wenn Sie nur nach Erfüllung im Berufsleben suchen, dann könnten Sie als Idealist abgestempelt werden, dem der Realitätsbezug fehlt. Vermittelt Ihre Antwort hingegen, dass Sie nur auf das große Geld aus sind, dann kann Ihnen der Vorwurf gemacht werden, Sie würden sich vor allem für die oberflächlichen Seiten des Lebens interessieren.

Musterantwort

„Wenn ich abwägen soll, was mir wichtiger ist, dann würde ich mich für den ausfüllenden Job entscheiden. Selbstverständlich möchte ich später einem Beruf nachgehen, der angemessen bezahlt wird. Doch denke ich, dass der erfüllende Beruf und ein gutes Gehalt keinen Widerspruch darstellen müssen. Sollte ich versuchen mir vorzustellen, wie ich später arbeiten möchte, dann würde ich Folgendes als wichtig erklären: In erster Linie möchte ich einen Beruf ausüben, der mit den Inhalten meines Studiums korrespondiert. Natürlich möchte ich über die notwendige Freizeit verfügen. Wenn es daran geht, über ein Gehalt nachzudenken, würde ich gern so viel verdienen, dass ich eine kleine Familie versorgen kann. Ich brauche weder einen Porsche noch eine Yacht, aber gutes Essen, gelegentliche Reisen und andere Aktivitäten möchte ich mir erlauben können."

Frage 5: „Warum sind Sie der perfekte Kandidat für den Studienplatz?"

Ziel der Frage: Diese Art der Frage zielt darauf ab, dem Bewerber die Möglichkeit zu geben, seine Fähigkeiten anzuführen und die Eignung für das Studium darzulegen.

Worauf Sie zu achten haben: Selbstverständlich sind Sie der perfekte Kandidat! Und das sollte Ihre Antwort auch zeigen. Leicht gesagt, mögen Sie einwenden. Warum sollte jemand überzeugt sein, wenn Sie zum Ausdruck bringen, dass Sie der richtige Kandidat sind? Bei einer derartigen Frage gilt es in der Antwort die eigenen Kompetenzen galant darzustellen. Nur zu sagen, man sei der Beste, reicht nicht aus. Sie müssen an wichtigen Punkten festmachen, warum Sie besonders geeignet sind. Führen Sie z.B. an, dass Sie Erfahrungen mitbringen, ein Praktikum absolviert haben oder nennen Sie Kernkompetenzen, die für ein Studienfach relevant sind. In diesem Zusammenhang ist es sinnvoll, wenn Sie vor dem Gespräch versuchen herauszufinden, welche Kriterien aufgestellt worden sind, um die Kompetenz der Bewerber festzustellen.

Musterantworten

Lehramt: „Ich denke, ich bin der richtige Kandidat für die Lehramtsausbildung, weil ich sehr gut mit Kindern und Jugendlichen umgehen kann. In meiner Kirchengemeinde habe ich in den letzten vier Jahren die Jugendferienfreizeiten betreut, was mir große Freude bereitet hat. Mein Schulpraktikum habe ich in einer Lernbehindertenschule absolviert, in diesem Praktikum habe ich erfahren können, wie anstrengend die Arbeit in der Schule sein kann. Auf der anderen Seite hat mir die Tätigkeit aber auch gezeigt, dass die von mir geleistete Arbeit bei den Kindern zu kleinen Erfolgen beigetragen hat. Das motiviert mich zusätzlich, ein Lehramtsstudium aufzunehmen. Ich bringe ein großes Interesse am Berufsfeld mit und bin mir zudem sicher, dass ich über das für das Studium notwendige Leistungsvermögen verfüge. Wie Sie meinem Lebenslauf entnehmen können, habe ich im Abitur die Leistungskurse Englisch und Geschichte belegt und sehr gute Noten geschrieben. Wie Sie wissen, möchte ich auch in diesem Fächern das Lehramtstudium aufnehmen. So denke ich, dass ich für das Studium und den Beruf sehr geeignet bin."

Romanistik: „Ich bin mir sicher, dass ich der richtige Kandidat für das Studium bin und ich kann Ihnen auch erläutern, warum dies der Fall ist. Erstens verfüge ich über grundlegende Kenntnisse der französischen und spanischen Sprache und habe zudem das Latinum in der Schule erworben. Im Studium muss ich nicht von Null anfangen, sondern kann auf diese Vorkenntnisse aufbauen. Ich bin mir über die Studieninhalte bewusst und freue mich auf das Studium. Eine Freundin, die Romanistik studiert, berichtet mir regelmäßig von ihrem Studium und hat mir schon eine ihrer Hausarbeiten über den Don Quijote vorgelesen. Ich bin auf das Studium vorbereitet, weiß z.B., dass ich in der Sprach- und Literaturwissenschaft studieren werde und das Studium nicht einfach daraus besteht, romanische Sprachen zu lernen."

[6] Studienfinanzierung

6.1 Allgemein

Nicht nur inhaltlich und strukturell hat sich in den vergangenen Jahren vieles an den deutschen Hochschulen verändert. Mit Einführung der Studiengebühren in 9 von 16 Bundesländern[108] ist das Studium in Deutschland heute weitgehend kostenpflichtig. Zwar sind nicht deutschlandweit Studiengebühren durchgesetzt worden, trotzdem handelt es sich um den größten Einschnitt in der deutschen Bildungslandschaft. Bis 1970 war es an den deutschen Hochschulen üblich, so genannte Hörergelder zu bezahlen – zumeist in Höhe von 150 DM. Diese Gebühren wurden in den Studentenprotesten der 1960er Jahre allerdings erfolgreich boykottiert, so dass nach 1970 das Bezahlen für Bildung aus der deutschen Hochschullandschaft verschwand. Heute wird die (Wieder-)Einführung der Studiengebühren als Strategie beworben, der chronischen Unterfinanzierung der deutschen Hochschullandschaft entgegenzutreten. So dürfen die Gebühren nur eingesetzt werden, um an den Hochschulen die Bedingungen in Studium und Lehre zu verbessern, eine Verwendung der Gebühren in der Forschung ist nicht gestattet. Um die Hochschulen strukturell und fachlich in der Forschung international konkurrenzfähig zu machen, vergibt der Bund Fördergelder für Exzellenzprogramme und Forschungscluster.

Nicht nur die Studiengebühren stellen für das meist kleine Budget der Studenten eine Herausforderung dar. Je nach Studienfach und Studienort variieren die Kosten für das Studienmaterial und die Lebenshaltung, viele Studenten müssen neben dem Studium einer Erwerbsarbeit nachgehen. Dem vom Bundesministerium für Bildung und Forschung herausgegebenen Bericht *Bachelor-Studierende: Erfahrungen in Studium und Lehre* ist zu entnehmen, dass 1/3 aller Bachelorstudierenden angibt, das in einer Erwerbsarbeit verdiente Geld dringend zu benötigen, um das Studium überhaupt finanzieren zu können.[109] Überspitzt kann man feststellen, dass die ökonomische Situation der deutschen Studenten mitunter sogar zur Belastung werden kann, denn:

Mehr als ein Viertel der Bachelor-Studierenden fühlt sich durch die gegenwärtige ökonomische Lage im Studium stark beeinträchtigt. In etwas geringerem Umfang sind die Studierenden über ihre Finanzsituation nach dem Studium besorgt. Solche Sor-

---

[108] Vgl. die Tabelle (I) auf der folgenden Seite.
[109] Vgl. *Bachelor-Studierende: Erfahrungen in Studium und Lehre – Eine Zwischenbilanz*, S. 37.

gen, die wegen der materiellen Situation nach dem Studium auftreten, sind auch durch unsichere Berufsaussichten begründet, die 22 % aller Bachelor-Studierenden belasten.[110]

Die Anmerkungen zeigen, dass von angehenden Studenten vor Beginn des Studiums nicht nur entschieden werden muss, welchem Fach man sich im Studium zuwenden will. Auch ein Finanzierungsplan ist wichtig, denn ein Studium kann teuer werden. Wir wollen daher empfehlen, sich eingehend vor Beginn des Studiums mit der Finanzierung auseinanderzusetzen.

In diesem Abschnitt werden verschiedene Aspekte des Themas Studienfinanzierung besprochen: In einem ersten Abschnitt versuchen wir statistisch nachzuvollziehen, wie sich die Einnahmen und Ausgaben des durchschnittlichen deutschen Studenten zusammensetzen. Im Anschluss werden einzelne Finanzierungsmöglichkeiten erläutert. Wie Sie eine finanzielle Unterstützung durch Ihre Eltern organisieren können, wird nicht erklärt. Stattdessen wollen wir vier verschiedene Wege der Studienfinanzierung aufzeigen, die für jeden angehenden Studenten interessant sein können: Das Bafög, Stipendien, Studentenjobs und Studienkredite.

6.2 Ausgaben für ein Studium

Heute benötigt der durchschnittliche Student als Arbeitsgrundlage in der Regel einen Computer, denn an den meisten Hochschulen und in den meisten Fachbereichen ist der Computer das zentrale Arbeitsgerät. Zudem ist es auch vorteilhaft, über einen Internetzugang zu verfügen, da an vielen Hochschulen über dieses Medium kommuniziert und gearbeitet wird. Darüber hinaus kommen, abhängig vom Studienfach, Materialkosten für Fachliteratur, Ausstattung mit Instrumenten und Werkzeugen, Schreibmaterialien etc. hinzu.

Wenn Sie einen Studienort wählen, der fernab der Heimat und dem Elternhaus liegt, dann müssen auch Mietkosten, Ausgaben für die Ernährung, Heiz- und Stromkosten uvm. gedeckt sein. In München beträgt die durchschnittliche Miete 348 Euro, in Frankfurt am Main 328 Euro, in Berlin sind es 300 Euro, in Leipzig 236 Euro und in Dresden 223 Euro.[111] Hieran können Sie erkennen, inwiefern die Lebenshaltung die Kosten Ihres Studiums betreffen und dass der Studienort mit Blick auf die finanzielle Lage aller Studenten eine wichtige Rolle spielt. Natürlich sollte man nicht eine Hochschule oder einen Studienplatz verschmähen, weil in der betreffenden Stadt die Mietkosten zu

---

[110] Ebd., S. 73.

[111] Vgl. *Die wirtschaftliche und soziale Lage der Studierenden in der Bundesrepublik Deutschland 2009: 19. Sozialerhebung des Deutschen Studentenwerks, Bundesministerium für Bildung und Forschung (BMBF)*, 2010, S. 22.

hoch sind. Dennoch müssen Sie in etwa kalkulieren können, wie viel Ihr Studium monatlich kostet, schließlich müssen die Ausgaben, die anfallen, gedeckt werden.

Der folgenden Tabelle können Sie die Mietkosten in wichtigen deutschen Hochschulstädten entnehmen:

Mietkosten in deutschen Hochschulstädten[112]

Stadt	Euro	Stadt	Euro
München	348	Trier	278
Hamburg	345	Karlsruhe	276
Köln	333	Regensburg	275
Düsseldorf	330	Potsdam	274
Frankfurt am Main	328	Dortmund	274
Darmstadt	321	Braunschweig	273
Mainz	308	Erlangen-Nürnberg	272
Stuttgart	306	Würzburg	268
Konstanz	305	Bielefeld	267
Bremen	300	Gießen	266
Berlin	298	Göttingen	261
Ulm	298	Kassel	260
Bonn	298	Paderborn	259
Wuppertal	297	Osnabrück	259
Freiburg	294	Bochum	258
Aachen	293	Passau	254
Duisburg	289	Greifswald	252
Lüneburg	288	Bamberg	250
Tübingen	288	Erfurt	249
Hannover	285	Halle (Saale)	243
Saarbrücken	282	Oldenburg	242
Münster	281	Leipzig	236
Mannheim	281	Magdeburg	236
Kiel	280	Jena	233
Augsburg	280	Dresden	223
Marburg	279	Chemnitz	210
Rostock	279		

[112] Vgl. Ebd.

Die Tabelle zeigt, dass ein Studium in einer fremden Stadt durchaus teuer werden kann. Insbesondere München, Hamburg und Frankfurt am Main, alles Städte mit sehr guten Hochschulen, stechen mit Blick auf die Mietkosten heraus.

Der 19. Sozialeerhebung ist zu entnehmen, dass die durchschnittlichen Lebenshaltungskosten eines deutschen Studenten schwer explizit bestimmt werden können, da abhängig vom Studienort die Kosten variieren.[113] In diesem Bericht werden jedoch Mittelwerte für Kernbereiche angegeben, die nahezu alle Studenten betreffen. Es fallen Kosten an für Miete, Ernährung, Kleidung, Lernmittel, Verkehrsmittel, Gesundheit, Kommunikation und Freizeit. Der folgenden Tabelle ist zu entnehmen, dass die monatlichen Ausgaben deutscher Studenten im Schnitt bei 757 Euro liegen.

Monatliche Ausgaben deutscher Studenten[114]

	Euro
Miete	281
Ernährung	159
Kleidung	51
Lernmittel	33
Verkehrsmittel	76
Gesundheit	59
Kommunikation	35
Freizeit	63
insgesamt	**757**

Das monatliche Durchschnittseinkommen der deutschen Studenten liegt bei 812 Euro.[115] Nach Abzug der durchschnittlichen Kosten von 757 Euro bleiben monatlich 55 Euro übrig. In den Ländern, die Studiengebühren erheben, fallen zudem pro Studienjahr (2 Semester) ca. 1000 Euro Gebühren an; bei einem Durchschnittseinkommen von 812 Euro beträgt dies 10 % der jährlichen Einnahmen.[116] Die 660 Euro, die aus den monatlich gesparten 55 Euro pro Jahr übrigbleiben, reichen nicht aus, um die Studiengebühren zu bezahlen.

---

[113] Ebd., S. 21.
[114] Ebd., S. 21-23.
[115] Vgl. Ebd. S. 13
[116] Vgl. Ebd.

Die nachfolgende Tabelle zeigt an, in welcher Höhe die betreffenden Bundesländer Studiengebühren erheben:

Studiengebühren in den Bundesländern

Bundesland	Gebühren
Baden-Württemberg	500 € Studiengebühren, plus Semesterbeitrag und Immatrikulationsgebühren
Bayern	100-500 € Studiengebühren, plus Semesterbeitrag und Immatrikulationsgebühren
Berlin	Keine Studiengebühren, Semesterbeitrag und Immatrikulationsgebühren
Brandenburg	Keine Studiengebühren, Semesterbeitrag und Immatrikulationsgebühren
Bremen	Keine Studiengebühren, Semesterbeitrag und Immatrikulationsgebühren; bis zu 500 € Studiengebühren für Langzeitstudium
Hamburg	500 € Studiengebühren, Semesterbeitrag und Immatrikulationsgebühren
Hessen	500 € Studiengebühren, Semesterbeitrag und Immatrikulationsgebühren; bis zu 900 € Studiengebühren für Langzeitstudium
Mecklenburg-Vorpommern	Keine Studiengebühren, Semesterbeitrag und Immatrikulationsgebühren
Niedersachsen	500 € Studiengebühren, Semesterbeitrag und Immatrikulationsgebühren; 600-800 € Studiengebühren für Langzeitstudium
Nordrhein-Westfalen	500 € Studiengebühren, Semesterbeitrag und Immatrikulationsgebühren
Rheinland-Pfalz	Keine Studiengebühren, Semesterbeitrag und Immatrikulationsgebühren; bis zu 650 € Studiengebühren für Langzeit-, Zweit- und Seniorenstudium

Saarland	300 € Studiengebühren 1. und 2. Semester; ab 2. Semester 500 €, Semesterbeitrag und Immatrikulationsgebühren
Sachsen-Anhalt	Keine Studiengebühren, Semesterbeitrag und Immatrikulationsgebühren; 500 € Studiengebühren für Langzeitstudium
Sachsen	Keine Studiengebühren, Semesterbeitrag und Immatrikulationsgebühren; 30-450 € Studiengebühren für Langzeitstudium
Schleswig-Holstein	Keine Studiengebühren, Semesterbeitrag und Immatrikulationsgebühren
Thüringen	Keine Studiengebühren, Semesterbeitrag und Immatrikulationsgebühren, 500 € Studiengebühren für Langzeitstudium

Die Ausführungen über die Ausgaben für ein Studium zeigen, dass man als Student heute nicht einfach nur studieren kann; ein Studium muss finanziert werden. Wenn Sie Glück haben, werden Sie von Ihren Eltern unterstützt, dies ist jedoch nicht immer der Fall. Bleibt die Finanzierung der Eltern aus, so müssen Sie als Student das Studium ganz oder teilweise selbstständig finanzieren. Dann sind Sie genötigt, wie 2/3 aller Bachelorstudenten neben dem Studium einer Erwerbsarbeit nachzugehen, BAföG zu beantragen oder sich um ein Stipendium zu bewerben. Sie können auch einen Studienkredit aufnehmen, jedoch wollen wir davon abraten, sich schon im Studium zu verschulden und durch einen Kredit zu belasten. Sie sollten einen Kredit nur als letzte Möglichkeit nutzen, wenn Sie keinen anderen Weg finden, das Studium zu finanzieren.

6.3 Finanzierungsmöglichkeiten

Wie die Studienfinanzierung bewerkstelligt werden kann, wollen wir nun erläutern. Sie finden Ausführungen zu den Themen BAföG, Stipendium, Studentenjob und Studienkredit.

6.3.1 BAföG

Allgemein

In der BRD gibt es seit dem 26. August 1971 das Bundesgesetz über individuelle Förderung der Ausbildung, auch Bundesausbildungsförderungsgesetz (BAföG) genannt.
Der §1 (Grundsatz) dieses Gesetzes besagt:

> Auf individuelle Ausbildungsförderung besteht für eine der Neigung, Eignung und
> Leistung entsprechende Ausbildung ein Rechtsanspruch nach Maßgabe dieses Geset-
> zes, wenn dem Auszubildenden die für seinen Lebensunterhalt und seine Ausbildung
> erforderlichen Mittel anderweitig nicht zur Verfügung stehen.[117]

Jeder Deutsche oder in Deutschland lebende EU-Bürger, der eine Ausbildung an einer
Universität oder einer Fachhochschule anstrebt, hat zunächst Anspruch auf Leistungen nach dem BAföG-Gesetz. Ob und in welcher Höhe diese Leistungen tatsächlich
gewährt werden, hängt von der finanziellen Situation der Familie des Antragstellers
ab. Maßstab der BAföG-Leistungen ist ein im Gesetz festgelegter, und absurderweise
bundesweit identischer, monatlicher Bedarf. Der Bedarf eines Studenten umfasst die
Lebensunterhalts- und die Ausbildungskosten. Dieser deckt nicht notwendigerweise
die tatsächlichen Kosten eines Studenten, mitunter müssen auch BAföG-Berechtigte
weitere Einnahmequellen auftun.

BAföG wird immer nur für ein Jahr gewährt. Das bedeutet, für jeden Bewilligungszeitraum (i.d.R. von Oktober bis September) muss ein neuer Antrag gestellt werden. Das
BAföG wird auch in der vorlesungsfreien Zeit ausgezahlt, generell gibt es jedoch eine
Förderungshöchstdauer – diese bemisst sich an der Regelstudienzeit des jeweiligen
Studiums. Bei einem durchschnittlichen Bachelorstudium beträgt sie zumeist 6 Semester. Unter besonderen Umständen kann die Förderungshöchstdauer verlängert
werden. Dies gilt insbesondere bei Schwangerschaft, Krankheit oder Mitwirkung in
universitären Gremien (Fachschaft, Studierendenparlament, Asta). Nach dem Ende der
Förderungshöchstdauer besteht die Möglichkeit, eine so genannte Studienabschluss-
finanzierung zu beantragen. Dabei handelt es sich jedoch um einen regulären Bank-
kredit, der lediglich durch das jeweilige Studentenwerk vermittelt wird.[118]

BAföG wird nicht ausschließlich als Zuschuss gewährt (wie z.B. Hartz IV), im Regelfall
wird es zu gleichen Teilen als Zuschuss und als Darlehen gezahlt. Das Darlehen ist al-

---

[117] Vgl. den Webauftritt des Bundesministeriums für Bildung und Forschung (BMBF) auf:
[http://www.das-neue-bafoeg.de/de/204.php].
[118] Vgl. zur Förderungshöchstdauer §15 bis §16: [http://www.das-neue-bafoeg.de/de/204.php].

lerdings zinsfrei und weist weitgehend faire (da einkommensabhängig) Rückzahlungskonditionen auf. Außerdem ist die maximale Rückzahlungssumme auf 10.000 Euro begrenzt. Für leistungsstarke Studenten gibt es zudem die Möglichkeit eines Teilerlasses bis zu 25 %. Die Rückzahlungspflicht beginnt fünf Jahre nach Ende des Studiums, die gesamte Summe muss in monatlichen Raten von mindestens 105 Euro über einen Zeitraum von 20 Jahren zurückgezahlt werden. Man kann sich jedoch von der Rückzahlungspflicht zeitweilig freistellen lassen, wenn das eigene monatliche Einkommen 1040 Euro nicht übersteigt. Selbstverständlich ist es möglich, die gesamte Summe früher und am Stück zurückzuzahlen. Für diese Rückzahlungsvariante kann es sogar ein Teilerlass der Schulden gewährt werden.[119]

Abschließend können wir festhalten, dass angehende Studenten die Möglichkeit haben, mit Studienbeginn die staatliche Ausbildungsförderung zu beantragen, wenn der Lebensunterhalt nicht anderweitig aufgebracht werden kann. Natürlich bedeutet dies nicht, dass nur BAföG bekommt, wer nicht arbeiten kann, keine finanzielle Unterstützung durch die Eltern erfährt oder keinen Studienkredit aufnehmen will. Allerdings werden nicht alle BAföG-Anträge bewilligt, es gilt gewisse Voraussetzungen zu erfüllen:

Der Antragsteller muss...

¬ eine förderungsfähige Ausbildung an einer förderungsfähigen Ausbildungsstätte aufnehmen. Dazu gehören Fachhochschulen sowie Hochschulen. Nichtstaatliche Schulen bedürfen der Anerkennung.

¬ Deutscher im Sinne des Grundgesetzes, EU-Bürger mit Recht auf Daueraufenthalt oder Staatsbürger eines anderen Landes mit Erlaubnis auf Daueraufenthalt sein.[120]

Zudem darf kein anderweitiger Unterhaltsanspruch (wie durch Ehepartner) bestehen und Interessenten dürfen bei Antragstellung das 30. Lebensjahr nicht überschritten haben. Gefördert wird generell nur die erste berufsqualifizierende Ausbildung. Aufbau-Studiengänge wie Master oder Magister sind förderungsfähig, insofern sie einen einstufigen Abschluss (Bachelor) fortsetzen. Dem §2 ist zu entnehmen, dass die Ausbildungsförderung nur dann genehmigt wird, wenn: „(...) der Ausbildungsabschnitt mindestens ein Schul- oder Studienhalbjahr dauert und die Ausbildung die Arbeitskraft des Auszubildenden im Allgemeinen voll in Anspruch nimmt".[121]

---

[119] Vgl. Ebd. zu den Rückzahlungspflichten §18 - §20 des Bundesausbildungsförderungsgesetzes.
[120] Vgl. Ebd. §8.
[121] Vgl. Ebd.

Der Antragsteller bekommt…

Für den Lebensunterhalt:

¬ an Fachschulklassen, deren Besuch eine abgeschlossene Berufsausbildung voraus-
  setzt, Abendgymnasien und Kollegs: monatlich **341 €**.

¬ an Höheren Fachschulen, Akademien und Hochschulen: monatlich **366 €**.

Für die Unterkunft:

¬ monatlich **48 €** wenn der Auszubildende bei den Eltern oder in Wohneigentum
  der Eltern wohnt.

¬ monatlich **146 €** wenn er/sie nicht bei den Eltern wohnt.

Übersteigen Miet- und Nebenkosten diesen Betrag, werden maximal **72 €**
zusätzlich gezahlt.

Studierende, die selbst beitragspflichtig krankenversichert sind, bekommen zusätzlich **54 €** für die Kranken- und **10 €** für die Sozial- bzw. Pflegeversicherung.

Die höchstmögliche nach BAföG ausgezahlte monatliche Leistung beträgt
somit **648 €**.

Die Einkommensanrechnung – Grundlage für das BAföG

Anders als beispielsweise in skandinavischen Ländern wird die staatliche Ausbildungsförderung in Deutschland einkommensabhängig berechnet. Das bedeutet im
Klartext: Wie hoch die Förderung ausfällt und ob überhaupt eine staatliche Unterstützung gewährt wird, hängt ab vom Einkommen und Vermögen des Studenten und der
ihm unterhaltspflichtigen Personen. Dies bedeutet, das positive Einkommen von Student und Eltern (abzgl. Steuern) wird zunächst zur Deckung des Bedarfs herangezogen. Für die Bestimmung des Einkommens der Eltern wird immer der Einkommens-
steuerbescheid des Vorjahres angefordert.

Bei der Ermittlung des Einkommens werden gewisse Freibeträge gewährt: Für das
Einkommen des Auszubildenden selbst bedeutet dies einen Freibetrag von 255 Euro,
dabei gelten auch Stipendien als Einkommen. Das Einkommen der Eltern wird mit
einem Freibetrag von 1555 Euro (verheiratet) bzw. 1040 Euro (getrennt lebend) eingerechnet. Für jedes Kind des Antragstellers wird zudem ein Freibetrag von 470 Euro
gewährt, für den Ehegatten des Auszubildenden sind 520 Euro anrechnungsfrei.

Neben dem Einkommen wird auch das Vermögen des Auszubildenden angerechnet,
sobald es 5.200 Euro übersteigt.

Wird der Bedarf des Auszubildenden nicht durch die anrechnungsfähigen Beträge aus Einkommen und Vermögen gedeckt, wird der übrige Teil durch Zahlungen gemäß BAföG zur Hälfte als Zuschuss und zur anderen Hälfte als Darlehen durch den Staat geleistet.

Die Antragstellung

Auf den ersten Eindruck wirkt der BAföG-Antrag wie ein Monster, eine undurchschaubare Zumutung, geboren aus den tiefsten Höllen der bürokratischen Boshaftigkeit. Dennoch lohnt es sich, den Versuch zu unternehmen, dieses Monster zu besiegen.

Bevor wir detailliert auf den Antrag eingehen, wollen wir zuerst die Zuständigkeitsfrage klären. Verantwortlich für die Abwicklung und Verwaltung des BAföG sind die Ämter für Ausbildungsförderung. Jede deutsche Hochschule verfügt über eine derartige Abteilung. Die Ämter sind in der Regel dem jeweiligen Studentenwerk untergeordnet. In diesen so genannten „BAföG-Ämtern" erfahren Sie alle notwendigen Informationen, zudem gibt es dort alle relevanten Anträge, Formulare etc.[122]

Wenn Sie nicht weiter wissen und Ihnen der Antrag auch nach dem ersten intensiven Begutachten noch immer monströs erscheint, sollten Sie um Hilfe bitten. Wenden Sie sich an erfahrene BAföG-Empfänger, sprechen Sie mit der Fachschaft an Ihrer Hochschule oder bitten Sie die freundlichen Herren und Damen beim zuständigen Amt für Ausbildungsförderung um Assistenz. Haben Sie Glück, finden Sie dort einen Verantwortlichen, der den Antrag gemeinsam mit Ihnen durchgeht und die zunächst kryptisch wirkenden Formulierungen erläutern kann. Zudem gibt es Internetplattformen, auf denen wohl jeder nur denkbare BAföG-Sonderfall bereits behandelt wurde. Dort finden Sie auch einen BAföG-Rechner, mit dem vorab ungefähr ermittelt werden kann, wie hoch der persönliche Fördersatz ausfallen wird.

Der BAföG-Antrag

Wenn Sie einen einfachen BAföG-Antrag auf Ausbildungsförderung stellen, müssen Sie in der Regel nur die Formblätter 1 und 3 einreichen. Stellen Sie einen Erstantrag oder wechseln Sie die Hochschule, ist obendrein die Anlage 1 erforderlich.

---

[122] Die Formulare können auch online abgerufen werden, auf: [http://www.das-neue-bafoeg.de/de/432.php].

Formblatt 1

Die Grundlage jedes BAföG-Antrags ist das Formblatt 1, hierbei handelt es sich um den eigentlichen Antrag. Antragsteller müssen die persönlichen Daten (Name, Geburtsort und –tag, Adresse, Bankverbindung etc.), die Daten der Ausbildungsstätte, Angaben über die Eltern und den Wohnort eintragen. Zudem sind Sie in diesem Formular aufgefordert, Ihre Vermögens- und Einkommensverhältnisse offenzulegen. Erwartet werden Informationen zu Ihrem Barvermögen, dem Kontostand, dem Einkommen aus Nebenjobs und möglichen Stipendien. Wenn Sie dieses Formular ausgefüllt haben, ist der größte Teil der Arbeit getan.

Sie erleichtern sich das Ausfüllen des Antrags, wenn Sie sich dementsprechend vorbereiten. Hierfür ist zu empfehlen, alle relevanten Unterlagen und Dokumente bereitzulegen, um nicht andauernd unterbrechen zu müssen, wenn Sie ein Dokument oder eine Angabe suchen.

Deshalb sollten Sie folgende Dokumente und Informationen bereit halten ...

¬ Anschrift und persönliche Daten

¬ Bankverbindung

¬ Anschrift und Geburtsdaten der Eltern

¬ Mietvertrag (sollte auch als Kopie beigefügt werden)

¬ Evtl. Nachweise über Behinderung, Waisenrenten, Stipendien

¬ Aktueller Kontoauszug

¬ Angaben über die voraussichtlichen Einkünfte im Bewilligungszeitraum

¬ Nachweise/Kopien von Aktiendepots, Bausparverträgen, Grundbesitz, evtl. Schulden

Zudem ist es ratsam, vor der Antragstellung die Kranken- und Sozialversicherungsverhältnisse zu klären, da auch diese für den Antrag relevant sind.

Anlagen zu Formblatt 1

Stellen Sie einen Erstantrag, z.B. zu Beginn eines Studiums, wird außerdem die Anlage 1 zu Formblatt 1 verlangt. Diese umfasst lediglich die Aufstellung des schulischen und beruflichen Werdegangs.

Halten Sie folgende Informationen bereit...

¬ Namen und Adresse jeder Schule, die vor Aufnahme des Studiums besucht wurde

¬ Zeiträume der Schulbesuche (Monat/Jahr bis Monat/Jahr)

¬ Genaue Daten der Zeugnisvergabe und die Bezeichnung des Abschlusses

¬ Exakte Angaben über ausgeübte berufliche Tätigkeiten (Nebenjobs etc.)

¬ Angaben über den durchschnittlichen monatlichen Verdienst

Die Anlage 2 zu Formblatt 1 ist nur erforderlich, wenn Zuschläge für Kinder beantragt werden sollen.

Formblatt 3

Dieses Formblatt ist von beiden Elternteilen des Antragstellers auszufüllen. Das BA-föG-Amt will mit diesem Dokument überprüfen, ob ein Anspruch auf Förderung gemäß dem Ausbildungsförderungsgesetz besteht. Die Elternteile müssen beantworten, ob neben dem Antragsteller weitere Kinder existieren, gegenüber denen die Eltern unterhaltspflichtig sind. Zudem muss das Einkommen beider Elternteile vollständig offengelegt werden. Grundlage für diese Offenlegung bildet eine Kopie des Einkommenssteuerbescheids.

Weitere Formblätter

Neben den wichtigen Formblättern 1 und 3 gibt es eine Vielzahl weiterer Antragsformulare, die allerdings nur von bestimmten Bewerbern eingereicht werden müssen.

Formblatt 4 wird von Ausländern verlangt.

Formblatt 5 wird von Studenten zu Beginn des 5. Fachsemesters erbeten. Es dient als Leistungsnachweis, um den angemessenen Fortschritt des Studiums darzustellen. Die Bescheinigung hierüber erteilt der jeweilige BAföG-Beauftragte des Studienganges.

Formblatt 6 ist für Anträge auf Auslands-BAföG reserviert.

Formblatt 7 dient der Auskunft über drastische Einkommensänderungen der Eltern (z.B. bei Arbeitslosigkeit).

Formblatt 8 bezieht sich auf Vorausleistungen.

ACHTUNG: Für eine Ausbildung in Bayern gelten andere Formblätter als im Rest der Republik, erkundigen Sie sich diesbezüglich bei der betreffenden Hochschule, wenn Sie in Bayern studieren möchten.

Es gilt unbedingt zu beachten, dass der Antrag rechtzeitig beim zuständigen Amt eingeht. Dies sollte am besten mindestens zwei Monate vor dem Beginn der Ausbildung bzw. dem Ende eines Bewilligungszeitraumes erfolgen. Damit ist im Regelfall sichergestellt, dass die Zahlungen mit dem Beginn des neuen Bewilligungszeitraumes einsetzen. Ausschlaggebend für den Beginn der Zahlungen ist der Eingang des Hauptantrages (Formblatt 1). Die Auszahlung beginnt allerdings erst, wenn der Antrag vollständig ist und bearbeitet wurde (Dauer ca. 2 Monate).

Geht der Antrag später ein, wird zwar die gleiche Summe ausgezahlt, dies erfolgt allerdings rückwirkend und möglicherweise nicht rechtzeitig.

Und wenn man nach Barcelona will? Das Auslands-BAföG

Auch für ein Auslandsstudium besteht die Möglichkeit, BAföG zu beantragen. Hier gilt: Wer im Inland gefördert wird, dem wird in der Regel auch das Auslands-BAföG zugesprochen. Da in diesem Fall ein länderspezifischer Aufschlag gezahlt wird, kommen für eine derartige Förderung auch Studenten in Frage, die in Deutschland nicht BAföG-berechtigt sind.[123]

Die Förderungsdauer beträgt mindestens ein Semester (Trimester werden nur in Ausnahmefällen und mit besonderer Begründung gefördert) und höchstens ein komplettes Jahr. Neben der bekannten Deckung des Bedarfes bis maximal 648 Euro, erhöht sich das Auslands-Bafög um den länderspezifischen Zuschlag.[124]

Insbesondere für Interessenten auf ein Auslandsstudium in einem Land, das hohe Studiengebühren erhebt (z.B. USA, Großbritannien, Kanada, Australien, u.a.), bietet sich das Auslands-BAföG an, wenn anderweitig kein Stipendium eingeworben wird. Die Studiengebühren werden bis zu einem Betrag von 4.600 Euro für maximal ein Jahr übernommen. Außerdem wird eine Reisekostenpauschale in Höhe von 2x250 Euro innerhalb und 2x500 Euro außerhalb Europas gewährt.

Die Antragstellung für das Auslands-BAföG entspricht grundsätzlich dem normalen Antrag. Jedoch sind spezielle Ämter für die Ausbildungsförderung im Ausland zuständig, die Verantwortlichkeiten sind nach Ländergruppen geregelt.

---

[123] Vgl. hierzu die länderspezifischen Aufschläge, auf: [http://www.das-neue-bafoeg.de/de/413.php].
[124] Vgl. Ebd.

Der Antrag wird also nicht an das Amt der eigenen Hochschule, sondern an das für das Zielland zuständige Amt gerichtet.[125]

Außerdem muss neben den Formblättern 1 und 3 sowie der Anlage 1 zum Formblatt 1, das Formblatt 6 eingereicht werden.

Hier müssen die Ausbildungsstätten im Zielland sowie die exakte Aufenthaltsdauer eingetragen werden. Außerdem ist eine Aufstellung über die anfallenden Studiengebühren erforderlich, diese kann allerdings nachgereicht werden. Zudem verlangt das Amt einen Nachweis darüber, ob der Student versucht hat, beispielsweise durch Abkommen mit der Gasthochschule, die Gebühren zu reduzieren.

Auf Wunsch des Amtes kann auch ein Gutachten von einem Dozenten angefordert werden, mit dem überprüft werden soll, ob der Student für das Auslandsstudium geeignet ist und ob zu erwarten ist, dass die notwendigen Studienleistungen erbracht werden.

Sie müssen bei der Antragstellung unbedingt beachten, dass die Dokumente und Formulare rechtzeitig eingereicht werden. Dies sollte mindestens ein halbes Jahr vor Beginn des Auslandsaufenthaltes erfolgen. Versäumen Sie den Antrag fristgerecht zu stellen, kann es passieren, dass Sie die gesamten Kosten für das Auslandsstudium vorstrecken müssen.

Auch wenn Sie alles pünktlich einreichen, kann der beschriebene Fall eintreten, wenn z.B. Nachweise von der Gasthochschule verspätet eintreffen und der Antrag somit unvollständig bleibt. Sie sollten also über einen Notfallplan verfügen.

6.3.2 Stipendien

Nicht alle Studenten können von den Eltern ausreichend unterstützt werden und nicht jeder Antragsteller erhält die BAföG Berechtigung. Es kann passieren, wenn sich beispielsweise auch Ihre Geschwister in der Ausbildung befinden, dass Ihre Eltern für Sie den Lebensunterhalt und die Studiengebühren nicht bezahlen können und Ihr BAföG-Antrag trotzdem abgelehnt wird. Sind Sie in dieser Situation, dann sollten Sie die Bewerbung auf ein Stipendium in Betracht ziehen.

Die Vergabe von Stipendien richtet sich nicht ausschließlich an Bewerber, die nicht die notwendigen finanziellen Mittel zur Verfügung haben. Es können auch Studierende aufgenommen werden, die keinen BAföG-Anspruch haben; die Förderung wird dann als ideell bezeichnet. Der Vorteil besteht darin, dass es eine Vielzahl von Stipendiengebern gibt. Sie können an einer Stelle abgelehnt und an anderer angenommen

---

[125] Für Informationen zu den Ämtern, die mit der Vergabe des Auslands-BAföG betraut sind, vgl.: [http://www.das-neue-bafoeg.de/de/441.php].

werden. Im Gegenteil zum BAföG besteht also die Möglichkeit, dass sich auch ein guter Bewerber durchsetzt und die Studienförderung erhält.

Wenn Sie die Zusage für die Begabtenförderung durch einen Stipendiengeber erhalten, dann wird Ihnen in der Regel ein Grundstipendium gewährt, um die Lebenshaltungskosten zu decken. Wie hoch der genaue Betrag ist, sollten Sie bei der betreffenden Stiftung erfragen. Zusätzlich zur Grundförderung bekommen Sie in den meisten Fällen monatlich ein Büchergeld und die Zuzahlung zur Krankenversicherung zugesprochen.

Der wohl größte Vorteil ist die Tatsache, dass die Stipendiengelder nicht zurückgezahlt werden müssen. Sie werden von einem Stipendiengeber bezahlt, wofür Sie im Gegenzug dem Stipendium gerechte Studienleistungen zu erbringen haben. Der Mehraufwand durch das Stipendium lohnt sich in jedem Fall, denn Sie werden viel Zeit haben, sich dem Studium zu widmen, wenn Sie keiner Erwerbsarbeit nachgehen müssen, um Ihren Lebensunterhalt zu bestreiten. Da die wenigsten Stipendiengeber nur einzelne Personen fördern, bietet sich die Möglichkeit, über die Organisation Kontakte zu anderen Stipendiaten und Verantwortlichen der Stiftung oder Ihrer Hochschule zu knüpfen. In der Regel bieten die Begabtenförderungswerke zudem Weiterbildungsmaßnahmen wie Seminare, Vorträge oder auf den Beruf vorbereitende Veranstaltungen an. Mit einem Stipendium werden Sie vielseitig unterstützt. Nicht nur die finanziellen Zuwendungen bieten Ihnen einen Vorteil. Für den Fall, dass Sie einen Studienaufenthalt im Ausland anstreben, wird von den meisten Stiftungen die Grundförderung weitergezahlt. Zusätzlich können Reisekosten und eine Förderung für Studiengebühren beantragt werden. Dies ist ein nicht zu unterschätzender Vorteil, denn insbesondere im englischsprachigen Ausland sind die Studienkosten durch zumeist hohe Gebühren gigantisch.

Zudem sind Stipendien mit einem hohen Renommee verbunden. Stipendiaten erwecken den Anschein, Herausragendes geleistet zu haben, da sie für ihr Studium quasi bezahlt werden. Auch sind die Zugangshürden für ein Stipendium sehr hoch, somit entsteht der berechtigte Eindruck, dass ein Stipendiat über herausragende Fähigkeiten und Kompetenzen verfügen muss. Für spätere Bewerbungen und berufliche Tätigkeiten kann dies ein großer Vorteil sein.

Wie gestalten sich die Bewerbungsverfahren?

Die Bewerbungsverfahren für Stipendien sind mitunter langwierig, kompliziert und arbeitsintensiv. Sie müssen zumeist einen komplexen Antrag stellen, in dem Sie Ihre Motive darlegen, Ihre ehrenamtlichen Tätigkeiten reflektieren, Ihre schulischen und praktischen Fähigkeiten vermitteln und die Gründe für den Förderungsantrag darstellen.

Alle Organisationen haben ein je eigenes Auswahlverfahren: Einige bevorzugen ein Assessment Center, also ein mehrstufiges praktisches und theoretisches Zugangsverfahren, andere erwarten nur eine schriftliche Bewerbung und laden ggf. zu einem Vorstellungsgespräch ein. Ebenso kann ein Kompetenz- und Fähigkeitstest zur Auswahl von Stipendiaten angewendet werden. Darüber hinaus unterscheiden sich die Zugangsbedingungen. Für einige Stipendien können Sie sich direkt bewerben, für andere gilt, dass Sie vorgeschlagen werden müssen – letzteres trifft beispielsweise auf ein Förderungsangebot der Studienstiftung des deutschen Volkes zu. Dennoch lassen sich grundlegende Gemeinsamkeiten bestimmen:

¬ Für die Vergabe der Stipendien gibt es eine Altershöchstgrenze. Bewerber, die das 30. Lebensjahr überschritten haben, werden in der Regel abgelehnt. Erfragen Sie die Bedingungen bei der Organisation, an die Sie Ihre Bewerbung richten.

¬ Die Dauer der Förderung ist immer auf einen festgelegten Zeitraum beschränkt; Unterschiede bestehen zwischen der Studienförderung, der Förderung einer wissenschaftlichen Arbeit (Promotion) oder eines wissenschaftlichen Forschungsprojektes. Erfragen Sie Details bei der Organisation, die Sie als Stipendiengeber in Erwägung ziehen.

¬ Da der Förderzeitraum beschränkt und festgelegt ist, kann der Fall eintreten, dass Sie sich vor Aufnahme eines Studiums bewerben müssen.

¬ Alle Bewerber nehmen an einem Auswahlverfahren teil, die Bedingungen variieren von Organisation zu Organisation.

¬ Viele Organisationen erwarten von Ihren Stipendiaten, dass sie regelmäßig Berichte abliefern, an Veranstaltungen und Seminaren teilnehmen etc.

Bereiten Sie eine Bewerbung für ein Stipendium vor, dann bedenken Sie, dass die Organisation, die Sie als Förderer anschreiben, von Ihnen erfahren will, warum Sie sich für exakt dieses Programm entschieden haben. Sie sollten beachten, dass Ihr potenzieller Stipendiengeber erfahren möchte, inwiefern Sie sich mit Ihrem Begabtenförderungswerk identifizieren können. Ähnlich den Auswahlverfahren für einen Studienplatz, geht es bei der Vergabe von Stipendien darum, das Gegenüber von den intellektuellen Fähigkeiten und der Persönlichkeit zu überzeugen.

In der Vorbereitung auf ein Auswahlverfahren zur Begabtenförderung müssen Sie beachten, dass jede Stiftung eine bestimmte gesellschaftliche Gruppe vertritt (politische Partei, Konfession, Unternehmen, Gewerkschaft, Wissenschaftsverband). Dieser Aspekt ist relevant, da Ihre Bewerbung den Anforderungen der jeweiligen Gruppe entsprechen muss. Bewerben Sie sich bei der Rosa Luxemburg Stiftung, dann werden Sie nicht abgelehnt, wenn Sie sagen, Sie würden mit der SPD oder den Grünen sympathisieren. Dennoch werden Sie hier Ihre Bewerbung rechtfertigen müssen, denn

Stipendien werden nicht an die Bewerber vergeben, die nur eine ansprechend verfasste Bewerbung einreichen.

Es ist sinnvoll, vor der Bewerbung über einige Punkte nachzudenken:

¬ Wie ist die politische oder konfessionelle Ausrichtung der Organisation zu beurteilen?

¬ Was ist meine persönliche politische, konfessionelle und weltanschauliche Ausrichtung?

¬ Stimmen meine persönlichen Auffassungen mit denen der Stiftung überein?

¬ Was erwartet der Stipendiengeber von Stipendiaten?

¬ Welche Leistungen werden vom Stipendiengeber übernommen und welche sind die Vergabekriterien?

¬ Welche Leistungen muss ich erbringen (Berichte, Tätigkeiten etc.)?

Genügen die persönlichen Kapazitäten, die Zusatzleistungen zu erbringen?

Es würde den Rahmen des Buches sprengen, detailliert zu beschreiben, wie sich die einzelnen Bewerbungsverfahren gestalten. Details sollten Sie bei den Verantwortlichen der Stiftung erfragen, bei der Sie die Förderung beantragen wollen. Die Bewerbung können Sie nach den Richtlinien erstellen, die wir im Kapitel [4] aufgestellt haben. Bringen Sie aber vorab in Erfahrung, was die Stiftung erwartet und orientieren Sie sich an unseren Hinweisen.

Im Folgenden wollen wir einen Überblick über ausgewählte Begabtenförderungswerke geben und einige Stipendienprogramme allgemein vorstellen. Es handelt sich bei den genannten Stipendiengebern um wohltätige Organisationen, die zudem durch das Bundesministerium für Bildung und Forschung (BMBF) subventioniert sind.[126] Diese Organisationen vergeben den Großteil der Stipendien in Deutschland. Der Vollständigkeit halber wollen wir zudem darauf hinweisen, dass Sie im Internet eine Auflistung aller in Deutschland registrierten Stiftungen finden.[127]

---

[126] Die zwölf größten deutschen Studienstiftungen werden aus Mitteln des BMBF finanziert. Die Förderung durch diese Stipendiengeber ist staatlich, die Finanzmittel werden einzig über die Stiftungen umverteilt. Des Weiteren verfügen die Organisationen über eigene Mittel, die für die Förderungsprogramme eingesetzt werden.

[127] Vgl.: [www.stiftungen.org].

Wer vergibt Stipendien? Ausgewählte Stipendiengeber

In Deutschland ist die Begabtenförderung privat und staatlich organisiert. Einerseits gibt es vereinzelt private Unternehmen, Stiftungen oder Vereinigungen, die nicht mehr als zwei bis drei Stipendien pro Jahr vergeben. Zudem verfügen alle großen politischen Parteien über Stiftungen, die Begabtenförderung betreiben. Gleiches trifft auf die katholische und evangelische Kirche, Wirtschaftsverbände und andere Organisationen zu. Das älteste und größte deutsche Begabtenförderungswerk ist die Studienstiftung des deutschen Volkes. Die finanzstärksten Organisationen stellen den Großteil aller in Deutschland vergebenen Stipendien, was auch bedeutet, dass eine Bewerbung bei einer größeren Organisation aller Wahrscheinlichkeit nach effektiver ist. Versuchen Sie herauszufinden, welcher Stiftung Ihr persönliches Profil am besten entspricht. So ist es möglich, die Aufnahme in ein Förderungsprogramm minimal positiv zu beeinflussen.

Staatlich subventionierte Studienstiftungen

Stiftung	Homepage
Studienstiftung des deutschen Volkes	[http://www.studienstiftung.de/]
Hanns-Seidel-Stiftung (CSU)	[http://www.hss.de/]
Cusanuswerk - Bischöfliche Studienförderung	[http://www.cusanuswerk.de/]
Friedrich-Naumann-Stiftung für die Freiheit (FDP)	[http://www.freiheit.org]
Rosa-Luxemburg-Stiftung (Die Linke)	[http://www.rosalux.de/]
Ernst Ludwig Ehrlich Studienwerk - jüdische Begabtenförderung	[http://www.eles-studienwerk.de/]
Hans-Böckler-Stiftung (DGB)	[http://www.boeckler.de/]
Evang. Studienwerk e.V. Villigst	[http://www.evstudienwerk.de/]
Stiftung der Deutschen Wirtschaft - Studienförderwerk Klaus Murmann	[http://www.sdw.org/]
Heinrich-Böll-Stiftung (Die Grünen)	[http://www.boell.de/]
Konrad-Adenauer-Stiftung (CDU)	[http://www.kas.de/]
Friedrich-Ebert-Stiftung (SPD)	[http://www.fes.de/]

Auf den folgenden Seiten wollen wir neun der oben aufgeführten Stiftungen allgemein vorstellen. Sie finden Informationen zur Studienstiftung des deutschen Volkes, der katholischen Begabtenförderungsanstalt Cusanuswerk, der gewerkschaftlichen Hans-Böckler-Stiftung und den sechs Stiftungen der politischen Parteien. Die Zusammenstellung erhebt keinen Anspruch auf Vollständigkeit, sondern bietet nur einen groben Überblick.

Studienstiftung des deutschen Volkes

Diese Stiftung wurde 1925 gegründet und fördert seitdem deutsche Studenten. Während des Dritten Reichs wurde die Stiftung durch die Reichsförderung ersetzt, so dass nach dem 2. Weltkrieg, 1948, die Neugründung vollzogen werden musste. Seit der Erstgründung sind mehr als 50.000 besonders begabte Studierende und Doktoranden unterstützt worden. Zurzeit umfasst die Gruppe der Geförderten 10.500 Stipendiaten.[128]

Grundsätzlich war die Vergabepraxis der Stiftung so organisiert, dass Bewerber von einer der Stiftung verpflichteten Vertrauensperson vorgeschlagen werden mussten. Nur auf der Grundlage dieses Vorschlags konnte am Bewerbungsverfahren teilgenommen werden. Seit diesem Jahr besteht die Möglichkeit, dass sich Interessenten direkt auf ein Stipendium bewerben. Diejenigen, die eine Selbstbewerbung einreichen, müssen einen Auswahltest absolvieren, der vom gleichen Unternehmen erstellt wird, das auch den Test für medizinische Studiengänge (TMS) entwickelt hat. Zugelassen zur Bewerbung sind alle Studenten, die im die Förderung betreffenden Zeitraum ein Erststudium absolvieren und im 1. oder 2. Semester eingeschrieben sind. Für die Teilnahme am Test ist eine Gebühr in Höhe von 50 Euro zu entrichten.

Das Vergabeverfahren nach Vorschlag wird ebenfalls weitergeführt, hier können sich auch Studenten bewerben, die einen Masterstudiengang oder die Promotion anstreben. Werden Sie bei der Studienstiftung vorgeschlagen und streben eine Bewerbung auf diesem Wege an, so müssen Sie mit einem anspruchsvollen Auswahlverfahren rechnen. Bewerben Sie sich für die Förderung einer Promotion, so wird auf den Grundlagen der schriftlichen Unterlagen und des Promotionsvorhabens eine Vorauswahl getroffen, bevor Sie eine zweite mündliche Auswahlrunde absolvieren können. Alle Bewerber um ein Stipendium der Studienstiftung – Studierende insofern Sie die Voraussetzungen erfüllen und Promovenden nach der Vorauswahl – werden zu den mündlichen Auswahlrunden eingeladen. In der Regel müssen Sie zwei Einzelgespräche absolvieren, an Gruppengesprächen teilnehmen und Kurzreferate vorbereiten und präsentieren.

---

[128] Vgl. den Webauftritt der Studienstiftung des deutschen Volkes auf:
    [http://www.studienstiftung.de/leitbild.html].

Die Förderung durch die Studienstiftung des deutschen Volkes ist abhängig vom Förderungsprogramm, in das Sie aufgenommen werden. Informieren Sie sich auf der Homepage der Stiftung und sprechen Sie mit den an Ihrer Schule verantwortlichen Hochschullehrern. Grundsätzlich wird das Studium im In- und Ausland gefördert. Zudem werden wissenschaftliche Seminare, berufsvorbereitende Veranstaltungen und andere Aktivitäten angeboten.

Ideelle Stiftungsrichtlinie:

„Frei von politischen, religiösen und weltanschaulichen Vorgaben fördern wir besonders begabte Studierende und Doktoranden, die sich durch ihre Leistungsstärke, breite Interessen, ihre tolerante Persönlichkeit und ihre soziale Verantwortung auszeichnen. Ziel unserer Förderung ist, unseren Stipendiatinnen und Stipendiaten ein umfassendes Studium zu ermöglichen – darin sehen wir die beste Basis für einen exzellenten Abschluss und für künftiges kreatives und verantwortliches berufliches Handeln."[129]

Kontakt
....
Studienstiftung des deutschen Volkes e.V.
Ahrstraße 41
53175 Bonn
Telefon 0228 / 82096-0
Telefon 0228 / 82096-0
Telefax 0228 / 82096-103
info@studienstiftung.de

Cusanuswerk - Bischöfliche Studienförderung

Das Cusanuswerk ist die 1956 gegründete Studienstiftung der deutschen katholischen Kirche. Diese Organisation ist benannt nach dem mittelalterlichen Gelehrten Nikolaus Cusanus. Voraussetzung für die Bewerbung ist, dass Sie katholischer Konfession sind. Gefördert werden deutsche Studenten, Bildungsinländer und Studenten aus EU-Mitgliedsländern ab dem ersten Semester. Abiturienten können sich bei Interesse bewerben. Zudem wird ein Studium, für das schon erste Leistungsnachweise vorliegen, an den folgenden Einrichtungen subventioniert: Universitäten, Fachhochschulen, pädagogischen Hochschulen, Kunstakademien und Musikhochschulen. Des

---

[129] Vgl. Ebd.

Weiteren bietet das Cusanuswerk auch Stipendien für die Realisierung eines Promotionsvorhabens an. In einigen Förderungsprogrammen wird die Vergabe in einem Selbstbewerbungsverfahren vollzogen; zudem können Sie auch als Stipendiat durch einen Mitarbeiter des Hochschulpastorals, den Leiter Ihrer Hochschule oder einen Hochschullehrer vorgeschlagen werden.

Im Fall einer Bewerbung bei dem Cusanuswerk ist zu bedenken, dass Sie nur den Antrag auf ein Stipendium stellen dürfen, wenn Sie noch mindestens fünf Semester Regestudienzeit vor sich haben. Verfügen Sie über einen Bachelorabschluss, dann können Sie auch vor Beginn des Masterstudiums am Bewerbungsverfahren teilnehmen und werden bei Auswahl gefördert.[130] Informieren Sie sich auf der Homepage der Bischöflichen Studienstiftung über die verschiedenen Förderungsprogramme.

Kriterien, die neben den oben angeführten allgemeinen Voraussetzungen (Konfession, Status als Student, Staatsbürgerschaft) für die Vergabe eines Stipendiums relevant sind, lassen sich folgendermaßen beschreiben:

Bewerber sollten: fachlich herausragende Leistungen erbringen und einen festen Plan mit ihrem Studium bzw. Promotionsvorhaben verfolgen; charakterlich entwickelt sein und die Bereitschaft mitbringen, Position zu beziehen; eine soziale Verbindung zur katholischen Kirche und ihren Gruppen nachweisen.

Die Höhe der durch die Bischöfliche Studienstiftung vergebenen Stipendien ist abhängig vom jeweiligen Programm. Informieren Sie sich eingehend, bevor Sie mit der Bewerbung beginnen. Wir empfehlen Ihnen, sich direkt an die Ansprechpartner der Stiftung zu wenden. Grundsätzlich wird das Studium im In- und Ausland gefördert. Zudem bietet das Cusanuswerk seinen Stipendiaten wissenschaftliche Weiterbildungsmaßnahmen (Seminare, Tagungen, Sommerschulen), berufsvorbereitende Veranstaltungen und geistliche Betreuung an der Hochschule und in Stipendiatengruppen.

Ideelle Stiftungsrichtlinie:

„Im Cusanuswerk gab und gibt es eine Auseinandersetzung über den Begabungsbegriff, die Zielgruppen und die Zielrichtung der eigenen Arbeit. Diese Diskussion wird sowohl innerhalb als auch über die Grenzen des Werkes hinaus geführt."[131]

---

[130] Vgl. die Angaben auf der Homepage des Cusanuswerks:
   [http://www.cusanuswerk.de/bewerbung/ueberblick/].
[131] Vgl. [http://www.cusanuswerk.de/wir-ueber-uns/zielsetzungen/].

> **Kontakt**
> ....
> Cusanuswerk
> Baumschulallee 5
> 53115 Bonn
> Telefon 0228 / 9 83 84 - 0
> Telefax 0228 / 9 83 84 - 99
> info@cusanuswerk.de

Rosa-Luxemburg-Stiftung

Die Rosa-Luxemburg-Stiftung ist die jüngste der deutschen politischen Stiftungen. Sie ging 1990 aus dem im selben Jahr gegründeten Verein Gesellschaftsanalyse und politische Bildung e.V. hervor und wurde 1992 von der PDS als parteinahe Organisation anerkannt. Nach der Umbenennung der PDS in Die Linke ist auch die Trägerschaft für die Stiftung auf diese Partei übergegangen. Dem Selbstverständnis der Stiftung nach handelt es sich bei diesem Begabtenförderungswerk um eine Institution der politischen Bildung, die kritisch und reflektiert auftritt. Bewerber sollten diesem Leitbild entsprechen.

Seit 1999 vergibt die Stiftung Stipendien und hat in diesem Zeitraum fast 900 in- und ausländische Studierende gefördert. Jedes Jahr werden ungefähr 120 neue Stipendiaten aufgenommen.[132] Gefördert wird sowohl ein grundsätzliches Studium als auch ein Promotionsvorhaben. Besuchen Sie die Homepage der Stiftung und informieren Sie sich genau. Bewerben können sich In- und Ausländer, die an einer staatlichen oder staatlich anerkannten Hochschule eingeschrieben sind. Für alle Stipendien gilt das Prinzip der Selbstbewerbung.

Die Kriterien für die Auswahl sind bei dieser Stiftung sehr deutlich formuliert. Alle Bewerber müssen über herausragende schulische und akademische Leistungen verfügen und sich „im Sinne" der Rosa-Luxemburg-Stiftung politisch und gesellschaftlich engagieren.[133] Wenn Sie eher mit der CDU als Die Linke sympathisieren, sollten Sie eine Bewerbung überdenken. Denn wie jede politische Stiftung, will auch dieses Begabtenförderungswerk die materiellen und ideellen Zuwendungen Gleichgesinnten zugute kommen lassen.

---

[132] Vgl. zu den angeführten Informationen:
   [http://www.rosalux.de/studienwerk/stipendienprogramm.html].
[133] Vgl. auch: [http://www.rosalux.de/studienwerk/stipendienprogramm.html].

Da sich die Stiftung dem Ausgleich sozialer, politischer oder geschlechtlicher Benachteiligung verschrieben hat, werden bei gleicher Eignung Frauen, sozial Bedürftige und Menschen mit Behinderungen bevorzugt behandelt.

Neben der materiellen Förderung, die sich am Satz des BAföG orientiert, bietet die Rosa-Luxemburg-Stiftung ihren Stipendiaten Seminare, Sommerakademien, Diskussionsveranstaltungen und Tagungen. Darüber hinaus haben Sie die Möglichkeit, Ihre wissenschaftlichen Arbeiten und Forschungsergebnisse in einer Reihe des Karl Dietz Verlages, in der Zeitschrift „Utopie kreativ" oder auf der Homepage der Stiftung zu veröffentlichen.[134] Dieses Angebot ist insbesondere für Bewerber interessant, die eine wissenschaftliche Tätigkeit anstreben.

Ideelle Stiftungsrichtlinie:

> *„Die Rosa Luxemburg Stiftung ist eine politische Bildungseinrichtung und steht der Partei DIE*
>
> *LINKE – früher Linkspartei.PDS – nahe. Ihr Ziel ist es, zur Demokratisierung politischer Willens-*
>
> *bildung, zu sozialer Gerechtigkeit und Solidarität sowie zur Überwindung patriarchaler, ethni-*
>
> *scher und nationaler Unterdrückung beizutragen."*[135]

Kontakt
....

Rosa Luxemburg Stiftung

Studienwerk

Franz-Mehring-Platz 1

10243 Berlin

Telefon: +49 (30 44310-223

Telefax: +49 (30) 44310-188

studienwerk@rosalux.de

---

[134] Vgl. die Angaben auf der Homepage der Stiftung
  [http://www.rosalux.de/studienwerk/foerderprogramm.html].
[135] Vgl. Ebd.

Hans-Böckler-Stiftung

Die Hans-Böckler-Stiftung wurde 1977 als gewerkschaftliches Organ zur Förderung sozial benachteiligter Schüler und Studenten gegründet. Heute werden über 2220 Stipendiaten gefördert, die Stiftung des DGB ist eines der größten deutschen Begabtenförderungswerke.

Gefördert wird ein Studium an staatlichen oder staatlich anerkannten Universitäten, Fachhochschulen, Gesamthochschulen, Pädagogischen und Technischen Hochschulen, Abendgymnasien und anderen Institutionen, an denen die Hochschulreife erworben wird. Die Stiftung ist darum bemüht, Bewerber aus einkommensschwachen Familien zu fördern. Durch ein Stipendium sollen Bewerber die Möglichkeit einer akademischen Ausbildung auf dem zweiten Bildungsweg erhalten, ebenso werden Studenten, die sich das Studium nicht leisten können, gefördert.

Mit der „Böckler-Aktion Bildung" ist eine Initiative ins Leben gerufen worden, die sich explizit an begabte Abiturienten richtet, deren Eltern ein Studium nicht finanzieren können. Sie bewerben sich bei der Stiftung mit dem letzten Zwischenzeugnis, für eine Zusage sind Ihre Bereitschaft, sich zu engagieren, und die soziale Lage Ihrer Familie entscheidend. Der Notendurchschnitt ist nicht das maßgebliche Kriterium für dieses Stipendium, die Stiftung gibt an, dass die persönlichen und familiären Umstände der Bewerber bei der Bewertung der Leistungen in das Urteil mit einfließen.[136]

Ihren Grundsätzen nach ist die Hans-Böckler-Stiftung ein Organ des deutschen Gewerkschaftsverbundes, bewerben kann man sich daher in einem gewerkschaftlichen Verfahren. Sind Sie Mitglied in einer dem DGB zugehörigen Gewerkschaft, dann läuft das Bewerbungsverfahren über die Mitgliedsorganisation. Bei Interesse sollten Sie sich an die Verantwortlichen Ihrer Gewerkschaft wenden und Details erfragen. Meist sind Sie dazu aufgefordert, einen Bewerbungsbogen und entsprechende Unterlagen einzureichen. Wenn Sie für ein Stipendium vorgeschlagen werden, müssen Sie in der Regel an einem Gespräch mit einem Verantwortlichen Ihrer Gewerkschaft und der örtlichen Stipendiatengruppe teilnehmen. Im Anschluss wird ein Gutachten erstellt. Die Bewerbungsunterlagen und das Gutachten werden einem Auswahlkomitee vorgelegt, das über die Stipendienvergabe bestimmt.

Für diejenigen Interessenten, die nicht über eine Gewerkschaftsmitgliedschaft verfügen, wird zudem ein ergänzendes Auswahlverfahren angeboten. Um an diesem Verfahren teilzunehmen, stehen Ihnen zwei Optionen offen: Sie können durch einen Vertrauensdozenten vorgeschlagen werden, der ein Gutachten erstellt. Zudem können Sie direkt eine Bewerbung an die örtliche Stipendiatengruppe richten und um ein

---

[136] Detaillierte Information zum Verfahren, den Voraussetzungen und den Förderungsmöglichkeiten finden Sie hier: [http://www.boeckler.de/467_84660.html].

Gespräch bitten. Werden Sie eingeladen, wird ebenfalls ein Gutachten erstellt. Auf Grundlage dieses Gutachtens wird in der Gruppe entschieden, ob Sie bei der Hans-Böckler-Stiftung vorgeschlagen werden. Werden Sie von einem Vertrauensdozenten empfohlen, müssen Sie zu einem Gespräch mit der Stipendiatengruppe, die ein weiteres Gutachten erstellt. Kommt der Vorschlag von dieser Gruppe zur Förderung, sind Sie aufgefordert, einen Vertrauensdozenten zum Gespräch zu treffen. Beide Gutachten werden dem Ausschuss vorgelegt, der über die Stipendienvergabe bestimmt.

Ideelle Stiftungsrichtlinie:

„Die Hans-Böckler-Stiftung fördert Studierende, die bereit sind, sich zu engagieren. Beispielsweise in Gewerkschaften, in Hochschulgruppen oder Vereinen, die sich gesellschaftspolitisch im Sinne gewerkschaftlicher Grundwerte betätigen."[137]

Kontakt

....

Hans-Böckler-Stiftung

Abteilung Studienförderung

Hans-Böckler-Str. 39

40476 Düsseldorf

Telefon: 0211 / 7778-140

Telefax: 0211 / 7778-4140

bewerbung@boeckler.de

Heinrich-Böll-Stiftung

Diese Stiftung bezeichnet sich explizit als grüne politische Stiftung, steht also der Partei Bündnis 90/Die Grünen nah. Auf Landesebene gab es schon vor 1983 parteinahe grüne Stiftungen, die ab 1986 unter dem Dachverband Stiftungsverband Regenbogen kooperierten. Zehn Jahre später, 1996, wurde auf einer Bundesversammlung die Neugründung der Heinrich-Böll-Stiftung beschlossen.

Bewerben kann sich jeder Interessent und die Stiftung scheint weniger um treue Parteisoldaten, denn um kompetente Bewerber bemüht. Voraussetzung ist allerdings, dass Sie gesellschaftspolitisches Engagement nachweisen, die Grundwerte einer demokratischen Gesellschaft anerkennen und grüne Ansichten positiv aufnehmen.[138]

---

[137] Vgl. [http://www.boeckler.de/467_84660.html].
[138] Vgl. den Webauftritt der Stiftung auf: [http://www.boell.de/stipendien/bewerbung/bewerbung-1077.html].

Förderungsberechtigt sind alle Studenten und Promovenden, die an einer deutschen Hochschule eingeschrieben sind. Zudem müssen Sie ausgezeichnete Studienleistungen und wissenschaftliche Kompetenz nachweisen. Auch die Böll-Stiftung verschreibt sich der Förderung benachteiligter Gruppen, diese werden bei gleicher Eignung bevorzugt behandelt. Es gilt das Prinzip der Selbstbewerbung. Die Stiftung vergibt Stipendien an Bewerber, die an einem dreistufigen Bewerbungsverfahren teilnehmen und von ihren Kompetenzen überzeugen können. Zunächst müssen Sie fristgerecht eine vollständige schriftliche Bewerbung einreichen, in der Sie u.a. Ihre Motivation und Gründe für die Förderung erklären sollen. Nach der Vorauswahl werden alle verbliebenen Bewerber zu einstündigen Einzelgesprächen mit Vertrauensdozenten eingeladen. In diesen Gesprächen wird Ihre fachliche Kompetenz, Ihr Engagement und Ihre Persönlichkeit eine Rolle spielen. Überzeugen Sie wieder, wird der Dozent Sie für die dritte Auswahlrunde vorschlagen, den in Berlin stattfindenden Auswahlworkshop.

Der Umfang eines Stipendiums ist abhängig vom jeweiligen Programm. Informieren Sie sich eingehend, bevor Sie mit der Bewerbung beginnen. Wir empfehlen Ihnen, sich direkt an die Ansprechpartner der Stiftung zu wenden. Grundsätzlich wird das Studium im In- und Ausland gefördert. Studiengebühren werden nur für ein Auslandssemester übernommen, an deutschen Hochschulen werden sie nicht erstattet. Zudem bietet die Heinrich-Böll-Stiftung ihren Stipendiaten wissenschaftliche Weiterbildungsmaßnahmen (Seminare, Tagungen, Sommerschulen), berufsvorbereitende Veranstaltungen und fördert gesellschaftspolitische Initiativen.

Ideelle Stiftungsrichtlinie:

„Die Fusion der Einzelstiftungen zur neuen Heinrich-Böll-Stiftung wurde auf einer Bundesversammlung der Bündnisgrünen im März 1996 in Mainz in die Wege geleitet. Geschlechterdemokratie wurde als Querschnitts- und Gemeinschaftsaufgabe in der Satzung festgeschrieben. Die Verpflichtung, sich gegen die Diskriminierung von Schwulen und Lesben einzusetzen, wurde ebenfalls berücksichtigt, wie auch die Priorität migrationspolitischer Fragen. Die Vorlagen wurden schließlich mit großer Mehrheit verabschiedet."[139]

Kontakt

Heinrich-Böll-Stiftung e.V.
Studienwerk
Schumannstr.8
10117 Berlin
Telefon: 030- 28 534 – 400
studienwerk@boell.de

---

[139] Vgl. [http://www.boell.de/stiftung/geschichte/geschichte.html].

Konrad-Adenauer-Stiftung

Die CDU nahe Konrad-Adenauer-Stiftung (KAS) wurde 1955 als Gesellschaft für christ-lich-demokratische Bildungsarbeit gegründet und trägt ihren heutigen Namen seit der Umbenennung 1964. Grundsätzliche Voraussetzung für die Förderung als Stipen-diat ist, dass Sie die Altersgrenze von 32 Jahren nicht überschritten haben. Gefördert werden in- und ausländische Studenten und Graduierte, die eine Promotion anstre-ben. Interessenten müssen an einer deutschen Hochschule eingeschrieben sein. Reli-gion, Geschlecht, Herkunft und familiäres Umfeld spielen nach Angaben der KAS kei-ne Rolle bei der Vergabe, und auch gute Noten allein sind nicht der Schlüssel zum Glück. Auch diese Stiftung betont, dass soziales und politisches Engagement ent-scheidend seien und dass Bewerber sich mit der Arbeit der Stiftung identifizieren soll-ten. Ziel der Stiftung ist es, durch die Aufnahme von herausragenden Bewerbern zu-künftige Leistungseliten und Führungskräfte zu fördern, die verantwortungsbewusste Positionen übernehmen.[140]

Das Begabtenförderungswerk der Konrad-Adenauer-Stiftung ist untergliedert in ver-schiedene Abteilungen, die unterschiedliche Bewerber auswählen und betreuen: deutsche Studierende, deutsche Graduierte, Nachwuchsjournalisten, ausländische Studierende und Graduierte und in Ausnahmefällen Kunststudenten.[141] Eine Bewer-bung müssen Sie an die Sie betreffende Abteilung richten, informieren Sie sich vor der Antragstellung auf der Homepage.

Bei der Vergabe von Stipendien wird in der Konrad-Adenauer-Stiftung ein zweistufi-ges Verfahren angewendet. Auf Grundlage einer von Ihnen eingereichten schriftli-chen Bewerbung wird eine Vorauswahl getroffen. Können Sie die Verantwortlichen überzeugen, werden Sie zu einer Auswahltagung eingeladen. Im dort stattfindenden Auswahlverfahren müssen Bewerber sich einer Klausur sowie Gruppen- und Einzelge-sprächen stellen. Wenn Sie die Pomotionsförderung anstreben, wird auf Grundlage Ihres Promotionsvorhabens, den Studienabschlüssen, Ihrer Persönlichkeit, Ihrem sozi-alen und politischen Engagement und Verantwortungsbewusstsein vorausgewählt. Auch hier folgt eine zweite Auswahlrunde, in der die Bewerber vor einem Ausschuss die Bewerbungsmotive darzulegen haben.

Die Höhe der Stipendien variiert, detaillierte Informationen erhalten Sie bei den Ver-antwortlichen der Stiftung, die den Bereich betreuen, in dem Sie sich bewerben wol-len. Grundsätzlich wird durch die Förderung der Lebensunterhalt gedeckt und die Stiftung übernimmt im Falle eines Auslandsstudiums anfallende Kosten. Neben der materiellen wird auch eine ideelle Förderung der Stipendiaten übernommen. Es be-steht die Möglichkeit, an einer Vielfalt von Seminaren, Tagungen, wissenschaftlichen und politischen Veranstaltungen und diversen Akademien teilzunehmen.

---

[140] Vgl. die Homepage der Stiftung auf: [http://www.kas.de/wf/de/71.5130/].
[141] Vgl. die Verlinkungen der einzelnen Abteilungen: [http://www.kas.de/wf/de/42.8/].

Ideelle Stiftungsrichtlinie:

„Ausgangs- und Orientierungspunkt für die Konrad-Adenauer-Stiftung ist das christliche Verständnis vom Menschen als Geschöpf Gottes in seiner Gleichwertigkeit, Verschiedenartigkeit und Unvollkommenheit. Die Konrad-Adenauer-Stiftung ist der Freiheit, Gerechtigkeit und Solidarität verpflichtet. Auf dieser Grundlage neuen Herausforderungen unserer Zeit gerecht zu werden, ist wichtig für die Zukunft der christlich-demokratischen Bewegung in Deutschland, in Europa und vielen Ländern der Welt."[142]

Kontakt

Konrad-Adenauer-Stiftung e.V.
Begabtenförderung und Kultur
Rathausallee 12
53757 Sankt Augustin
Tel. 02241-246-2328
info@kas.de

Hanns-Seidel-Stiftung

Die CSU nahe Hanns-Seidel-Stiftung wurde 1966 in München gegründet. 1981 wurde eine Begabtenförderung eingerichtet, die die Vergabe von Stipendien organisiert. 2009 umfasste die Zahl der im In- und Ausland geförderten Studenten 760.[143]

Diese Stiftung fördert grundsätzliche (undergraduate) und weiterführende (graduate) Studienprogramme an Universitäten und Fachhochschulen. Zudem kann auch eine Promotionsförderung sowie die Finanzierung journalistischer Ausbildungsprogramme beantragt werden. Näheres können Sie bei der Stiftung persönlich erfragen. Voraussetzung ist, dass Sie deutscher Student oder Bildungsinländer und im beantragten Zeitraum an einer anerkannten Hochschule ordentlich eingeschrieben sind. Um subventioniert durch ein Stipendium ein Promotionsvorhaben realisieren zu können, wird vorausgesetzt, dass Sie die Verantwortlichen der Stiftung durch das Expose und die Bewerbung überzeugen.

---

[142] Den Leitlinien der Stiftung entnommen; vgl.: [http://www.kas.de/wf/de/71.4972/].
[143] Vgl. die statistischen Daten auf der Homepage der Stiftung: [http://www.hss.de/stiftung/zahlen-daten-fakten.html].

Die Vergabe der Stipendien erfolgt nach einem Selbstbewerbungsverfahren. Interessenten sind angehalten, eine schriftliche Bewerbung einzureichen, je nach Förderungsprogramm unterscheiden sich die erforderlichen Unterlagen. Informieren Sie sich auf der Homepage diesbezüglich. Auf Grundlage der schriftlichen Bewerbung trifft die Hanns-Seidel-Stiftung eine Vorauswahl. Hierbei orientieren sich die Verantwortlichen an den folgenden Kriterien:[144] Schul- und Studienleistungen; Engagement im politischen, kirchlichen oder sozialen Initiativen und persönliche Eignung.

Nach der Vorauswahl werden alle geeigneten Bewerber zu einer so genannten Auswahltagung eingeladen. Diese Veranstaltung gleicht einem Assessment Center. Studenten müssen vor einer Prüfungskommission erläutern, warum sie die Förderung beantragen, was die persönlichen Motive sind und inwiefern sie glauben, geeignet zu sein. Da die Hanns-Seidel-Stiftung eine politische Einrichtung ist, erwarten die Verantwortlichen, dass Bewerber sich mit den Zielen der Organisation identifizieren. Auf der Homepage findet sich neben der Anmerkung, dass Bewerber die Ziele bejahen sollen, ein Verweis auf die Satzung der Organisation.[145] Vor einer Bewerbung sollten Sie herausfinden, inwiefern Sie mit diesen Zielen übereinstimmen.

Wenn Sie als Stipendiat ausgewählt werden, erfolgt zunächst eine Grundförderung, die auf ein Jahr beschränkt ist. Nach einem Jahr wird entschieden, ob die Förderung verlängert wird.

Ideelle Stiftungsrichtlinie:

> *„Seit ihrer Gründung (...) betreibt die Hanns-Seidel-Stiftung politische Bildungsarbeit mit dem Ziel (...), die >demokratische und staatsbürgerliche Bildung des deutschen Volkes auf christlicher Grundlage< zu fördern. Damit baut die politische Bildungsarbeit (...) auf einem Menschenbild auf, zu dem die freie Entfaltung der Persönlichkeit und ihre Eigenverantwortung ebenso gehören wie die soziale Verantwortung und die Solidarität. "[146]*

Kontakt

....

Förderungswerk der Hanns-Seidel-Stiftung

Lazarettstraße 33

80636 München

Telefon: 089 / 1258 - 0

Telefax: 089 / 1258 - 403

info@hss.de

---

[144] Vgl. die Kriterien für die Vorauswahl: [http://www.hss.de/stipendium/auswahlverfahren.html].
[145] Vgl. hierzu: [http://www.hss.de/stipendium/foerderung.html].
[146] Vgl. [http://www.hss.de/stiftung.html].

Friedrich-Naumann-Stiftung

Die der FDP nahe stehende Friedrich-Naumann-Stiftung wurde 1958 in Bonn durch eine Gruppe liberaler Politiker und FDP-Mitglieder um den ersten Bundespräsidenten Theodor Heuss gegründet. Diese Stiftung versteht sich in der Tradition einer bürgerlichen Organisation als Körperschaft einer gesellschaftspolitischen und demokratischen Bildungsarbeit.[147] Seit 1973 vergibt die Friedrich-Naumann-Stiftung Stipendien. Zurzeit umfasst die Zahl der Geförderten 800 Stipendiaten.

Als zentrale Auswahlkriterien führt die Stiftung an, Bewerber sollten über eine außerordentliche Begabung verfügen, eine zuverlässige starke Persönlichkeit besitzen und politisch und gesellschaftlich engagiert sein. Die deutsche Staatsbürgerschaft gehört nicht zu den Bewerbungsvoraussetzungen, auch ausländische Interessenten können sich um ein Stipendium bewerben. Da es sich um eine liberale Stiftung handelt, die der FDP zugeordnet werden kann, ist eine liberale Einstellung dem Erfolg der Bewerbung dienlich. Die Stiftung gibt explizit an, dass Engagement in liberalen politischen Hochschulgruppen, einer liberalen Partei, liberalen Organisationen, Gruppen und Institutionen gern gesehen wird.[148]

Die Vergabe der Stipendien erfolgt in einem zweistufigen Verfahren mit Selbstbewerbung. Bewerber richten eine schriftliche Bewerbung inklusive der notwendigen Unterlagen (Lebenslauf, Gutachten, Bewerbungsantrag, Expose der Doktorarbeit etc.) an die Friedrich-Naumann-Stiftung. Nach Eingang der Unterlagen wird eine Vorauswahl getroffen. Bewerber, die das Prüfungskomitee überzeugen können, werden zu einer Auswahltagung eingeladen. Dort müssen Sie sich einem Auswahlausschuss stellen und in Einzelgesprächen die Motivation darlegen, Hintergründe der Bewerbung, Ihrer Ausbildung und den persönlichen Verhältnissen erläutern und erklären, warum insbesondere Sie Teil eines Programms zur Begabtenförderung werden sollten. Wenn Sie sich durchsetzen können, bekommen Sie ein Stipendium zugesprochen.

Wer ein Stipendium dieser Organisation erhalten will, der muss sich bewusst sein, dass die Stiftung sehr klare Erwartungen an die Stipendiaten hat. Sie müssen jährlich an mindestens zwei mehrtägigen Seminaren teilnehmen, zudem ist gewünscht, dass Sie sich in der Stiftung engagieren und dort Aufgaben übernehmen. Erkundigen Sie sich eingehend, bevor Sie mit der Bewerbung beginnen und versuchen Sie abzuschätzen, ob Sie bereit und in der Lage sind, diese Erwartungen zu erfüllen.[149]

Die Friedrich-Naumann-Stiftung berechnet den Umfang der Stipendien individuell, grundsätzlich wird das Studium im In- und Ausland gefördert. Zudem werden wissen-

---

[147] Vgl. den Webauftritt der Stiftung: [http://www.freiheit.org/Geschichte-Grundsaetze-Aufgaben/35c49/index.html].

[148] Vgl. hierzu die Informationen auf der Homepage:
[http://www.freiheit.org/Kriterien/180c121/index.html].

[149] Vgl. hierzu die an Stipendiaten gestellten Erwartungen auf:
[http://www.freiheit.org/Foerderung/178c119/index.html].

schaftliche Seminare, berufsvorbereitende Veranstaltungen und andere Aktivitäten angeboten. Informieren Sie sich auf der Homepage der Stiftung und sprechen Sie mit den an Ihrer Hochschule Verantwortlichen.

Ideelle Stiftungsrichtlinie:

„Wir fördern Studierende und Promovierende aus Deutschland und allen Ländern der Welt. Wenn Sie zu den fachlich überzeugenden Schülern, Studierenden und Graduierten gehören, Ihre Lebenseinstellung liberal ist und Sie entsprechend gesellschaftspolitisch Verantwortung übernehmen, dann sind Sie bei uns richtig".[150]

Kontakt
....

Friedrich Naumann
Politische Bildung und Begabtenförderung
Abteilung Begabtenförderung
Karl-Marx-Straße 2
14482 Potsdam-Babelsberg
Telefon: 0331 / 70 19 - 349
Telefax: 0331 / 70 19 - 222
begabtenfoerderung@freiheit.org

Friedrich-Ebert-Stiftung

Die Friedrich-Ebert-Stiftung ist die größte und älteste politische Stiftung und verpflichtet sich den Grundwerten einer sozialen Demokratie. Bisher sind 15.000 Stipendiaten gefördert worden. Allein im Jahr 2009 wurden 2500 Studenten betreut, davon 270 ausländische Studenten, und 800 Stipendiaten neu aufgenommen.

Kriterien für die Vergabe eines Stipendiums orientieren sich an der intellektuellen Begabung des Bewerbers, dem Persönlichkeitsbild und – last but not least – dem gesellschaftspolitischen Engagement. So ist eine Förderung derjenigen Bewerber wahrscheinlich, die den Leitlinien der Stiftung entsprechen. Sie müssen nicht Mitglied der SPD sein, um ein Stipendium zu erhalten, ihre politische Meinung und Motivation sind allerdings relevant. Darüber hinaus wird von Stipendiaten erwartet, dass sie regelmäßig an Veranstaltungen der Stiftung teilnehmen und sich produktiv einbringen.

Gefördert wird ein Erststudium an Hoch- und Fachhochschulen, die staatlich oder

---

[150] Vgl. [http://www.freiheit.org/Stipendien/175c9/index.html].

staatlich anerkannt sind, auch Master- und andere Aufbaustudiengänge sowie Promotionsvorhaben werden finanziert. Ähnlich wie die Studienstiftung und die Stiftung des DGB hat auch das sozialdemokratische Begabtenförderungswerk ein Programm eingerichtet, das sich an Abiturienten richtet, deren schulische Leistungen gut sind, die sich das Studium aber nicht leisten können. Die Aktion „Stipendium auf Probe" bietet dieser Zielgruppe finanzielle Unterstützung für ein Studium.[151] Wer ein Studium aufnehmen will, kann sich bis Mitte des ersten Semesters bewerben

Grundsätzlich gilt für alle Programme das Verfahren der Selbstbewerbung, genaue Informationen finden Sie auf der Homepage der Friedrich-Ebert-Stiftung. Das Auswahlverfahren von Stipendiaten ist zweistufig. Bewerber sind aufgefordert eine schriftliche Bewerbung inklusive Gutachten, Anträgen, Zeugnissen, einem Lebenslauf und ggf. einem Promotionsvorhaben einzureichen. Ein mit der Auswahl betrautes Gremium trifft nach der Begutachtung der Bewerbung eine Vorauswahl, dann folgt das so genannte engere Bewerbungsverfahren. In diesem zweiten Auswahlschritt müssen Sie mit einem Vertrauensdozenten und einem Ausschussmitglied ein Gespräch führen, daraus resultieren zwei weitere Gutachten. Diese und die übrigen Bewerbungsunterlagen werden dem Ausschuss vorgelegt, der über die Stipendienvergabe entscheidet.

Grundsätzlich wird das Studium im In- und Ausland gefördert. Zudem bietet die Ebert-Stiftung ihren Stipendiaten wissenschaftliche Weiterbildungsmaßnahmen (Seminare, Tagungen, Sommerschulen), berufsvorbereitende Veranstaltungen und fördert gesellschaftspolitische Initiativen.

Ideelle Stiftungsrichtlinie:

> *„Der Sozialdemokrat Friedrich Ebert (…) regte die Gründung einer Stiftung mit folgenden Zielen an: die politische und gesellschaftliche Bildung von Menschen (…) im Geiste von Demokratie und Pluralismus zu fördern, begabten jungen Menschen unabhängig von den materiellen Möglichkeiten der Eltern durch Stipendien den Zugang zum Hochschulstudium zu ermöglichen und zur internationalen Verständigung und Zusammenarbeit beizutragen."[152]*

Kontakt

Friedrich-Ebert-Stiftung
Godesberger Allee 149
53175 Bonn
Telefon 0228 / 883-0
Telefax 09228 / 883-697
stipendien@fes.de

---

[151] Vgl. die Information zu dem Programm *Stipendium auf Probe*: [http://www.fes.de/sets/s_stuf.htm].
[152] Vgl. hierzu den Webauftritt der Stiftung: [http://www.fes.de/sets/s_stif.htm].

6.3.3 Studentenjobs

Allgemein

Wer durch ein Stipendium oder die Eltern teilfinanziert wird, oder einen niedrigen BAföG-Satz ausgezahlt bekommt, der hat zunächst einen gewissen Betrag zur Verfügung, um die Lebensunterhalts- und Studienkosten zu decken. Für den Fall, dass Sie nicht über ausreichende finanzielle Mittel verfügen, muss der fehlende Betrag anderweitig aufgebracht werden. Eine Möglichkeit stellen Studienkredite dar, und bei manchen Stiftungen sind auch BAföG-Empfänger stipendienberechtigt. Zu guter Letzt besteht immer die Möglichkeit, dass Sie Ihr Studium durch eine Erwerbsarbeit, also einen Studentenjob, ganz oder teilweise finanzieren. Grundsätzlich sollen Sie studieren und nicht Ihre kostbare Zeit mit einer Teil-Berufstätigkeit verschwenden, jedoch kann es notwendig sein, dass Sie neben dem Studium Geld verdienen. Wenn Sie einen angenehmen Job haben, in einem guten betrieblichen Umfeld erste Erfahrungen im Berufsleben sammeln und zudem angemessen bezahlt werden, kann ein Studentenjob positiv für Ihre Entwicklung und spätere berufliche Karriere sein.

In Deutschland haben 2009 65 % aller Studenten einen durchschnittlichen Betrag von 323 Euro durch eine Erwerbsarbeit verdient, um die Lebenshaltungskosten zu decken.[153] Im Vergleich zu den Vorjahren ist dieser Betrag deutlich angestiegen. 2/3 aller Bachelorstudenten gaben an, dass sie das Studium durch eine Erwerbsarbeit finanzieren, die zumeist in den Semesterferien ausgeführt wird.[154] Darüber hinaus arbeitet jeder zweite Student während der Vorlesungszeit.[155] Studenten, die neben dem Studium arbeiten, scheinen keine Ausnahme darzustellen. Auch wenn das stereotypische Studentbild noch immer als arbeitsscheu gilt, zeigt die Statistik etwas anderes an.

Vor- und Nachteile

Sind Sie in der Situation, dass Sie über die Aufnahme eines Studentenjobs oder einer Aushilfstätigkeit nachdenken, sollten Sie versuchen mögliche Vor- und Nachteile abzuwägen. Dass eine Erwerbsarbeit zur Belastung werden kann, ist unumstritten. Selbstverständlich ist eine derartige Tätigkeit mit körperlicher Anstrengung und Zeitaufwand verbunden. Nehmen Sie einen Aushilfsjob an, dann sind Sie für einen gewissen Zeitraum verpflichtet zu arbeiten. In dieser Zeit können Sie nicht studieren oder lernen. Es mag sich banal anhören, dieses so explizit zu sagen, denn logischerweise muss, wer einen Job hat, auch Arbeitszeit

---

[153] Vgl. die statistischen Angaben in: *Die wirtschaftliche und soziale Lage der Studierenden in der Bundesrepublik Deutschland 2009: 19. Sozialerhebung des Deutschen Studentenwerks*, S. 193f.
[154] Vgl. *Bachelor-Studierende: Erfahrungen in Studium und Lehre – Eine Zwischenbilanz*, S. 37.
[155] Ebd.

aufwenden und seinen Körper oder Kopf einsetzen. Dennoch wird häufig unterschätzt, dass Arbeit müde macht. Selten bringt man nach einem anstrengenden Arbeitstag die Kraft auf, für eine Klausur zu lernen, einen Projektbericht oder eine Hausarbeit zu verfassen oder sich komplexen Texten zu widmen. Sie sollten sich bewusst machen, dass Sie Ihr Studium anders organisieren müssen, wenn Sie einer Erwerbsarbeit nachgehen. Planen Sie Arbeits- und Lerntage, und versuchen Sie sicherzustellen, dass Ihr Studium, die Leistungen, die Sie erreichen wollen, und die Anforderungen, die Sie an sich selbst stellen, nicht durch die Arbeit beeinträchtigt werden. Akzeptieren Sie die Tatsache, dass Sie im Vergleich mit den Kommilitonen, die das Studium ohne Arbeit finanzieren können, benachteiligt sind. Sie haben weniger Zeit für das Studium, müssen schneller mehr lernen und können sich seltener ausruhen oder einfach die Seele baumeln lassen. Trotzdem müssen Sie den gleichen Voraussetzungen entsprechen und werden nach den gleichen Kriterien bewertet. Dass ein Studentenjob nur Nachteile bergen würde, kann allerdings nicht gesagt werden. Der Studentenjob birgt auch Vorteile und mit einer guten Planung und Organisation können Sie Studium und Arbeit unter einen Hut bringen.

Der rationalste und größte Vorteil einer Erwerbstätigkeit besteht darin, dass Sie Geld verdienen. Sind Sie z.B. gezwungen Ihr Studium eigenständig zu finanzieren oder wollen Sie Ihr Elternhaus verlassen und in eine eigene Wohnung ziehen, dann müssen Sie den Betrag aufbringen, der für die Finanzierung notwendig ist. Vorteilhaft ist ein Aushilfsjob allerdings nur dann, wenn Sie angemessen bezahlt werden. Natürlich variiert die Bezahlung für derartige Tätigkeiten je nach Wirtschaftsbereich, Unternehmen und Region. Manche Arbeitgeber zahlen einen Stundenlohn, andere schließen mit ihren Aushilfen Zeit oder Projektverträge ab. Grundsätzlich sollten Sie versuchen abzuschätzen, ob ein Jobangebot im Bezug auf die Bezahlung stimmt. Nehmen wir an, dass Sie auf einer Messe arbeiten und große Bühnenteile aufbauen müssen. Die Tätigkeit ist durchaus gefährlich und zudem körperlich extrem anstrengend. Würde man Ihnen nun einen Pauschalbetrag für 10 Stunden zahlen, der 40 Euro beträgt, dann würden Sie nur 4 Euro pro Stunde verdienen. Versuchen Sie persönlich einzuschätzen, wie dringend Sie einen Job benötigen, und ob Sie bereit sind, auch unterbezahlt zu arbeiten. Ist die Bezahlung für die erbrachte Arbeit fair und angemessen, können Sie mit dem Gehalt zufrieden sein. Ein Verdienst gibt Ihnen ein Gefühl von Eigenständigkeit, da Sie Verantwortung übernehmen und für sich selbst sorgen.

Ein weiterer Vorteil liegt in der praktischen Erfahrung, die Sie durch einen Studentenjob sammeln. Wenn Sie einer praktischen Tätigkeit nachgehen, entwickeln Sie sich neben der akademischen Ausbildung durch die Teilnahme an Arbeitsprozessen. Abhängig vom angestrebten Berufsfeld kann in einer Stellenausschreibung, die Sie nach dem Studium entdecken, z.B. vorausgesetzt werden, dass Sie im betreffenden Arbeitsbereich theoretisches und praktisches Vorwissen einbringen können. Haben Sie während Ihres Studiums eine Tätigkeit ausgeübt, in der Sie die notwendigen praktischen Erfahrungen erwerben konnten, dann hat sich die Mühe der Arbeit gelohnt. Insofern können Sie einen Studentenjob als Vorbereitung auf eine spätere berufliche Tätigkeit betrachten. Im besten Fall entwickeln Sie durch einen Studentenjob einen konkreten Berufswunsch oder Sie finden sogar das Unternehmen, indem Sie im Anschluss an Ihr Studium arbeiten werden. Auch wenn Sie keinen Job finden, der dem von Ihnen gehegten Berufswunsch entspricht, so sammeln Sie doch Erfahrungen mit der Arbeitswelt. Sie sind Teil eines Unternehmens, müssen mit Mitarbeitern auskommen, sich daran gewöhnen, für gewisse Zeiträume konzentriert, gewissenhaft und verantwortungsvoll eine bestimmte Tätigkeit auszuführen, lernen in verschiedenen Situationen die Atmosphäre an einem Arbeitsplatz kennen etc. So sind mit einer Erwerbstätigkeit auch Vorteile verbunden. Auch denjenigen, die nicht auf eine Erwerbsarbeit angewiesen sind, ist zu empfehlen, praktische Erfahrungen zu sammeln. Es bietet sich an, eine Tätigkeit auszuüben, die auf wenige Stunden pro Woche beschränkt ist; zudem sollten Sie in der vorlesungsfreien Zeit Praktika absolvieren.

Arbeitsbereiche

Studentenjobs und Aushilfstätigkeiten gibt es wie Sand am Meer. Man muss sie nur finden. Es ist allgemein wichtig zu wissen, in welchen Arbeitsbereichen, bei welchen Unternehmen und für welche Tätigkeit studentische Aushilfen gesucht werden. Da Sie als Student in den seltensten Fällen über eine fachliche Qualifikation verfügen, die Sie in eine große Position bringt, müssen Sie sich mit kleinen Jobs zufriedengeben. Wer vor dem Studium eine Ausbildung absolviert hat, dem steht die Möglichkeit offen, im gelernten Beruf einer Teilzeittätigkeit nachzugehen.

Da wir es nicht für nötig halten, einzelne Studentenjobs vorzustellen, dennoch einen Überblick über die Möglichkeiten bieten möchten, stellen wir im Folgenden zwei allgemeine Arbeitsbereiche vor. Dabei handelt es sich einerseits um studienbezogene Tätigkeiten, andererseits um einfache Aushilfsjobs, die nichts mit der akademischen Ausbildung verbindet.

Grundsätzlich lassen sich die Möglichkeiten, einen Job in einem studiennahen Berufsfeld auszuüben, folgendermaßen aufgliedern:

▶ Sie können entweder an einer Hochschule oder Forschungseinrichtung als Hilfskraft, Tutor oder studentischer Assistent einen Job annehmen. Zudem besteht, je nach Studiengang, die Möglichkeit, in einer Bibliothek oder einem Labor zu arbeiten. Studentenjobs an Hochschulen sind zumeist gut bezahlt. Bewerber mit einem Bachelorabschluss bekommen vielerorts einen höheren Stundenlohn ausgezahlt.

▶ Sie können als Werkstudent oder freier Mitarbeiter in einem Unternehmen angestellt werden. Finden Sie ein Stellenangebot bei einem für Sie interessanten Arbeitgeber, dann können Sie ggf. Ihre Interessen verwirklichen und das im Studium erworbene Wissen anwenden. Auch diese Tätigkeiten sind in der Regel gut bezahlt, und wenn Sie Glück haben, werden Sie später übernommen. Bei guter Zusammenarbeit besteht häufig die Möglichkeit, nach dem Studium einen dem Abschluss angemessenen Job in einem bekannten Arbeitsumfeld anzunehmen.

▶ Je nach Studienfach können Sie Schülern oder anderen Studenten Nachhilfe anbieten. Sind Sie z.B. ein Mathegenie, dann klappern Sie die Schulen in Ihrer Umgebung ab und hängen am schwarzen Brett ein Nachhilfeangebot aus. Es besteht einerseits die Möglichkeit, dass Sie privat Nachhilfe anbieten. Darüber hinaus gibt es Organisationen, die Nachhilfeunterricht in großen Gruppen anbieten, wofür häufig Studenten eingesetzt werden. Solche Anbieter suchen dauerhaft Arbeitnehmer, informieren Sie sich online.

Einen Studentenjob zu bekommen, der Ihnen die Möglichkeit bietet, das Studium mit der Arbeit zu verbinden, ist nicht einfach. Insbesondere Stellen als studentische Hilfs- oder Laborkraft, als Bibliotheksmitarbeiter oder Tutor sind sehr begehrt. Zudem werden an Hochschulen noch immer der Form halber Stellen ausgeschrieben, obwohl sie im Voraus vergeben sind. Diejenigen, die keinen Job an der Uni oder in einem studiennahen Berufsfeld ausüben können oder wollen, haben die Möglichkeit, sich eine andere Aushilfstätigkeit zu suchen. Stellen gibt es viele, aber Sie sich müssen sich entscheiden und zudem auf eine Bewerbung hin angenommen werden. Studentenjobs dieser Art könnten in den folgenden Bereichen liegen:

▶ Der Klassiker unter den Aushilfstätigkeiten für Studenten ist eine Anstellung in der Gastronomie. Hier bietet sich die Möglichkeit, beispielsweise als Kellner, Barmann oder Küchenhilfe zu arbeiten. Cafés, Kneipen und Restaurants suchen häufig Aushilfspersonal, aus diesem Grund ist die Zahl der Stellenangebote verhältnismäßig groß. In diesem Bereich erfolgt eine Anstellung in der Regel auf 400 Euro Basis, insbesondere im Sommer gibt es viele Stellenangebote. Der Vorteil einer derartigen Tätigkeit liegt darin, dass man auch als ungelernte Kraft schnell einen Einstieg findet und die Eingewöhnungsphase in Arbeitsprozesse verhältnismäßig kurz ist.

▶ Sehr beliebt unter Studenten, und zudem gut bezahlt, sind Jobs als Büroaushilfe. Die Aufgaben sind zumeist einfach, in den wenigsten Fällen müssen Sie langwierig in Arbeitsprozesse eingeführt werden. Studentische Büroaushilfen werden damit betraut, Akten zu ordnen, zu kopieren oder zu vernichten; Datenverwaltungssysteme zu betreuen oder den Webauftritt des Unternehmens zu pflegen. Die Arbeitsmöglichkeiten sind sehr vielfältig, zudem stellen Sie über die Tätigkeit Kontakt zu einem potenziellen späteren Arbeitgeber her.

▶ Wer körperlich fit ist und physische Arbeit nicht verschmäht, der findet in jeder größeren Stadt Stellenangebote für Aushilfstätigkeiten in Messe- und Veranstaltungshallen. Diese Jobs sind angemessen bezahlt und die Arbeitsbedingungen sind zumeist gut. Zudem besteht die Möglichkeit, beispielsweise in den Semesterferien, für einen längeren Zeitraum zu arbeiten (z.B. 14 Tage am Stück) und so eine größere Summe auf einen Schlag zu verdienen.

Wo finde ich Studentenjobs?

Sind Sie auf der Suche nach einem Job, ob dauerhaft oder für die Semesterferien, so sind Sie auf Stellenangebote angewiesen, auf die Sie eine Bewerbung einreichen können. Viele Unternehmen bieten Stellen an, doch nicht alle Jobausschreibungen richten sich an Studenten, und wenige dieser wenigen Angebote entsprechen möglicherweise Ihren Fähigkeiten und Ansprüchen. Wenn Sie einen Job an Ihrer Hochschule anstreben, dann sollten Sie aufmerksam die Stellenangebote verfolgen. Gegebenfalls können Sie an einen Professor, den Sie kennen und schätzen, eine Initiativbewerbung richten und erfragen, ob eine Anstellung für Sie gefunden werden kann.

Das Internet bietet zahlreiche Seiten, auf denen Sie Jobs finden können, und auch Tageszeitungen drucken Stellenangebote für die verschiedensten Tätigkeiten. Des Weiteren finden Sie an jeder Hochschule so genannte Schwarze Bretter, das sind Pinnwände, an denen Job- und Wohnungsangebote, Veranstaltungshinweise etc. aufgehängt werden. Zudem bieten auch die Arbeitsämter Beratung und Vermittlung für studentische Aushilfsjobs an.

Auf der Stellensuche ist Ihr Eigenengagement gefordert. Sie müssen Angebote suchen, Bewerbungsunterlagen einreichen, Gespräche führen und ggf. die eine oder andere Ablehnung hinnehmen. Wenn Sie allerdings bedacht vorgehen, dann haben Sie gute Chance, einen angenehmen Studentenjob zu finden.

6.3.4 Studienkredite

Mit Einführung der Studiengebühren sind die Kosten für eine akademische Ausbildung in Deutschland dramatisch gestiegen. Wer heute in einem Bundesland ein gebührenpflichtiges Studium aufnimmt, muss damit rechnen, jährlich zwischen 1500 und 2000 Euro für Semesterbeitrag und Studiengebühren zu entrichten. Um diesen Betrag aufzubringen, können Sie z.B. Ihre Eltern um Hilfe bitten. Wenn die nicht zahlen können, müssen Sie einen Studentenjob annehmen. Für den Fall, dass Sie auch mit einer Erwerbstätigkeit nicht in der Lage sind, das Studium zu finanzieren und gleichzeitig durch die berufliche Tätigkeit verhindert ist, dass Sie Ihr Studium ernsthaft verfolgen, gibt es eine Notlösung. Seit 2005 bieten verschiedene Banken Studienkredite an. Wir möchten an dieser Stelle empfehlen, dass Sie einen Kredit nur dann in Erwägung ziehen, wenn Sie wirklich nicht weiterwissen. Finden Sie keine Wege, Ihr Studium ausreichend zu finanzieren, dann informieren Sie sich vor Kreditstellung eingehend. Sprechen Sie ggf. mit Hochschullehrern oder Verantwortlichen der Kreditinstitute, die ein Studiendarlehen anbieten.

Warum sollte es problematisch sein, ein Studiendarlehen aufzunehmen, mögen Sie sich fragen. Wir wollen die Problematik kurz erläutern. Anders als beispielsweise bei Stipendien, die in der Regel nicht zurückgezahlt werden müssen, oder dem BAföG, das nur anteilig zurückgezahlt werden muss und nicht verzinst wird, müssen Studienkredite immer vollständig und inklusive Zinsen zurückgezahlt werden. Das Studiendarlehen birgt, wie jeder Kredit, die Gefahr der Schuldenfalle. Wenn Ihr Fördersatz hoch ausfällt, wird das zurückzuzahlende Darlehen ebenfalls hoch sein. In die Schuldenfalle geraten Sie, wenn Ihr späterer Verdienst zu gering ist oder Sie gar arbeitslos werden. Da ein Studium nicht die Garantie auf einen Arbeitsplatz darstellt, ist die Schuldenfalle keine Mähr, die von Gegnern dieser Finanzierungspraxis erzählt wird. Es ist wichtig, dass Sie sich vor einem solchen Schritt intensiv mit der Aufnahme eines Studienkredits beschäftigen und gut beraten lassen.

Da wir weder die notwendige Expertise besitzen, noch der Raum des Buches ausreicht, das Thema Studienkredit ausführlich zu diskutieren, möchten wir Sie darauf verweisen, dass Sie sich mit kompetenten Personen über die Möglichkeit eines Studienkredites auseinandersetzen sollten. Sprechen Sie mit Ihren Eltern, verantwortlichen Hochschullehrern oder wenden Sie sich direkt an eine der Banken. Um sich einen ersten Überblick zu verschaffen, empfehlen wir, dass Sie im Internet recherchieren. Dort finden Sie Erfahrungsberichte von Kreditnehmern, die Angebote der verschiedenen Kreditinstitute und zudem eine Vielzahl an Artikeln und Stellungnahmen, die Vor- und Nachteile der Studiendarlehen reflektieren.

Selbstverständlich variieren auch die Kreditangebote: Sie können z.B. ein Darlehen für die Studiengebühren aufnehmen, oder einen Wissenskredit beantragen, der Lebenshaltungskosten und Studiengebühren umfasst; um nur einige Möglichkeiten anzuführen. Informieren Sie sich online, die Stiftung Warentest[156] bietet einen Vergleich von 14 verschiedenen Studienkrediten. Darüber hinaus betreibt die CareerConcept AG die Homepage studienkredit.de; das Webangebot dieser Informationsseite umfasst u.a. einen Studienkreditrechner, der die Bildungsdarlehen von zehn Banken vergleicht.[157]

---

[156] Informationen finden Sie auf der Homepage der Stiftung Warentest, auf:
[http://www.test.de/themen/bildung-soziales/meldung/Studienkredite-Leihen-fuers-Lernen-1355348-2355348/?print=true].
[157] Zum Kreditvergleichsrechner: [http://www.studienkredit.de/nc/studienkredite-vergleichen/vergleichstabelle/].

[7] Auslandssemester und Praktikum

7.1 Allgemein

Wenn Ihnen die Bewerbung zum Studium erfolgreich gelungen ist, Sie im besten Fall den Studienplatz Ihrer Wahl antreten können und somit am Anfang Ihrer akademischen Ausbildung stehen, ist es sinnvoll, sich über die Möglichkeiten und Anforderungen eines Studiums Gedanken zu machen. In vielen Studiengängen ist ein Praktikum heute integrierter Bestandteil der akademischen Ausbildung. Auch ein Auslandssemester kann zu den von Ihnen zu absolvierenden Ausbildungsabschnitten zählen.

Weder das Auslandssemester noch das Praktikum sollten Sie als eine störende Angelegenheit oder als nicht nachvollziehbaren Zwang betrachten. Beides sind Möglichkeiten, die Studenten heute offen stehen. So können Sie im Studium wichtige Kompetenzen erwerben und Ihren persönlichen Horizont erweitern: Im Auslandssemester sind Sie in der Regel an einer ausländischen Hochschule eingeschrieben und studieren in einer Fremdsprache. Zudem bewegen Sie sich in einem fremden Umfeld, in dem es sich zurechtzufinden und zu integrieren gilt. Es bietet sich die Möglichkeit, Kenntnisse in einer Fremdsprache zu erwerben oder auszubauen. Des Weiteren können Sie interkulturelle Kompetenz nachweisen, wenn Sie in einer fremden Gesellschaft gelebt haben.

Absolvieren Sie ein Praktikum, so nehmen Sie automatisch an Arbeitsprozessen teil, lernen ein bestimmtes Arbeitsumfeld kennen und können so Einblick in Berufsfelder bekommen. Dies kann Ihnen helfen, sich im Verlauf Ihres Studiums zu entscheiden, welche berufliche Tätigkeit Sie anstreben. Wohingegen Sie im Studium die meiste Zeit mit der Theorie beschäftigt sind, bietet ein Praktikum die Möglichkeit der praktischen Anwendung Ihrer theoretischen Kenntnisse.

Die folgenden Ausführungen sind als Hilfsmittel zu den Themen Auslandssemester und Praktikum konzipiert. Es wird erläutert, inwiefern die Bologna-Reform die Studienmöglichkeiten im Ausland verbessert hat; worin Vorteile des Auslandsstudiums bestehen; wie und wo Sie sich auf einen Studienplatz an einer Partnerhochschule bewerben können; und wie Sie das Auslandsstudium finanzieren. Zudem wollen wir darauf eingehen, welche Vorteile ein Praktikum birgt; welche Bedingungen für ein gutes Praktikum vorausgesetzt sein müssen; wie die Vergabe verläuft und wo Sie Praktikumsstellen finden können.

7.2 Das Auslandsstudium

Bologna und der europäische Bildungsraum

Mit dem Beschluss, einen europäischen Bildungs- und Wissensraum zu schaffen, verbindet die Europäische Union die Hoffnung, dass in der Zukunft der Austausch von Wissen, Wissenschaftlern und Forschungsergebnissen innerhalb der EU ohne Barrieren möglich ist. Dies stellt einen weiteren Schritt auf dem Weg zu einem integrierten Europa dar. Denken Sie an die zu Beginn des Buches ausgeführten Erläuterungen über die reformierten Studiengänge Bachelor und Master, so werden Sie erinnern, dass die Studienreform als fundamentale Notwendigkeit für die Realisierung des europäischen Bildungsraumes angeführt wird. Um Austausch zu ermöglichen, müssen Grundlagen, Anforderungen und Leistungen eines Studiums europaweit vergleichbar sein.

In der Zeit vor der Bologna-Reform und dem Beschluss der EU, die Bildung europaweit zu integrieren, bestand häufig die Problematik, dass im Ausland erbrachte Leistungen an der Heimathochschule nicht angerechnet werden konnten. Viele deutsche Hochschulen argumentierten, es sei nicht nachvollziehbar, ob die Anforderungen der im Ausland erbrachten Leistungen den Anforderungen eines Studiums an einer deutschen Universität entsprächen. Offiziell sollte dieses Hemmnis mit der Bildungsreform aus der Welt geschaffen sein, trotzdem können Sie Probleme mit der Anrechnung bekommen. Ein Professor an Ihrer Heimathochschule kann beispielsweise angeben, eine gute Note müssen bei Anrechnung abgewertet werden, wenn Sie an einer polnischen oder tschechischen Universität studiert haben. Sie könnten konfrontiert werden mit der uninformierten Meinung eines Ewiggestrigen, der annimmt, dass in Osteuropa schlechter gelehrt wird als in Deutschland. Leider gibt es noch immer eine Vielzahl von Angestellten an den Hochschulen, die ihre persönliche Arbeit als außerordentlich wichtig und sich selbst als besonders relevant betrachten und gleichzeitig die Arbeit anderer abwerten und klein reden. Sind Sie mit derartigen Meinungen konfrontiert, haben Probleme bei der Anrechnung und müssen sich mit Ressentiments der angeführten Art auseinandersetzen, dann wenden Sie sich an einen kompetenten und Ihnen sympathischen Hochschulmitarbeiter und besprechen Sie diese Problematik. Bitten Sie um Hilfe und versuchen Sie, für Ihr Recht zu streiten.

Wenn Sie sich mit verschiedenen Studienprogrammen auseinandergesetzt haben und die Webseiten einiger Hochschulen und Studiengänge besuchen konnten, sollte Ihnen auffallen, dass fast jede Hochschule, für nahezu jeden Studiengang, empfiehlt, ein Auslandssemester zu absolvieren. Diese Empfehlung wird von den Studenten wahrgenommen. Allerdings lässt sich nicht kategorisch sagen, dass nun jeder Bachelor- oder Masterstudent notwendigerweise im Ausland studiert. Der 19. Sozialerhebung ist beispielsweise zu entnehmen, dass Studierende in den alten Studiengängen nicht seltener, sondern eher häufiger von diesem Angebot Gebrauch machen. Ungefähr 37 % der Absolventen in den alten Studiengängen (Diplom, Magister, Staatsexamen) verfügt nach Abschluss eines Studiums über Auslandserfahrung. Wohingegen dies unter den Bachelorabsolventen nur für 28 % gilt.[158] Inwiefern diese Tatsache notwendigerweise an die Studienstrukturen gebunden ist, kann bis dato nicht einwandfrei festgestellt werden. Zunächst entsteht der Eindruck, das reformierte Studium hätte die Hochschullandschaft nicht verändern können. Es wird beispielsweise kritisiert, dass das Versprechen, die Mobilität zwischen europäischen Hochschulen herzustellen, nicht eingelöst worden sei. Des Weiteren wird angeführt, die Studienstrukturen in den reformierten Studiengängen seien zu eng, Zeit für ein Auslandssemester bleibe den Wenigsten.[159] Wenn Sie Ihre Situation überdenken, dann sollten Sie immer rekapitulieren, dass an keiner Hochschule böse Menschen sitzen, die Ihnen eigentlich nur einen Strich durch die Rechnung machen wollen. An manchen Tagen mag dies auf manche Personen zutreffen, grundsätzlich sind die Mitarbeiter an Hochschulen allerdings daran interessiert, dass Studenten die Ausbildung dem eigenen Ermessen nach gestalten können. Gibt eine Hochschule z.B. an, dass die Regelstudienzeit für einen Bachelorstudiengang 6 Semester beträgt, dann bedeutet dies nicht, dass Sie nach Ablauf der Regelstudienzeit der Hochschule verwiesen werden. In der Regel können Sie ohne Probleme einen Auslandsaufenthalt absolvieren, auch wenn Sie dadurch ein oder zwei Semseter länger studieren. Ob ein Auslandssemester ein Hindernis auf dem Weg zu einem erfolgreichen Bachelorabschluss darstellt, ist zu bezweifeln. Dennoch muss jeder Student für sich entscheiden, ob und aus welchen Gründen ein Semester an einer ausländischen Hochschule infrage kommt oder nicht. Im Folgenden werden vor allem Argumente für das Auslandssemester besprochen, um Ihnen eine positive Einstimmung auf das Thema zu geben.

Vorteile des Auslandsstudiums

Wenn Sie daran denken, ein Auslandssemester einzulegen, dann sollten Sie sich zuerst bewusst machen, dass Sie nach Ihrem Studium wahrscheinlich nicht wieder die Möglichkeit haben werden, ein Land für einen längeren Zeitraum frei von Verpflichtungen zu besuchen. Selbstverständlich können Sie Urlaub machen, doch wird Ihnen dies nicht den Rahmen bieten, ein anderes Land und eine andere Kultur ausgiebig zu

---

[158] Vgl. BMBF (2010): *Die wirtschaftliche und soziale Lage der Studierenden in der Bundesrepublik Deutschland 2009: 19. Sozialerhebung des Deutschen Studentenwerks*, S. 176ff.
[159] Vgl. zum Thema den folgenden Artikel: Bender, Justus: *Studenten im Punktefieber*, in DIE ZEIT, 15. April 2009.

erleben. Im Auslandssemester sind Sie relativ frei. Selbstverständlich müssen Sie Veranstaltungen an der Hochschule besuchen und am universitären Leben teilnehmen. Doch bleibt Ihnen ausreichend Zeit, um das Gastland, die umliegenden Städte und Sehenswürdigkeiten zu besichtigen und am kulturellen Leben teilzunehmen. Die Erfahrung am fremden Alltagsleben wie ein einheimischer Student teilzunehmen, kann Ihren persönlichen Horizont erweitern.

Über die Aktivitäten, die Sie an der Hochschule wahrnehmen, werden Sie Studenten kennen lernen, die im Gastland heimisch sind. Gegebenenfalls werden Sie sich mit den Studenten anfreunden. Wenn Sie Glück haben, dann können Sie einen Teil der Ihnen fremden Kultur kennen lernen, der nicht allen Besuchern zugänglich ist: Sie werden Freundschaften und Beziehungen aufbauen, die Grenzen überschreiten; Sie werden eine fremde Gesellschaft aus einer teilnehmenden Perspektive zu beurteilen lernen und nicht zuletzt werden Sie selbst, bezüglich Ihrer Ansichten und Überzeugungen, von dieser internationalen Erfahrung profitieren können.

Da auch das Studium im Ausland an einer Bildungseinrichtung stattfindet, bietet sich Ihnen die Option, eine fremde Hochschullandschaft kennen zu lernen. Dies kann insbesondere dann interessant sein, wenn Sie anstreben, nach dem Studium an einer Hochschule oder Forschungseinrichtung zu arbeiten. Durch das Studium an einer ausländischen Hochschule verfügen Sie über Vergleichsmöglichkeiten. Erscheint Ihnen beispielsweise die Handhabung gewisser Abläufe an der Heimathochschule als ineffektiv und problematisch, können Sie auf Grundlage Ihrer Erfahrungen an einer anderen Hochschule argumentieren. Vermittels des Auslandsaufenthaltes sind Sie in der Lage, eine breite und fundierte Perspektive auf verschiedene, die Hochschulausbildung betreffende Themen, zu entwickeln.

Aber ein Auslandsstudium ist nicht nur der Aufenthalt in einer fremden Gesellschaft. Hauptsächlich sollen Sie Ihr Studium fortsetzen, eine Fremdsprache erlernen oder ausbauen und sich mit den Ansichten und Überzeugungen auseinandersetzen, die an der Gasthochschule gelehrt und vertreten werden. In dem Ihnen fremden Umfeld werden Sie erfahren, dass verschiedene theoretische Probleme auf unterschiedlichste Art und Weise behandelt werden können.

Der Fremdsprachenerwerb ist in den meisten Fällen das ausschlaggebende Argument für ein Auslandsstudium. Die Anforderungen des globalisierten Arbeitsmarktes machen die Fremdsprachenkompetenz heute zu einer zentralen Fähigkeit, für viele Stellenangebote sind beispielsweise Grundkenntnisse in der englischen und einer weiteren Sprache Voraussetzung. Ein Auslandsstudium bietet die besten Möglichkeiten, eine fremde Sprache zu erlernen, da Sie „Learning-by-doing" betreiben, direkt im Sprachraum lernen. Bei jedem Gang in den Supermarkt sind Sie gezwungen, Produkte in einer Fremdsprache zu kaufen oder bei den Verkäufern zu erfragen, wo ein bestimmter Artikel zu finden ist – Sie müssen dann sprechen. Die Notwendigkeit, eine

Fremdsprache im täglichen Leben anzuwenden, ist die beste Lernvoraussetzung. Denn bekanntlich ist ja das Leben die beste Schule!

Wer ist für die Vergabe verantwortlich?

Die persönlichen Vorteile und Erfahrungen, die ein Semester im Ausland bietet, erläutern Ihnen keinesfalls, wie das Auslandssemester realisiert werden kann. Sie fragen sich wahrscheinlich, an welchen ausländischen Hochschulen Sie studieren können, für welchen Zeitraum Plätze an den Hochschulen frei werden, wie Sie einen Studienplatz erhalten können etc.

Sie müssen das Auslandssemester in der Regel nicht allein organisieren. Ihre Heimathochschule wird verschiedene Austauschprogramme anbieten, Partnerschaften mit bestimmten ausländischen Hochschulen abgeschlossen haben etc. Wollen Sie ohne großen Stress im Ausland studieren und haben Sie zudem die Möglichkeit, sich an einer Hochschule einzuschreiben, die mit Ihrer Heimathochschule ein Kooperationsabkommen geschlossen hat, dann sollten Sie sich an das für Ihren Studiengang zuständige Auslandsamt wenden. Jede Hochschule verfügt über eine derartige Abteilung und die Mitarbeiter in diesen Bereichen sind explizit damit betraut, Studenten zu betreuen, die ein Auslandsstudium anstreben. Wenden Sie sich an diese Einrichtung und erfragen, Sie welche Möglichkeiten Ihnen offenstehen. Häufig können Sie detaillierte Informationen erhalten, über Zusatzprogramme erfahren, die nicht immer ausgeschrieben sind, und Antworten auf Ihre unzähligen Fragen finden.

Wenn Sie an einer Einrichtung studieren möchten, die keine Partnerschaft mit Ihrer Hochschule abgeschlossen hat, ist der Bewerbungsprozess ungleich aufwändiger und muss nicht immer glücklich ausgehen. Auch in diesem Fall sollten Sie sich mit den Verantwortlichen im akademischen Auslandsamt besprechen. Auf diesem Wege kann z.B. ein Kooperationsabkommen mit der betreffenden Hochschule abgeschlossen werden. Es ist zu empfehlen, sich immer mit den Mitarbeitern dieser Abteilung zu besprechen, denn eins dürfen Sie nicht vergessen: Wenn Sie einen Auslandsaufenthalt an einer Bildungseinrichtung anstreben, dann fallen ggf. Studiengebühren an und darüber hinaus müssen Sie die Lebenshaltungskosten aufbringen. Ohne ein Stipendium können Sie diese Finanzierung in den seltensten Fällen eigenständig stemmen, auch da Sie nicht ohne Weiteres im Gastland einen Studentenjob ausführen dürfen.

Wie finanziert man ein Auslandsstudium?

Wie so oft, stellt sich beim Nachdenken über einen Studienaufenthalt im Ausland die Frage der Finanzierung. Werden Sie von Ihren Eltern finanziell unterstützt, dann haben Sie das Glück, weniger auf Zuwendungen (Stipendien, Reisekostenzuzahlungen etc.) angewiesen zu sein. Für den Fall, dass an der von Ihnen ins Auge gefassten Hochschule Gebühren erhoben werden und keine Partnerschaft mit Ihrer Universität besteht, ist die Frage der Studienfinanzierung ein entscheidendes Thema, auch wenn Sie von den Eltern finanziert sind. Die wenigsten können davon ausgehen, dass Ihre Eltern finanziell über die notwendigen Mittel verfügen, einen Semesteraufenthalt an einer amerikanischen Hochschule zu spendieren, wenn allein die Studiengebühren pro Semester zwischen 5000 und 20.000 Dollar betragen. Aus diesem Grund sollte es unumstritten sein, für das Auslandssemester einen durchdachten Finanzierungsplan zu erstellen.

Um in der Lage zu sein, einen Finanzierungsplan für das Auslandssemester zu erarbeiten, sind Sie auf Informationen angewiesen. Diesbezüglich bietet der folgende Überblick eine erste grobe Übersicht an Finanzierungsmöglichkeiten. Detaillierte Informationen finden Sie in den für das Auslandsstudium verantwortlichen Einrichtungen Ihrer Hochschule.

Das ERASMUS-Programm

Der humanistische Philosoph Erasmus von Rotterdam ist der Namenspatron des Erasmus Austauschprogramms der Europäischen Union. Dieses Programm bietet die Möglichkeit, ein drei- bis zwölfmonatiges Studium im europäischen Ausland zu realisieren und hierin sowohl finanziell als auch organisatorisch unterstützt zu werden. Es wird Ihnen ein monatliches Stipendium ausgezahlt, das abhängig vom Zielland berechnet ist. Zudem hilft Ihnen die Heimatuniversität und stellt den Kontakt zur Hochschule her, ist behilflich bei der Beschaffung und Einsendung der Unterlagen etc. Da es sich um ein europäisches Austauschprogramm handelt, wird Ihnen die Förderung nur dann gewährt, wenn Sie das Auslandssemester an einer Hochschule im europäischen Ausland oder in einem, der ERASMUS-Kooperation angehörenden Länder absolvieren. Der große Vorteil besteht darin, dass Sie durch das Kooperationsabkommen von etwaig anfallenden Studiengebühren befreit sind, was insbesondere für ein Studium in Großbritannien von Vorteil ist. Nähere Informationen finden Sie auf der Homepage der Erasmuskooperative[160] und im Auslandsamt Ihrer Heimathochschule.

DAAD - Deutscher Akademischer Austausch Dienst

Der DAAD ist der akademische Austauschdienst der deutschen Hochschulen und Studierendenschaften. Diese Einrichtung wurde 1925 gegründet und funktioniert als Organ für die Organisation der internationalen akademischen Beziehungen. Der DAAD vergibt eine Vielzahl von Stipendien, hier ist es möglich, Förderung für ein Studium im

---

[160] Vgl. das Informationsmaterial der Europäischen Union auf: [http://ec.europa.eu/education/lifelong-learning-programme/doc80_de.htm].

nicht-europäischen Ausland zu beantragen. Über den DAAD können Sie in speziellen Programmen gefördert werden, die sich z.B. an Studenten richten, die eine besonders förderungswürdige Ausbildung absolvieren oder aber in einem Land einen Aufenthalt planen, der vom DAAD speziell gefördert wird. Der Umfang des Stipendiums hängt auch von diesen Variablen ab. Grundsätzlich steht Ihnen eine Vielzahl von Möglichkeiten offen, sich bei dieser Organisation für ein Stipendium zu bewerben. Sie können Ihre Bewerbung direkt an den DAAD richten und an einem durch den Austauschdienst organisierten Auswahlverfahren teilnehmen. Darüber hinaus kann Ihre Hochschule eine gewisse Zahl von durch den DAAD getragenen Stipendien für einen Studiengang einwerben. Die Auswahl von Bewerbern für diese Förderung wird in der Regel in einem hochschulinternen Verfahren stattfinden. Für nähere Informationen besuchen Sie den Webauftritt des Deutschen Akademischen Austausch Dienstes[161] und sprechen Sie mit den Verantwortlichen Ihres Studiengangs.

Auslands-BAföG

Wer in Deutschland berechtigt ist, BAföG zu beziehen, der kann auch im Ausland davon Gebrauch machen. Den wenigsten Studenten ist bewusst, dass diese Möglichkeit besteht. Wer in Deutschland nicht BAföG-berechtigt ist, kann für das Ausland ebenfalls einen Antrag stellen und so zumindest einen kleinen Teil der Kosten aufbringen. Voraussetzung für die Förderung ist, dass Sie mindestens ein Semester im Ausland verbringen bzw. Ihr Aufenthalt ein Jahr nicht überschreitet. Das Auslands-BAföG ist eine interessante Option, da Studiengebühren bis zu einem Maximalbetrag von 4600 Euro für ein Jahr übernommen werden. Zudem wird eine Reisekostenpauschale in Höhe von 2x250 Euro innerhalb und 2x500 Euro außerhalb Europas gewährt. Nähere Informationen finden Sie im Kapitel zur Studienfinanzierung, des Weiteren bietet die Internetseite auslandsbafoeg.de interessante Einblicke und Tipps.

Denken Sie ernsthaft darüber nach, Auslands-BAföG zu beantragen, dann sollten Sie frühzeitig (min. 6 Monate im Voraus) das für Sie verantwortliche BAföG-Amt aufsuchen und sich beraten lassen.

Stipendien der Studienstiftungen

Sind Sie Stipendiat einer Stiftung, dann muss Ihnen die Finanzierung eines Auslandsaufenthaltes keine Sorgen bereiten. In der Regel wird Ihr Stipendium im Auslandssemester weitergezahlt. Im günstigsten Fall wird der Betrag angehoben bzw. den im Gastland zu erwartenden Lebensumständen angepasst. Wenn Sie nicht Stipendiat einer Stiftung sind, können Sie dies in der Vorbereitung auf ein Auslandsstudium ändern. Einige Organisationen bieten spezielle Förderangebote für das Auslandsstudi-

---

[161] Vgl. die Homepage des DAAD: [http://www.daad.de].

um an. Orientieren Sie sich bei der Suche nach Stipendien für ein Auslandsstudium an den vorgestellten Stiftungen und besuchen Sie die Homepage stiftungen.org. Auch im akademischen Auslandsamt Ihrer Hochschule werden Sie Informationen über verschiedene Förderprogramme erhalten können.

7.3 Das Praktikum

Vorteile des Praktikums

In vielen Berufsfeldern haben sich die Zugangsvoraussetzungen in den letzten Jahren gewandelt. Eventuell kennen Sie von Ihren Eltern alte Geschichten, in denen davon berichtet wird, dass man noch vor 30 Jahren am schwarzen Brett in der Universität einen guten Job finden konnte und das gewisse Unternehmen damals dringend qualifizierte Arbeitnehmer gesucht haben. Diese Situation hat sich verändert: Die Konkurrenz um Stellenangebote ist groß, zudem setzen fast alle Arbeitgeber voraus, dass Sie nicht nur über theoretische, sondern zudem über praktische Erfahrungen verfügen. Praxisbezug können Sie im Studium in den seltensten Fällen erwerben, das Lernen beschränkt sich grundsätzlich auf die Theorie. Einerseits ermöglicht Ihnen eine studentische Erwerbsarbeit Einblicke in Berufsfelder, in denen Sie später arbeiten können. Dies ist der Fall, wenn Sie in der vorteilhaften Situation sind, einer Arbeit nachzugehen die: (a) mit dem Studium korrespondiert oder (b) in einem Berufsfeld liegt, das Sie für eine spätere Tätigkeit in Erwägung ziehen.

Eine andere Option, Praxiserfahrung zu erlangen, ist ein Praktikum. Dort können Sie für einen gewissen Zeitraum in einen Arbeitsbereich „hineinschnuppern". Der Vorteil besteht darin, dass Sie nicht darauf angewiesen sind, einen längeren Vertrag einzugehen. Je nach vereinbarter Länge des Praktikums können Sie grundlegende oder vertiefende Erfahrungen in einem Berufsfeld sammeln.

Das zentrale Argument, das in der Debatte um die Relevanz von Praktika für eine akademische Ausbildung stets angeführt wird, ist das der Praxiserfahrung.[162] Eine praktische Tätigkeit in einem echten Arbeitsumfeld befähigt Sie, Kenntnisse zu erwerben, die Ihnen die Ausbildung an der Hochschule nicht bieten kann. Wir wollen drei Hauptargumente anführen, die erläutern, aus welchem Grund es sinnvoll erscheint, ein Praktikum zu absolvieren.

---

[162] Zum Begriff der Praxiserfahrung und den Vorteilen, die sich mit einer Praktikumstätigkeit ergeben, sei hier auf die exzellente Promotionsarbeit von Andreas Sarcletti verwiesen: Sarcletti, Andreas (2009): *Die Bedeutung von Praktika und studentischen Erwerbstätigkeiten für den Berufseinstieg*, Studien zur Hochschulforschung 77, Bayerisches Staatsinstitut für Hochschulforschung und Hochschulplanung, München.

Erster Grund: Die Hochschule ist ein Ort der Theorie, das Arbeitsleben hingegen ein Ort der Praxis. In einem Praktikum nehmen Sie an Arbeitsprozessen teil, sind Bestandteil eines Teams von Mitarbeitern und lernen so, Stück für Stück, die Abläufe in einem Unternehmen kennen. Der langen Rede kurzer Sinn: In einem Praktikum bietet sich Ihnen die Möglichkeit, für einen Beruf relevantes Fachwissen zu erwerben. Als Wirtschaftswissenschaftler werden Sie an der Universität kaum etwas über die in einem multinationalen Unternehmen geltende Arbeitspraxis lernen; als Politikwissenschaftler wissen Sie nicht durch Ihr Studium, wie in einer Nichtregierungsorganisation (NGO) Entscheidungen getroffen werden und als Lehramtsstudent hilft Ihnen die akademische Ausbildung kaum einzuschätzen, wie der Alltag in einer Schulklasse aussieht. Wollen Sie nach dem Studium einen Job annehmen, so können Sie nicht davon ausgehen, dass Sie die notwendigen Erfahrungen erst in dieser Tätigkeit erwerben. In der Regel wird vorausgesetzt, dass Sie über fachliches Wissen und Erfahrungen verfügen, bevor Sie eine Stelle antreten.

Zweiter Grund: Neben dem fachlichen Wissen lernen Sie in einem Praktikum ggf. die Widersprüche aufzuheben, die in der Beziehung von Theorie und Praxis entstehen. Es kann immer zutreffen, dass Sie während des Studiums das Gefühl bekommen, dass das Gelernte in der Berufspraxis wenig relevant sei. Dies gilt insbesondere für Geisteswissenschaftler. Wenn Sie z.B. erst nach Ihrem Abschluss feststellen, dass es wenige Jobangebote gibt, die explizit für Soziologen ausgeschrieben sind, dann ist es meist zu spät. Ein Praktikum dient Ihnen dazu, in Erfahrung zu bringen, welche Arbeitsmöglichkeiten für Absolventen Ihres Studiengangs bestehen. Sie können sich im Verlauf Ihres Studiums in verschiedenen Praktikantentätigkeiten versuchen und so langsam, aber stetig Berufsfelder kennen lernen, in denen Sie nach dem Studium eine Tätigkeit annehmen könnten.

Dritter Grund: Nicht zuletzt sind Praktika empfehlenswert, da Sie in diesen Tätigkeiten soziale Fähigkeiten erwerben, die im Berufsleben zur Grundausstattung jedes kompetenten Arbeitnehmers zählen. Beim Einstieg in den Beruf werden Sie feststellen, dass Arbeit und Studium zwei verschiedene Paar Schuhe sind: An den Hochschulen ist der Umgang zwischen Studenten und Lehrern oft sehr unkompliziert, Hierarchien sind wesentlich schwächer ausgeprägt und allgemein herrscht der Gedanke, dass alle an einem Strang ziehen. Im Berufsleben kann das anders sein: Hier können Sie auf strenge und unfaire Arbeitgeber treffen; es kann passieren, dass Sie mit feindlich gesonnenen Kollegen auskommen müssen. Darüber hinaus gilt es, mit dem Stress zu Recht zu kommen, der durch die Tätigkeit und den Zeitdruck entsteht. Haben Sie vor dem Berufseinstieg Praktika absolviert, dann kennen Sie Arbeitsabläufe, Hierarchien und im Arbeitsleben auftretende Probleme. Sie sind durch diese Erfahrungen im Besitz der für eine Berufstätigkeit notwendigen sozialen Fähigkeiten.

Bedingungen für ein gutes Praktikum

Damit Sie die angeführten positiven Erfahrungen im Praktikum sammeln können, müssen gewisse Bedingungen erfüllt sein.[163] Grundsätzlich ist davon auszugehen, dass Sie in einem Praktikum eine gewisse Eingewöhnungsphase benötigen. In der Regel werden Sie nicht nach dem ersten Arbeitstag über alle Fähigkeiten und das für die anfallenden Tätigkeiten notwendige Wissen verfügen. Daher ist zu empfehlen, kein zu kurzes Praktikum einzuplanen. Eine Mindestzeit von vier Wochen ist ratsam, um sich an einem Arbeitsplatz zu orientieren. Im Praktikumsvertrag sollten konkrete Tätigkeiten definiert sein und Sie sollten nicht dauerhaft mit für Sie sinnlosen Aufgaben wie Kaffeekochen oder Kopieren beschäftigt werden.

Die Qualität der Erfahrungen, die Sie in einer praktischen Tätigkeit sammeln können, steht und fällt mit der Betreuung, die Ihnen im Praktikumsbetrieb geboten wird. Wenn Sie am ersten Tag in einem Büro abgestellt werden und nach zwei Wochen der für Sie verantwortliche Betreuer aus dem Urlaub zurückkommt, handelt es sich um ein schlechtes Betreuungsverhältnis. Sie dürfen nicht erwarten, rundum versorgt zu werden, denn schließlich partizipieren Sie nur als teilnehmender Beobachter an Arbeitsprozessen. In einem Betrieb wird gearbeitet, die Angestellten sind nicht vor Ort, um Praktikanten zu betreuen.

Schlussendlich ist mit Bezug auf die Praxiserfahrung wichtig, zu welchem Zeitpunkt Sie Praktika absolvieren. Da Sie sich im Verlaufe Ihres Studiums theoretisch, menschlich und auch praktisch weiterentwickeln, sollten Sie versuchen, einen angemessenen Praktikumsplatz zu finden, der für Sie eine Herausforderung darstellt. Es ist empfehlenswert, zu Beginn des Studiums Praktika zu absolvieren, in denen Sie grundlegende Erfahrungen sammeln und sich verschiedene Arbeitsbereiche interessehalber anschauen können. Sind Sie im Studium fortgeschritten, können Sie definitiver entscheiden, was Sie interessiert, bei welchen Arbeitgeber und in welchem Arbeitsumfeld Sie Praxiserfahrungen sammeln möchten etc.

Erfüllt das von Ihnen angestrebte Praktikum die genannten Bedingungen, können Sie von einem Zugewinn an Erfahrung, Kenntnissen und Fähigkeiten profitieren. Die Tätigkeit ermöglicht es Ihnen dann, die relevante Praxiserfahrung zu erwerben.

Wer vergibt Praktikumsplätze?

Ein Praktikum können Sie bei Organisationen, Institutionen und verschiedenen Unternehmen absolvieren. Es bestehen in der Regel drei mögliche Wege, eine Praktikantenstelle zu erhalten: Sie reagieren auf eine Ausschreibung, mit der Praktikanten gesucht werden; Sie werden über die Hochschule an einen Arbeitgeber vermittelt; Sie

---

[163] Auch in diesem Zusammenhang sei wieder auf die Dissertation Sarclettis verwiesen; vgl. Ebd. S. 7-12.

richten eine Initiativbewerbung an einen Arbeitgeber, bei dem Sie ein Praktikum absolvieren möchten. Grundsätzlich sind Sie dazu angehalten, eine schriftliche Bewerbung vorzulegen, orientieren Sie sich diesbezüglich an den in Kapitel [4] aufgeführten Informationen zur schriftlichen Bewerbung.

Wo finde ich einen Praktikumsplatz?

Sind Sie auf der Suche nach einem Praktikumsplatz, dann sind Sie angehalten, die Initiative zu ergreifen. Wenn Sie ein Unternehmen, eine Organisation oder Institution interessiert, das/die nicht explizit Praktikumsplätze ausschreibt, sollten Sie eine Bewerbung auf Eigeninitiative einreichen. Des Weiteren verfügt fast jede Hochschule über eine Abteilung, die mit der Einwerbung von Praktika und der Betreuung von Praktikanten und Anbietern von Praktikumsplätzen betraut ist. Hier finden Sie fast immer Angebote, die direkt mit den Studienschwerpunkten korrespondieren. Ein Gang in das Praktikumsbüro Ihrer Hochschule lohnt sich.

Wie gesagt, erfordert ein Praktikum Eigeninitiative und diese muss schon bei der Auswahl einer Stelle aufgebracht werden. Wenn Sie nicht in der beneidenswerten Situation sind, über die Hochschule eine Stelle vermittelt zu bekommen, müssen Sie sich unabhängig um ein Praktikum kümmern. Mit diesem Thema kann man ganze Bücher füllen, wozu hier kein Raum besteht. Schauen Sie sich zunächst im Internet um und versuchen Sie, Ihren Ansprüchen entsprechend Praktikumsplätze ausfindig zu machen.

[8] Anhang

8.1 Literatur- und Quellenverzeichnis

Bücher und Aufsätze

Banscherus/Gulbins/Himpele/Staack (2009): *Der Bologna-Prozess zwischen Anspruch und Wirklichkeit: Die europäischen Ziele und ihre Umsetzung in Deutschland*: Eine Expertise im Auftrag der Max-Traeger-Stiftung, Gewerkschaft Erziehung und Wissenschaft, Frankfurt am Main.

Barth, Thomas (2009): *Humboldt in Bologna? Professoren-Protest gegen 10 Jahre „Bologna-Prozess"*, in: Telepolis, 16/19 Juni 2009.

Gold, Andreas/ Souvignier, Elmar (2005): *Prognose der Studierfähigkeit: Ergebnisse aus Längsschnittanalyse*, in: Zeitschrift für Entwicklungspsychologie und Pädagogische Psychologie, 37:4, 214-222.

Humboldt, Wilhelm von (1810): *Über die innere und äußere Organisation der höheren wissenschaftlichen Anstalten in Berlin*, in: Demel, Walter/ Puschner, Uwe (Hg.): Von der Französischen Revolution bis zum Wiener Kongreß 1789-1815, Deutsche Geschichte: Quellen und Darstellung, 1995, Reclam, Stuttgart, S. 382-391.

Köller, Olaf/ Baumert, Jürgen (2002): *Das Abitur – immer noch ein gültiger Indikator für die Studierfähigkeit?*, in: APUZ 26.

Lux, Vanessa (2007): *Eignung und Anpassung: Studienleistungen prognostizieren mit Studierfähigkeits-Tests?*, in: Forum Wissenschaft 4/2007
[http://www.bdwi.de/forum/archiv/archiv/907630.html], [letzter Aufruf: 22.07.2010].

Paletschek, Sylvia (2007): *Zurück in die Zukunft? Universitätsreformen im 19. Jahrhundert*, in: Das Humboldt-Labor: Experimentieren mit den Grenzen der klassischen Universität, Freiburg: Albert-Ludwigs-Universität.

Ringer, Fritz (2004): *Die Zulassung zur Universität*, in: Rüegg, Walter (Hg.): Die Geschichte der Universität in Europa: Vom 19. Jahrhundert zum Zweiten Weltkrieg 1800-1945, Bd. 3, 2004, C.H. Beck, München.

Sarcletti, Andreas (2009): *Die Bedeutung von Praktika und studentischen Erwerbstätigkeiten für den Berufseinstieg*, Studien zur Hochschulforschung 77, Bayerisches Staatsinstitut für Hochschulforschung und Hochschulplanung, München.

Tarazona, Mareike (2006): *Berechtigte Hoffnung auf bessere Studierende durch hochschuleigene Studierendenauswahl? Eine Analyse der Erfahrungen mit Auswahlverfahren in der Hochschulzulassung*, in: Beiträge zur Hochschulforschung, Heft 2, Jahrgang 28.

Buzan, Tony & Buzan, Barry (2005): *Das Mind-Map-Buch – Die beste Methode zur Steigerung Ihres geistigen Potenzials*, mvg-Verlag, 5. Auflage.

Forschung und Lehre, Heft 2/2010
[http://www.forschung-und-lehre.de/wordpress/], [letzter Aufruf: 22.07.2010].

Zeitungsartikel

Thurau, Martin: *Der Bachelor-Bankrott – Interview mit Julian Nida-Rümelin*, in: Süddeutsche Zeitung, 2.10.2008
[http://www.sueddeutsche.de/jobkarriere/643/312557/text/?page=4],
[letzter Aufruf: 22.07.2010].

Friedmann, Jan / Leffers, Jochen: Bachelor *qualifiziert nicht für den Beruf*, in: Spiegel Online, 08.11.2005
[http://www.spiegel.de/unispiegel/studium/0,1518,383329,00.html], [letzter Aufruf: 22.07.2010].

Reiser, Marius: *Warum ich meinen Lehrstuhl räume*, in FAZ Online, 20.01.2009
[http://www.faz.net/s/RubC3FFBF288EDC421F93E22EFA74003C4D/Doc~E55AD24DD2C5E472A 84CA69FCBA13D3ED~ATpl~Ecommon~Scontent.html], [letzter Aufruf: 22.07.2010].

Bender, Justus: *Studenten im Punktefieber*, in DIE ZEIT, 15.04.2009
[http://www.zeit.de/campus/2009/03/bachelor], [letzter Aufruf: 22.07.2010].

Schauspiel an der Folkwang Hochschule. Wie die Aufnahmeprüfung abläuft, in Unicum.de
[http://www.unicum.de/evo/UNICUMde/abi/Abi-und-dann/Studiengaenge/2009/Schauspiel-an-der-Folkwang-Hochschule/1.], [letzter Aufruf: 22.07.2010]

200 Jahre Humboldt-Uni - Die Mutter der modernen Universität, Zeit online Geschichte
[http://www.zeit.de/wissen/2009-10/200-jahre-humboldt-uni?page=all], [letzter Aufruf:
22.07.2010].

Studien und Statistiken

Bachelor-Studierende: Erfahrungen in Studium und Lehre – Eine Zwischenbilanz, Bundesministerium für Bildung und Forschung (BMBF), 2009
[www.bmbf.de/pub/bachelor_zwischenbilanz_2010.pdf], [letzter Aufruf: 22.07.2010].

Datenreport 2008: Ein Sozialbericht für die Bundesrepublik Deutschland, Bundeszentrale
für politische Bildung, 2008
[http://www.destatis.de/jetspeed/portal/cms/Sites/destatis/Internet/DE/Content/Publikationen/
Querschnittsveroeffentlichungen/Datenreport/Downloads/Datenreport2008,property=file.pdf],
[letzter Aufruf: 22.07.2010].

*Studiensituation und studentische Orientierungen – 10. Studierendensurvey an Universitä-
ten und Fachhochschulen*, 2008
[http://cms.uni-konstanz.de/fileadmin/gso/ag-
hochschulforschung/publikationen/PublikatBerichte/Langbericht2008.pdf], [letzter Aufruf:
22.07.2010].

*Die wirtschaftliche und soziale Lage der Studierenden in der Bundesrepublik Deutschland
2009: 19. Sozialerhebung des Deutschen Studentenwerks*, Bundesministerium für Bildung und Forschung (BMBF), 2010
[http://www.bmbf.de/pub/wsldsl_2009.pdf], [letzter Aufruf: 22.07.2010].

*Statistiken des Statistischen Bundesamtes Deutschland zu den aktuellen Studentenzahlen
in Deutschland*
[http://www.destatis.de/jetspeed/portal/cms/Sites/destatis/Internet/DE/Con-
tent/Statistiken/Zeitreihen/LangeReihen/Bildung/Content100/lrbil01a,templateId=renderPrint.
psml], [letzter Aufruf: 22.07.2010].

Bologna Dokumente

Die Bologna-Erklärung
[http://www.bmbf.de/pub/bologna_deu.pdf], [letzter Aufruf: 22.07.2010].

Magna Charta Universitatum – Magna Charta der Universitäten
[http://www.magna-charta.org/pdf/mc_pdf/mc_german.pdf], [letzter Aufruf: 22.07.2010].

Die Sorbonne-Erklärung
[http://www.hrk.de/bologna/de/download/dateien/Sorbonne_Erklaerung.pdf], [letzter Aufruf:
22.07.2010].

The framework of qualifications for the European Higher Education Area
[http://www.ond.vlaanderen.be/hogeronderwijs/bologna/documents/QF-EHEA-May2005.pdf],
[letzter Aufruf: 22.07.2010].

Die ECTS Grundsätze
[http://ec.europa.eu/education/lifelong-learning-policy/doc/ects/key_de.pdf], [letzter Aufruf:
22.07.2010].

*Hochschulzugang für beruflich qualifizierte Bewerber ohne schulische Hochschulzu-
gangsberechtigung*, Beschluss der Kultusministerkonferenz
[http://www.kmk.org/dokumentation/veroeffentlichungen-beschluesse/wissenschaft-
hochschule.html#c7824], [letzter Aufruf: 22.07.2010].

Eckpunkte für die Neuordnung der Hochschulzulassung, Beschluss der Kultusministerkonferenz
[http://www.kmk.org/fileadmin/veroeffentlichungen_beschluesse/2003/2003_03_06-
Eckpunkte-Neuordnung-HS-Zulassung.pdf], [letzter Aufruf: 22.07.2010].

Gesetze und andere öffentliche Dokumente

Das Hochschulrahmengesetz für NRW
[http://www.innovation.nrw.de/downloads/Hochschulrecht.pdf], [letzter Aufruf: 22.07.2010].

Broschüre Hochschulrecht NRW
[http://www.innovation.nrw.de/downloads/Hochschulrecht.pdf], [letzter Aufruf: 22.07.2010].

Amtliche Bekanntmachungen der Ruhr-Universität Bochum, Nr. 783, 2009
[http://www.uv.ruhr-uni-bochum.de/dezernat1/amtliche/ab783.pdf],
[letzter Aufruf: 22.07.2010].

Amtliche Bekanntmachung der Ruhr-Universität Bochum, Nr. 794, 2009
[http://www.uv.ruhr-uni-bochum.de/dezernat1/amtliche/ab794.pdf],
[letzter Aufruf: 22.07.2010].

Universität Freiburg, Informationsmaterial zu bundesweit Zulassungsbeschränkten Studiengängen
[http://www.studium.uni-freiburg.de/studienbewerbung/bls/studienbewerbung_de/bewerbung_zvs/],
[letzter Aufruf 22.07.2010].

Das Numerus-Clausus-Urteil
[http://www.servat.unibe.ch/law/dfr/bv033303.html], [letzter Aufruf: 22.07.2010].

Hochschulstart.de (früher ZVS), Merkblatt Zweitstudium
[http://www.hochschulstart.de/index.php?id=9], [letzter Aufruf: 22.07.2010].

Verordnung über die zentrale Vergabe von Studienplätzen durch die Stiftung für Hochschulzulassung
(VergabeVO Stiftung), [Stand WS 2010/2011].

Online Quellen

Bologna 2.0 – Zur Reform der Reform, Standpunkt von Bernhard Kempen (Präsident des DHV)
[http://www.euractiv.de/gesellschaft-und-bildung-000285/artikel/bologna-20--zur-reform-der-reform-002492], [letzter Aufruf: 22.07.2010].

Internetauftritt des bundesweiten Bündnisses Bildungsstreik
[http://www.bildungsstreik.net/aufruf/forderungen-der-studierenden/],
[letzter Aufruf: 22.07.2010].

Flyer zur Bewerbung auf das Schauspielstudium, Hochschule für Schauspielkunst Ernst Busch Berlin
[http://www.hfs-berlin.de/v2/bereich_schauspiel_bewerbung.html], [letzter Aufruf: 22.07.2010].

Informationen zur Aufnahmeprüfung auf der Homepage der Universität der Künste Folkwang
[http://www.folkwang-uni.de/home/theater/studiengaenge/schauspiel/bewerbung/],
[letzter Aufruf: 22.07.2010].

Informationen zum Studiengang Orchesterinstrumente an der HfMDK
[http://www.hfmdk-frankfurt.info/studium/grundstaendige-studien/orchesterinstrumente.html], [letzter Aufruf: 22.07.2010].

Broschüre *Studienführer Bachelor/Master Journalistik* der TU Dortmund
[http://www.journalistik-dortmund.de/bachelor-master-journalistik-2.html],
[letzter Aufruf: 22.07.2010].

ITB-Consulting (2009): Test für medizinische Studiengänge: Informationsbroschüre
[http://www.tms-info.org/index.php?ID=90], [letzter Aufruf: 22.07.2010].

ITB-Consulting (2010): Studierfähigkeitstest für wirtschaftswissenschaftliche Studiengänge an Fachhochschulen: Informationsbroschüre
[http://testinfo.itb-consulting.de/file.php/de/economic/0/0/Informationsbroschuere.pdf],
[letzter Aufruf: 22.07.2010].

Presseerklärung des Allgemeinen Fakultätentages zum Master of Education
[www.fakultaetentag.de/presse/aft-presseerklaerung_lehrerbildung.pdf],
[letzter Aufruf: 22.07.2010].

Initiative zur Reform der Juristenausbildung
[http://www.reform-der-juristenausbildung.de/], [letzter Aufruf: 22.07.2010].

Ausbildungspark Verlag

Lübecker Straße 4 • 63073 Offenbach
Tel. 069-40 56 49 73 • Fax 069-43 05 86 02
Netzseite: www.ausbildungspark.com
E-Post: kontakt@ausbildungspark.com